普通高等教育酒店管理专业系列教材

酒店管理概论

主　编　田彩云

副主编　俞继凤　裴正兵

参　编　罗东霞

机 械 工 业 出 版 社

全书共 10 章，分别从酒店管理基础、酒店运营管理和酒店管理专题三个方面进行阐述。酒店管理基础部分主要介绍酒店、酒店业和酒店管理的基本知识，酒店业的发展，酒店管理的新思维和理念，以及酒店管理者应有的素质和能力；酒店运营管理部分是在阐述现代酒店组织和运行管理基本理论的基础上，全面介绍酒店业务管理和职能管理的理论和方法；酒店管理专题部分则重点介绍了酒店信息管理、酒店公共关系管理和酒店品牌管理三个专题。本书每章都配有学习目标，以案例导入作为学习的引领，以便读者充分发挥主动性，系统梳理和把握整章内容。章节内容介绍将理论与实务相融合，穿插现代酒店运营管理的小案例。每章结束还配有复习思考题，从而使读者更好地理解和掌握书中内容。

本书可作为高等院校酒店管理及相关专业的教学用书，也可作为现代酒店管理人员的培训用书，同时还可作为酒店管理者的参考用书。

为方便教学，本书配备电子课件等教学资源。凡选用本书作为教材的教师均可登录机械工业出版社教育服务网www.cmpedu.com免费下载。如有问题请致电010-88379375联系营销人员。

图书在版编目（CIP）数据

酒店管理概论/田彩云主编. —北京：机械工业出版社，2016.2（2024.1 重印）
普通高等教育酒店管理专业系列教材
ISBN 978-7-111-52695-7

Ⅰ. ①酒…　Ⅱ. ①田…　Ⅲ. ①饭店—商业企业管理—高等学校—教材　Ⅳ. ①F719.2

中国版本图书馆 CIP 数据核字（2015）第 321464 号

机械工业出版社（北京市百万庄大街 22 号邮政编码 100037）
策划编辑：徐春涛　　　责任编辑：徐春涛　宋　燕
封面设计：马精明　　　责任校对：徐春涛
责任印制：刘　媛

涿州市般润文化传播有限公司印刷

2024 年 1 月第 1 版第 15 次印刷
184mm×260mm · 15.5 印张 · 381 千字
标准书号：ISBN 978-7-111-52695-7
定价：45.00 元

电话服务	网络服务
客服电话：010-88361066	机　工　官　网：www.cmpbook.com
010-88379833	机　工　官　博：weibo.com/cmp1952
010-68326294	金　　书　　网：www.golden-book.com
封底无防伪标均为盗版	机工教育服务网：www.cmpedu.com

普通高等教育酒店管理专业系列教材编写委员会

序

近年来，随着我国酒店业的快速发展，竞争也变得更加激烈。竞争的成败在于核心竞争力，而人是核心竞争力的主要因素。酒店业对高素质人员的需求日益增长，酒店业专业人才的培养迫在眉睫。

北京联合大学旅游学院是国内第一批从事旅游教育的专业学院，自 1978 年到现在，酒店管理本科教育历经了三十多年的积淀，形成了良好的知识体系和教学理念，也为酒店业输送了大批的优秀管理人才。为了适应目前酒店业对管理人才的迫切需要，我们把酒店管理的教学经验通过系列教材的形式进行总结，为酒店管理专业的学生和管理人员提供合适的教材，来弥补目前相关教材不多、教材与酒店实际管理脱节的现状，进而有效实现酒店管理人才培养需要。

该系列教材的主编具有较广的国际视野和丰富的专业知识，有些主编人员在业界具有较高的知名度。参编人员多是来自酒店、餐饮业的专家和高级管理人员，因此教材从理论到实践具有较高的水准和实用性。

本系列教材的主题涉及范围很广，包括《酒店管理概论》《酒店服务营销》《酒店管理信息系统》《度假饭店管理》《餐饮管理》《前厅与客房管理》《酒店战略管理》《酒店财务管理》《酒店人力资源管理》和《酒店质量管理》。内容囊括了酒店业中几乎所有的管理、营销和操作领域的知识，侧重培养酒店管理人员系统性的知识、能力和技能，具有层次分明、结构合理、内容全面的特点。

本系列教材的编写目的是与相关院校分享我们的教学经验，为酒店管理人才培养提供优秀的教材，为酒店在职人员知识更新和理论提升提供有针对性的参考资料，同时也希望为我国旅游接待业的健康发展做出应有的贡献。

北京联合大学副校长

北京联合大学旅游学院院长

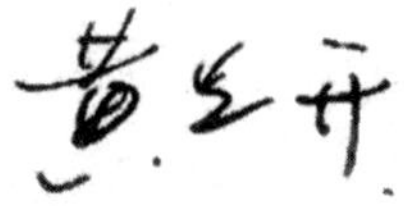

前　　言

随着国内酒店规模的不断扩大以及国际品牌酒店集团在国内投资的加大，人才供不应求成为困扰酒店业发展的难题。以培养学生的专业和职业能力为核心，建设适合我国应用型教育发展特点和行业需求的课程教材显得尤为重要。酒店管理概论是高等旅游院校酒店管理及相关专业的必修课，该课程将对酒店、酒店业及酒店管理的基本理论和实践进行系统梳理和介绍，为学生后续专业课的学习奠定基础。

考虑到课程的定位和目标，结合酒店业的发展和现阶段培养高素质应用型人才的需求，我们在编写本书的过程中，主要考虑了以下几点：

1．适应培养应用型人才的需求

酒店管理专业是一个应用型专业，课程建设立足培养知识应用型人才，因此本书的编写力求以产业、行业需求为本位，注重理论与实践、知识和能力的一体化设计，注重知识的学以致用，以培养学生职业发展所需的社会适应能力和竞争能力。

2．适应学生未来可持续发展的需求

本书编写时力求平衡“眼前”和“长远”的关系，既注重一定的基础内容介绍，又强调满足后续发展的理论知识和实践的阐述，既满足学生当前职业发展所需的必要的基础理论和能力，又满足未来职业发展所需的扎实基础和强劲后劲。

3．适应学生学习兴趣和效果的需求

本书编写以学习目标为导向，引领学生在案例导入下进行学习和思考，明确学习内容，梳理整章体系，从而培养学生解决问题的能力。同时在各章节内容中引入同步案例，融入丰富的教学资源，激发学生的学习兴趣。课后配有习题，便于学生掌握知识要点，保证学习效果。

面临着酒店业和酒店管理理念的新变化，本书除包括一般教材涵盖的酒店管理基础（共3章）和酒店运营管理（共4章）的基本内容外，还增加了酒店管理专题（共3章）部分。专题部分包括了行业发展关注的酒店信息管理、酒店公共关系管理和酒店品牌管理的内容，紧扣发展形势，阐述了智慧酒店的概念及发展和“互联网+”背景下酒店业的发展等内容，体现了研究前沿。各章节注重结合酒店业的发展，讲解酒店管理的新理论、新观念、新思路和新方法。

本书由北京联合大学酒店管理专业负责人、旅游学院酒店管理系主任田彩云主持编写，旅游学院酒店管理系副主任裴正兵及专业教师俞继凤任副主编，专业教师罗东霞参编。具体编写分工如下：第一、二和四章由田彩云编写；第五、八和九章由田彩云、俞继凤编写；第三、六、七章由裴正兵、田彩云编写；第十章由罗东霞编写。全书由田彩云总纂、设计、修改，并最终定稿。

本书在基本框架设计过程中得到了北京联合大学旅游学院罗振鹏老师、李爱军老师的帮助，在编写过程中参考了大量的相关著作、教材、案例资料，在此对各位老师、专家和学者表示诚挚的感谢。

由于编者能力及精力有限，书中难免有不足和不妥之处，敬请广大读者和专家批评指正，编者将不胜感激并进行修改完善。

编　者

目　　录

第一章

酒店和酒店业

学习目标

- 掌握酒店的含义及功能
- 掌握酒店产品及特性
- 了解酒店业的范畴及业态
- 理解酒店业的等级制度

案例导入

三亚希尔顿酒店位于有“中国的海岛天堂”之美称的三亚亚龙湾。这里是原始的热带天堂，洁白闪亮的沙滩在南海边绵延400米。酒店距离三亚市区和国际机场分别为25分钟和35分钟车程。香港至三亚的航班只需1小时，而上海至三亚的航班不超过3个小时。

酒店拥有501间客房、套间和别墅，绝大多数为海景房，在这里，住客可领略奢华优雅的现代建筑，热带岛屿的曼妙风情，宽敞舒适的酒店客房，无与伦比的美食体验。

酒店的风景将海南岛美丽的自然景致、独特的植物、当地特色与文化细致、完善地融合在当代设计之中，为住客提供独一无二海滩度假的休闲体验。当地特色包括火山熔岩石，茅草屋顶的亭阁，木质的地面装饰等都置于当代风格的自然景色之中，如椰子树、棕榈叶、池塘、沙滩，以及辽阔的梯田。梯田是海南中部的标志，和谐地融入了郁郁葱葱的绿色与绵绵不绝的水景。

水体、河流、瀑布以及花园中的水景形成了一个完整的水系，为客人提供多种体验、不同的景观和水上乐趣。酒店的整个水域融合了自然湖泊、瀑布、沙滩泳池、造波池、儿童池、冲浪区、按摩池、泳池休闲区，以及可直接通向泳池的客房。

酒店80%的客房坐拥无垠的新月形沙滩及中国海，其余房间则尽享国家级公园环绕之美。宽敞的房间（除阳台，房间面积均达48.5平方米及以上）具有中国南部当代设计风格，四点式开放浴室内置圆形浴缸或观海浴缸，并配有宽阔的私人阳台，房间内设有液晶彩电、宽带，这些都给人以舒适豪华的享受。

希尔顿酒店拥有11个多功能厅及1个900平方米大型宴会厅，总面积达3000平方米。另有 1 300 平方米的草坪和 780 平方米的海滨草地为活动策划者提供了更多创新选择。特设现场专员为各种大小会议及活动提供全方面的专业服务。

【讨论】

（1）三亚希尔顿酒店主要的市场客源是什么？

（2）分析梳理三亚希尔顿酒店的地理位置、环境、设施、房型和服务等内容，思考一个酒店提供的酒店产品是什么？

目前，“酒店”已成为大众所熟知的词汇，酒店业也因 30 多年的蓬勃发展在中国经济中奠定了自己的地位。然而，何谓酒店、它的基本特性和功能是什么等问题，人们却未必能给出正确的答案。本章将对酒店及酒店业不同层面的基础知识进行系统的梳理和解读。主要阐述酒店的含义与功能、酒店产品及其特性、酒店业的范畴及业态和酒店业的等级制度等内容，并对我国酒店业等级制度的发展及内容进行了介绍。

第一节 酒店的含义与功能

一、酒店的含义

（一）酒店的概念

酒店（Hotel）一词起源于法语，原意是指富贵人家用来招待重要宾客的乡间别墅，是主人款待宾朋并为之炫耀身份的场所。从 18 世纪后期开始，逐渐由英国传至西欧，再至北美，直至各国沿用。随着社会经济的发展，酒店这一名称也泛指所有商业性的食宿设施。相对于欧美国家，我国对食宿设施的称谓很多，如宾馆、旅馆、招待所、饭店、酒店、度假村、疗养院、休养院、公寓、山庄、大厦等，这些不同的称谓反映了各自的特色，但基本功能总是服务于旅居者的吃、住及其他综合服务，这是酒店的共性。但需要注意的是，酒店不是指酒家、酒楼、饭庄、饭馆、餐馆等专营餐饮业务的经济实体。

国外的一些权威辞典曾对酒店做过这样的界定：

《美国百科全书》（*Encyclopedia Americana*）：“酒店是装备好的公共住宿设施，一般提供膳食、酒类与饮料以及其他的服务。”

《大英百科全书》（*Encyclopedia Britannica*）：“酒店是在商业性的基础上，向公众提供住宿，也往往提供膳食的建筑物。”

《科利尔百科全书》（*Collier's Encyclopedia*）：“酒店是给公众提供住宿、膳食和服务的建筑与机构。”

《牛津英语词典》（*The Oxford English Dictionary*）：“酒店是提供住宿、膳食等而收取费用的住所。”

《韦伯斯特新世界辞典美国语言》（*Webster's New World Dictionary of the American Language*）：“酒店是提供住宿，也经常提供膳食与某些其他服务的设施，以接待外出旅游者和半永久性居住的人。”

（二）酒店的定义

从上述酒店的概念中可知，作为一个酒店，必须具备以下基本条件：

1．酒店是由建筑物及装备好的设施组成的接待场所

作为酒店首先是一个或多个建筑物群组成的接待设施，具有接待应具备的硬件设施，如客房、餐厅、前厅等公共场所，而且这些服务部门应配备一定的相关设备和用品。

2．酒店必须提供住宿或同时提供餐饮等其他服务

客房及其服务是酒店最基本的必备功能要求，也是对酒店建筑内空间的一种规定，即客房始终应该成为酒店的主体。酒店除了满足顾客住宿的基本需求以外，也可为顾客提供餐饮、会议、康体、娱乐等其他服务。

3．酒店服务的对象是公众

酒店提供的设施及服务具有公共的特点，接待所有要求住宿的公众，主要接待外地旅游者，同时也接待本地和外地的各类其他消费者。家庭住宅、部分特殊的招待所尽管也提供住宿、膳食等服务，但其只为特别的群体和个人提供小众服务，规模较小并具有一定的局限性，因此不能称之为酒店。

4．酒店是商业性的，以营利为目的，所以使用者要支付一定的费用

酒店是为顾客提供住宿等其他服务的企业，企业经营的目标是获得收益。酒店为客人提供服务需要投入劳动、资金、土地和企业家才能等生产要素，因此顾客购买服务，需要支付一定的费用。酒店以营业收入来抵补支出、上缴税收，获得可持续发展。当然，政府事业、慈善公益等性质的住宿单位，其经营收入和支出核算另当别论。

基于以上的阐述，可以认为，酒店是经相关政府部门批准，以接待性建筑设施为依托，通过运用土地、资金、设备、技术、劳动力等生产要素，从事酒店服务产品的生产和销售活动，满足顾客旅居生活和社交活动等各种需要，以获取一定社会效益和经济效益的服务企业。

二、酒店的功能

酒店的功能是指酒店为满足顾客需求而发挥的效用。酒店最基本、最传统的功能就是住宿和餐饮的功能。随着社会的发展与顾客需求的变化，酒店的功能也日趋多样化。

（一）住宿功能

酒店最基本的功能便是提供住宿。为了满足客人多元化的需求，酒店会配有不同类型的客房，如单人房、标准房、大床房、套房，甚至总统套房，还配备为各类特殊群体使用的房型，如女士客房、儿童客房、老年客房、残疾人客房等。同时，客房会提供完备的设备设施，营造清洁、舒适的住宿环境，提供热情、周到的客房服务，以使顾客获得很好的休息和放松。

（二）餐饮功能

餐饮服务功能也是酒店最基本的功能之一。为方便旅居客人就餐需要，根据国家标准《旅游饭店星级的划分与评定》（GB/T14308—2010）的规定，除一星级酒店不要求提供餐饮服务，二星级酒店应有就餐区域、提供桌椅等配套设施外，三星级以上酒店都要求配备中餐厅，配有符合卫生标准和管理规范的厨房。五星级酒店还须配备西餐厅或风味餐厅，并配备专门的厨房。酒店还会针对市场需求推出各式特色餐饮产品，如海鲜自助、日本料理、韩国料理等。另外，酒店还会提供包价餐、商务套餐、客房小酒吧以及客房送餐等服务来满足顾客不同的消费需求。

（三）商务功能

商务功能是酒店根据社会发展和顾客需求逐步形成的一种功能，主要为商旅人士从事商务活动提供各种方便快捷的服务。在中国，要求三星级以上酒店应配备商务中心，应为顾客办理传真、复印、打字、国际长途电话等商务服务，并代发信件等。目前，部分酒店有专门的商务楼层和商务洽谈室，还有部分酒店直接定位为商务型酒店，主要为商务客人提供住宿等服务，并为其外地办公提供最为便捷的条件。

（四）家居功能

酒店是客人的“家外之家”，努力给来住宿的客人营造“家”的氛围是许多酒店经营管理的宗旨之一。尤其是公寓式酒店，一般都带有生活住宿的性质，价格便宜，自助服务设施齐全（如自助厨房、自助洗衣等），无论从服务项目、服务设施还是管理模式上都能使客人产生像在家里一样亲切、温馨、舒适和方便的感觉。客人可以长期租住，让客人感受到酒店就是他们的家。

（五）会议功能

会议功能是酒店尤其是商务会议型酒店重要的服务功能。国家规定三星级以上的酒店都要提供与酒店接待能力相适应的宴会或会议服务，并根据酒店总体功能布局合理设计满足客人会议需求的相关配套设备设施。例如，配备大小规格不等的多功能会议室、谈判室、演讲厅、展览厅等，里面配有音响、话筒、白板、多媒体投影仪等。

（六）度假功能

随着人们生活水平的提高，利用假日外出旅游、放松身心的休闲活动日益增多，自驾游的兴起也对度假酒店的需求与日俱增。许多景区内或景区附近，特别是风景优美的地区，如海南三亚、非洲塞舌尔等地都建有各式度假酒店。度假酒店通常注重家庭式环境，客房能满足家庭度假、几代人度假以及独身度假的需求，拥有多样的娱乐设施和服务项目，能让客人进行充分的放松和体验。

除此之外，酒店还具有许多其他的功能，如娱乐健身功能，一些酒店建有室内游泳馆、保龄球馆、台球厅、羽毛球场地、健身俱乐部等娱乐场所。这些设施不仅对住店客人开放，也对公众顾客开放。另外，酒店还具有商业购物功能、导游服务功能、信息集散功能等。可见，随着人们需求的多样化和个性化，酒店作为满足人们外出生活的场所，其功能将日趋多元和完备。

第二节 酒店产品及其特性

一、酒店产品的含义

ISO9000 标准中指出，所谓产品（Product），即“过程的结果”。由此可知，企业提供给市场的用于满足人们某种需求的任何过程的结果都可称为产品，包括硬件、软件（如计算机程序、产品使用说明书）、流程性材料和服务等。实际中，完整的产品多包括物质产品和非物质产品两种因素。

酒店产品是酒店向顾客提供的满足其需求的物质实体和非物质形态的总和。物质实体包括酒店建筑、设施、用品、菜肴、酒水等，称作有形产品；非物质形态包括酒店声誉、环境、等级、特色、氛围、员工礼节礼貌、服务态度与行为等，称作无形产品。这些有形的设施、实物产品和无形的服务共同组成了完整的酒店产品。

从顾客体验的角度讲，酒店产品实际上是顾客花时间、金钱在酒店所获得的一种生理和心理上的感受与经历。零售业先驱马歇尔·菲尔德（Marshall Field）曾经说过："给顾客出乎预料的惊喜，让他们体验愉快的服务经历，这是最能赢得顾客忠诚的办法。"也就是说，从满足顾客需求的角度看，完整的酒店产品可以分解为三部分：核心产品、形式产品和附加产品。

（一）核心产品

核心产品是指产品能够带给顾客的基本效用、核心利益。核心产品实现顾客购买产品所要解决的主要问题，它是顾客需求的中心内容。

酒店的核心产品是酒店为顾客提供的最基本的东西，它能够满足顾客消费过程中最基本的效用和利益，它是顾客真正要购买的东西。对不同的顾客而言，其追求的基本利益存在差异。对支付能力有限的背包旅行者来说，追求的是安全、便宜、清洁的住宿环境；对商务客人来说，追求的是完善的商务设施与服务，舒适的办公和生活环境。

（二）形式产品

核心产品必须转变成一个真实有形的产品，才能满足顾客购买的需要。这就是产品的第二个层次，即形式产品，也就是产品呈现在市场上的具体形态，包括产品的品质、特征、式样、包装、品牌等。形式产品是顾客需求与利益的实现形式，是核心产品的有形载体。

酒店形式产品也就是酒店产品的外在表现形式，是酒店向顾客提供核心产品时所借助的有形的或无形的但可感知的载体，是顾客识别和选择产品的主要依据，也是酒店从形式上能展示产品核心利益的多种因素，既包括酒店的设计风格、建筑特色、地理位置、周边环境、品牌效应等，也包括酒店为使顾客得到核心利益而提供的各项服务，如前厅预订服务、入住登记服务、行李服务与餐饮服务等。这些展现因素使酒店产品的核心利益有形化。正是因为这些产品的不同展现才使世界上的酒店各具特色。

（三）附加产品

产品的第三个层次是伴随形式产品的出售，企业向顾客提供的各种附加服务和利益的总和。

酒店的附加产品是顾客购买酒店形式产品时所能享受到的额外超值服务。这种超值服务一方面可以满足顾客更大范围内的利益需求；另一方面还可增加核心产品的价值，为酒店创造更大收益。另外，通过附加产品的设计与经营，可以使酒店与同类酒店有所不同，为酒店创造差异化竞争优势，赢得更多的顾客与市场。

酒店可以为顾客提供的附加产品非常多，并且还有多种档次和规格可供选择。常见的附加产品有娱乐健身服务、俱乐部成员优惠、商务秘书服务、委托代办服务、照看小孩服务、残疾人服务、客房送餐服务、客房小酒吧、洗衣服务、擦皮鞋服务，以及向住店顾客赠送生日贺卡、生日蛋糕、香槟、鲜花、礼品等。酒店的附加产品越多，其档次、规格也越高。

随着社会需求的不断增加和酒店市场规模的日益扩大，与之相应的酒店业竞争日益激烈，许多酒店在核心产品、形式产品大同小异的情况下，都在附加产品方面大做文章、狠下功夫，使酒店的服务产品千姿百态、花样翻新。例如，有的酒店推出了超常服务、微笑服务、情感服务等多种服务，酒店对顾客服务的领域不断扩大，从满足顾客的基本需求发展到满足顾客的深层需求，并常常给顾客带来超值的享受和意外的惊喜。因此，附加产品已成为酒店企业竞争的重要手段。

二、酒店产品的构成

如前所述，酒店产品就是酒店有形设施和无形服务的综合，它包括酒店的位置、设施、服务、气氛和形象等。

（一）酒店的地理位置和周围环境

酒店地理位置不仅是酒店产品的一部分，而且酒店选址的好坏常常决定着其建设的投资额、酒店的客源和酒店的经营等经济活动的成效。正如“现代商业酒店之父”埃尔斯沃思·密尔顿·斯塔特勒（Ellsworth Milton-Statler）所说：“对任何酒店来说，取得成功的三个根本要素是地点、地点、地点。”

酒店一般因功能的不同而选择不同的地理位置。例如，商务型酒店常坐落于城市中心或交通便利之处；度假型酒店多位于温泉、森林、山区、海滨、海岛等旅游胜地；经济型酒店因其功能单一，则往往选址在 CBD、繁华地带、中高档（大型）居民住宅区等商业成熟区域，或靠近火车站、汽车站、机场、码头、地铁沿线、高速公路城市入口处等交通要塞之地。

酒店地理位置所处的周围的环境同样对酒店的盈利与经营有着重大的影响。在进行酒店投资时，要综合考虑地理位置周围环境，决定酒店的最终选址。

（二）酒店的设施设备

酒店是凭借其设施设备来为顾客提供服务的，所以，齐全、完好和舒适的设施设备是酒店赖以生存的基础，是酒店无形服务的依托，从一个侧面也可反映出一家酒店的接待能力和档次。酒店的设施设备包括直接或间接地影响顾客消费和使用的一切设施设备，分为客用设施设备和供应用设施设备两部分，不同等级的酒店对其设施设备的质量和规格要求也有所不同。

1. 客用设施设备

客用设施设备是直接供宾客使用的各种设施设备，也叫前台设施设备，包括客房设施设备、餐饮设施设备、康体娱乐设施设备等。客用设施设备一般要求做到设置科学、舒适美观、结构合理、配套齐全、使用安全、操作简单、完好无损和性能良好等。

2. 供应用设施设备

供应用设施设备是酒店经营管理所需的不直接和宾客见面的生产性、服务性设施设备，也叫后台设施设备，包括制冷供暖设备、厨房设备、干洗设备、消毒设备、锅炉设备等。供应用设施设备一般要求做到安全运行、保证供应，否则会影响到对宾客服务的质量。

（三）酒店服务

酒店服务是酒店产品中最重要的部分，也是顾客选择酒店主要考虑的因素之一。酒店服务内容的针对性、服务项目的多少、服务内容的深度以及服务水平的高低等更是酒店竞争的重要内容。酒店的服务包括标准化服务和个性化服务两种。

1. 标准化服务

标准化服务是按照标准化的运作规范，以有序的服务来满足顾客各种常规的需求。也就是说，酒店向顾客提供的服务项目和服务程序，都是按照酒店管理者统一制定的一系列标准进行生产，从而满足顾客合理的各种常规需求。标准化服务具有高效、可靠的特点，它方便顾客接受服务并降低或消除他们的风险心理。

2. 个性化服务

个性化服务是酒店为顾客提供的满足顾客个性化需求的差异化服务，包括酒店提供的具有酒店自己个性和特色的服务项目。酒店为顾客提供个性化服务，可以使接受服务的顾客产生一种自豪感和满足感，从而留下深刻印象，并赢得顾客对酒店的忠诚而成为回头客。个性化服务更能体现服务人员的主动性及发自内心的与顾客之间的情感交流，使服务更加准确到位。

当然，个性化服务与标准化服务既有区别，又相互联系，而且在一定条件下也可以相互转化。

（四）酒店的内部氛围

酒店的内部氛围对于顾客的心情、情绪会产生很大影响，顾客往往把感受到的酒店氛围的好坏作为评价酒店质量优劣的依据，酒店的氛围也是影响客人是否再次来酒店消费的重要因素。酒店的内部氛围包括酒店的环境氛围和酒店的服务氛围两个方面。

1. 酒店的环境氛围

酒店的环境氛围是酒店的硬环境，包括酒店整体的建筑风格、总体布局、各种消费空间的大小、装饰格调、色彩调节、灯光影响、设施设备的陈设、环境卫生状况、噪声的控制，以及温度、湿度与空气的清新程度等。酒店的环境氛围对顾客需求满足的效果会产生更大的影响，良好的环境氛围能使顾客置身于轻松、愉快的享受之中。在国家星级酒店评价标准中，明确规定了三星级以上的酒店建筑必须有自身的特色和风格。

2. 酒店的服务氛围

酒店的服务氛围是酒店的软环境，包括酒店员工的仪容仪表、服务态度、服务行为等。常言道“主雅客来勤”，酒店要为顾客提供满意的服务，就需要服务人员从仪容仪表、态度、言谈举止等各方面保持最佳的状态。酒店员工良好的仪容仪表、自然流露的礼貌修养与酒店服务人员待客热情、分寸适度、表情诚恳等服务氛围能给顾客留下深刻的印象和美好的回忆。

（五）酒店的形象

酒店的形象是顾客对酒店的总体评价或看法，是顾客对上述有形和无形因素进行综合识别的产物。它既包括建筑、客房、餐厅、康体设施等硬件形象，也包括酒店管理、服务质量、员工精神面貌、酒店企业文化等软件形象。良好的形象是酒店有别于其他酒店的重要因素，竞争者很难效仿，因此成为酒店拥有的宝贵财富，可以有效提高酒店竞争力。重要的是，良好的形象还能使酒店吸引更多的顾客，提高经济效益，获得很高的知名度和美誉度。

三、酒店产品的特性

与一般实物产品比较，酒店产品表现出多方面的特性。要提高酒店服务水平、加强酒店管理，就必须要对酒店产品的这些特性有充分的认知。

（一）酒店产品的无形性

酒店产品从本质上讲就是服务，或者说酒店产品是一种高服务的产品。而服务产品不同于普通的商品，它是一种无法看到的、难以触摸的、无形的特殊产品，人们无法衡量或者是测量服务产品的大小。所以，顾客对于酒店产品的认知只能通过对酒店的消费体验方能获得，而不能像其他产品一样可以通过有形的外观加以辨识。虽然有些服务还有一定的实体成分，如餐厅的食品、饮料，但服务的主体却是由人的行为组成，无法以形状、质地、大小等标准去衡量和描述这种服务，因而也是无形的。唯有顾客入住酒店，通过其主观体验和感受才能判断出服务的存在，评价质量的好坏。另外，服务的无形性还表现为消费服务获得的利益也仅能抽象的表达。所以，体验就成了酒店产品的本质所在，无形性就成了酒店服务产品最基本的特征。

酒店以服务为本，以服务立业，其服务设施和服务质量构成酒店企业的生命线。所以，酒店常常需要格外关注酒店自身的品牌形象，借助酒店产品自身良好的品牌形象和符号，消除酒店产品无形性的影响，使得消费者能够根据酒店产品的品牌获得对酒店产品的认知，进而产生酒店产品的购买行为。

（二）酒店产品生产与消费的不可分割性

酒店服务人员提供服务的过程，也是顾客消费产品的过程，即酒店产品的生产过程与消费过程几乎是同步进行、不可分割的。只有当顾客购买并在现场消费时，酒店的服务和设施相结合才能完成酒店产品的生产与消费过程。因此，酒店员工的素质、提供服务时的个人状态，包括言谈举止等都将直接影响其所提供产品的质量。也就是说，酒店服务的质量更多地受到服务过程的影响，酒店员工每一个服务的细节都将影响到酒店产品的质量。

因此，酒店产品生产与消费的不可分割性，要求酒店注重服务操作的规范与标准；要求酒店员工不仅要具备良好的服务技能，还要懂得服务心理学，了解不同顾客的需求规律和心理特点，以提高顾客购买酒店产品的满意度，赢得顾客的忠诚。

（三）酒店产品生产和消费的时空刚性

酒店产品是依附于一定的空间而存在的，酒店不同于一般的制造企业，能将产品的生产转移到目标市场进行，酒店产品在地域之间是不可流动的。一般来说，酒店产品的生产和供给都是本地供应的，其产品的总量短期内很难增加。如果本地酒店产品具有剩余，也无法将其运送到另一个城市，增加其供给。酒店产品的消费也是相对固定的，顾客只能在酒店内消费，而且即使消费成功，顾客也得不到具体的物品，只是获得一种享受的感觉或经历。总之，酒店提供的酒店产品只能在所在地的空间进行，具有明显的产品本地生产的刚性。另外，床位或餐位这些酒店产品使用权的销售是时空的函数。销售是粘附在时空维度上的，酒店产品的价值以时间为计算单位，随时即逝。

酒店产品的这一特性使得酒店在如何协调好酒店不断变化的市场需求与酒店产品固定供给之间的平衡显得十分重要，即酒店接待能力的充分利用已成为酒店经营管理的一大挑战，酒店的收益管理显得尤为重要。对于那些淡旺季明显的酒店，必须采取有效措施开拓淡季客源市场，以充分利用酒店相对固定的服务接待能力。酒店产品的这一特性，也要求酒店必须通过适当的公共关系活动为酒店树立良好的公众形象，以吸引更多的顾客前来消费，并保持较高的顾客回头率。

（四）酒店产品的差异性

酒店产品在生产过程中因顾客需求和其他外部人为因素的不同，会呈现出不同的产品特征，甚至是同一连锁酒店集团的不同酒店之间也不会存在完全相同的酒店产品。另外，因每个消费者的服务体验不同，即便是同一款酒店服务产品，其顾客消费体验也永远都是不同的。

正是由于酒店产品之间存在差异，酒店管理者需要关注每一位酒店顾客的需求，并及时调整酒店产品的生产与供给，以迎合不同宾客的需求，减轻酒店产品差异性所带来的影响。

（五）酒店产品的顾客参与性

酒店产品的生产与消费同时进行、不可分割，使得顾客往往会参与到酒店产品的供给过程中。另外，顾客的行为与态度也影响着酒店产品的质量以及顾客对酒店服务产品的满意度。所以说，顾客不是一个超然的独立者，而是酒店产品生产的合作者、参与者，这就是酒店产品的顾客参与性。例如，顾客把客房用过的产品直接放置原位，帮助餐厅服务员收拾整理用过的餐具等，都是顾客直接参与酒店产品的生产过程，顾客从一定程度上讲，既是消费者也是生产者。

顾客作为参与者出现在酒店产品的生产过程中，这就要求酒店管理者必须重视酒店设施的设计，注意酒店服务设施的物质环境，尽量为顾客创造温馨、舒适的享受氛围。同时，酒店管理者还要将顾客的消费习惯和偏好甚至是一些个性特征作为酒店经营的关键因素，将顾客作为重要生产合作者纳入酒店管理视角之下。

（六）酒店产品的高支出性

酒店产品的高支出性包括两个方面：①酒店作为提供住宿和其他服务的商业性建筑设施与机构，要满足现代化消费者的需求，必须具有与酒店类型相匹配的现代化的设施设备，这就导致酒店的建设必须投入相当大的资金；此外，还要保证有相当资金用于日常运行成本，从能源材料消耗到数百上千名员工的薪酬；同时，为保持良好的状态和适应消费者的需求变化，还需要足够的设备维护保养和更新改造的资金支出。②对于顾客而言，酒店产品的消费不同于一般日常产品，酒店住宿消费是外出旅游者消费支出的主要部分，入住一个高档酒店对于普通顾客来说，也是一项较高的支出。

酒店产品的这一特性，要求作为酒店管理者、投资者，应在不影响酒店产品质量的前提下，尽可能地降低或控制好单位酒店产品的成本，以获得更好的酒店经营成效；对于普通宾客来说，不能像购买简单的商品那样随意、冲动，而要对酒店产品的购买做出较为慎重的选择。

（七）酒店产品需求的季节性

对于以外地旅游者作为主要客源的酒店来说，酒店产品的需求与旅游的需求是相一致的。而旅游受季节、气候等自然条件和各国休假制度的影响，表现出一定的季节性，这就使得酒店产品的需求也呈现出非常明显的季节性特征，酒店产品的淡季和旺季差别明显。旅游旺季酒店产品的消费需求较大，床位、餐位等酒店产品的供给就比较紧张；旅游淡季酒店产品的消费需求比较小，床位、餐位等酒店产品的供给就相对比较充裕。

酒店产品的这一特性，要求酒店管理者需要考虑如何平衡好这一季节性的波动，以免酒店产品的季节性波动影响到酒店的经营与管理。

（八）酒店产品易受外部性影响

酒店产品具有天生的脆弱性，容易受到外部性事件的影响。政治、经济、军事等时局的演变，对酒店市场常常产生很大的影响，酒店业的兴衰随着时局的变化而变化。例如，美国“9·11 事件”、2003 年“非典”疫情、2008 年北京奥运会等，酒店企业都首当其冲，可谓处于风口浪尖。因为酒店产品面向的顾客群体是那些处于流动的目标人群，而外部环境的变化，特别是上述那些外部性事件的发生，会影响到人们的出行和消费，也就影响到酒店的顾客群体，而这些外部因素往往都超出了酒店的控制范围。

酒店产品的这一特性，要求酒店管理者需要格外关注那些外部环境的变化，做好相应的风险防范预案和防冲击准备。

（九）酒店产品质量评价的主观性

酒店服务产品是无形的，服务质量的好坏不能像一般实物产品那样用机械或物理的性能指标来衡量。来自不同国家、地区的不同类型的客人，由于他们所处的社会经济环境不同，民族习惯、经历、消费水平和结构不同，对酒店服务接待的要求也不尽相同，因此，顾客对服务质量的感受往往带有较浓的个人色彩和特点，具有很大的不确定性。酒店服务质量的好坏在相当程度上取决于顾客各自的需要和自身的特点，取决于顾客体验了酒店服务后在生理和心理上感受到的满意程度。

酒店产品的这一特性，要求酒店在确保服务符合质量标准的基础上，对不同类型的客人提供针对性的个性化服务，以提高顾客对酒店服务的满意度及酒店在公众中的美誉度。同时，也要关注酒店员工，提高其工作的满意度。

第三节　酒店业的范畴及业态

一、酒店业的范畴

尽管旅游业界和学术界对酒店业是否是一个产业存在争议，但从酒店业发展的历史和趋势来看，酒店业的确有着自身的特点和发展规律，业界已经将酒店业从产业的角度进行定性并发展。目前，酒店业是世界各国经济发展中的一个至关重要的组成部分。在过去的 30 年里，世界上大多数国家的经济增长促进了酒店业的发展。酒店业已经在全球范围内成为一个重要的产业，其消费者和供应商遍布世界各地。特别是随着旅游业的发展，世界各地对酒店服务的需求出现了急剧增长。为了满足这一需求，酒店企业在世界范围内扩张。

产业是具有某种同类属性的经济活动的集合或系统，是由利益相互联系的、具有不同分工的、由各个相关行业所组成的业态总称，尽管它们的经营方式、经营形态、企业模式和流通环节有所不同，但它们的经营对象和经营范围是围绕着共同产品而展开的，并且可以在构成业态的各个行业内部完成各自的循环。酒店业就是所有为消费者提供住宿服务的服务企业的总称。酒店业就其本质而言属于服务型产业。酒店业的范围十分广泛，广义的酒店业，范畴不局限于酒店、饭店这类名称的企业，而是一个包括多种类型和档次的旅游、旅行食宿设施群体。

从许多方面来看，酒店业与旅游业有着非常密切的联系。根据旅游业发展及旅游学科目前发展的状况，一般认为旅游产业是以旅游资源为凭借，以旅游设施为条件，为旅游者提供服务而取得经济和社会效益的行业。按照旅游活动的要素来划分，旅游业被认为是由食、住、行、游、购、娱六大部分构成，是直接为旅游者服务的。旅游要素产业包括住宿接待业、旅游餐饮业、旅游交通运输业、旅游开发经营业、旅游商品业、旅游娱乐业。其中住宿接待业、旅游餐饮业和旅游娱乐业被称作旅游接待业。从这个角度来讲，旅游接待业是涵盖酒店业的一个通称。但从另一个角度来讲，旅游接待业的这三个主要方面可能是由一些不同企业分别经营的。比如，汽车旅馆只提供住宿，餐馆只提供餐饮，KTV 只提供娱乐等。但酒店可以提供基于住宿、餐饮和娱乐这三个主要方面的组合产品。酒店业可以认为是为人们提供餐饮、住宿、购物、娱乐等其他服务活动的服务企业的总称。

除酒店业外，业界还有旅店业、住宿业、膳宿业/招待业等多种说法。部分学者通过以下界定对各概念涵盖的范围进行区分。

（一）酒店业

酒店业（Hotel Industry）是档次较高、服务较为全面的酒店集群，由酒店、饭店、宾馆、旅馆、游轮、公寓、度假村、会议中心等旅游住宿企业构成。它们属于酒店业的第一层次和第一集群。

（二）旅店业

旅店业（Lodging Industry）是指第二层次的旅游和旅行住宿设施，包括经济型酒店、客栈、旅店、汽车旅馆、招待所等住宿企业。第一层次和第二层次的旅游住宿设施共同构成酒店业的第二集群。

（三）住宿业

住宿业（Accommodations Industry）包括所有以商业利益为目的，向旅居在外的公众提供住宿服务的企业和相关机构，亦可称为酒店业的第三集群。在这一集群中，除去第一和第二层次的住宿设施，还包括城镇或乡村家庭旅馆、露营地、夏令营、房车营地、临时帐篷驻地、社会办的学生公寓，以及列车、渡船等临时住宿设施等，它是广义上的酒店业。

（四）膳宿业/招待业

膳宿业/招待业（Hospitality Industry）涵盖了住宿业和餐饮业，以及目标市场并非旅行大众的机构住宿业务、餐饮业务，如学校、医院、军队、企业等机构的签约饮食服务业务等。

事实上，酒店业、旅店业、住宿业、膳宿业之间的界限是比较模糊的，尤其是酒店业和旅店业并没有严格的界限。从理论上讲，虽然各种业态以规模、功能、性质等基本条件作为区分范围的依据，但其实这种区分并没有绝对的标准。随着酒店业的不断成熟，市场上既有全服务的高档酒店，也有只提供一两项基本服务的经济型酒店，又有针对某一客户群提供私人服务的精品酒店，还有面向某一市场、客人自我服务的个性化酒店。作为经营者来讲，确定目标市场，满足顾客的需求，才有盈利的空间。

近年来，我国旅游管理机构出台的一些标准、规定中所使用的术语，正在逐渐弱化改革开放之初国人心目中“酒店”作为高档住宿设施和社交场所的概念。2010 年 10 月，中华人民共和国国家质量监督检验检疫总局（简称“国家质监总局”）和中国国家标准化管理委员会（简称“国家标准委”）发布的最新版国家标准《旅游饭店星级的划分与评定》

（GB/T14308—2010）中，将“旅游饭店（Tourist Hotel）”定义为“以间（套）夜为时间单位出租客房，以住宿服务为主，并提供商务、会议、休闲、度假等相应服务的住宿设施，按不同习惯可能也被称为宾馆、酒店、旅社、宾舍、度假村、俱乐部、大厦、中心等”。这一定义所强调的正是旅游饭店作为旅游住宿设施的本质属性。

本书内容既涉及酒店，也包含旅店，可以理解为是对广义的酒店业（Hotel-Lodging Industry）的讨论，之所以使用“酒店业”或“酒店”的称谓，主要是为了叙述的方便。

二、酒店业态

酒店业态是指酒店为满足不同顾客需求而形成的不同的经营形态或酒店定位。世界上存在的酒店业态与种类繁多，并且没有统一的规定和标准，也没有严格的界限，只是一种约定俗成。可以根据酒店用途与客源市场、地理位置、交通工具、建筑投资费用、酒店经营方式、经营特色、计价方式及其他标准等分类方法将酒店分成不同的类别。

酒店管理者深入了解酒店业态具有重要的现实意义。首先，可以帮助酒店管理者在投资、建设决策等方面明确自己的定位，在投资金额、建筑规模、经营管理、服务水平等方面有较为科学的决策依据；其次，在经营过程中，有助于酒店管理者把握市场动向、研究竞争策略和制定经营方针，灵活调整酒店的经营与管理，适应市场的需求；最后，有助于顾客在选择酒店时有明确的目标，方便顾客选择。归纳起来，酒店的业态有以下几种。

（一）根据酒店用途及客源市场分类

1．商务型酒店

商务型酒店（Commercial Hotels），此类酒店主要为从事商务活动的旅客提供住宿等服务。该类酒店多位于城市的中心地区或比较繁华的商业区，在地理位置、酒店设施、服务项目、消费价格等方面都以满足商务旅客的需求为出发点和目标。相关商务设施配备齐全，如国际直拨电话、网络宽带、传真机、商务中心、洽谈室等，部分酒店也配备供商务旅客娱乐、健身的设施与场所，如健身房、游泳池、桑拿洗浴、康体中心等。在酒店的发展历程中，商务型酒店得到不断完善与发展，部分酒店拥有独立的商务楼层。

2．长住型酒店

长住型酒店（Resident Hotels），也称为公寓型酒店（Apartment Hotels），主要接待住宿时间较长，在当地短期工作或来度假的宾客或家庭，一般采用公寓式建筑的造型，其客房多采用家庭式布局，以套房为主，房间大者可供一个家庭使用，小者仅供一人使用。除拥有酒店的一般设施外，长住型酒店还配备适合宾客长住的家居和电器设备，通常都有厨房设备供宾客自理饮食。在服务上，长住型酒店讲究家庭式气氛，特点是亲切、周到、针对性强，酒店的组织、设施、管理比其他类型简单。长住型酒店既有公寓的私密性和居住氛围，又有高档酒店的良好环境和专业服务，因此，受到了一批消费者的广泛关注和欢迎。

3．会议型酒店

会议型酒店（Convention Hotels）是以接待会议顾客为主的酒店，会议类型包括展览会、交流会、学术研讨会、培训讲座等。酒店除提供食、宿、娱服务外，还为会议宾客提供接送站、会议资料打印、录像摄影、导游服务等。会议型酒店一般都设在大都市，政治、经济中心或交通方便的旅游胜地。会议型酒店不仅要配备各种类型和规格的会议室、展览厅、陈列室、洽谈室等，还须配备会议设施，如投影仪、同声传译设备、通信设备、视听设备和影像设备等设施。除此之外，会议型酒店还要求有良好的会议组织和协调功能，提供高效率的服务。会展旅游市场的兴起为会议型酒店提供了稳定的客源，从而直接带动了会议型酒店的快速发展。

4. 度假型酒店

度假型酒店（Resort Hotels）就是以接待休闲、度假、疗养、旅游等宾客为主的酒店，一般建在风景优美的地方，如海滨、山区、温泉、海岛、森林等旅游胜地，远离繁华的城市中心和大都市，但交通便利、畅通。除了提供一般酒店应有的设施和服务项目外，其最突出的特点就是占地面积大，拥有种类繁多的娱乐健身设施，如配备沙滩和游泳场、一流的滑雪与溜冰场、高尔夫球、骑马、冲浪与划船等各种体育项目，以及多功能厅、影视厅和棋牌室等娱乐设施。度假区活动吸引力的大小是一个度假型酒店成功的关键。风景区规模大，度假型酒店就较为集中，容易形成旅游度假城，如我国的北戴河、青岛、大连、三亚等城市，泰国的芭提雅等。当然，一般城市周围地带或郊区，也会发展一些相对分散的度假型酒店，它们大多建在湖畔或山区风景秀丽、自然景观优美的地方，主要客源为周边城区的度假宾客。

5. 汽车酒店

汽车酒店（Motor Hotels）是随着汽车的迅速普及与高速公路的迅速发展而产生的一种新型住宿设施，以接待驾车旅行的宾客和家庭而得名。此类酒店主要建在城市边缘的主要公路或高速沿线，有较大的免费停车场，出入方便，住宿手续简单，收费也相对较低，但服务项目有限。按照国际惯例，高速公路沿途每 200 公里就应该有一家汽车酒店，所以此类酒店在欧美国家十分常见。目前，我国上海锦江饭店集团已率先在沪宁、沪杭公路沿线兴建适应驾车旅游的酒店。不过，随着高速公路的迅猛发展，自驾车旅行也渐成风尚，预计汽车酒店在中国将拥有巨大的潜在市场。

（二）根据酒店建造的地理位置分类

1. 城市酒店

城市酒店是指那些建造在城市里的酒店，主要用于接待商务客人、会议客人、旅游客人以及探亲和短暂停留的客人等。但城市规划、商务或公务活动的重点以及城市居住的分层格局不同，都会对城市酒店经营造成一定的影响，形成城市酒店的不同特色。例如，北京东部建国门一带（传统的使馆集中区）、朝阳门一带（后开发的使馆区），由于商务活动的原因，这一区域城市酒店以外商投资居多、高档商务酒店比较密集。当然，城市酒店除了这些豪华的高端酒店外，还有众多中、小规模的经济型酒店，它们以舒适、便捷的服务和较高的性价比为一般的商务顾客和大众旅行者服务。

2. 郊区酒店

郊区酒店是指建造在郊区或城乡接合部的酒店、饭店、度假村、乡村旅馆等。郊区酒店具有一定的乡土特色，远离城市的喧闹与繁华，一般占地面积较大，建筑楼层不高，周边环境优美。例如，北京怀柔宽沟度假村，客源市场定位于中高端休闲度假旅游者和部分会议团体旅游者；杭州城郊梅家坞的乡村旅馆，定位于城市的后花园、以农家乐形式吸引游客；北京昌平区的乡村酒店聚集区，东起小汤山温泉大道，西至流村绿色走廊的百里山前暖带，分为温泉康复疗养型、特色餐饮型、体验农事型、餐饮会议型、采摘休闲型、田园风格型、拓展登山型、特殊风格建筑型等。

3．风景区酒店

风景区酒店是指位于海滨、山林等自然风景区或休养胜地的各种类型的酒店。风景区酒店大都建在著名的风景区内。例如，安徽黄山风景区，除了风景区内的西海饭店、北海宾馆、玉屏楼宾馆等几家酒店外，在山下还坐落着星级度假饭店、疗养院和家庭旅馆等。再如，山西五台山风景区内的鑫茂宾馆、缘至客栈、灵峰山庄、晋峰山庄、胜家酒店等都是风景区酒店。

（三）根据酒店计价方式分类

1．欧式计价酒店

欧式计价（European Plan，EP）酒店，是指酒店客房价格仅包括房租，不含食品、饮料等其他费用。目前，世界上大多数酒店均属于欧式计价酒店。

2．美式计价酒店

美式计价（American Plan，AP）酒店，是指酒店客房价格包括房租及早、中、晚一日三餐的费用。这种计价方式在一定程度上给宾客带来了较多的不便，所以目前只有一些地处偏远的度假型酒店属于美式计价酒店。

3．修正美式计价酒店

修正美式计价（Modified Plan，MP）酒店，是指酒店客房价格包括房租及早餐和一顿由宾客自选的正餐（中餐和晚餐中选一餐）两餐费用，主要是为了让宾客有较大的空间安排自己白天的自由活动。

4．欧陆式计价酒店

欧陆式计价（Continental Plan，CP）酒店，是指酒店客房价格包括房租及一份简单的欧陆式早餐，即咖啡、面包和果汁。这种计价方式较多地由不设餐厅的家庭旅馆所采用。

5．百慕大计价酒店

百慕大计价（Bermuda Plan，BP）酒店，是指酒店客房价格包括房租及一份丰富的美式早餐的费用。美式早餐包括用粗粮做的甜麦圈、烤面包片、火腿和牛奶，有时候还加水果。目前越来越多的酒店采用此计价方式，而且早餐形式也越来越多样化。例如，我国一些豪华酒店开设中西合璧式自助餐甚至提供早、午餐，一方面为宾客提供了方便，同时也增加了酒店餐厅的营业收入。

（四）根据酒店经营方式分类

1．集团经营酒店

集团经营酒店也称联号酒店，一般由多个酒店组成，拥有一个或多个品牌，采用多种经营方式。酒店集团经营方式主要有集团直接经营所属酒店、集团按照委托合同管理其他个人或集团的酒店、集团授权特许经营的酒店等。所有酒店都隶属于某个酒店联号。所谓酒店联号（Hotel Chain）是指拥有、经营或管理两个以上酒店的公司或系统。酒店联号里的所有酒店均使用统一的店名或店称、统一的标志，并实行统一的经营、管理规范与服务标准。甚至有的酒店连建筑形式、房间大小、室内设备、地理位置以及主要的服务项目也相同。例如，香格里拉酒店集团，以香港为大本营，已发展成为亚太地区最大的豪华酒店集团，且被视为世界最佳的酒店管理集团之一。集团拥有或管理 90 家酒店及度假酒店，遍及亚太地区、北美、中东和欧洲，客房总数已超过 37 000 间。

2．独立经营酒店

独立经营酒店也称自主经营酒店或单体酒店，是指由个人、企业或组织独立拥有并经营的单体酒店。其特征就是独立所有、独立经营，不属于任何酒店集团，也不参加任何特许经营系统，市场品牌认可度相对比较低。自主经营酒店约占全球酒店总数的 80%左右，主要集中在欧洲和北美，由于规模较小，房间数仅占全球酒店客房总数的 30%左右。

3．连锁经营酒店

连锁经营酒店就是坚持以顾客为中心，通过统一商品、统一价格、统一服务、广泛布点，及时和最大限度地满足顾客需求的一种酒店经营方式。连锁经营酒店的经营方式包括直营连锁（Regular Chain，RC）、连锁加盟（Franchise Chain，FC）和自愿连锁（Voluntary Chain，VC）三种。连锁酒店可以说是经济型酒店的精品，诸如汉庭、如家、7 天、锦江之星、速 8 等都是比较经济的连锁快捷酒店。

（五）根据酒店经营特色分类

1．精品酒店

精品酒店（Boutique Hotels），是专指提供独特、个性化的居住环境和服务，具有鲜明的与众不同的文化理念和内涵的小而精致的酒店。许多精品酒店都保存了浓郁的当地文化韵味和独特的历史记忆。精品酒店起源于 20 世纪 80 年代，是为了满足宾客舒适、自由和温暖的旅行体验需求而出现的，它强调个性、独有、专属。一般而言，成功的精品酒店必须具备以下四种特质：完全个性化与精细化的服务，精准的市场定位，独树一帜的建筑风格与装饰艺术，深厚的文化底蕴。精品酒店对这四种特质的不同理解与诠释，造就了精品酒店多样化的魅力特征。例如，半岛酒店（The Peninsula Hotel）在香港地区仅靠吃就能征服宾客，它具有全世界最有名的下午茶。再如，索尔吉·吉利酒店（Soneva Gili）距马尔代夫首都马累仅 10 分钟航程，栖居在一个白色珊瑚礁小岛上，44 座小别墅拔“海”而起，代表着马尔代夫的精品哲学。

2．主题酒店

主题酒店（Theme Hotels），也称特色酒店，是以某一特定的主题为核心的酒店。在酒店建筑风格、装饰艺术、服务方式、产品形态和企业形象设计等方面表述同一特定的文化氛围、文化理念、文化形象与文化信念的酒店，可以让宾客获得富有个性的精神享受，同时又将服务项目融入主题，以个性化服务代替一般服务，让宾客获得独具特色的不同文化感受和体验。

近几年，主题酒店以其丰富的人文文化内涵与极具感染力的建筑装饰风格受到了市场的大力追捧。我国第一家真正意义上的主题酒店，是 2002 年 5 月在深圳开业的威尼斯酒店，它融合了文艺复兴和欧洲后现代主义的建筑风格，以威尼斯文化为主题进行装饰。广州番禺的长隆酒店是一家以回归大自然为主题的主题酒店。在上海，有些酒店以老照片、老绘画、老古董、老服饰、老环境营造怀旧主题，也都妙趣横生。在长沙，2599 爱情主题酒店的房间以水床、电动床、圆床、心形床以及其他爱情主题因素为主，是全国第一家以爱情作为主题的酒店。

（六）根据建筑投资费用分类

1. 经济型酒店

经济型酒店也称中低档酒店。按照国际惯例，经济型酒店每个标准客房的建筑投资为2万～4万美元，建筑面积为25平方米左右。客房除了卫生间的客用洗漱用品以外，房间配备沙发、写字台、电视、音响系统、室内空调等。此类酒店的客源主要是大众旅游者、普通商务阶层和工薪阶层等大众消费群体。标准间的价格一般在300元/晚以下。经济型酒店是传统酒店业市场优化和存量结构调整的产物，也是旅游业市场化进程对酒店业的具体反映。

2. 舒适型酒店

舒适型酒店也称中档（或中档偏上）酒店。一般来说，每个标准客房的建筑投资为4万～6万美元，建筑面积为36平方米左右。客房配有较大的卫生间，室内陈设的沙发、写字台、电视、音响系统、中央空调、壁画、室内风景等相对讲究，用具质量优质。此类酒店的客源主要是工薪阶层的家庭以及对住宿要求不高的商业人士。一般标准间的价格在300～500元/晚。我国的三星级酒店属于此类舒适型酒店。

3. 高档型酒店

高档型酒店也称一流酒店。一般来说，每个标准客房的建筑投资为6万～8万美元，建筑面积在40平方米左右。高档型酒店的设备先进，综合服务设施完善，提供优质服务。此类酒店的客源主要是有一定经济实力的家庭以及对住宿要求较高的商业人士。一般标准间的价格在500～1 000元/晚。我国的四星级酒店属于此类高档型酒店。

4. 豪华型酒店

豪华型酒店主要建在大、中城市以及知名的旅游度假胜地，提供全面周到的服务以及舒适、具有文化品位的酒店设施。一般来说，每个标准客房的建筑投资为8万～10万美元，建筑面积在47平方米左右。豪华型酒店的客房配以豪华级的沙发、写字台、两张桌椅、室内用餐桌、室内酒吧、彩电、中央空调、卫生间呼唤安全电话、直拨国际电话、高级音响系统等设施。此类酒店的客源主要是有经济实力的家庭以及商务人士。一般标准间的价格在1 000～2 500元/晚。我国的五星级酒店属于此类豪华型酒店。

5. 奢华型酒店

奢华型酒店也称超豪华酒店，其综合服务设施和服务水准远超过一般豪华型的酒店标准。一般来说，每个标准客房的建筑投资在10万美元以上，建筑面积在50平方米左右。奢华型酒店房间的设施极尽奢华。一般标准间的价格在2 500元以上。在我国的星评体系中，“白金五星级酒店”是最高级别的奢华酒店。目前世界上最知名的奢华酒店是坐落于迪拜的阿拉伯塔酒店（又称“迪拜帆船酒店”）和阿布扎比西北海岸边的阿布扎比酋长国宫殿酒店，其酒店的豪华程度令人叹为观止，被评论家们称为“七星级酒店”。

（七）根据其他标准分类

1. 按照酒店的营业时间分类

根据酒店的营业时间，可以将酒店分为全年性营业酒店和季节性营业酒店两大类。

2．按照酒店经营的性质分类

根据酒店经营的性质，可以将酒店分为国有酒店、集体所有制酒店、合资酒店、外资酒店、股份制酒店和个体酒店等。

3．按酒店星级分类

根据 GB/T14308—2010《旅游饭店星级的划分与评定》，旅游饭店分为五个级别，即一星级、二星级、三星级、四星级、五星级（含白金五星级）。

4．按照酒店规模分类

根据酒店所拥有的客房数量的多少以及酒店设施规模大小，可分为小型酒店（标准客房在 300 间以下）、中型酒店（标准客房在 300～600 间之间）、大型酒店（客房在 600 间以上）和超大型酒店（拥有 1 000 间客房以上的酒店）四大类。根据中国旅游统计年鉴，把酒店规模分为五类：500 间以上；300～499 间；200～299 间；100～199 间；99 间以下。

5．按酒店提供的服务范围分类

根据 GB/T14308—2010，旅游饭店分为有限服务饭店和完全服务饭店两类。有限服务饭店不是简单意义上的“价格便宜”，也不是单纯减少功能与服务，而是强调饭店住宿的核心功能，关注价格与质量的性价比。与有限服务相区别，完全服务饭店高度重视饭店功能配置和服务项目的完整性，强调饭店环境、氛围与服务的整体协调性，关注宾客的全面感受与价值体现。

以上是以酒店的最主要的特点，即最能区别于与其他酒店的特点进行的分类。实际上，一家酒店常常具有多种特点，因而往往能同时被归入上述其中几类。例如，一家商务型酒店可能同时也是一家城市酒店。一、二、三星级酒店是有限服务饭店，四星级和五星级饭店是完全服务饭店。随着科技的发展以及人们需求的不断变化，预计未来一段时间内，将会有越来越多的个性化酒店出现，酒店的种类将会越来越丰富。

第四节　酒店业等级制度

一、酒店业等级制度的相关概念

酒店等级是指一家酒店的豪华程度、设施设备、清洁卫生、服务范围、服务质量等各方面指标所反映出的其在酒店业内的级别与水准。

酒店业等级制度也称酒店的定级，是指国家、地区的政府或行业组织根据酒店的建筑设计、地理位置、周边环境、设施设备、服务水准等各方面的情况，按照一定的标准和要求对酒店进行的分级，并用某种标志在酒店显著的地方公示出来。

二、酒店业实施等级制度的目的与作用

酒店业等级制度在许多国家被采用，并成为一项制度。酒店业实施等级制度的目的和作用主要表现在以下几个方面。

（一）便于行业管理与监督

许多国家的政府机构和行业组织通过颁布酒店业等级制度来管理酒店行业和规范酒店行为，一方面有利于酒店企业根据自身的等级制定经营方向和目标；另一方面也有利于政府部门对酒店业进行管理和监督，使酒店等级与酒店提供的产品质量相符合。

（二）促进行业发展与完善

政府制定酒店业等级制度同样也维护了酒店业的利益，一方面有利于酒店企业的市场定位和目标市场选择，为酒店发展方向提供依据，并针对目标市场更好地展示酒店的产品与形象；另一方面也有利于酒店企业之间展开平等、公平竞争，促进不同等级的酒店服务质量的改善与提高，维护酒店业的声誉。同时，对接待国际游客的酒店来说，也便于进行国际比较，促进酒店业的不断发展。

（三）保障酒店宾客的权益

酒店的等级标志是对酒店设施设备和服务质量的一种鉴定和保证。对酒店进行分级，可以使宾客在预订或入住酒店之前对酒店有一定的了解，根据自己的消费水平和需求选择最适合自己的酒店。对酒店进行定级可以有效地指导宾客选择酒店，为其提供物有所值的服务，保障酒店宾客的合法权益。

（四）增强员工的责任感、荣誉感和自豪感

通过酒店分级定级，动员酒店全体员工参与，促使员工增强争级、保级、升级的责任感，激发员工的工作热情。酒店定级或升级的成功可以增强员工的荣誉感和自豪感，从而增强酒店的凝聚力和竞争力，有利于酒店获得持续发展的内在动力。

三、酒店业等级划分的方法

目前酒店业分级制度在世界许多国家和地区使用，尤其是在欧洲。不同国家和地区采取不同的评定方式和标准对酒店进行等级评定，各自采用的级别标志与名称也各不相同。迄今为止，国际上对酒店等级尚未形成统一的标准。目前，国际上采用的酒店等级制度与表示方法大致有以下几种。

（一）星级制

星级制是将酒店根据一定的标准分成不同的等级，并分别用星号（★）标志来表示，以区别其等级的制度。目前世界上比较流行的是五星级别，星越多，等级越高。这种星级制在世界上，尤其是欧洲采用最为广泛。例如，法国使用 1～5 星级；摩洛哥采用四星豪华、四星 C、三星、二星、一星等；我国也是采用五星制。

（二）字母表示法

许多国家将酒店的等级用英文字母表示，即 A、B、C、D、E 五级，A 为最高级，E 为最低级。有的虽然是五星级，却用 A、B、C、D 四个字母表示，最高级别用 A1 或特别豪华级来表示。例如希腊采用 A、B、C、D、E 五级；奥地利采用 A1、A、B、C、D 五级；阿根廷采用特别豪华、A、B、C、D 五级。

（三）数字表示法

用数字表示酒店的等级，一般最高级别用“豪华”表示，继豪华之后由高级到低级依

次为1、2、3、4，数字越大，酒店级别越低。例如，意大利和阿尔及利亚的酒店等级标志为豪华、第一、第二、第三和第四。

此外，还有一些等级分类方法，如价格表示法或以类代等，即用酒店的价格或类别代替等级。例如，瑞士酒店的价格分为1～6级；中国台北地区采用国际观光、观光两类。还有的国家用文字表示等级，如挪威采用旅游、城镇、乡村和山区四级；加蓬采用豪华、舒适、现代化三级。

世界上每个国家对酒店的分级制度各不相同，但都十分重视这项工作，尽管不同的国家评定酒店的机构不一样，但大多数国家是由国家政府部门和酒店企业或旅游业协会共同评定；也有一些地方由几个国家的酒店协会联合制定统一的标准，共同评定。表1-1是部分国家酒店等级名称及评定机构。

表1-1　部分国家酒店等级名称及评定机构

序号	国家	酒店等级名称（由高到低）	评定机构
1	中国	五星、四星、三星、二星、一星	政府
2	美国	五星、四星、三星、二星、一星	美孚汽车协会
		五钻石、四钻石、三钻石、二钻石、一钻石	美国汽车协会
		超豪华、豪华、一般豪华、超一级、一级、一般一级、豪华旅游级、旅游级、一般旅游级、二级	美国饭店协会
3	英国	五星、四星、三星、二星、一星	皇家汽车俱乐部
		五皇冠、四皇冠、三皇冠、二皇冠、一皇冠	英国旅游局
4	法国	五星、四星、三星、二星、一星	政府与酒店协会
5	意大利	豪华、第一、第二、第三、第四	政府与酒店协会
6	西班牙	豪华、1A、2B、2、3	政府
7	瑞士	按照价格分1～5级	酒店协会
8	日本	豪华、A、B、C、D	政府
9	澳大利亚	五星、四星半、四星、三星半、三星、二星半、二星、一星半、一星	全国酒店与旅游者协会
10	挪威	旅游、城镇、乡村、山区	酒店业协会
11	斯里兰卡	一星、二星、三星、四星、五星	政府
12	菲律宾	豪华、一级、标准级、经济级	政府
13	加蓬	豪华、舒适、现代化	酒店业协会
14	葡萄牙	旅游、商业	酒店业协会

四、我国酒店业等级制度

（一）我国酒店业等级制度发展概况

为了适应国内外旅游业快速发展的需要，提高我国酒店业的管理水平和服务水平，使其既具有中国特色又与国际接轨，我国酒店业等级制度也采用了国际上通行的星级制度。以星的级别来标定一家酒店的硬件档次和服务水平，既巧妙地避开了各国语言文字不同的障碍，又可以使宾客对酒店的各方面有一个全面的了解。星级制度在一段时间内对规范和促进行业的发展起到了重要的作用。从1987年我国酒店业星级标准开始制定，酒店星级标准的发展经历了五个阶段。

1. 1988 年第一版标准

从 20 世纪 80 年代初开始，随着对外开放、对内搞活的方针政策的贯彻实施，我国的旅游业、酒店业进入了高速发展时期。但在发展过程中也出现了酒店业缺乏规范、缺乏规则和秩序等一系列问题，国家旅游局深感有必要制定一套按照国际惯例建立起来的星级标准，用以规范我国酒店业发展，促进旅游业尽快与国际接轨，适应大力发展国际旅游业的需要。1987 年，国家旅游局聘请世界旅游组织专家、西班牙旅游企业规划司司长费雷罗先生到我国先后考察了 113 家酒店，全面系统地调查研究了我国酒店行业的实际情况，并结合国际经验和我国国情制定了《中华人民共和国评定旅游（涉外）饭店星级的规定》，经国务院批准，于 1988 年 9 月 1 日正式开始宣传、贯彻、推行，由此开始了我国酒店业一个新的起步。该标准主要包括旅游涉外饭店星级评定的规定和旅游涉外饭店星级标准两大部分内容，但此时还只是个行业标准。

2. 1993 年第二版标准

酒店星级标准虽然只是个行业推荐性标准，但推行几年后，取得了成功的经验，在社会上也造成了越来越大的影响，对酒店也产生了足够的吸引力。尤其是星级标准以国际性的概念帮助酒店在市场上定位，节约了酒店的交易成本，帮助酒店在市场上树立了鲜明的形象。1992 年以后，我国酒店业进入了新一轮建设的高峰，为更好地引导酒店业的发展，有必要对星级标准进行修改以进一步规范酒店的建设与管理。1993 年 9 月 1 日，国家技术监督局正式批复，发布了《旅游涉外饭店星级的划分与评定》的国家标准，编号为 GB/T14308—1993。1993 年 10 月在全国正式执行，正式纳入了国家标准化行政工作的序列。自 1993 年发布以来，星级标准对指导与规范旅游酒店的建设和经营管理、促进中国酒店业与国际接轨发挥了巨大的作用。

3. 1997 年第三版标准

尽管 GB/T14308—1993 为我国酒店业的国际化、标准化发展做出了巨大贡献，但由于标准的具体规定过细、过死，强制性的内容比较多，导致酒店行业性的整齐划一形成了千店一面的现象；加之各地酒店在长期经营中已逐渐形成了各自不同的客源对象和消费层次，社会上可替代服务项目不断出现，这就要求酒店应根据自身客源需求和功能类别，更加自主地选择设置服务项目。但标准使酒店的自主性过少，导致酒店的特色文化发展受阻，使酒店丧失了自由度与评星热情。为适应新形势的变化，适应酒店业的长远发展，国家旅游局于 1997 年 10 月 16 日首次对原有的星级标准和星级制度进行了较大的调整和修订，此次修订的总体思路是：一、二星级酒店的标准基本保持不变；三、四、五星级酒店在总体档次、客人便利程度和舒适度不降低的前提下，可根据自己的客源市场和其他客观条件自主选择功能类别和服务项目，扩大了酒店对自身设备和服务项目的选择空间。修订后重新以国家标准的形式再次发布，编号为 GB/T14308—1997，并于 1998 年 5 月 1 日正式执行，新的标准避免了酒店的资源闲置和浪费，对促进酒店业的健康发展发挥了积极的作用。

4. 2003 年第四版标准

随着社会经济发展和对外开放程度的迅速提高，我国酒店业面临的外部环境和客源结构随之发生了较大的变化，酒店自身按不同的客源类型和消费层次所做的市场定位和分工也进一步细化，这就要求酒店业的管理和服务应当更加专业化。为此，国家旅游局在2002年以后再次组织修订星级标准。这次修订的指导思想是：通过修订，使我国酒店业星级制度更加贴近酒店业实际，促进星级酒店管理和服务更加规范化和专业化，使之既符合我国实际又与国际发展趋势保持一致。修订的重点是强调酒店管理的专业性、酒店氛围的整体性和酒店产品的舒适性。2003 年 6 月 2 日正式颁布《旅游饭店星级的划分与评定》（GB/T14308—2003），新标准从2003年12月1日起实施，2004年7月1日全面推广，并对星级酒店进行全面复核、更换星级标牌。此次修订后的星级酒店标准有两个突出的特点：一是将“旅游涉外饭店”改为“旅游饭店”；二是借鉴国际惯例，增设了“白金五星级”作为酒店的最高星级，我国酒店的国际化程度进一步提高。

5. 2010年第五版标准

2006年3月国家旅游局颁布实施旅游行业标准《绿色旅游饭店》（LB/T007-2006），对《旅游饭店星级的划分与评定》（国家标准）进行了补充与细化。2006 年 7 月国家旅游局创建白金五星级酒店试点工作正式启动。经过一年多的多轮严格筛选和审核，北京中国大饭店、上海波特曼丽嘉酒店、广州花园酒店三家酒店通过验收，正式成为我国首批“白金五星级酒店”。2009年年底，《国务院关于加快发展旅游业的意见》（国发【2009】41号）正式发布，标志着包括酒店业在内的旅游业开始进入国家战略体系。全国人大财经委也启动《中华人民共和国旅游法》的立法工作，酒店业的相关内容被纳入立法范畴。我国旅游业、酒店业迎来新一轮黄金发展期，为实现“把旅游业培育为国民经济战略性支柱产业和人民群众更加满意的现代服务业”的战略目标，酒店业必须以科学发展观为指导，以标准化建设为抓手，推进酒店业转型升级，星级标准的修订工作则是非常重要的环节。2010年，在酒店业的业态和内涵、服务、管理都发生很大变化的新形势下，我国酒店星级评定标准再次进行了修改和完善，新修订的《旅游饭店星级的划分与评定》（GB/T14308—2010）国家标准自2011年1月1日起实施。

中国酒店业用20余年的时间走完了西方国家需要几十年才走完的道路。在这一跨越式发展进程中，酒店业的星级评定工作在一定阶段内规范和引领了行业的发展，发挥了重要的作用。同时标准的推广对全国其他行业的标准化工作也起到了良好的带动和示范作用。但星级标准带来的酒店同质化也引发了业界的思考，如何在标准化的基础上进行个性化的设计和经营，平衡标准化和个性化的矛盾，是下一步酒店业发展应关注的重要课题。

（二）我国酒店业等级制度的具体内容

我国酒店业的星级标准不仅仅是一个标准，更是一套完善的星级制度。这套等级制度吸取了国际通用的星级制度的成功经验，结合了我国酒店业的实际情况，是一个全方位考核评价酒店等级的星级标准体系。

1. 现行星级标准、申报及标志使用规定

现行的星级标准中规定，旅游饭店根据饭店的建筑环境、功能环境、服务环境与管理环境的专业化水平，将旅游饭店星级分为五个级别，即一星级、二星级、三星级、四星级和五星级（含白金五星级）。用星的数量和颜色表示酒店的等级。最低为一星级，最高为五星级。星级越高，表示饭店的档次越高。星级标志由长城和五角星图案构成，用一颗五角星表示一星级，两颗五角星表示二星级，三颗五角星表示三星级，四颗五角星表示四星级，五颗五角星表示五星级，五颗白金五角星表示白金五星级。

凡在中华人民共和国境内正式营业一年以上的旅游饭店，均可申请星级评定。经评定达到相应星级标准的饭店，由全国旅游饭店星级评定机构颁发相应的星级证书和标志牌。星级标志的有效期为3年，3年期满后应重新评定。

饭店星级标志应置于饭店前厅最明显的位置，接受公众监督。饭店星级标志已在国家工商行政管理总局商标局登记注册为证明商标，其使用要求必须严格按照《星级饭店图形证明商标使用管理规则》执行。任何单位和个人未经全国旅游星级饭店评定委员会许可，不得擅自制作和使用。同时，任何酒店以“准×星”、“超×星”或者“相当于×星”等作为宣传手段的行为均属违法行为。

2．现行星级评定的标准和基本要求

酒店星级评定依据《旅游饭店星级的划分与评定》（GB/T14308—2010）进行，具体要求如下：

（1）《旅游饭店星级的划分与评定》附录A“必备项目检查表” 该表规定了各星级饭店必须具备的硬件设施和服务项目。必备项目作为饭店进入不同星级的基本准入条件，具有严肃性与不可缺失性，每条必备项目均具有“一条否决”的效力。规定一星级饭店的必备项目共有24项，二星级饭店的必备项目共有31项，三星级饭店的必备项目共有41项，四星级饭店的必备项目共有79项，五星级饭店的必备项目共有84项。在这些必备条件中，一星级、二星级、三星级饭店包括一般要求、设施和服务3个方面，而四星级、五星级酒店的项目包括酒店总体要求、前厅、客房、餐厅及吧室、厨房、会议康乐设施、公共区域共7个方面。

（2）《旅游饭店星级的划分与评定》附录B“设施设备评分表” 总分共600分。设施设备包括饭店整体设计、建筑结构、装修装饰的材质与工艺、设施设备配置的档次、服务功能区域数量与面积以及整体功能质量等要素。设施设备评价是对饭店上述要素的专业性、整体性、舒适性水准所进行的综合考查，评价分值体现出饭店建筑环境、功能环境和产品品质的高低。三星级、四星级、五星级规定最低得分线分别为三星级220分、四星级320分、五星级420分，一星级、二星级不作要求。

（3）《旅游饭店星级的划分与评定》附录C“饭店运营质量评价表” 总分共600分。评价内容分为总体要求、前厅、客房餐饮、其他、公共及后台区域6个大项。评分时按照优、良、中、差打分，并计算得分率。公式为：得分率=该项实际得分/该项标准总分×100%。三星级、四星级、五星级规定最低得分率分别为三星级70%、四星级80%、五星级85%，一星级、二星级不作要求。

通过对酒店以上各方面项目的综合评价，从而确定酒店的星级标准。申请星级评定的酒店，如达不到标准规定的要求及最低分数或得分率，则不能取得所申请的星级。评定星级时不能因为某一区域所有权或经营权的分离，或因为建筑物的分隔而区别对待。酒店内所有区域均应达到同一星级的质量标准和管理要求。否则，星评委对酒店所申请星级不予批准。

酒店取得星级后，因改造发生建筑规格、设施设备和服务项目的变化，关闭或取消原有设施设备、服务功能或项目，导致达不到原星级标准的，必须向星评委申报，接受复核或重新评定。否则，星评委有权收回该酒店的星级证书和标志牌。

资料

2013 年度北京市星级饭店复核

2013 年度，北京市星评委组织全市四星级饭店进行复核工作，进行不少于饭店总数 30%的实地星级复核检查；各区县星评委组织本辖区内一、二、三星级饭店进行复核，实地星级复核总数不得低于饭店总数的 30%，实地星级复核的饭店名单由区县星评委确定。市星评委对 2013 年度星级复核工作提供指导，并对市、区、县负责复核的星级饭店予以抽查。

2013 年度市旅游委复核 227 家星级饭店，其中达标饭店 172 家，占复核总数的 75.77%。延期复核 8 家，限期整改 13 家，撤销星级 34 家。在 34 家被撤销的星级饭店中，其中，四星级酒店 1 家，三星级酒店 3 家，二星级酒店 24 家，一星级酒店 6 家。

【问题】旅游饭店各星级复核工作分别由哪个部门负责指导、实施和监督工作？

3．现行星级评定的程序

以五星级酒店申请评定工作流程为例，基本程序如下：

（1）申请　申请评定五星级的酒店应在对照《旅游饭店星级的划分与评定》（GB/T14308—2010）进行充分准备的基础上，按属地原则向地区星评委和省级星评委逐级递交星级申请材料。申请材料包括酒店星级申请报告、自查打分表、消防验收合格证（复印件）、卫生许可证（复印件）、工商营业执照（复印件）、酒店装修设计说明等。

（2）推荐　省级星评委收到酒店申请材料后，应严格按照《旅游饭店星级的划分与评定》（GB/T14308—2010）的要求，于一个月内对申报酒店进行星评工作指导。对符合申报要求的酒店，以省级星评委名义向全国星评委递交推荐报告。

（3）审查与公示　全国星评委在接到省级星评委推荐报告和酒店星级申请材料后，应在一个月内完成审定申请资格、核实申请报告等工作，并对通过资格审查的酒店，在中国旅游网和中国旅游饭店业协会网站上同时公示。对未通过资格审查的酒店，全国星评委应下发正式文件通知省级星评委。

（4）宾客满意度调查　对通过五星级资格审查的酒店，全国星评委可根据工作需要安排宾客满意度调查，并形成专业调查报告，作为星评工作的参考意见。

（5）国家级星评员检查　全国星评委发出《星级评定检查通知书》，委派 2～3 名国家级星评员，以明查或暗访的形式对申请五星级的酒店进行评定检查。评定检查工作应在 36～48 小时内完成。检查未予通过的酒店，应根据全国星评委反馈的有关意见进行整改。全国星评委待接到酒店整改完成并申请重新检查的报告后，于一个月内再次安排评定检查。

（6）审核　检查结束后一个月内，全国星评委应根据检查结果对申请五星级的酒店进行审核。审核的主要内容及材料有国家级星评员检查报告（须有国家级星评员签名）、星级评定检查反馈会原始记录材料（须有国家级星评员及酒店负责人签名）、依据《旅游饭店星级的划分与评定》（GB/T14308—2010）进行的打分情况表（打分总表须有国家级星评员签名）等。

（7）批复　对于经审核认定达到标准的酒店，全国星评委应做出批准其为五星级旅游酒店的批复，并授予五星级证书和标志牌。对于经审核认定达不到标准的酒店，全国星评委应做出不批准其为五星级酒店的批复。批复结果在中国旅游网和中国旅游饭店业协会网站上同时公示，公示内容包括酒店名称、全国星评委受理时间、国家级星评员评定检查时间、国家级星评员姓名、批复时间。

（8）申诉　申请星级评定的酒店对星评过程及其结果如有异议，可直接向国家旅游局申诉。国家旅游局根据调查结果予以答复，并保留最终裁定权。

（9）抽查　国家旅游局根据《国家级星评监督员管理规则》，派出国家级星评监督员随机抽查星级评定情况，对星评工作进行监督。一旦发现星评过程中存在不符合程序或检查结果不符合标准要求的情况，国家旅游局可对星级评定结果予以否决，并对执行该任务的国家级星评员进行处理。

资料

国家级星评员工作“十不准”

1. 不准收受饭店赠送的现金、有价证券（卡）、纪念品或礼物。

2. 不准对饭店提出检查项目之外的额外要求，或出现酗酒等影响星评员形象的行为。

3. 不准降低星级饭店检查标准和简化星级饭店检查评定程序，或以自己的好恶来随意解释和评判星级标准。

4. 不准向地方星评机构和受评饭店就饭店是否通过评定发表意见。

5. 不准接受饭店所在地政府和旅游部门，以及受评饭店安排的店外宴请。

6. 不准带随从、助手等其他人员一同参与星评工作或代替星评工作。

7. 不准在暗访检查中以任何方式向地方星评机构、饭店及其他相关人员泄露自己的真实身份、行程安排和检查情况。

8. 不准请饭店或地方星评机构代为评定打分、撰写和邮寄检查报告。

9. 不准以辅导、咨询、培训、管理等名义向饭店推荐或洽谈与星评工作无关的业务事宜，或向饭店打听与星评工作无关的商业秘密。

10. 不准要求、暗示和接受地方星评机构与受评饭店安排与星评工作无关的旅游及其他休闲娱乐活动。

资料来源：国家旅游局《旅游饭店星级的划分与评定实施办法》

【问题】国家如何对国家级星评员进行监督和管理？

4．现行星级评定标准的星级复核及处理制度

星级复核也是星级评定工作的重要组成部分，其目的是督促已取得星级的饭店持续达标，其组织和责任划分完全依照星级评定的责任分工。星级复核分为年度复核和三年期满的评定性复核。年度复核工作由酒店对照星级标准自查自纠，并将自查结果报告相应级别星评委，相应级别星评委根据自查结果进行抽查。评定性复核工作由各级星评委委派星评员以明查或暗访的方式进行。各级星评委应于本地区复核工作结束后进行认真总结，并逐级上报复核结果。全国星评委委派2～3名国家级星评员同行，以明查或暗访的方式对酒店进行评定性复核检查。

对复核结果达不到相应标准的星级酒店，相应级别星评委根据情节轻重给予限期整改、取消星级的处理，并公布处理结果。对于取消星级的酒店，应将其星级证书和星级标志牌收回。

复习思考题

一、名词解释

酒店　　酒店产品　　酒店业态　　精品酒店　　主题酒店　　经济型酒店

二、简答题

1. 简述酒店的功能。
2. 简述酒店产品的构成。
3. 简述酒店产品的特性。
4. 简述酒店业实施等级制度的目的与作用。

三、论述题

1. 结合实际，谈谈旅游星级饭店出现的“摘星”对行业的影响。

2. 随着旅游饭店星级评定工作的实施和推进，业界质疑标准化加剧了中国饭店业的同质化，请结合实际谈谈你的认识和体会。

第二章

酒店业的发展及作用

学习目标

- 了解世界酒店业的发展历程
- 了解中国酒店业的产生和发展
- 理解酒店业的未来发展趋势
- 掌握酒店业的地位与作用

案例导入

世界最大酒店集团将诞生：万豪 122 亿美元收购喜达屋

据英国《金融时报》消息，万豪国际集团以 122 亿美元达成收购喜达屋酒店及度假村集团的协议，后者旗下拥有 W Hotels、瑞吉（St Regis）以及喜来登（Sheraton）等品牌，而万豪将成为全球提供客房总数最多的酒店集团。

万豪在淘汰多家竞争对手后达成的这笔交易，将使得合并后的公司在全球拥有 5 500 多家酒店（包括喜达屋最为知名的高端生活方式品牌），共计 110 万间客房。

2007 年上一轮房地产繁荣达到顶峰之际，收购集团黑石（Blackstone）与希尔顿酒店集团（Hilton Hotels）达成了一项 260 亿美元的协议，将后者私有化。万豪此次收购是自那以后酒店业最大的一笔交易。随着入住率和客房价格超过金融危机前的高点（尤其是在美国），一股整合浪潮席卷了酒店业。

万豪将进行近乎全股票的交易，相当于对喜达屋每股出价 72.08 美元，低于其上周结束时 75 美元的股价。

每股喜达屋公司普通股将置换 0.92 股万豪普通股（共计价值约 119 亿美元），而剩下的以每股 2 美元的现金方式支付。喜达屋的投资者将拥有合并后公司 37%的股份。

喜达屋计划剥离旗下分时度假业务，并将其与另一家美国运营商进行合并，该交易于上月达成，价值约 13 亿美元。与万豪的交易独立于这笔交易。

【讨论】

（1）万豪收购喜达屋，将给双方分别带来什么影响？

（2）结合案例，探讨酒店业未来的发展趋势。

酒店业随着社会生产、贸易商旅、交通运输的逐步发展而日渐兴盛，不管在世界的东方还是西方，在人类早期的文明中都可以找到早期酒店的踪影。酒店的产生和发展过程源远流长，已有几千年的历史。现代酒店就是从中国的驿站、中东的商队客店、古罗马的棚舍、欧洲的路边旅馆及美国的马车客栈演变而来的。本章在阐述世界酒店业、中国酒店业的发展历程的基础上，分析酒店业的发展现状及趋势，并探讨酒店业的地位及作用。

第一节 世界酒店业的发展历程

酒店业的历史是人类文明与流动的历史，其发展过程漫长而复杂，在不同国家、不同地区之间也存在差异。当今酒店在功能设计、经营方式等方面较多受到欧美国家的影响，因此我们有必要首先了解西方酒店的发展历史。资料表明，世界酒店业的发展历程经历了古代客栈时期、豪华酒店时期、商业酒店时期等发展阶段。随着第二次世界大战的结束，以美国为代表的国家经济迅速恢复，酒店业快速发展，进入了新型酒店时期，并逐步形成了庞大独立的酒店行业。

一、古代客栈时期（12 世纪至 18 世纪）

客栈，英文单词为 Inn，美国人称为 Tavern，是指位于乡间或路边的、主要供过往客人寄宿的小旅店、小客店。古代客栈时期经历了从 12 世纪到 18 世纪这一漫长的历史。最早的客栈可以追溯到人类原始社会末期、奴隶社会初期，早期是为了适应古代国家的外交交往、宗教传播和商业旅行、帝王与贵族巡游等活动的要求而产生的。当时，人们的交通方式主要是靠步行、乘坐马车或骑马，因此，客栈大多设置在古道边、车马道旁或驿站附近。

从历史遗迹和古代文献综合考证来看，世界古代客栈起源于古罗马时期。在意大利南部旅游胜地庞贝和赫库兰尼姆，留存着几千年前的客栈遗迹，人们对古罗马时期客栈的基本轮廓有一定的了解。距今 3 700 多年的《汉谟拉比法典》（古巴比伦王国的第一步法典）也曾记载：大约公元前 4 000 年的美索不达米亚地区生活在底格里斯河和幼发拉底河两河流域的苏美尔人很多是农民，他们出色的农耕技术在当地肥沃的土地上种植和收获了足够多的粮食，除了自己食用外，剩余的粮食可以用作交易。苏美尔人还有酿酒、烘焙面包技术，啤酒成了苏美尔人社会各阶层最普遍的消费品。当地的苏美尔小酒馆就是周围居民喝酒并聚会谈论时事的场所，这也算是人类最早的酒店了。闻名于世的古巴比伦国王汉谟拉比（Hammurabi），对当时巴比伦客栈的经营管理十分关注，并在巴比伦法典中禁止客栈主在饮料中掺水。这也说明那时的客栈比较盛行，经营较为兴旺。当时的客栈接待较多的是古代经商者。他们往往组成商队进行长途贩运活动，这样，在他们经常出入的沿途，需要设置客栈为其提供食宿，古代客栈就应运而生。在古代中世纪，人们外出旅行比较少，即使外出旅行通常也不住宿在客栈里，他们或在野外露营，或寄宿在贵族城堡，与此同时，教堂和寺院也常以低廉价格向旅行者提供食宿服务。1096 年开始的历时 200 年的“十字军东征”带来了巨大的社会变革，加强了东西方文化和技术的交流，极大地促进了经济与贸易的发展，从而推动了客栈业的兴起。意大利北部地区最早受到十字军东征所带来的文艺复兴的影响，从而使那里的客栈成为当时最有实力和影响力的行业。到中世纪后期，随着商业的发展，旅行和贸易的兴起，对客栈需求量大增，导致客栈业有了进一步的发展。

在西方，客栈作为一种住宿设施虽然早已存在，但真正流行却是在12世纪以后。客栈并不是完整意义上的酒店（Hotel），而只是酒店的雏形。从设施上看，客栈一般规模都小，建筑简单，设备简易，价格低廉；只提供简单食宿、歇息场所或车马等交通工具。从服务上看，客人在客栈往往是挤在一起睡觉，吃的也是和主人吃的差不多的家常饭；当时的客栈只是个歇脚的场所，基本没有其他服务而言。从管理上看，大部分客栈以官办为主，也有部分民间经营的小店（即独立的家庭生意，是家庭住宅的一部分，家庭是客栈的拥有者和经营者，没有其他的专门从事客栈管理的人员）。后来，随着社会的发展、旅游活动种类的增加，客栈的规模也日益扩大、种类不断增多。

客栈真正流行起来是在15—18世纪。当时，虽然欧洲许多国家如法国、瑞士、意大利和奥地利等国的客栈已经相当普遍，但以英国的客栈最为著名。这一时期的客栈规模开始扩大，设施档次也有所提高，较好的客栈已经拥有20～30间客房，甚至设有一个酒窖、一个厨房和食品室，专为客人提供食品和酒水；还有的客栈设有供店主及管马人用的房间；还有的客栈已开始注意周边环境，在房前屋后开辟有花园草坪，客栈内设有宴会厅和舞厅等，开始向多功能方向发展。此时的客栈已成了人们聚会并相互交往、交流信息的地方。实际上，在18世纪，世界许多地方的客栈不仅仅是过路人寄宿的地方，还是当地的社会、政治与商业活动的中心。

二、豪华酒店时期（18世纪末至19世纪中叶）

18世纪末，产业革命为现代旅游的发展注入了生机，轮船和火车的普及极大地方便了人们的出行，港口和车站成了旅游者聚集的地方。特别是随着资本主义经济的发展和民众消费水平的提高，旅游逐渐成为一种经济活动。因此，为贵族度假者和上层统治阶级以及公务旅行者服务的豪华酒店应运而生。这一时期的酒店无论是豪华的建筑外形、奢华的内部装修、精致的酒店设备、精美的餐具、标准化的服务流程以及用餐的各种礼仪形式等，无不反映出酒店是上层统治阶级贵族生活方式商业化的结果，酒店为宾客提供食宿等服务实质上已经成了一种奢华的享受。因此，这个时期被人们称为“豪华酒店时期”（也叫大饭店时期）。

豪华酒店时期所建的酒店均为酒店业历史上的一些标志性革新。比如，1794年在美国纽约建成的城市酒店（City Hotel），拥有73套客房，这在当时是最具规模的酒店，其建筑风格就像一座宏伟的大宫殿，很快成为当时仅有30万人口的纽约市的社交中心，成为当时美国服务行业标志性服务设施；1829年在波士顿建成的特里蒙特酒店（Tremont Hotel），是世界上第一座建有前厅的酒店，拥有170套客房和200个座位的法式餐厅，客房设施较为齐全，有脸盆、水罐和肥皂等，服务人员训练有素、服务热情，该酒店在世界酒店业发展历程中具有里程碑的意义，它开创了现代酒店业的先河，推动了美国和欧洲酒店业的蓬勃发展；此外，1836年开业的纽约阿斯特酒店（The Astor House）、1850年在法国巴黎建成的巴黎大酒店、1874年在德国柏林开业的凯撒大酒店、1876年在德国开业的法兰克福大酒店、1885年建成的卢浮宫大酒店和1889年在英国伦敦开业的萨沃伊酒店等在豪华酒店时期均具有特殊的地位。尤其是1898年巴黎里兹酒店的开业更是轰动了整个欧洲。因为其主人是瑞士籍酒店业主恺撒·里兹（Cesar Ritz，1850—1918），他是豪华酒店时期的代表人物，这个名字也变成了最豪华、最高级、最时髦的代名词。里兹在酒店服务方面所做出的创新和努力，以及提出的酒店经营法则和实际经验，被世界各国高级酒店继承和沿用至今。同时，他提出的“客人永远不会错（the guest is never wrong）”的著名经营格言也被许多酒店企业家当作遗训而代代相传。

豪华酒店主要分布在铁路沿线、海港或码头附近，其特征是：建筑规模宏大、配备设施豪华、内外装修讲究；酒店员工分工协作明确、注重服务质量；酒店出现了专门管理机构，促进了酒店管理及其理论的发展；酒店服务对象主要集中于王室、贵族、官宦、巨富和社会名流。

三、商业酒店时期（19世纪末至20世纪50年代）

19世纪中叶工业革命后，随着商品经济的发展和资本主义制度的建立与扩张、国际市场的开辟，使得大批资本家、冒险家、业务推销员、传教士以及形形色色的有钱人往来于世界各地，对价格低廉、设备舒适、服务周到的住宿设施的需求逐渐增加，因而主要为商务旅游者和一般中产阶级旅游者服务的商业酒店应运而生。1908年，斯塔特勒在美国布法罗建造了第一个由他设计并以其名字命名的酒店，该酒店是专门为旅行者设计的，拥有300间客房，适应了市场需求，创造了一般平民所能负担的价格条件（一个房间一浴室，一个美元零五十美分，即a room with a bath for a dollar and half），但却以提供世界上最佳服务为目标的新型酒店，开创了酒店业发展的新时代。取得巨大成功的斯塔特勒迅速建立起他的连锁酒店王国，不论宾客到波士顿、克利夫兰，还是到纽约、布法罗，只要住进斯塔特勒酒店，就能享受到标准化的服务（包括通宵洗衣、自动冰水供应、消毒马桶坐垫、送报上门等项目）。他讲究经营艺术，注重提高服务水平，并亲自制定了《斯塔特勒服务守则》，开创了现代酒店的先河。斯塔特勒的酒店经营思想和管理方法至今仍广为流传，如“酒店经营第一是地点，第二是地点，第三还是地点”“酒店从根本上说只销售一样东西，那就是服务”等至理名言。因此，斯塔特勒先生被公认为是现代酒店的创始人。直到今天，在闻名遐迩的美国康奈尔大学酒店管理学院仍建有斯塔特勒楼，楼的墙上嵌有一块牌子，上面写道：“生活即服务。谁给他人的服务多一点儿、好一点儿，谁就会走在前面。”这也是斯塔特勒先生提倡的酒店服务哲学。

资料

酒店越来越多，雇员越来越多，为了能够保持服务质量的一致性和一贯性，斯塔特勒向公司各酒店员工发布了《斯塔特勒服务守则》，要求员工熟记其内容并在工作时间随身携带。现撷取《守则》部分内容：

一家好的酒店，它的职责就是迎合公众的需要。斯塔特勒酒店公开宣布，它的职责就是要比世界上任何其他酒店都更能使公众高兴。

要让每个人都感觉到，花同样的钱，我们可以为他提供的服务，要比他以前在任何酒店里所得到过的服务都更加诚挚。

酒店服务——斯塔特勒酒店的服务——指的是某一特定的雇员对某一特定的客人所表示的谦恭的、有效的关心的程度。斯塔特勒酒店的目标就是要向客人出售世界上最精良的服务。

绝不得傲慢、尖刻与无礼。是客人付给了我的薪水，也是他们付给了你们的工钱。客人是你们的直接捐助人。

本酒店任何雇员无权在任何问题上与客人争执。他必须立即想办法使客人满意，或者让他的上司来做到这一点。争吵在斯塔特勒酒店里无立足之地。

在斯塔特勒酒店的雇员与斯塔特勒的客人之间，所有的细小争端中，无论是从客人的观点还是从我们的观点来说，雇员是绝对错误的。

任何凭借其精明与谨慎赢得小费的斯塔特勒酒店的雇员，必须要以足够的精明与谨慎去提供相应的服务，不管客人是否给小费。

任何不能提供相应的服务，或者不对送他们某种东西而表示谢意的斯塔特勒的雇员，都不符合斯塔特勒标准。

【问题】《斯塔特勒服务守则》的内容包含了哪些酒店管理和服务理念？

20世纪20年代，随着汽车在交通中的大量使用，汽车酒店开始涌现。1925年在美国加利福尼亚的圣路易斯• 奥比斯波地区出现了一家名叫“麦尔顿”的酒店，据说是最早使用了“Motel”（汽车酒店）这个名称。20世纪30年代，由于经济大萧条，旅游业面临危机，酒店业的发展也受到了极大的挫折。

到20世纪30—40年代，美国又出现了一位酒店大王——康拉德 • 尼柯尔森 • 希尔顿（Conrad N. Hilton，1887—1979）。他于1887年的圣诞节出生于新墨西哥州的圣安东尼奥镇，1919年在得克萨斯州的锡斯科小镇创建了他的第一家酒店，而第一家以希尔顿名字命名的酒店是1925年建成于达拉斯，其后一发不可收拾。到1928年，希尔顿在达拉斯、阿比林、韦科、普莱恩维尤、圣安吉洛、拉伯克等都相继建立起以希尔顿名字命名的酒店——希尔顿酒店。1943年建成了首家联系东西海岸的酒店连锁集团。随后，他的酒店跨出美国向全世界延伸。1949年希尔顿国际公司从希尔顿酒店公司中拆分出来，成为一家独立的子公司。1964年，希尔顿国际公司在纽约上市。1967—1987年的20年中，希尔顿国际三次被收购，最后由前身为莱德布鲁克（Ladbrok）集团的希尔顿集团买下。1988年，进入中国市场。2004年，希尔顿开休闲之先风，创新了希尔顿休息间。希尔顿认为，酒店业根据顾客的需要往往要提供长时间的服务和从事无规则时间的工作，所以勤奋很重要；酒店业的服务人员要对顾客笑脸相迎，但始终要自信，因为酒店业是高尚的事业。所以，希尔顿的治身格言是勤奋、自信和微笑（Diligent，Confident and Smile）。希尔顿经营酒店业的座右铭是：“你今天对客人微笑了吗？”这也是他所著的《宾至如归》一书的核心内容。希尔顿的“旅店帝国”已伸延到全世界，资产发展为数十亿美元。

商业酒店时期，汽车、火车、飞机等给交通带来了很多便利，许多酒店建立在城市中心，汽车酒店建在大路旁和汽车站旁，铁路沿线车站及其附近也兴建了一批铁路酒店，还有许多农村小镇里的小规模的简陋酒店也风起云涌。可以说，商业酒店时期是世界各国酒店最为活跃的时期，也是酒店业发展的重要阶段，它使酒店业最终成为以一般平民为服务对象的产业，并从各个方面奠定了现代酒店业的基础。

商业酒店时期酒店的基本特征是：商业酒店的服务对象是一般平民，主要以接待商务客人为主；酒店规模较大、设施设备完善、服务项目齐全，讲求舒适、清洁、安全和实用，不追求豪华与奢华；实行低价格政策，使宾客感到收费合理、钱花得值；酒店经营者与拥有者逐渐分离，酒店经营活动完全商业化，讲究经济效益，以营利为目的；酒店管理逐步科学化和效率化，注重市场调研和市场目标选择，注重员工素质和工作效率的提高。

四、现代新型酒店时期（20 世纪 50 年代以后）

第二次世界大战后，随着世界范围内的经济复苏、繁荣和人口的迅速增长，国际性的大众化旅游开始出现。科学技术的进步，使交通条件大为改善，为外出旅游创造了条件；劳动生产率的提高和人们可支配收入的增加，对外出旅游和享受酒店服务的需求迅速扩大，加快了旅游活动的普及化和世界各国政治、经济、文化等方面交往的频繁化。这种社会需求的变化，促使酒店业由此进入现代新型酒店时期。

20 世纪 50 年代开始，首先是欧美国家，特别是美国的酒店业得到蓬勃发展。第二次世界大战结束后，世界各国到美国学习、旅游、参观、考察、开会、探亲访友和进行商务活动的人越来越多，使美国酒店生意十分红火。这种市场环境为美国酒店业的发展提供了巨大的空间。因此，美国酒店的经营规模越来越大。首先表现在单个酒店的经营规模越来越大，如单个酒店从原有的几十间客房发展到几百间客房的大酒店，进而发展到几千间客房的超级酒店。例如，美国拉斯维加斯市的米高梅大酒店（MGM Grand Hotel）拥有 5 034 间客房。其次是酒店集团在全球扩张的速度不断加快，如 20 世纪 50 年代初，隶属于美国泛美航空公司的洲际酒店集团的出现，标志着现代酒店集团开始迈出国际化步伐，到 60 年代初，该集团已经在巴西、乌拉圭、智利、墨西哥、委内瑞拉、哥伦比亚、古巴等地都有了酒店。与此同时，美国一批规模较大的酒店集团，如假日酒店集团、谢拉顿酒店集团、威斯汀酒店集团和凯悦酒店集团等也纷纷向海外扩张，从而带动海外酒店所在国的酒店业的发展，使酒店业成为第三产业中影响最大的服务行业。仅假日酒店集团就拥有 2 700 多家连锁分店，遍及世界 50 多个国家。1985 年世界最大的 50 家酒店集团就拥有 200 多万间客房，约占世界酒店集团客房总数的 18%；1995 年世界最大的 20 家酒店集团就拥有 270 多万间客房，约占世界客房总数的 20%。这充分说明，酒店集团规模越来越大，酒店业集中化趋势十分明显。

在酒店经营规模不断扩大的同时，酒店服务项目也越来越多。酒店服务向综合性方向发展，不但提供日常的住宿、餐饮，而且还提供旅游、通信、商务、康乐、购物等多种服务，几乎覆盖了旅游者的全部需求。同时，个性化服务项目也在不断增加，如在娱乐项目中开设了游泳池供客人游泳，开设了康乐中心供客人打保龄球、玩台球、切磋棋艺等，开设舞厅供客人跳舞，开设音像厅供客人看电影、电视和录像，开设健身房供客人锻炼身体等，总之，能满足客人娱乐、健身等方面的不同个性需求。可见，一个规模较大、项目齐全的酒店，其功能不亚于一个城市提供的服务。尤其是现代酒店集团实行连锁式的统一经营管理，使综合服务质量越来越高。

在现代新型酒店时期，酒店业发达的地区不仅仅局限于欧美，而是遍布全世界。亚洲地区的酒店业从 20 世纪 60 年代起步发展到今天，其规模、等级、服务水准、管理水平等方面也毫不逊色于欧美的酒店业。在美国《机构投资者》杂志每年组织的颇具权威性的世界十大最佳酒店评选中，亚洲地区的酒店往往占有半数以上，并名列前茅。由香港东方文华酒店集团管理的泰国曼谷东方大酒店，十多年来一直在世界十大最佳酒店排行榜上名列榜首。在亚洲地区也涌现出了较大规模的酒店集团公司，如日本的大仓酒店集团和新大谷酒店集团、香港东方文华酒店集团、香港丽晶酒店集团、新加坡香格里拉酒店集团、新加坡文华酒店集团等，这些酒店集团公司不仅在亚洲地区投资或管理酒店，并已扩展到欧美地区。

现代新型酒店时期酒店的基本特征是：酒店规模不断扩大，酒店集团占据着越来越大的市场；旅游市场的多元化促使酒店类型多样化（如度假酒店、观光酒店、商务酒店、会员制俱乐部酒店等）；市场需求的多样化促使酒店的设施不断变化，酒店服务内容更加综合，酒店经营管理更加复杂，酒店经营方式更加灵活；酒店产业的高利润加剧了市场竞争，使越来越多的酒店与其他行业联合或走向连锁经营、集团化经营的道路；现代科学技术革命和科学管理理论的发展，使现代酒店管理日益科学化和现代化。

第二节　中国酒店业的发展历程

中国是文明古国，也是世界上最早出现酒店的国家之一。在中国古代，远在 3 000 多年前的殷商就出现了官办的“驿站”，它是中国历史上最古老的官办住宿设施。在数千年的历史长河中，唐、宋、明、清时期被认为是中国酒店业得到较大发展的时期。19 世纪末，中国酒店业进入现代酒店业阶段，但此后发展缓慢。直到 20 世纪 70 年代末，中国推行改革开放政策以后，酒店业才得到迅猛发展。中国酒店业的发展经历了古代酒店设施、近代酒店业和现代酒店业 3 个主要发展阶段。

一、中国古代的酒店业

中国古代的酒店设施有 3 种形式，即官办的驿站、迎宾馆和民间客栈（旅馆）。

（一）古老的酒店——驿站

据史料记载，中国最古老的官办住宿设施就是驿站，它是中国古代供传递官府文书和来往官员途中食宿、换马、休息的场所，在中国古代运输中有着重要的地位和作用，担负着各种政治、经济、文化和军事等各方面的信息传递任务。驿站从商代中期开始到清光绪二十二年（1896 年）止，拥有长达 3 000 多年的历史，是中国最古老的酒店。驿站在其漫长的发展历程中，由于朝代更迭、政令变化、疆域的变化以及交通的疏塞等原因，其存在的形式、名称和功能也在不断变化着，有传舍、驿楼、驿馆、邮亭、邮铺等。例如，河北怀来的鸡鸣驿和滇西北现存明代客栈等，是我国现存最大、保存最为完好的古代驿站。驿站初创时只是为了传递军情和政令，只接待信使和邮差。秦汉之后，一些途经驿站的公差也可在驿站食宿。唐代开始接待一些文人雅士。元代的一些较为豪华的驿站接待商旅和达官贵人。晚清时期一般的过往旅客也可以在驿站食宿。由此可见，驿站的接待功能增多了，接待人员也随着时代的变迁而改变了，更趋向于平民化。

我国古代驿站各朝代虽然形式有别，名称各异，但基本组织严密、等级分明、手续完备。由于古代驿站的设置与使用完全处于历代政府的直接管理之下，封建君主依靠这些驿站进行信息采集、指令发布与反馈，以达到封建统治控制的目的，所以建立了严密的符验簿记制度（过往人员到驿站投宿必须持有官方旅行凭证，驿站管理人员还要执行簿记制度，相当于现在的宾客等级制度）、饮食供给制度（公差人员来到驿站，驿站管理人员要根据来者的身份，按照朝廷的有关规定供给其饮食，严禁超标供给）和交通工具供应制度（为保证公差人员按时到达目的地和不误军机，历代政府根据官员的等级制度制定了驿站的交通工具供给制度，为各级公差人员提供数量不等的车、马等交通工具）。

（二）中国早期的迎宾馆

迎宾馆是中国古代另一类的官办住宿设施，是古代官方用来款待外国使者、外民族代表及商客，安排他们食宿的馆舍。迎宾馆的设立适应了古代民族交往和中外往来的需要，对中国古代的政治、经济和文化的交流起到了不可忽视的作用。从史料记载看，在春秋时期接待各国使者的馆舍称为“诸侯馆”、战国时期称为“传舍”、西汉时期叫“蛮夷邸”、南北朝时称“四夷馆”、唐宋时期叫“四方馆”、元明时期称“会同馆”、清末时此类馆舍正式称为“迎宾馆”。迎宾馆与驿站的不同之处在于迎宾馆大多坐落于大都市的繁华地带，设施相对完善，是我国古代的“政府宾馆”。

我国早期迎宾馆的宾客接待规格是以来宾的地位、官阶的高低以及贡品数量的多少来加以区分的。为方便主宾交流，迎宾馆里常设有从事翻译工作的道事；为料理好宾客的食宿生活，迎宾馆里都有相应的厨师和服务人员。此外，还配有华丽的卧榻以及其他用具和设备。在宾客到达建于都城的迎宾馆之前，为便于热情接待来宾，在通向都城的途中还设有地方馆舍供其歇息。宾客到达之后更会受到隆重的接待。同时，为尊重不同国家宾客的风俗习惯，使他们的食宿生活愉快，迎宾馆在馆舍的建制上还实行一国一馆的制度。我国早期这种迎宾馆的设置，培养了一代又一代精通各国语言文字的翻译，留下了一本又一本的翻译书籍，丰富了中国古代文化史。

（三）古代民间客栈（酒店）

古代民间客栈作为商业性的住宿设施在西周时期就已经出现了，当时投宿客栈的人皆为当时的政界要人，民间客栈补充了官方馆舍的不足，使得客栈变得更为大众化。战国时期，由于商业的发展，往来客人有所增加，一些离交通要道和商贸聚集地近的地区逐渐发展成为商业中心，民间酒店也得到发展，并逐步成为遍及全国的民间酒店业。秦、汉两代是中国古代经济较为兴旺发达的时期，民间酒店业也得到了很大的发展。自汉代以后，不少城市逐渐发展为商业大都会，进而导致管理制度及城市结构布局的变革，使得民间酒店业逐渐进入城市。当时的长安城内建有 180 多所民间酒店，供外国使者和商人食宿。隋唐时代，中国古代民间酒店虽然也较多地在城市里出现，但受到封建政府坊市管理制度的约束而不能自由发展。到了北宋年间，随着商品经济的高涨，自古相沿的坊市制度被打破，包括客栈、酒店在内的各种店铺争先朝着街面开放，并遍布于城市的各个繁华地段。明清时期，民间酒店业更加兴旺。这些民间酒店不仅提供客房，还提供酒菜饭食，晚上还有热水洗身，可以说这些民间的客栈就是现代意义上酒店的雏形。

二、中国近代的酒店业

中国近代由于受到外国帝国主义的侵略，沦为了半殖民地半封建社会，当时的酒店业除了传统的旅馆、酒店之外，还出现了西式酒店和中西式酒店。

（一）西式酒店

西式酒店是对19世纪初由外国资本建造和经营的酒店的统称。这类酒店无论是在建筑风格、建筑式样、设备设施、酒店内部装修上，还是在经营方式和服务对象上都较中国传统的酒店有所不同，是中国近代酒店业中的外来成分。这类酒店规模宏大、装饰华丽、设备先进，酒店管理人员均来自英、法、德等国，服务对象主要以来华的外国人为主，还包括当时中国上层社会人物及达官贵人。代表性的酒店有北京的六国饭店（1905年）、北京饭店（1900年）、天津的利顺德大酒店（1863年）、上海的理查酒店（1860年）等。这些西式酒店除了提供基本的食宿外，还设有游艺室、浴室、理发室、酒吧、球房、会客室、小卖部、电梯等附属设施。西式酒店为客人提供的饮食均为西餐，大致有法国菜、德国菜、英美菜、俄国菜等，酒店还对外供应各式西餐、承办西式宴席，其服务也日趋讲究文明礼貌、规范化、标准化。西式酒店是帝国主义列强入侵中国的产物，为帝国主义的政治、经济、文化侵略服务。但另一方面，西式酒店的出现客观上对中国近代酒店业的发展起到了一定的促进作用，将西式酒店的建筑风格、设施设备、服务方式、经营管理的理论和方法带到了中国。

（二）中西式酒店

中西式酒店是指在西式酒店的影响带动下，由中国的民族资本投资开办经营的一大批中西风格结合的新式酒店。20世纪初，西式酒店的大量出现，刺激了中国民族资本向酒店业投资。因而，从民国开始，各地相继出现了一大批具有“半中半西”风格的中西式酒店。到20世纪30年代，中西式酒店的发展达到了鼎盛时期，在当时的各大城市中均可见到这类酒店。其中比较著名的酒店有：北京的长安春酒店（1912年）、东方饭店（1918年）、西山饭店（1920年）等；天津的国民饭店（1923年）、惠中饭店（1926年）、世界大楼（1941年）等；上海的华懋饭店（1929年，又称沙逊大厦，即今天的和平饭店）、上海国际饭店（1934年）。这类酒店在建筑式样、店内设备、服务项目和经营方式上都受到了西式酒店的影响，一改传统的中国庭院式、园林式或平房建筑为多的中国酒店风格特点，多数改为楼房建筑，有的纯粹是西式建筑。酒店内设有高级套间、卫生间、电灯、电话等现代设备，餐厅、舞厅、高档菜肴等也做了配备。这些西式酒店不仅在建筑、服务上趋于西化，而且在经营体制上也效仿西式酒店的模式，实行酒店与银行、交通等行业联营。中西式酒店将输入中国的欧美酒店业经营观念和方法与中国酒店经营环境的实际相融合，成为中国近代酒店业中引人注目的部分，也为中国酒店业进入现代酒店时期奠定了良好的基础。

三、中国现代的酒店业

新中国成立伊始，国民经济面临崩溃的边缘，百废待兴，为中国酒店的全面发展开辟了新的广阔前景。但由于历史原因，新中国成立后的一段时间，中国旅游业发展缓慢，社会经济不够活跃，酒店业的发展也受到局限。这段时期，酒店业的主体主要是各地党政机构下属的宾馆、企事业单位的招待所，再加上各省会、直辖市和风景区通过改建老饭店建立起来的宾馆、招待所。这些酒店大多数功能单一，主要是干部休养、接待公事访问，营利并不是这些酒店的主要经营目的。而且这些酒店设备陈旧、简陋，管理落后，服务欠佳。到 1978 年，全国涉外酒店仅 203 家，客房 3.2 万间。自 1978 年我国开始实行对外开放政策以来，大力发展旅游业，这为我国现代酒店业的兴起和发展创造了前所未有的良好机遇。在行业规模扩大、设施质量提升的同时，我国酒店业的经营观念也在悄然改变，经营管理水平也得到迅速提高。从 1978 年至今，我国现代酒店业大体经历了以下 4 个发展阶段。

（一）起步阶段（1979—1982 年）

1978 年 12 月，具有伟大历史意义的中共十一届三中全会胜利召开，确定了以经济建设为中心与改革开放的基调，从此开辟了中国改革开放的新时代。随着国门的打开，古老文明、奇异风光、绚丽文化、多元化民族、特殊社会制度以及长期封闭造成的“神秘感”，对全世界产生了巨大的吸引力，海外旅游者来华旅游人数迅速增长（1978 年全国旅游入境人数达 180.9 万人次，超过以往 20 年人数的总和，1979 年又猛增到 420.4 万人次），使酒店住宿设施紧张表现得极为突出（当时北京仅有 7 家涉外酒店，床位 5 200 张，实际达到接待标准的仅 1 000 张左右），成为当时中国旅游业发展的瓶颈。在这种情况下，1979 年国务院在北戴河召开办公会议，研究国家投资和利用外资、侨资建造酒店问题。会议决定批准在北京、上海、广州、南京 4 个城市利用侨资、外资建造旅游酒店 6 座。同年 6 月，批准关于利用外资 2 000 多万美元建设北京建国饭店的请示报告。同年 10 月，中国国际旅行社北京分社与美国籍华人陈宣远代表的香港中美旅馆发展有限公司正式签订了合作建造和经营建国饭店的合同书。1982 年 4 月北京建国饭店正式开业，成为我国第一家利用外资合作建成的现代化酒店，并首次引进境外酒店管理公司——香港半岛管理集团进行经营管理。它不仅在我国现代酒店业史上第一次引进了现代化酒店的建筑形式，还第一次引进了现代化的酒店经营管理理念和高标准的酒店服务程序，成为我国旅游业改革开放和现代酒店业崛起的标志，我国从此拉开了大规模引进外资建造酒店的帷幕。

（二）高速发展阶段（1983—1993 年）

继北京建国饭店开业之后，国内接连出现了一批引进外资建造或聘请外方酒店管理公司进行管理的新型酒店。例如，1983 年 2 月广州白天鹅宾馆全面开业；1983 年 10 月南京金陵饭店开业；1983 年 12 月北京长城饭店试开业（1985 年 3 月由美国喜来登酒店管理集团接管）；1984 年 1 月广州花园酒店开业；1984 年 2 月北京丽都假日酒店开业，并聘请国际假日酒店管理集团管理；1984 年 6 月广州中国大酒店开业；还有 1983 年春节易名的深圳西丽湖度假村等，合资外资酒店如雨后春笋、蓬勃发展。在政府促进旅游、酒店业发展一系列措施的影响下，在整个社会经济形势发展的推动下，中国酒店业无论在行业规模、设施建设，还是经营理念、管理水平等方面都得到了快速的发展。到 1984 年年底，我国旅游涉外酒店数量达到 505 家，客房达 76 944 间，比 1980 年翻了一番，初步缓解了酒店供不应求的矛盾和硬件管理较差的状况。1985 年，国家提出了发展旅游服务基础设施，实行“国家、地方、部门、集体、个人一起上，自力更生和利用外资一起上”的方针，调动了各方面的积极性。在继续引进外资的同时，大量的社会资金和各部门的资金也开始投入酒店业，酒店业显示出了强大的发展势头。到 1993 年，酒店数量增加到 2 552 家，客房达到 38.6 万间。

与此同时，酒店业的结构也发生了明显的变化。20 世纪 80 年代初，除提供食宿的招待型酒店外，出现了豪华型、舒适型、经济型等多种档次的酒店类型，还出现了各种商务型酒店、疗养型酒店、综合型酒店、度假型酒店等。另外，1984 年掀起的全面推广北京建国饭店科学管理方法的浪潮也使我国酒店业走上了与国际接轨的科学管理轨道，实现了酒店业从招待所式的管理向现代酒店管理的转变，经营方式更加灵活，管理活力增强，服务质量明显提升，也使酒店业成为我国最早与国际接轨的行业，为我国酒店业进一步发展奠定了基础。1988 年 8 月 22 日，国家旅游局发布了《中华人民共和国旅游涉外酒店星级标准》，1989 年国家旅游局的星级酒店评定工作开始推行，这标志着中国旅游酒店业跨入了国际现代化管理阶段。1993 年 9 月，对星级标准进行修改后，由行业标准上升为国家标准。这是我国旅游业第一个国家标准，星级评定制度的推行，推动了我国酒店业与国际惯例接轨，也使我国酒店业进入了规范化、国际化、现代化管理的新阶段。

（三）专业化、集团化发展阶段（1994—2009 年）

20 世纪 80 年代以来，国际上许多知名酒店管理集团纷纷进入中国酒店市场，向我国酒店业展示了专业化、集团化管理的优越性以及现代酒店管理发展的趋势。1994 年，我国的酒店业已经形成了一定的产业规模。经国家旅游局批准，我国成立了第一批酒店管理公司，为迅速崛起的中国酒店业注入了新的活力，引导我国酒店业向专业化、集团化管理的方向发展。锦江集团、首旅集团、金陵集团先后进入世界酒店集团百强。金陵酒店集团后来居上，2007 年已进入世界 50 强。所有这些均标志着中国酒店业已加快资本运作、品牌建设和集团化进程。

20 世纪 90 年代中后期，我国酒店业的总量急剧增加。1998 年全国社会酒店业单位（包括宾馆、酒店、旅馆、招待所、疗养院、培训及会议中心等）共约 7.29 万户。2000 年，国家统计局、国家旅游局、国家工商行政管理总局和公安部对全国旅游住宿设施的联合调查表明，1999 年年末，我国全国共有旅游住宿设施单位 25.08 万户，客房 581.76 万间，床位 1295.18 万张，其中涉外酒店 7035 家，客房 88.94 万间，床位 176.98 万张；社会旅馆 79 864 家，客房 345.86 万间，床位 781.54 万张；个体旅馆 163 920 家，客房 146.96 万间，床位 336.65 万张。

进入 21 世纪以来，中国酒店业规模呈现出稳定增长的态势。2004—2009 年期间，中国酒店总量的年均增长率达到 6.56%，客房和床位数的年均增长分别达到 9.33%和 8.70%。2008 年年末我国全国共有星级酒店 14 099 家，客房 159.14 万间，床位 293.48 万张，在 14 099 家星级酒店中：五星级 432 家，四星级 1 821 家，三星级 5 712 家，二星级 5 616 家，一星级 518 家，从业人员 160 多万。此外，还有非星级酒店和其他旅游住宿单位 30 万个，从业人员超过 500 万，40 多家国际酒店管理集团已进入我国。中国酒店业进入专业化、集团化发展阶段。

（四）转型调整、品质提升阶段（2010 年至今）

2010 年，大众旅游时代的开启，为酒店业发展创造了新的机遇，同时也带来了更加激烈的市场竞争。多年的投资建设和数量扩张，酒店市场出现了产品严重同质化、区域性供大于求的局面。面对市场过剩和人们需求的多样化，除统一标准的星级酒店外，新兴旅游住宿业态如高端精品酒店、民宿、客栈、短租公寓、长租公寓、帐篷客等逐渐成为酒店业的新战场。酒店业形成了星级标准、非标住宿并存的住宿业格局。酒店业加快转型与创新，产品细分化、多样化、圈层化。传统酒店业在功能设计、服务设计、创新平台等方面也不断进行转型与升级迭代。“互联网+”的浪潮、“国八条”政策的颁布，也使各酒店分析消费者市场的变化、重新定位设计服务和产品，寻找差异化市场从而制订差异化产品，回归服务的本质，提升品质。

2015年是中国酒店业风起云涌的一年。OTA巨头的合纵连横，大型酒店管理集团的兼并收购，如锦江并购铂涛，首旅合并如家，酒店与各类企业的跨界合作。酒店市场通过变革和创新应对新常态下的增长减缓、结构调整以及动力转变将是趋势。竞争也将从原来主要表现为客源和产品的竞争扩张到资源、渠道以及全服务链的竞争。

综上所述，经过改革开放30多年的发展，我国酒店业由小到大，由弱变强，经历了翻天覆地的变化。从数量上看，仅星级酒店及其客房的数量已是30年前的100倍之多，我国已成为名副其实的酒店大国；从分布上看，星级酒店由最初的在一线城市集中，已经逐步转向二三线城市发展，地域布局也日益趋向分散化、合理化。近年来，由于受到国内、国际经济环境变化的影响，酒店业的经营效益出现一定的滑坡，“走集约型发展之路”越来越成为酒店业的共识，要求酒店业从单纯追求总量扩张、注重外延型发展向追求质量效益、强化内涵型发展转变。随着广义住宿业理念的形成，酒店业态拓展和品牌创设也将成为关注焦点，酒店产业亟需借机加快转型与创新，谋求更大发展。

第三节　酒店业的发展趋势

随着知识经济和信息时代的到来，直接联系国际和国内市场的酒店业随着时代的进步而蓬勃发展。特别是随着社会需求的不断增加，酒店市场也日益扩大，规模档次也日趋多样化。酒店业在建设理念、经营模式、设施配备、管理技术、发展方式、服务内容上也经历着全方位的变革和创新。未来酒店业的发展趋势主要表现在以下几个方面。

一、绿色化趋势

由于全球生态环境的日益恶化，保护环境、保障人类健康已受到全世界的关注。在绿色成为时代主题，环保逐渐深入人心的背景下，有效保护环境和合理利用资源关系到酒店的未来的健康发展，并影响到社会的可持续发展。因此，发展绿色环保酒店成为可能和趋势。在全球“绿色浪潮”的推动下，“绿色酒店”开始从理念走向实践。环境保护意识已逐渐融入现代酒店的生产、经营、管理、服务、消费中。

在提倡环保的年代，“绿色”代表“无污染的环境”“回归自然”和“生机”，“绿色”的中心意思是指保护地球生态环境，促进人与自然、社会经济和生态环境的和谐关系，确保人类社会经济的持续发展。绿色酒店可以理解为，以可持续发展思想作为经营理念，将环境管理融入酒店经营管理之中，运用环保、健康、安全理念，坚持绿色管理和清洁生产，倡导绿色消费，保护生态环境和合理使用资源的酒店。其核心是为顾客提供符合环保、有利于人体健康要求的绿色客房和绿色餐饮，在生产过程中加强对环境的保护和资源的合理利用。

20 世纪 90 年代中期，“绿色酒店”的理念传入我国，北京、上海、广州等地的一些酒店率先实施“绿色行动”。北京的长城饭店、香格里拉饭店等推出了以节约能源为出发点的选择服务，如在浴室和客房的床头柜上放置是否需要换洗床单和毛巾的标牌等。这一阶段的“创绿”活动虽然只是个别酒店的行为，且活动大部分局限于降低物资消耗，但人们的绿色意识已在悄然苏醒。1999 年是中国生态旅游年，国家旅游局饭店管理司与国家环保总局科技司等多家单位合作，在国内首次提出共建绿色酒店标准的计划。2001 年，浙江省旅游局率先颁布《浙江省地方绿色饭店标准》（DB33/T326—2001），并在省内开展创建“绿色酒店”的活动。2003 年 3 月，中国饭店协会颁布《绿色饭店等级评定规定》（SB/T10356—2002），对酒店制定、实施本企业的绿色计划和措施提出了原则和基本思路。2005 年国务院在《关于做好建设节约型社会近期重点工作的通知》（国发〔2005〕21 号）中明确提出开展“创建绿色饭店”活动，同年 6 月，首旅建国集团旗下的 13 家酒店联合发起不主动提供客房“六小件”的绿色行动，进一步拉开了中国酒店“创绿”的大幕。2006 年 3 月，国家旅游局在借鉴和综合相关研究的基础上，制定并出台了《绿色旅游饭店》（LB/T007—2006），提出了绿色酒店的原则和发展方向，并把绿色酒店的概念由原来的以节约水资源为中心的酒店环保，扩展到能源节约、生态环境保护、物品消耗降低乃至客人消费观念的改进。在 2010 年颁布的第四版旅游饭店星级标准中，也明显地融进了绿色酒店的理念，倡导绿色设计、清洁生产、节能减排、绿色消费的理念。目前，“绿色”成为当今酒店的流行色，“绿色经营”“绿色消费”越来越被社会所崇尚。可以预见：今后将出现大量的绿色酒店，倡导绿色消费、提供绿色服务将成为酒店的主要服务产品。

酒店开发绿色产品、提供绿色服务、提倡绿色消费，对酒店而言，有着多方面的积极意义。一方面，酒店倡导绿色营销的理念，讲究生态设计，尽量减少对环境的污染，与人类实现全球环境与社会经济发展的目标相协调，保持和促进人类社会的可持续发展，从而最大限度地得到消费者的支持和青睐；另一方面，绿色酒店引入循环经济的概念，通过节能降耗、绿色消费等方式，在很大程度上降低了酒店的运营成本。据统计，在绿色酒店创建方面起步最早的浙江省，凡是参加绿色酒店创建的酒店，平均成本均比创建之前下降了 15%。对酒店来讲，践行可持续发展的原则，弘扬绿色经营理念，不仅仅是一种降低自身经营成本的手段，更重要的是履行一种社会责任。

二、主题化趋势

主题酒店是以某一特定的主题为核心的酒店。在顾客需求日益多元化的今天，主题酒店被看作是市场高度细化的结果，它能够极大地满足对应市场群体的特定需求，因而在全球范围内迅速普及。

一般来说，主题酒店是以酒店所在地最有影响力的地域特征、文化特质为素材，设计、建造、装饰、生产和提供服务，其最大特点是赋予酒店某种主题，并围绕这种主题建设具有全方位差异性的酒店氛围和经营体系，从而营造出一种无法模仿和复制的独特魅力与个性特征，以提高顾客的满意度，实现提升酒店产品质量和品位的目的。历史文化、名人文化、城市特色、艺术特色、自然景观、神话传说、童话故事、情趣主题等都可成为酒店借以发挥的主题。可见，主题酒店已不再是单纯的住宿、餐饮消费的场所，更是以历史、文化、城市、自然等吸引顾客体验生活的舞台。

世界上第一家主题酒店是于 1958 年由美国的麦当娜（Madonna）夫妇在加利福尼亚推出的麦当娜客栈（Madonna Inn）。酒店的规模起初只有 12 间客房，后来由于该类型的酒店倍受客人喜爱，客房随后由 12 间迅速发展到了 109 间。酒店的室内设计多以原始的自然符号为设计素材，意在打造出原始、野味十足的室内空间体验。比如，天然岩石、瀑布壁画、美洲豹皮的图案等都成了塑造酒店主题的素材。

主题酒店最早产生和发展都是在美国。拉斯维加斯被称为“世界主题酒店之都”。位于美国西部内华达州的拉斯维加斯自 1905 年建市开始，慢慢地从一个西部沙漠小镇发展成为世界娱乐之都的现代化大都市，其中主题酒店的设计为它增添了不少亮丽的风景。除了上述中所提到的拉斯维加斯的主题酒店外，在其他地域中也有不少的主题酒店。例如，在希腊有以雅典卫城文化为主题的雅典卫城酒店，有关卫城的历史资料和卫城遗迹成为该酒店塑造主题的元素。在维也纳有以历史音乐为主题的公园酒店，音乐家的照片、绘画、雕塑、历史场景的再现成为酒店的重要艺术陈设手段和方式，同时以世界名曲为背景音乐。

主题酒店在我国的发展历史并不太长，是一种相对较新型的酒店模式。其主要集中在酒店业发达的北京、上海、广东和深圳等地。在广州，2001 年开业的长隆酒店是一家以回归大自然为主题的酒店；在深圳，2002 年 5 月开业的威尼斯酒店以威尼斯文化为主题，建筑风格上融合了文艺复兴和欧洲后现代主义建筑风格；在深圳，2006 年开业的华侨城洲际酒店是以西班牙风情为主题的豪华酒店；在澳门，2007 年开业的威尼斯人酒店比起深圳威尼斯酒店更加深刻地塑造了威尼斯水城的文化主题；在香港，有以迪士尼文化为主题的酒店。近些年，随着酒店业竞争的加剧和同质化带来的竞争力低下等原因，酒店主题化已经成为一种趋势。主题酒店可以满足人们高品质的多样化需求。

三、科技化趋势

21 世纪是一个以网络为核心的信息时代，数字化、网络化、信息化、智能化、集成化等是这个时代的基本特征。现代酒店广泛应用现代的高科技成果于酒店的建筑、设计和工程系统中，如安全保卫系统、电子门锁系统、客房计算机保险系统以及计算机娱乐系统等。特别是将电子信息技术应用于酒店的运营管理已经成为酒店的必需。酒店管理信息系统是以计算机为基础的集成化人机系统，利用计算机的硬件、软件、数据库和决策模型来为酒店的管理和决策职能提供信息支持。对一个典型酒店而言，其管理信息系统包括前台管理、后台管理和扩展管理三大子系统。随着互联网的迅速普及，饭店对管理软件的要求逐渐提高，一些酒店购买新型软件，利用现代化的网络系统构建平台，实现网络预订、网络查询等系列服务。

作为对信息和信息技术依赖性很强的酒店业，顾客对个性化、智能化、互动性的服务需求在未来的高科技、智能化酒店中均可得到极大的满足，如服务账单查询（快速结账）、消息与留言、快捷预订、呼叫管家服务、事务提醒、闹铃服务，以及独树一帜的房间设施控制。例如，顾客通过遥控器按键上的一个“晚安”按钮，可以减弱房间灯光、关闭窗帘并激活门外“请勿打扰”的牌子；可以自定义灯光强度、温度和歌曲，让它们在早晨提供叫醒服务；可以利用无线键盘，使酒店的电视成为顾客的计算机，顾客可以足不出户浏览喜欢的网站或查询邮件、处理文件等；酒店大厅配备有触屏式的交互信息板，顾客可以轻松查阅航班信息、旅游景点、新闻、天气、会议和日程活动等。这些计算机技术、网络技术、信息技术的应用，克服了酒店企业规模、地理位置等方面的差异，在传递信息、接收信息等方面将是个跳跃性的发展，酒店业必须充分利用这个良机。对此，世界旅游组织的专家曾经提出这样的忠告“准备上的失败就是准备失败”，值得酒店业深思。随着信息技术的发展，新媒体的日益增多，进一步扩大了酒店信息的传播渠道和速度，也改变了人们购买旅游产品的习惯和行为方式。在人力资源及环境资本日益昂贵的今天，高科技酒店已成为发展的趋势和目标。如今的酒店，无论是酒店预订、酒店设计以及入住体验都彰显着高科技的先进及优势，科学技术正在颠覆着酒店业的全新生活体验。那么，未来如何让高科技化酒店的顾客们更加适应“智能”、使用“智能”，无疑是想要尝试高科技设备的酒店业者们急需解决的问题之一。

随着计算机在酒店中的普及应用，以及计算机技术的不断发展，酒店计算机系统发展到了一个新的时期，新的系统平台、新的软件功能、新的系统特点及发展方向不断涌现。面临网络已经成为人们生活中不可分离的一部分，充分利用网络，开展以网络订房为基础的电子商务已经成为酒店业的必然趋势。科技化可以为酒店和顾客提供极大的便利，提高酒店的工作效率同时降低成本。

四、品牌化趋势

21 世纪经济全球化以及市场经济的高度发展使得国际酒店之间的竞争由价格竞争、质量竞争、规模竞争转向了品牌竞争。所谓品牌，实际上就是酒店的商标、商号（字号）、商誉等的统称，目的是使自身与竞争对手的产品和服务相区别，酒店品牌更能体现酒店的档次和服务水平。尤其是世界上著名的酒店集团或久负盛名的独立酒店，酒店的名字在市场上被认可，如万豪、希尔顿、洲际、香格里拉、凯宾斯基等，它所代表的那个档次，就是这些酒店本身的服务水平。从某种意义上讲，其品牌的影响力比四星级、五星级的标牌还重要。正因为如此，有的酒店公司，虽然母公司多次变换，但酒店的品牌保持不变。目前在世界上拥有同一个品牌的酒店客房数超过 10 万间的有 12 个，其中最佳西方（Best Western）拥有的客房数超过了 30 万间。因为这样的品牌不是一两年可以打造出来的。酒店品牌是企业的一项重要的无形资产，好的品牌具有极高的市场价值，是酒店企业的一笔巨大财富。

品牌在酒店业的应用非常广泛，按照使用范围的不同，我们可以把酒店品牌分为企业品牌和服务品牌两种形态。酒店的企业品牌往往是以酒店公司或单体酒店的母公司作为整体形象而设计的品牌，如温德姆（原圣达特）集团、雅高集团、万豪国际公司等。服务品牌则是酒店品牌的基础和核心，共享同一服务品牌的酒店具有相同或相似的目标市场、服务设施和服务标准等。因此，顾客入住美国的假日酒店或北京的假日酒店时，整体感觉或许并无二致。对顾客来说，服务品牌是他们更关心的品牌。至于服务品牌后的企业是谁，客人则很少在意。例如，半个多世纪以来，在酒店业享有盛誉的假日酒店，其企业品牌几经更换，先是从假日集团到巴斯公司；后来巴斯公司又组建了对口酒店业的六洲集团来接手假日酒店；现在六洲集团也改了名字，成为洲际酒店集团。企业品牌的多次更替，并不影响假日酒店成为世界最大的酒店品牌之一。假日酒店至今仍在众多酒店服务品牌中名列前茅，管理或特许经营的酒店客房达 287 769 间，位居世界第二。酒店品牌伴随着酒店服务质量和管理水平的提高而逐步出现，它的两种形态是相互依托的。有的酒店公司的服务品牌和企业品牌采用了同一核心名称，如香格里拉酒店集团的豪华酒店品牌仍是“香格里拉酒店”。但是不同形态的酒店品牌分别使用不同名称的现象在发展成熟的国际酒店公司中更普遍一些，如跻身全球 500 强的温德姆集团（原圣达特集团），其旗下的服务品牌有天天客栈、豪生、华美达、速 8 等，都没有采用企业品牌，但是它的子公司豪生国际酒店集团的主要服务品牌仍是豪生；雅高集团（Accor）的酒店服务品牌中也没有一个以“雅高”为名，全部都是另行确立的，如索菲特（Sofitel）、诺富特（Novotel）、宜必思（Ibis）、一级方程式（Formula-1）和 6 号汽车旅馆（Motel 6）等。一个成功的酒店品牌与其市场定位、企业文化是紧密结合在一起的，代表了顾客对于酒店的全部体验，这些是其他酒店所望尘莫及的。作为酒店经理人，如果不注意根据市场变化调整酒店品牌和产品结构，就很可能使其酒店品牌贬值。

实际上，由于酒店产品的体验性以及使用价值的获得必须通过人的流动来实现的特性，顾客对酒店产品的了解只能通过信息传递实现。给顾客提供足够可信信息的最佳途径就是实施品牌化战略，因此品牌化必然成为酒店业发展的必然趋势。

五、集团化趋势

近年来，世界酒店集团之间竞争日趋激烈，酒店业不断地兼并、联合、重组、收购，使得酒店集团的规模不断扩大、酒店集团的地域范围越来越宽，出现了一些特大的国际酒店集团。所谓酒店集团，是指拥有经营或管理两个以上酒店的公司或系统。它们以固定、相同的集团商标在国内或国外所经营管理的酒店中推广相同的形象、风格和标准，如酒店的建筑风格、服务水平、经营管理、员工培训、市场拓展、采购业务、广告宣传等。

早在 20 世纪 50 年代，国外连锁酒店便蓬勃发展。随着交通运输业的迅速发展，许多大的酒店集团应运而生，并从某一国家内的酒店联号，逐步走向世界，向海外发展。20 世纪 80 年代的“亚洲四小龙”及中国经济的发展，引起了世界各大主要国际酒店集团的广泛重视。它们以各种方式涉足这一地区的酒店业，把东盟诸国及中国当成发展的重点。例如，“喜来登”“假日酒店”“希尔顿”等著名国际酒店联号相继建起了各种酒店上百家，拥有大量的房间数。同时，亚太一些地区及国家，尤其是新兴的旅游国家纷纷采取相应的方法，大力发展自己的酒店业务系统，产生了一些像“半岛”“丽晶”“新世界”“南太平洋”“新大谷”“文化国际”等著名的酒店集团。我国实力最强的本土酒店集团——锦江酒店集团，它的发展历程正是由于其首先走出了品牌扩张的地域限制，在短短 20 多年的时间里，由一个地方性的酒店集团迅速成长为国内第一、世界前30强的国际性酒店集团，以“三级跳”的方式实现了品牌竞争力的快速提升。

目前，全世界较大的酒店集团已达几百家，控制着全世界客房总数的绝大多数，这些酒店集团在资金、技术、人才、设备设施等方面具有雄厚的实力，集团的酒店管理实行统一模式，达到了管理水平高、服务质量优、经济效益好，深受广大顾客的好评。1982年，中国第一家合资酒店——建国酒店开业，标志着中国酒店集团化管理的开始。进入21世纪，中国酒店集团化发展速度稳步加快，管理数量稳步增长，管理规模正逐步向大集团集中。随着经济的发展和国际局势的稳定，酒店集团越来越多，越来越多的单体酒店加入大的集团或加盟联号成为一种趋势。纵观权威机构每年发布的全球最大酒店排行榜，可以发现，1996年列入世界最大酒店集团名单前10名者，到2006年时只剩下了3个。与此同时，一些生疏的名字不断涌现，还有的闪亮登场、一闪即逝。可见，酒店集团和酒店联号的扩大是不变的趋势，频频交易也在所难免。

资料

首旅建国集团化发展探索

纵观不少国际酒店品牌的发展轨迹，很多都是从单体酒店发展来的，首旅建国也不例外。作为首旅建国的旗舰店，北京建国饭店的诞生要远远早于首旅建国。1982年春天，中国的第一家中外合资饭店——北京建国饭店开业。它不仅创造了令人称奇的投资回报率，而且率先引进了国际知名的半岛酒店集团对饭店进行管理。随着国家旅游局“百家饭店学建国”的号召发出，北京建国饭店开始对外输出管理，逐渐形成了酒店管理公司的雏形，和代表“建国品牌”的内涵。

首旅建国的前身——建国国际酒店管理公司成立于1998年。2004年，首旅建国进行了重组，从此走上了以品牌立身的扩张之路。2006年，首旅建国酒店管理公司在股权多元化和运营国际化方面取得了突破性进展，外资正式持有其四分之一的公司股份，使首旅建国成为中国第一家运作本土高星级商务和度假品牌的合资公司。

2012年，由于酒店板块战略发展的需要，首旅建国的大股东——首旅集团对旗下的酒店业务进行重组，从外方手中收购了首旅建国的全部股份，首旅建国成为首旅集团旗下上市公司——首旅酒店集团的全资子公司。从此，首旅建国在品牌扩张的道路上，拥有了来自资本层面更为强有力的支撑。

如今，首旅建国管理的酒店已遍布北京、天津、河北、河南、山西、内蒙古、新疆、宁夏、辽宁、山东、江苏、浙江、安徽、江西、湖北、湖南、广东、海南等20多个省、自治区和直辖市，建立了辐射全国的酒店品牌网络。今年首旅建国在境外管理的首家酒店——明斯克北京饭店开业，标志着我们开始迈出国门。而与意大利本土最大的酒店集团ATA的战略合作，也将帮助建国品牌提升在海外的市场影响力。

在中国酒店集团化发展过程相当长一段时期内，要“规模的扩张”还是要“品牌的构建”始终是一个没有得到很好解决的问题。本土饭店管理公司往往看重旗下饭店数量的增加，而忽视品牌的构建——没品牌或仅有个品牌的称谓，缺乏一整套保证品牌质量的标准以及深层的品牌内涵。这是国内酒店管理公司与国际知名酒店集团的差距所在。2004年年底，重组之初的首旅建国清醒地意识到这个差距。首旅建国酒店管理有限公司副总裁王国辉说道："我们不能再重复国内酒店集团走了20年的老路，而是要遵循酒店品牌连锁发展的一般规律，即在确立比较清晰的产品定位和标准之后，按照相关的标准去复制和扩张，只有这样，才能使自己真正强大起来，逐步具备与国际酒店品牌竞争的资本与实力。"

【问题】以首旅建国集团化探索为例，讨论中国酒店业集团化、品牌化的发展。

六、个性化趋势

随着社会的进步、技术的发展，人们对亲情化、人性化服务的需求越来越高。满足人们特殊需求的个性化服务，是符合现代酒店业发展趋势的最优质服务。在这方面，崇尚以提供专业个性化服务、创造高附加值为宗旨的"金钥匙"服务（其理念是只要客人提出的要求在合法的范围内都能满足），有其得天独厚的潜力。这也是21世纪酒店业发展的新趋势。因此，未来酒店业将从标准化服务向个性化服务发展。当然，个性化并不等于取消标准化，如果酒店没有标准化的基础，个性化也达不到个性化的真谛；如果只讲标准化，不讲个性化，酒店业就跟不上时代的潮流和市场需求的变化，所以，总体来看，酒店业的服务将从统一化转向多元化、从标准化转向个性化。

个性化服务就是服务人员针对每位顾客不同需求或潜在需求，提供有别于标准服务、超出顾客想象、具有附加价值的服务。这种差异性服务让顾客更有自豪感和满足感，从而留下深刻印象，并赢得他们对酒店的忠诚。个性化服务的本质就是以顾客为中心，有针对性地为其提供服务；其目的是使服务持续改进、使顾客获得持续满意。单纯从服务供给方考虑，个性化服务也指酒店企业提供有自己个性和特色的服务项目。如有的酒店，客人来过十次以上，就在客人的拖鞋和睡衣上专门绣上客人的名字，然后保存起来，如果这位客人下次再来酒店预订，服务员马上就在其客房里摆上他专属的拖鞋和睡衣。目前，酒店业竞争异常激烈，酒店要想在竞争中处于不败之地，仅仅提供规范化、标准化的服务是远远不够的。标准化服务只是酒店优质服务必不可少的基础，但标准化服务不是优质服务的最高境界；真正的优质服务是在标准化服务基础上的个性化服务，这才是完全意义上的优质服务。所以酒店只有在规范化的基础上，逐渐开发和提供个性化服务，才能给顾客以惊喜，才能让顾客感觉到"宾至如归"，才能使顾客"流连忘返"。

综上所述，建设理念绿色化、经营模式主题化、设施配备科技化、管理技术品牌化、发展方式集团化、服务内容个性化将是未来酒店业发展的六大趋势。

第四节　酒店业的地位及作用

在当今世界，旅游业已成为世界经济的主要贡献力量。酒店业作为旅游业的三大支柱之一，在旅游业发展中起着非常重要的作用，并可以带动农业、建筑业等相关产业的发展，并在改善环境、直接创汇和促进就业等方面发挥着重要作用。酒店业在现代发达国家的经济体系中占有极其重要的地位，也是发展中国家积极推动和扶持的朝阳产业。

一、酒店业的地位

（一）酒店业属于接待服务业

酒店业究其本质而言，属于服务型产业，是为社会经济和人们生活服务的一个行业。酒店业作为典型的旅游接待服务业，酒店服务是旅游服务产品的重要组成部分。从消费者的角度来看，人们获得的是在有形产品伴随和支持下的服务体验。这是酒店客人在与服务人员特定时间内亲密接触和互动的过程中获得的一种体验。这种体验可以被称为服务套餐。消费者是在为服务付费，而不是为媒介付费。因此，可以说酒店业是服务行业中颇具代表性的标志性产业，也是全世界范围内发展最快的服务行业之一。

（二）酒店业是旅游业的支柱行业

酒店业、旅行社业和旅游交通业是旅游业的三大支柱行业，在旅游业的这三大支柱行业中，酒店业具有举足轻重的重要地位，因为不论旅游者采取何种形式的旅游活动（探亲访友除外），选择某种形式的食宿接待设施是旅游者在异地过夜或做更长时间停留的必备条件。也就是说，酒店是旅游者在旅游目的地开展活动的基地，是旅游者食宿等基本生活的物质承担者。据历年的《入境游客抽样调查综合分析报告》，我国入境过夜旅游者的总花费中，长途交通费、购物费和住宿费自始至终都占据了很大的比例，分别达到了 30%、20% 和 15%以上，其他消费项目均低于总支出的 10%。可见，住宿支出是旅游活动花费的重要组成部分。旅游业在不到 40 年的时间内一跃成为全球最大的产业之一，极大地促进了酒店业的发展，酒店业的发展又反过来促进了国际旅游业的持续提升。

（三）酒店业是充满活力的朝阳行业

酒店业是一个传统的行业，但从古代的驿站、客栈、酒楼到现代酒店经历了不断发展提升的历程，不时地散发着生机。而对于中国这样一个发展中国家，酒店业更是一个充满活力、蓬勃发展的朝阳行业。从 1992 年全面进行星级标准与评定计算，中国星级酒店从 1992 年的 1 028 家增加到 2014 年的 12 803 家，22 年增加了 12.45 倍。目前世界排名前 10 位的国际酒店管理集团均已进入中国市场。同时，社会餐饮和住宿已经随同休闲和旅游的兴起成为当代中国城乡居民生活不可分割的组成部分，成为人们生活质量提高的重要标志。酒店餐饮和住宿各新业态层出不穷、缤彩纷呈，已成为人们生活中的一道道美丽的风景线。

（四）酒店业是一项永恒的事业

酒店业的核心在餐旅，即饮食和住宿，这都是与人类的生活息息相关、朝夕不离的。酒店中的康乐设施又与人们的身体健康和娱乐休闲密切相连。随着人们生活质量的不断提高，一个休闲旅游的时代正向人们走来。酒店业和休闲产业又都是当今快速发展的文化产业的重要组成部分。酒店的存在客观上带来了中西文化的融合，带来了各城市之间文化的融合，以至社会各个阶层之间文化的融合，由此，也促进了社会消费方式和消费结构的发展与变化。酒店业的目标就是为了满足人们不断增长的物质与文化需求。随着社会经济的不断发展，酒店业也已成为人类社会经济生活的重要组成部分，从而成为一项永恒的事业。

二、酒店业的作用

（一）酒店是促进对外交往、社会交流的中心

酒店的客人来自世界各地，有各界人士，通过他们的来访可以促进文化艺术、科学技术的交流。同时，酒店中设施设备的引进，现代管理技术的运用，也促进了科学技术的交流。酒店经营范围大至国际会议和国家的重大外交活动，以及各城市、各地区的多种政治社会经济活动，如企事业单位商务公关联谊活动、经济洽谈、新闻发布、文化交流、外交活动和节庆活动等；小至普通市民各种人际交往、节日庆祝、婚庆寿宴、聚会小酌乃至见面约会等。酒店在提供各种活动场所的同时也促进对外交往、社会交际、文化交流、信息情报传递等社交活动的发展。

（二）酒店为社会创造了大量的就业机会

酒店业是以提供服务为主的行业，是一个劳动密集型行业，酒店的餐厅、客房、酒吧等都需要大量的劳动力以保证每天 24 小时服务。酒店业的发展，将为社会提供更多的就业岗位，吸纳大量的劳动力。国外有关研究表明，近年来新增的劳动就业人口中，每 25 个人中就有 1 人就职于酒店。据统计，全球酒店业就业人数超过 1 200 万人，相当于全球旅游业总员工人数的 5%。这一比率表明了酒店行业在提供就业机会方面所起的重要作用。随着酒店规模的扩大，酒店功能、服务项目的增多，酒店业将给社会上的待业人员提供大量的劳动就业机会。同时，酒店还带动相关行业的发展，如通信、水电、交通、食品、商业、金融、建筑等，从而间接地提大量就业机会。

（三）酒店促进了地区经济的发展

酒店为当地居民提供了社会交往的活动场所，有可能使当地的消费方式和消费习惯发生变化，有利于社会经济的发展。同时，酒店这一行业在运营过程中将带动多个行业，如一个综合性酒店的建设就涉及房地产业、建筑装潢业、能源设备工业、家用电器业、电子工业、家具业、纺织业等；低值易耗品中又有日用化工业、百货业、文具用品业等；日常经营中饮食原材料又会联系到食品业、水产业、海鲜、调味品、粮油、副食品，以及酒类、饮料等林林总总各类食品、工农业副产品等。所以，酒店业的发展可以带动其他相关行业的发展，具有相当大的“乘数效应”，这些产业又都促进了地区经济的发展。

（四）酒店业是旅游创收的重要行业

酒店作为旅游业经营活动的基本必备单位，提供着众多的服务，是一国旅游创汇收入的主要来源。尤其是以国外游客、海外华侨为主要客源的高星级酒店，对平衡国际收支有着重要的作用。国外游客不仅食宿在酒店，而且还会在酒店购物和进行其他消费。因此，酒店的创汇率在某种程度上比出口商品的创汇率还高，因此，酒店是获取外汇收入的重要场所，对增加国家外汇收入、平衡国际收支有一定的积极意义。

（五）酒店业促进了不同文化的融合

酒店不仅是作为一种经济中心、服务中心存在，同时也是作为一种文化中心存在。因此，它客观上带来了中西文化的融合，带来了各城市之间文化的融合，以至社会各个阶层之间文化的融合，也促进了社会消费方式和消费结构的发展与变化。例如，西方的圣诞节、情人节等都是从国际酒店率先流行的，现在也变成了许多中国人（尤其是青年人）的节日。

（六）酒店业促进社会服务水平和文明程度的提升

酒店业是一个礼貌行业，是社会文明的窗口。酒店将国外文明礼貌的内涵和形式引进来，并充分吸收我国人民传统的文明礼貌美德，形成了我国酒店业文明礼貌的规范和程序。酒店业的发展对整个社会服务水平和文明程度的提高起到了非常重要的作用。作为服务行业的排头兵，多年来，酒店业的服务水平一直起着示范作用，同时也起着扩散作用。各个服务行业（如社会餐馆、商业银行、金融保险、医疗卫生甚至政府机构等）的服务理念、服务规范和质量标准，许多都是从星级酒店演化而来的，社会整体的服务水平和文明程度在这个过程中自然而然得到了提升。

复习思考题

一、名词解释

绿色酒店　　酒店集团　　个性化服务

二、简答题

1. 简述酒店的地位。
2. 简述酒店的作用。
3. 简述酒店业的发展趋势。

三、论述题

1. 结合实际，谈谈中国酒店集团化发展的现状、问题及对策。
2. 以某主题酒店为例，探讨酒店如何确定主题并将主题元素运用在酒店创意中。

第三章

酒店管理与管理者

学习目标

- 掌握酒店管理的含义与职能
- 理解酒店管理的理论基础与基本方法
- 理解酒店管理的新思维与新理念
- 理解酒店管理者的基本素质与能力要求

案例导入

喜来登的成功之路

欧内斯特·亨德森（Ernest Henderson），1897 年 3 月 7 日生于离美国波士顿不远的栗树山镇，病逝于 1967 年 9 月 6 日。他于 1937 年创建喜来登酒店公司（Sheraton），到 1989 年，喜来登酒店公司的酒店总数已达 540 家，客房超过 15.4 万间，遍及全球 72 个国家，是当时世界上最大的国际酒店公司。

不少人认为，像希尔顿一样，喜来登就是该酒店公司老板的名字，其实不然。后来，亨德森先生于 1965 年出版一本自传，名叫《喜来登先生的身世》，在这里，亨德森先生将自己称为喜来登先生。

早期创建大酒店公司的人，大多数是科班出身。例如，里兹先生刚开始当餐厅服务员，斯塔特勒先生刚开始当前厅行李员，希尔顿先生早年也帮助他开小店的妈妈招待客人。可是亨德森先生与他们不同，他直到 44 岁时才认真从事酒店业。他在酒店经营管理技术上没有太多创新，但他为喜来登酒店公司有效管理而制定的喜来登十诫（The Sheraton Ten Commandments）却很有意义。

第一诫：不要滥用权势和要求特殊待遇。这是对管理人员的约束。亨德森先生说，他每到一个喜来登酒店，那里的经理总是为他安排最好的客房，像招待贵宾那样送上一篮新鲜水果。他又说，那些经理不理解，其实作为董事长的他，最爱听的话是："对不起，那间总统套房不巧已被人住上了。"因为这样，那间总统套房每天至少可获得几百美元的收入。

第二诫：不要收取那些讨好你的人的礼物，收到的礼物必须送交一位专门负责礼品的副经理，由酒店定期组织拍卖这些礼物，所得的收益归职工福利基金。这一约束的目的在于防止有人因私人得到礼品好处，在交易中就用酒店的财物去做人情。例如，负责食品采购的经理，为了回报送礼商人几美元礼品的好处，常常会提高食品购买价格而使酒店增加数十万美元的开支。

第三诫：不要叫你的经理插手装修喜来登酒店的事，一切要听从专业的装潢师玛丽·肯尼迪。这一约束在于强调专家管理。1941 年，亨德森买下了波士顿有名的科普雷广场酒店（Copley Plaza），决定对它进行重新装修。如何能保证装修效果使顾客满意呢？亨德森请了 8 位装潢大师，举行装潢竞赛。每人要装潢一套房子，预算费用为 3 000 美元，要求他们将房子装潢成受客人欢迎的未来型客房。到竞赛结束那天，他举办了一次大型鸡尾酒会，请来了 1 000 名客人，请他们投票选出每人最喜欢的房间。最后装潢师玛丽·肯尼迪以压倒多数的优势赢得了这场竞赛。从此，玛丽·肯尼迪被喜来登酒店公司聘作酒店装潢的总主持人，享德森先生规定，各酒店经理不能擅自修改玛丽·肯尼迪的装潢方案。

第四诫：不能违背已经确认的客房预订。超额预订是酒店经理为了防止有一部分预订者不能如约入住而造成损失的一种方式。如果预订者都到店住了，超额预订就会出现有预订的客人没有客房可住的情况。一旦出现这种情况，喜来登公司规定，送客人一张 20 美元的礼券，这张礼券可在任何一家喜来登酒店使用，并派车送客人到另一家酒店入住，车费由喜来登承担。

第五诫：管理者在没有完全弄清楚确切目的之前，不要向下属下达指令。亨德森先生认为，如果管理者理解清楚了每一指令的目的，同时又让下属了解指令的目的，就可使下属发挥主动性和灵活性，把工作做得更好。

第六诫：一些适用于经营小旅店的管理方式可能正好是经营大酒店的忌讳。亨德森先生认为，在小旅馆里，老板的长处在于他能统管一切事务，可在大酒店里，必须授权予人。大酒店成功的根本点在于选拔部门经理，发挥他们的才干，靠他们去承担责任和行使权力。例如，食品、饮料、前厅服务的程序，锅炉与电梯的维修等具体事务要由部门经理去考虑。实践证明，提拔小旅馆经理来掌管大酒店往往会出现许多令人头痛的事。只有那些善于授权的人管理酒店才能取得成功。

第七诫：为做成交易，不能要人家的最后一滴血。亨德森先生认为在谈生意时，几美元的争执在当时看来似乎事关重大，但实际意义并不大。在一些微小的争执中，不要使用“干就干，不干就拉倒”的语句，要有整体与长远的眼光，小分歧可以通融，不要把大路堵死。

第八诫：放凉的茶不能上餐桌。这一诫虽然是直接针对餐厅服务员讲的，但它的精神适用于一切服务员。这就是要遵循服务的质量要求。例如，热菜要热，用热盘装盛；冷菜要冷，用冷盘装盛。质量不好，会直接影响酒店的声誉。

第九诫：决策要靠事实、计算与知识，不能只靠感觉。亨德森先生认为，任何决策，首先要把实际情况搞清楚，要认真进行计算，光靠感觉、估计、愿望去办的做法要禁止。

第十诫：当你的下属出现差错时，你不要像爆竹那样，一点就火冒三丈。因为他们的过错也许是由于你没有给予他们适当的指导而产生的；你要从解决问题的角度去思考如何更好地去处理。

【讨论】

（1）喜来登酒店的成功十诫体现了酒店管理的哪些理论、方法和思维？

（2）一个卓越的酒店管理者，应具备哪些素质和能力？

管理是一门科学，又是一门艺术。酒店管理是以管理学为基础，结合酒店业务特点而形成的一门独特的学科。随着社会经济的不断发展，酒店管理理论和实践也在不断丰富。本章系统地介绍了酒店管理的含义与职能，酒店管理的理论基础与基本方法，管理者的新思维与新理念，以及酒店管理者应具备的素质与能力。

第一节 酒店管理的含义与职能

一、酒店管理的含义及其构成要素

酒店管理是指管理者为达成酒店经营目标，在管理学理论的指导下，应用酒店管理技术与方法，对酒店拥有的人、财、物、信息等资源进行的一系列管理活动和过程。

酒店管理的含义中包括了酒店管理的目标、理论、方法、资源和活动五个要素。

（一）酒店管理目标

酒店管理目标既是酒店所有管理活动的出发点，也是酒店所有管理活动的归属。这是由管理活动的本质决定的，即管理活动是人类一项有目的的活动。酒店企业作为一个人类为实现长期利润而创造的人造型组织，酒店管理的总目标就是实现酒店长期的生存、发展和盈利。当然，围绕酒店管理总目标，还可以分化出一些具体目标，如经济效益目标、社会责任目标和生态保护目标等。

（二）酒店管理理论

现代酒店管理早已不是管理者完全根据个人经验进行的一种自发性、经验性的管理活动，而是在一系列管理理论的指导下进行的有意识活动。因此，作为一名现代酒店管理者，必须系统学习和掌握酒店管理的理论。酒店管理者只有在管理理论的正确指导下，才有可能合理地从事酒店管理活动并取得成效。

（三）酒店管理方法

现代酒店管理活动不仅需要理论指导，还需要掌握相应的管理方法。随着酒店管理实践的发展，通过吸收、借鉴和创新等多种途径，酒店管理的各个专业化领域，如酒店运营管理、酒店人力资源管理、酒店市场营销管理、酒店财务管理等，都形成了较为系统、完善的管理方法。酒店管理者通过系统的学习，掌握了专业化的酒店管理方法，就可以更加合理、更为高效地从事酒店管理活动。

（四）酒店管理资源

酒店管理者通过自身的管理活动达成酒店的管理目标，必须拥有或控制必要的资源，这些资源包括人力资源、物质资源、财力资源和信息资源等许多种。随人类社会的发展，酒店生存环境的多样化和复杂化，酒店管理所依赖的资源也日益增多，如现代技术、信用和关系等新型资源。

（五）酒店管理活动

酒店管理需要管理理论做指导，需要应用恰当的方法和技能，但从根本上讲，酒店管理是酒店管理者对酒店进行的管理实践活动，并且，管理者也只有通过对酒店资源的管理实践活动，才能实现酒店管理的目标和职能。当然，实践中的酒店管理活动可能以具体、多样的形式出现，如酒店人力资源管理活动、酒店营销管理活动和酒店财务管理活动等。

二、酒店管理职能

管理职能是管理者的管理行为所应具有的功能。酒店管理者的职责就是承担并履行所在岗位的职能。酒店管理的基本职能包括计划、组织、指挥、协调和控制。

（一）计划职能

计划职能是酒店管理这一特定管理的首要职能。所谓计划职能，是指管理者根据酒店目标，对酒店未来活动进行规划和安排的管理活动与过程。计划职能的主要作用是通过对管理环境和管理资源的科学分析，制订合理的活动规划与安排，从而确保酒店管理目标的达成。

为保证酒店管理能够很好地发挥计划职能，应重视两个重要事项：①计划应以酒店目标为中心，科学统筹安排各种活动，确保酒店目标达成是计划的首要任务；②以获取、调动、应用和创新资源为手段，科学统筹应用酒店各种资源，充分发挥资源的潜力，从而促进酒店目标的达成。

（二）组织职能

组织职能是指酒店管理者根据酒店目标和计划，确立酒店组织架构，合理配置人员，通过分工与协作，使酒店能够协调运转，以促进酒店目标达成和计划完成的管理活动与过程。

酒店组织职能包含两大方面的事项：①酒店组织结构与组织管理体制，即酒店结构设置、职责确定、人员分工与协作等事项；②在既有组织结构与组织体制之下，合理组织酒店的人、财、物和信息等资源，促进酒店目标的达成和计划的完成。

酒店组织管理的主要内容包括：①酒店组织结构设计，建立合理的组织机构；②酒店组织人员配备，确定各层级、各岗位的职责与权利；③酒店组织体制设计，建立相应的管理制度与体制；④酒店组织创新，适应内外环境、酒店目标与计划变化需要，适时合理地对酒店组织进行调整、变革与再造。

（三）指挥职能

指挥职能，又可以称作领导职能，是指酒店管理者从酒店目标和计划出发，遵循酒店组织结构与组织体制原则，对所属人员进行的引导、指导或调度，以促进酒店目标达成和计划完成的管理活动与过程。

指挥职能是计划职能与组织职能的延伸，计划是指挥的依据，组织是基础与保证。酒店指挥职能发挥得好坏，主要取决于两方面因素：①酒店计划制订与组织设计的合理性；②酒店管理者自身素质的高低。

为保证酒店指挥职能有效发挥作用，通常应遵循以下原则：

（1）组织合理原则　酒店的组织机构、组织体制、管理层次、管理权责设计应科学合理，保证管理者行使指挥职能时畅通高效。

（2）统一指挥原则　管理者只对自己的下属进行直接指挥，通常不宜越级指挥，切忌多头指挥。

（3）合理指挥原则　管理者进行指挥时，应科学合理，切忌感情用事、瞎指挥。

（4）强制执行原则　指挥是带有强制性的管理活动，特别是在现场管理中，管理者一旦发出指令，原则上下属员工应立即执行，做到“令下即行，令行禁止”，保证管理的有效性。当然，管理者如果存在指挥不当，可事后另行沟通与处理。

（四）协调职能

协调职能是指管理者为保证酒店目标和计划实现，对酒店内外部出现的不利因素与现象进行的沟通与调整，以促进酒店目标和计划实现的管理活动与过程。

酒店企业是由多个部门、不同业务组成的综合性企业，众多的部门和功能在运作中，存在互相联系、互相制约的关系，它们都是酒店整体的有机组成部分，任何一部分的不协调，都会影响酒店的整体运作效率的提高和目标计划的完成。协调职能的发挥能使酒店内外部、酒店各部门、员工之间的活动互相衔接、互相配合、互相促进，从而保证酒店运营状态良好，促进目标计划完成。

酒店协调可以分为两类，即外部协调和内外部协调。酒店外部协调包括：①与政府部门的协调；②与顾客的协调；③与酒店同行的协调；④与行业协会、学校、新闻媒体等社会组织的协调等。酒店内部协调包括：①管理者与被管理者的协调；②部门之间的协调；③员工之间的协调等。

（五）控制职能

控制职能是指管理者根据酒店目标计划和预定标准，对酒店运行过程进行的监督、调节、调查和分析，以确保酒店目标计划完成的管理活动与过程。酒店的目标计划一旦开始执行，就必须进行控制，以检查进度，发现偏离，及时采取措施。因此，控制是上至总经理下至基层管理人员的职责。

酒店控制职能实施的依据主要有：国家有关法令、法规；酒店的目标计划；酒店质量标准、酒店员工手册、酒店服务规程、酒店规章制度等。这些既是管理者控制的标准，又是管理者控制的依据。

酒店控制职能的主要内容包括：

（1）前馈控制　又称事前控制，是指管理者通过对酒店业务和经营管理的事先观察、预测和分析，预计可能出现的问题，在其未发生偏差前采取的预防性管理活动。

（2）现场控制　又称事中控制，是指管理者在酒店业务和管理进行过程中，通过现场巡视，督导下属员工按规定和标准操作，并且根据业务和管理活动的需要，及时对人、财、物等资源进行重新组合与调配，有效地保证目标计划完成的控制活动。

（3）反馈控制　也称事后控制，是指管理者在酒店经营业务和管理活动出现偏差或者活动已经结束，对其原因或结果的检查与分析，目的是找出偏差，分析产生差异的原因，提出整改措施，以便在今后的工作中改进和提高。

第二节　酒店管理的理论基础与基本方法

一、酒店管理理论基础

酒店管理是随着人类酒店管理实践活动产生和发展，持续吸收和借鉴管理学理论成果，并不断发展完善的一门学科。因此，要成为一名合格的现代酒店管理者，就必须切实掌握各种管理基础理论，充分了解酒店管理实践活动，认识酒店管理客观现象，把握酒店管理客观规律，这样才能对酒店进行科学而有效的管理。

人类管理思想和管理理论的产生和发展，直接来源于人类的生产与管理实践活动。古代埃及、希腊、中国和罗马等文明古国的史学典籍和宗教文献都有管理思想和管理理论的体现。

18 世纪英国工业革命之后，企业这种社会组织开始大量涌现，企业生产和管理活动开始丰富，一些专家和学者开始对劳动分工和专业化等问题进行理论研究，开始对企业管理进行较为深入的理论探索。

进入 20 世纪后，随着资本主义经济和企业组织的发展，西方管理学理论先后经历了古典管理理论、行为科学理论和现代管理理论等发展阶段，形成了丰富的理论研究成果，构成了酒店管理的理论基础。

（一）古典管理理论

古典管理理论形成期开始于 18 世纪中期，结束于 20 世纪初期。古典管理理论着重研究如何提高工人或组织的生产效率。古典管理理论的主要代表有费雷德里克・泰勒（Frederick W. Taylor）的科学管理理论、亨利・法约尔（Henri Fayol）的一般管理理论和马克斯・韦伯（Max Weber）的行政组织理论。

1．科学管理理论

科学管理理论发展至今约有 120 年的历史，对现代酒店经营仍然有着宝贵的实用价值。科学管理理论的创始人是费雷德里克・泰勒（Frederick W. Taylor），泰勒也被尊称为“科学管理之父”。

泰勒出生于美国宾夕法尼亚州的一个律师家庭，从小热爱学习和科学研究，中学毕业后考上哈佛大学法律系，但由于学习十分刻苦，视力和听力受到损害，最后不得不辍学就业。就业后从一个普通的工厂学徒工起步，一步步晋升至工长、总技师、总工程师。

泰勒认为科学管理的根本目的是谋求最高工作效率，而最高工作效率是工厂雇主和雇员实现共同富裕的基础。同时他认为，应当用科学管理方法代替旧的经验管理，科学管理的核心是管理人员和职工双方在思想上进行彻底变革，方法是通过明确的规范以提高生产率。经过多年实践，泰勒的科学管理理论收到了很好的效果，不仅提高了工厂的生产效率，降低了成本，而且提高了职工工资。泰勒的科学管理理论主要包括以下原理与内容：

（1）制订工作定额　通过对职工时间动作研究，制订出标准的工作定额，这是科学管理的基础。

（2）实施标准化管理　为了使职工完成工作定额，除了使他们掌握标准的操作方法以外，还要为职工提供恰当的工具，并且对工具、材料及工作环境加以标准化。

（3）执行有差别的计件工资制　按照工作标准和时间定额，规定不同岗位的工资。对完成和超额完成工作定额的职工，支付较高的工资；对完不成定额的职工，支付较低的工资。

（4）选择和培训优秀的职工　企业管理者的责任在于为职工找到最合适的工作，并且培训他们成为最优秀的职工。

（5）实行职能分工　将管理职能与执行职能分开，管理工作专业化。把企业日常运行的管理工作授权给下级人员，管理者致力于计划管理工作。

2. 一般管理理论

一般管理理论的创始人是法国管理学家亨利·法约尔（Henri Fayol）。法约尔出生于法国，1860 年毕业于国立采矿学校，长时间担任法国某煤矿公司的总经理职务，积累了丰富的管理经验。他曾在法国军事大学任管理学教授，并对其他行业的管理进行了广泛调查。退休后，他创办了管理研究所。一般管理理论是站在高层管理者角度，研究整个组织的管理问题。

法约尔提出了管理的普遍性和重要性。他认为，凡是有组织的活动就需要管理，管理是任何组织的一个独立因素。同时他指出，经营与管理具有不同的含义。经营是指导或引导一个整体趋向目标。经营的内容共有 6 种活动，而管理只是其中的一种。管理包括计划、组织、指挥、协调和控制 5 项职能。

法约尔认为，企业经营的 6 项活动是上至企业最高领导，下至企业普通职工都要从事的活动，企业所有职工都应具有从事这些活动的能力。只是这些活动和相应能力随着职工职务高低的不同而各有侧重。

企业经营的这 6 项活动包括：①技术活动，包括技术设计和工艺制造；②商业活动，包括采购、销售和交换；③财务活动，确定资金来源和使用计划；④安全活动，保证职工劳动安全及设备使用安全；⑤会计活动，编制财产目录，进行成本核算和统计等；⑥管理活动，包括计划、组织、指挥、协调与控制。

法约尔根据自身长期的经营管理经验，还提出了从事管理活动的 14 项原则：①劳动分工原则；②权利与责任原则；③纪律原则；④统一指挥原则；⑤统一领导原则；⑥个人利益服从整体利益的原则；⑦职工报酬原则；⑧集中与分散原则；⑨等级制度原则；⑩秩序原则；⑪公平原则；⑫人员的稳定原则；⑬首创原则；⑭团结原则。

3. 行政组织体系理论

马克斯·韦伯（Max Weber）出生于德国律师家庭，1882 年毕业于爱丁堡大学法律系。韦伯一生曾担任过教授、政府顾问、编辑和作家，对社会学、宗教学、经济学与政治学都有相当深入的研究与成果。韦伯的行政组织理论（又称官僚组织理论），对后世产生了最深远的影响。

韦伯认为行政组织体系能提高工作效率，在精确性、稳定性、纪律和可靠性方面等方面都优于其他组织体系。同时，他认为，只有以规则制度做动力，抛弃一切人事关系的感情色彩，组织才有可能长期生存下去。韦伯行政组织体系理论内容包括：

（1）实行作业分工　为了达成组织目标，要把组织中的全部活动划分为不同的作业，作为明确的任务，分配给组织中的每位成员。各个成员将接受组织分配的活动任务，并按分工原则专精于自己岗位职责的工作。

（2）建立职权等级制度　各种职务或职位应按等级原则组织起来，每一职务有明文规定的权利和义务，每一个部属接受上级主管的指挥和监督，上下级之间的职权关系严格按等级划定。

（3）规范人员任用　每一职位要根据其资格（资历或学历）限制，按自由契约原则，经公开考试合格予以使用，务求人尽其才。

（4）规范人员升迁和工资制度　人员的升迁和工资应以服务年限和工作绩效为标准进行，同时应有相关的明文规定。

（5）理性工作原则　组织中的各级管理人员必须完全以理性为指导，不受个人感情因素影响，客观合理地处理各项事务。

韦伯认为，这种高度结构化的、正式的、非人格化的理想的行政组织体系是强制控制的合理手段，是达到目的、提高效率的最有效的形式。这种组织形式适用于各种行政管理工作及当时日益增多的大型组织，如教会、国家机构、军队、政党、经济组织和社会团体。韦伯的理论对泰勒、法约尔的理论是一种补充，对后来的管理学研究，特别是组织理论研究产生了很大的影响。

（二）行为科学理论

行为科学理论开始于20世纪20年代末的“霍桑实验”，到20世纪50年代，经过众多管理学家、社会学家和心理学家的共同努力，在行为科学研究领域产生了丰富的研究成果，行为科学逐渐发展成为一门具有深远影响的管理学理论门类。

行为科学是对企业员工行为及其原因进行分析和研究的一门综合性科学。它研究组织员工的各种需要、欲望、动机、目的、内动力、个性、情绪和思想，特别是研究人与人之间的关系、个人与集体之间的关系，研究上述因素与组织目标的关系，并进一步研究如何改进生产环境、组织结构、管理方式，从而从精神上和物质上引导和强化员工的积极性和创造性。

行为科学理论的主要代表是人际关系理论、需求层次理论、双因素理论、X理论和Y理论。

1. 人际关系理论

人际关系理论的创始人是美国哈佛大学教授约翰·艾尔顿·梅奥（George Elton Mayo）。1924—1932年，梅奥应美国西方电气公司邀请，在公司设在芝加哥附近霍桑地区的工厂进行著名的“霍桑实验”。实验的目的是研究工作条件对生产效率的影响，寻求提高劳动生产率的途径。通过这次实验，梅奥等人提出了人际关系理论。人际关系理论主要有以下观点和内容：

（1）职工是“社会人”，而不单纯是“经济人” “霍桑试验”的研究结果否定了传统管理理论对于人的假设，表明了工人不是被动的、孤立的个体，除了追求经济收入外，还有友情、安全感、社会、心理方面的需求。因此企业必须从社会和心理等多方面鼓励职工，才能形成动力，从而提高工作效率。

（2）企业除正式组织外，还存在“非正式组织” 企业正式组织是经过人为设计而建立的权责分配体系，有固定的形式、特定的功能及预期的目标，其人员可以从组织系统中表示出来。非正式组织中有自己的核心人物和领袖，有大家共同遵循的观念、价值标准、行为准则和道德规范等。非正式组织对工人的行为影响很大，是影响生产效率、产品质量的重要原因。非正式组织和正式组织相辅相成，对生产效率的提高有很大影响。

（3）生产效率的高低主要取决于员工的工作态度和满意度 员工态度影响员工的工作士气。员工工作士气越高，生产效率就越高。员工工作态度和满意度与其被上级管理人员、同事和社会的认可、承认度紧密相关。

（4）企业应采取新的领导方法，改善人际关系，提高员工士气 企业可邀请员工参加各项决策，改善员工之间的关系，重视上下级之间的沟通，建立管理人员与员工的面谈制度，消除不良的人际关系等。

2. 需求层次理论

需求层次理论的创始人是美国著名心理学家和行为科学家阿伯拉罕·马斯洛

（Abraham H. Maslow）。马斯洛在 1943 年出版的《人类激励理论》一书中，首次提出了需求层次理论。需求层次理论的主要观点和内容如下：

（1）人是有需求的。其需求取决于人们已经得到了什么，尚缺少什么，只有未满足的需求才能影响人的行为。

（2）人的需求有高低层次之分。从低级向高级需求可以为 5 个层次，依次为生理需求、安全需求、感情需求（归属需求）、尊重需求和自我实现的需求。

（3）只有当较低层次需求得到满足后，较高层次需求才出现。较低层次需求没有满足后，高一级需求不会成为人的行为动力；低一级需求满足后，它不会再成为激励人们行为的动力。

3．双因素理论

双因素理论的创始人是美国心理学家弗雷德里克·赫茨伯格（Frederick Herzberg）。赫茨伯格在 1966 年出版的《工作与人性》一书中，首次提出了双因素理论。双因素理论的主要观点和内容如下：

（1）能够维持员工工作现状的因素与工作环境或工作条件有关，能够调动职工积极性的因素与工作性质和工作内容有关。前者为保健因素，后者为激励因素。

（2）保健因素主要是对人们身体有影响的因素，包括企业的政策、管理方法、职工与上下级的关系、职工工资、工作安全、工作条件、职工地位等。保健因素涉及的主要是工作的外部环境。当保健因素低于职工可接受的水平时，会引起职工的不满；当这类因素得到改善，达到职工理想的水平，职工的不满会消除。保健因素对职工不起激励作用，这种因素只能维持职工工作效率。

（3）激励因素主要是对人们心理有影响的因素，包括工作成就感、受到上级重视、职务提升、工作本身特点、个人发明和工作责任等。激励因素涉及的主要是工作本身。为了持续提高工作效率和员工工作热情，管理人员应注意工作的丰富化，不使职工感到工作枯燥，在工作中给职工适当自主权，让职工及时了解工作成果，对职工所完成的工作及时肯定和表扬。

4．X 理论和 Y 理论

X 理论和 Y 理论的创始人是美国麻省理工学院教授道格拉斯·麦格雷戈（Douglas McGregor）。麦格雷戈在 1957 年发表的《企业的人性面》一文中，首次提出传统的管理理论（X 理论）的特点和存在的问题以及自己的管理理论（Y 理论），之后他又在其他著作中对两种不同的理论进行了比较与补充。麦格雷戈认为 X 理论和 Y 理论的差别在于管理人员对职工的看法不同，因此采取的管理方法不同。

（1）X 理论　该理论假设人的本性是懒惰的，好逸恶劳，尽可能逃避工作。这类人一般都胸无大志，厌恶工作，天生以自我为中心，对组织不关心，不愿承担责任，宁愿被别人领导，反对变革，把安全看得高于一切。因此，对于这类人要用奖惩手段对其进行控制、激励其努力工作。

（2）Y 理论　该理论假设员工并不懒惰，在正常情况下愿意承担责任，热衷于发挥自己的才智和创造性。管理者应当使用正确的管理方法激励职工，及时肯定职工工作成绩，鼓励职工对自己的工作进行评价。同时，管理者要创造满足职工需要的环境，使他们的智慧、能力得到发挥，更好地实现组织和个人的目标。

（三）现代管理理论

第二次世界大战后，随着社会生产力和人类经济生活的快速发展，以及社会学、系统科学、计算机技术在管理领域中日益广泛应用，西方管理理论研究变得极度繁荣，形成了美国管理学家哈罗德·孔茨（Harold Koontz）所说的“管理理论丛林”。其中具有代表性的理论主要有：

1．管理过程学派

管理过程学派的开创者是法国古典管理理论创始人亨利·法约尔（Henri Fayol，1841—1925），代表人物是美国管理学家哈罗德·孔茨（Harold Koontz）。

该管理学派认为管理是一个过程，是在有组织的集体中让别人和自己共同去实现既定的目标。管理者在管理活动中执行着计划、组织、领导、控制等若干职能。管理是一个循环的过程，从计划到控制，再从控制到计划，表明了过程的连续性。控制职能可以确保组织达成其计划的目标。

2．社会系统学派

社会系统学派的代表人物是美国管理学家切斯特·巴纳德（Chester I. Barnard）。1938年，他撰写的《经理人的职能》一书出版了，在这本著作中，他对组织和管理理论的一系列基本问题都提出了与传统组织和管理理论完全不同的观点。他认为组织是一个复杂的社会系统，应从社会学的观点来分析和研究管理的问题。由于他把各类组织都作为协作的社会系统来研究，后人把由他开创的管理理论体系称作社会系统学派。

巴纳德的主要贡献及该学派的主要观点包括：

（1）社会的各种组织都是一个协作系统。组织的产生是人们协作愿望导致的结果。人们个人办不到的许多事，协作就可办到。

（2）正式组织存在3种要素，即成员协作的意愿、组织的共同目标、组织内的信息交流。

（3）权威接受理论。管理者的权威来自下级认可，单凭发号施令是不可取的，重要的是取得下级同意、支持和合作。

（4）对经理的职能进行新的概括。经理应主要作为一个信息交流系统的联系中心，并致力于实现协作、努力工作。

3．决策理论学派

决策理论学派的主要代表人物是美国管理学家和社会科学家赫伯特·西蒙（Herbert A. Simon）。决策理论学派是以统计学和行为科学为基础的，运用计算机技术和统筹学方法而兴起的一门新兴管理学派。

决策理论的主要观点与内容包括：

（1）管理的全过程就是一个完整的决策过程，即决策贯穿于管理的全过程，管理就是决策。

（2）在管理决策中，上级不是代替下级决策，而是提供给下级决策前提，包括价值前提和事实前提，使之贯彻组织意图。价值前提是对行动进行判断的标准，而事实前提是对能够观察的环境及环境作用方式的说明。

（3）主张用“令人满意的准则”去代替传统的“最优化原则”。

（4）在管理者决策时，必须利用并凭借组织的作用，尽量创造条件，以解决知识的不全面性、价值体系的不稳定性及竞争中环境的变化性问题。

（5）决策分成程序化决策和非程序化决策两类。程序化决策是指反复出现和例行的决策；非程序化决策是指那种从未出现过的，或者其确切的性质和结构还不是很清楚或相当复杂的决策。

4. 系统管理学派

系统管理学派的主要代表人物是美国的弗雷蒙·卡斯特（Fremont E. Kast）和詹姆斯·罗森茨韦克（James E. Rosenzweig）等人。

该学派管理理论的主要观点与内容包括：

（1）组织是一个由相互联系的若干要素组成的人造系统，目的在于达成组织和成员的目标。

（2）组织是一个为环境所影响，并反过来影响环境的开放系统。它在与环境的相互影响中取得动态平衡。同时，组织要从外界接受能源、信息、物料等各种投入，经过转换，再向外界输出产品。

（3）组织不仅本身是一个系统，同时又是一个社会系统的分系统。

5. 经验主义学派

经验主义学派的主要代表人物是美国著名管理学家彼得·德鲁克（Peter F. Drucker）和欧内斯特·戴尔（Ernest Dale）等人。

经验主义学派以向大企业的经理提供管理企业的成功经验和科学方法为目标，认为传统的管理理论和行为科学不能完全适应企业发展的需要，管理的科学应该从企业管理的实际出发，以管理实践为主要研究对象，以便在一定的情况下，把管理实践加以概括和理论化。对实践经验高度总结是经验主义学派的主要特点。

6. 管理科学学派

管理科学学派也被称为管理数理学派、管理计量学派，这一学派的主要代表人物是美国管理学家埃尔伍德·斯潘塞·伯法（Elwood Spencer Buffa）等人。

管理科学学派是泰勒科学管理理论的继承和发展，主张“管理”就是用数学模型及其符号来表示计划、组织、控制、决策等合乎逻辑的程序，求出最优解，以达成企业目标。因此，认为管理科学就是制定用于管理决策的数学和统计模型，并将这些模型通过计算机应用于管理实践中。

7. 权变理论学派

权变理论学派的代表人物有英国管理学家琼·伍德沃德（Joan Woodward）和美国管理学家弗雷德·菲德勒（Fred Fiedler）。

权变理论是20世纪60年代末70年代初在经验主义学派基础上进一步发展起来的一种管理理论。该理论认为在组织管理中，没有一成不变、普遍适用的、“最好的”管理理论方式。在管理实践中，要根据组织所处的环境和内部条件的发展变化随机应变，依据具体情况选择合理的管理方式。

二、酒店管理基本方法

酒店管理方法是酒店管理者在达成管理目标，履行管理职能，从事管理工作时所采取的方式、手段和措施的总和。酒店作为一个综合性企业，决定了酒店管理工作的丰富多样性。酒店管理工作的丰富多样性，又决定酒店管理方法的多样性。酒店管理中常见的基本方法有以下 6 种。

（一）制度管理法

制度管理法是指管理者依据国家的法律、法令、条例和规章等，结合酒店管理实践，将酒店管理中的一些比较稳定和具有规律性的管理事项，以规章制度的形式确定下来，以保证酒店经营管理活动正常进行的管理方法。

制度管理方法的特点有：

（1）规范性　酒店管理制度是酒店员工必须遵守的行为规范，制约所有人的行为。

（2）强制性　酒店所有员工必须遵守、执行酒店管理制度，违者必须受到惩罚。

（3）稳定性　酒店管理制度一旦形成并颁布实施，就不能因人、因地而异，更不能随意变动、朝令夕改。

制度管理法的优点是具有自动规范性、强制性和稳定性，但因它缺乏弹性和灵活性，有时容易限制部门员工的工作积极性和主动性。因此，制度管理方法应与其他方法相辅相成，充分发挥制度管理法的积极作用。

（二）行政管理法

行政管理方法是指管理者依靠行政权力，借助行政手段，采取行政命令、行政指示等有约束性的行政手段进行管理的方法。行政管理方法的主要手段包括计划、组织、指挥、监督和检查等。

行政管理方法的特点有：

（1）权威性　行政管理是上级管理者依靠行政权力对下级进行的管理，使下级必须遵守并执行，具有行政权威性。

（2）强制性　行政命令、指示等一旦发布就必须按要求执行，不得拖延或违抗，具有强制性。

（3）灵活性　酒店管理者可以根据具体情况，通过行政手段，及时灵活决策并采取措施，不必经过复杂的管理流程。

行政管理法的特点是直接灵活，决策和信息传递速度快。但是行政管理法的实施必须恰当合理，管理者必须认识到行政管理法的实施不等于无限制的强迫和命令。不恰当地运用行政管理法容易引起职工的抵触和反抗心理，产生矛盾和不和谐因素。因此，酒店管理者在运用行政管理法时，要注意对客观经济规律的把握和方式的合理性，克服官僚主义，避免滥用职权。

（三）经济管理法

经济管理方法是指管理者根据客观经济规律，运用各种经济手段对管理对象进行引导和约束的管理方法。经济管理法的实质是以物质经济利益为动力，调动员工的积极性和主动性，引导和约束管理对象的行为，使其采取与管理目标相一致的行为和措施。

用经济方法管理酒店，要求管理者要尊重和利用客观经济规律，只有符合客观经济规律的经济方法，才能把酒店员工的经济活动引导到实现酒店经营目标的轨道上来。

经济管理法具有平等性、物质利益性、广泛适用性等特征，因此几乎成为所有酒店都会采用的管理方法，也是酒店管理最基本和最持久的方法。酒店实行的常见的经济管理法有经济责任制、目标定额管理、职工薪酬和福利管理等。

实行经济管理法，必须使管理对象真正成为自主管理、自我约束、自负后果的经济和管理实体，并建立配套完善的经济核算制度，才能让经济管理法真正发挥作用。运用经济管理法还应注意这种方法的局限性，过分强调或单一运用经济方法易造成职工的短期经济利益观，影响他们的主动性和创造性。

（四）感情管理法

感情管理是指酒店管理者通过本身的形象、行为、情感等手段，激发和打动员工感情，从而调动职工积极性的一种管理方法。

酒店管理者应用感情管理法时要遵循心理活动的有关规律，采用科学方法和手段，积极有效的组织活动过程，从而保证感情管理的有效性。同时，酒店作为一个以提供接待住宿服务产品为主的综合性企业，感情管理有着更广泛的应用空间。在感情管理过程中，管理者要调动自身的真实感情和心理感受，力求做到关心人、理解人、激励人。

关心人是指要从人的物质需要和精神需要出发，既关心员工目前的工作、生活、家庭的实际状况，又关心员工的未来成长进步与发展，使员工感到酒店时刻在关注自己和帮助自己，从而努力工作。

理解人是管理者要努力从员工自身角度出发，体会员工的真实想法、需求和做法，这样才有可能通过管理方法真正打动或感动员工。

激励人是管理者善于发现下属的特长和技能，了解他们的真正需求与期望，用其所长，避其所短，把每个人安排到最能发挥其作用的岗位上去，通过感情手段激励其更好地服务于酒店，同时实现自身的价值。

（五）表单管理法

表单管理法是指酒店管理者通过表单的设计、制作、填写和传递等来沟通信息、控制员工行为的一种管理方法。

酒店表单一般可分为三大类：①上级部门向下级部门发布的各种业务和管理指令；②各部门之间传递信息的业务和管理表单；③下级向上级部门呈递的各种业务和管理报表。

表单管理成功的关键是设计一套科学完善的表单体系。酒店管理者应用表单表管理法时，应注重以下事项：①表单的种类、数量和内容，既要全面又要简明，既实现信息沟通目标，又简单易行；②表单传递的流程要清晰，明确要在哪些部门中传递，如何传递；③表单传递的时间要清晰，明确表单传递需要多长时间；④表单的应用要明确，每一份表单都有明确的用途，避免无用、无效表单的流转。

（六）定量管理法

定量管理法是指通过对管理对象数量关系的研究，遵循其量的规律性，用数量关系对酒店经济管理活动进行管理的方法。

在管理实践中，定量管理法主要运用于酒店财务管理、物资管理、市场管理、人力资源管理和经营决策等许多方面。定量管理法的通常做法是建立一些数学模型，将一些问题定量化，通过计算得出有关数据，从而为经营管理决策提供依据。

目前，在酒店管理中可用的数学模型有 ABC 库存管理法、经济批量法、盈亏平衡点分析法、量本利分析法、投资报酬率分析法、敏感性分析法和线性规划等。

为了更好地发挥定量方法的作用，酒店管理者必须在日常的经营管理中注意各种原始数据的记录、积累、整理、分析，使之成为定量分析的基础。定量方法的计算过程可以通过计算机和软件工具实现。

第三节　酒店管理的新思维和新理念

一、酒店管理新思维

思维是人的大脑对客观事物概括的、间接的反应。感觉和知觉是当前事物在人头脑中的直接的反映。记忆是过去经历过的事物在人头脑中的再现。在生活实践中，有许多单凭感觉、知觉和记忆解决不了的问题。实践要求人们在已有知识和经验的基础上，通过间接的途径去认识事物内在的、深层次、规律性的东西。这就是人类的思维活动过程。思维过程是人类认识活动的高级阶段。因此，人类思维及其过程是对客观事物概括的、间接的反映过程，它反映出客观事物的一般特性和规律性的联系。

人类的思维是十分活跃的，思维方式也是多种多样的。按特性划分，有常规思维与非常规思维等；按功能机理划分，有直觉思维、形象思维与逻辑思维等；按思路方向划分，有发散思维、收敛思维、逆向思维、双向思维、多向思维、立体思维等；按时空划分，有纵向思维、横向思维、多维思维、跳跃式思维、超前思维、动态思维等；按理论类型划分，有哲学思维、科学思维、辩证思维、系统思维等；按管理的构成划分，有个体思维、群体思维、社会思维等。

不同的思维方式会形成对客观事物的不同认识，进而产生不同的态度和言行。正确的思维方式是正确认识客观事物的先决主观条件。酒店管理者要培养和树立正确的思维方式，才能科学地开展酒店管理工作。

近年来，随着人类生产和生活的飞速发展与进步，酒店业新事物、新现象、新变化层出不穷。为了适应于人类生产、生活和酒店业的飞速变化，酒店管理者必须勇于打破传统的、旧有的思维方式，不断培养和树立新思维。为了适应于当前酒店业的发展，酒店管理者应具有的新思维主要有以下几种。

（一）求实思维

求实思维是指酒店管理者在从事管理工作时，要从实际出发，无论解决什么问题，都要尽可能深入、全面地探求问题形成的背景、历史和现状，使自己的认识尽可能符合实际。求实思维要求酒店管理者在管理工作中真正做到“不唯上，不唯书，只唯实”，通过充分的调研研究，掌握足够全面的信息，形成对符合客观事物实际的正确认识，为采取恰当的管理活动奠定坚实的基础。

（二）辩证思维

辩证思维是指用对立统一、普遍联系和永恒发展的观点来看待一切事物。辩证思维有三方面要点。

（1）对立统一　万事万物既相互对立，又相互统一、相互依存，普遍具有两面性，看待事物时既要“一分为二”，又要“合二为一”。“一分为二”是指在看待事物时既要注意积极方面，又要关注消极方面，不要片面和走极端，也不要偏听和偏信。酒店管理者既要在光明时刻看到黑暗，又要在黑暗中看到光明。“合二为一”是指酒店管理者在形成对事物的主要认识时要看到事物的主要方面，不应“模棱两可，立场不明、是非不辨”。

（2）普遍联系 万事万物都不是孤立、单体式存在，而是具有相互连结、相互依赖、相互影响、相互作用、相互转化等普遍的关联关系。管理者在看到事物和现象时，要关注事物的普遍联系性，特别是处理“牵一发而动全身”的复杂事物和问题时，要充分考虑事物间的普遍联系，避免遗漏掉重要的联系。

（3）永恒发展 万事万物始终处于发展变化之中，不要用僵化、静止的思维看事物、想问题，要用发展的眼光看事物、想问题。最常见的发展表现为事物不仅具有两面性，而且在一定条件下，还可以相互转化，即成语所言的“极盛而衰，否极泰来”“塞翁失马，焉知非福”。

（三）求同思维

求同思维是指解决各类纠纷、矛盾时，不仅要看到矛盾双方相互间存在的对立、差异因素，更要看到矛盾双方相互间的统一、共同的因素，做到“异中求同”，找到矛盾双方都能接受的共同点。这样，就更有利于问题的解决。酒店管理者解决客户与酒店纠纷、内部员工间的纠纷时，在“求同思维”的指导下，有利于提出双方都接受的解决方案。

（四）求异思维

求异思维是指观察事物和解决问题时，能够在差异性、不一致上做文章，形成有别于常规的新思路、新办法，即实现“同中求异”。酒店管理者在管理中不仅要自身具有求异思维，还要创造一种不拘一格，不受常规束缚的宽松、自由的环境，使员工能够充分表达自身的不同意见、不同想法，有利于产生具有创造性的想法、思路和成果。求异思维的进一步演变就是创新思维。

（五）逻辑思维

逻辑思维，又称抽象思维，是指运用含义、判断、推理等形式，对客观现实进行符合规律和事理发展的反映，包括归纳演绎、因果推理、分析综合等。

归纳演绎是归纳和演绎的合称。归纳是指从许多个别的事物中概括出具有共性特征的一般性含义、原则或结论的思维方式。简言之，归纳就是从个别到一般。演绎是以一般含义、原则为前提推导出个别结论的思维方式，即依据某类事物都具有的共同属性、关系来推断该类事物中个别事物所具有的属性和关系。简言之，演绎就是从一般到个别。

因果推理可以进一步分为从原因到结果的推理或从结果追溯原因的推理，即“由因导果”或“执果索因”。因果推理是管理者分析问题时经常使用的思维方式。

分析综合是分析与综合的合称。分析有两种类型：一种是从事物的结构或组成出发，将事物进行分解，以研究分解之后的事物的具体内容；另一种是针对事物的具体表象或现象进行调查研究，以完成对事物变化的来龙去脉、前因后果的认识。

（六）直觉思维

直觉思维，属于一种非逻辑思维。它是以个人的学识和经验为基础，通过直觉来提出含义、假设和决断的一种思维方式。

酒店管理者如果掌握了这种思维方法，有助于从错综复杂的社会现象和管理问题中，及时做出准确的判断和抉择。这种凭直觉思维做出的判断和抉择，在紧迫和危急关头，在无法进行周密的逻辑思维时，是一种非常宝贵的、非常必要的思维方式。事实上，一个经验丰富的酒店管理者，在日常决策中，几乎有将近一半的判断是凭直觉得到的。

当然，直觉思维毕竟属于一种“有待证实”的判断，并不总是准确无误的，只要条件允许，管理者还应尽可能运用逻辑方式、科学手段进行验证。

（七）形象思维

形象思维是指利用有形事物的特征或视觉影像来进行思维的方式。这种思维方式及其表述具有生动、鲜活、易于为人们所接受的特点，经常被酒店管理者采用。例如，酒店管理者在讲抽象的道理和原则时，经常采用的案例说明法，就是应用形象思维的一种方式，这种方式非常容易得到下属的理解和记忆。

（八）创新思维

创新思维是逻辑思维、求异思维和形象思维等思维方式的进一步延伸，是反映人类产生新思想、开拓新领域、创建新成果的思维活动。具有创新思维的酒店管理者，更倾向于不断追求变革，不断地推出新产品、新服务和新的管理方式。

通过创新思维和创新行为，酒店管理者可以不断地进行酒店目标创新、技术创新、产品创新、服务创新、制度创新和环境创新，把酒店管理推向新的发展阶段。

二、酒店管理新理念

理念是指人们通过思维活动所归纳或总结出的思想、观念、含义与法则，是思维活动成果最集中的体现。为适应当今酒店业竞争的全球化、激烈化趋势，酒店管理者需要具有以下经营管理理念。

（一）“顾客永远是第一位”的经营管理理念

“顾客永远是第一位”是“顾客就是衣食父母”“宾客至上”“顾客永远是对的”等不同表达方式在酒店管理思想、观念和法则上的集中反应。

在当今市场经济条件下，酒店业是一个充分竞争的市场形态，市场总体上供过于求。由于市场竞争激烈，因此决定了酒店在经营管理中，要永远把顾客的利益与需求放在第一位，酒店的所有产品和服务都要围绕顾客需求而展开，酒店的一切活动以为顾客创造价值为目的，这样才能保证酒店经营管理沿着正确的方向和道路前进，酒店管理者才能为自身管理确立合法性和权威性。

（二）“人生即服务”的服务理念

从客观上讲，社会上所有人都需要获得别人提供的服务，又需要自身能够为别人提供服务，即所谓的“人人为我，我为人人”。从某种意义上讲，“服务他人”既是人生的一种责任，也是获得人生意义的重要途径。

酒店企业作为一个以提供接待住宿服务为主的综合性企业，客观上更要求酒店管理者应具有强烈的服务信念、服务责任意识，把为别人提供服务作为自身的人生信条和人生责任，在为别人服务中，实现自身的人身价值，寻找到自身的人生意义。

从某种意义上讲，“酒店人的一生，就是为别人服务的一生”。从广泛的意义上讲，所有人的一生都是服务于他人的一生，只不过是方式、手段和效果不同而已。酒店管理者要树立“人生即服务”的服务理念，为服务好顾客，管理好酒店，实现酒店和自身价值奠定坚实基础。

（三）“质量是生命”的质量管理理念

酒店的服务质量决定酒店经营的成败。大量的事实证明，酒店如果不重视服务质量，很快就会失去顾客与市场，导致酒店经营亏损，甚至破产。相反，如果酒店能提供全面、个性化、优质的服务产品，就能在市场上取得持久的竞争优势，获得更好、更长久的经济效益与发展。

因此，酒店要想在激烈的市场竞争中发展壮大，酒店管理者就要牢固树立“质量是生命”的质量管理理念，以质量求市场、以质量求效益，以优异的服务质量赢得顾客的信赖和成长机会。

同时，酒店管理者还应把重视酒店服务质量、“质量就是生命”这种质量管理理念融入酒店企业文化，成为酒店员工一切行为的指导，以优异的质量赢得顾客的满意与忠诚。

（四）“品牌最宝贵”的品牌管理理念

品牌是区别于同类企业所生产和销售的产品或服务的名称、标记、图案、形象或其他特征。品牌对于酒店与顾客都有着非常重要的意义。对于酒店来说，品牌有助于将自身产品从大量酒店产品中区别出来，形成良好的产品形象和企业形象。对于顾客而言，品牌可以识别不同的酒店产品，从而决定自己的选择，并且可以通过消费名牌形象、地位等形式获得心理上的满足感。

同时，酒店产品的无形性和同步性决定了顾客在购买前，酒店无法当场向顾客进行完整的产品展示，消费者只有通过产品的有关信息来做出购买决策，而品牌作为酒店产品和服务信息的综合体现，可以有效地向顾客传递产品和服务的质量信息。

从某种意义上讲，品牌是酒店最宝贵的资产，具有显著的增值效应，能最大限度地提升酒店价值。酒店管理者要树立“品牌最宝贵”的品牌管理理念和品牌管理意识，充分关注和提高酒店品牌，增加酒店的市场竞争力和发展潜力。

（五）“员工最重要”的人力资源管理理念

酒店作为一种服务企业，酒店产品服务质量和酒店企业品牌形象都是全体酒店员工努力的成果。酒店员工构成酒店的人力资源。人力资源与物质资源最大的区别就是人力资源具有价值创造性。酒店员工的价值构成酒店利润最主要的来源，而酒店利润是支撑酒店生存与发展的物质基础。因此，酒店员工是酒店最重要的资产，是支撑酒店生存与发展最重要的基础。

酒店员工的重要性决定了酒店管理者必须充分重视对酒店人力资源的科学管理。在管理中，明确认识到“只有满意的员工，才有满意的顾客”“只有能够让顾客满意的员工，才是酒店满意的员工”，把员工当作酒店最重要的资源，通过科学的手段，充分调动员工的积极性、能动性和创造性，不断提高员工的满意度和忠诚度，为酒店的发展奠定坚实的基础。

（六）“低碳与环保”的可持续发展理念

近年来，随着温室效应的加剧和人类生存环境的恶化，减少碳排放、节约能源和保护自然、生态环境，实现可持续发展，日益成为世界的共识。

传统酒店业是一个高能耗、高排放、高污染的行业，据资料显示，一家中等规模的酒店，一年要消耗1 400吨煤的能量，向空中至少排放4 200吨的二氧化碳、70吨烟尘和28吨二氧化硫。酒店能源费用的支出占营业费用的比例达到8%～15%。

由此可见，树立“低碳与环保”的可持续发展理念，采取节能环保经营管理措施，保护自然、生态环境，建设绿色酒店，既是酒店企业和酒店管理者的一种社会责任，也是实现人类生活环境可持续发展的必然要求。

（七）“创新无止境”的创新理念

在竞争激烈的酒店业市场，顾客面临着日益众多的选择机会，酒店企业要想持续地赢得顾客和市场竞争，酒店管理者不仅要培养创新思维和创新意识，而且不能被一时的创新效果冲昏头脑，变得故步自封，停滞不前。这样，早晚会被新的创新所淘汰。

因此，酒店管理者要牢固树立“创新无止境”的创新经营理念，始终密切关注市场趋势和顾客消费趋势变化，通过持续而永不停止的创新行为，不断推出新产品和新服务，在巩固已有市场的同时，不断开拓新市场，赢得顾客长久的满意和忠诚，实现酒店长期的生存与发展，实现创办百年名店、千年名店的远大目标。

第四节 酒店管理者的素质与能力

一、酒店管理者素质的含义与构成

（一）酒店管理者素质的含义

酒店管理者素质是指管理者从事并胜任酒店管理工作时，自身所应具备的、内在的、稳定的特征或特点，包括价值观、道德、技能、知识与态度等内容。

对于酒店企业来说，高素质的员工队伍是酒店最重要的资源，高素质的管理者队伍是使员工这种最重要的资源发挥作用的关键力量。对于酒店管理者个人来说，管理素质是支撑未来职业发展和个人成就的核心因素。

（二）酒店管理者的素质构成

在实践中，不同管理层次酒店管理者的素质构成存在一定的差异。作为对自身未来发展有高要求的酒店管理者，应以成为酒店职业经理人为追求目标。因此，以酒店职业经理人的素质要求为主体，同时参考《饭店业职业经理人执业资格条件》（GB/T 19481—2004）对酒店经理人的要求，将酒店管理者的素质归纳如下。

1. 良好规范的职业道德素质

职业道德是指同人们职业活动紧密联系的符合职业特点所要求的道德准则、道德情操与道德品质的总和。职业道德既是人们在职业活动中的行为标准和要求，同时又是人们所处职业对社会所负的道德责任与义务。作为达成酒店发展目标的酒店管理者，良好规范的职业道德素质是支撑其未来发展的坚实基础。

酒店管理者的职业素质主要包括：

（1）遵纪守法　遵守国家法律、法规，遵守社会行为规范，遵守企业章程及管理规章制度，并力争当遵纪守法表率。

（2）爱岗敬业　具有强烈的爱岗敬业精神，热爱本职工作，尽职尽责，勇于承担责任，全力履行应尽的职责。

（3）公平正直　明确是非标准，秉公办事，不徇私情，不计较个人得失，公正无私。

（4）诚实守信　以诚待人、严守信用，保守酒店的商业秘密。

2．广博复合的知识素质

酒店企业经营管理和服务的综合性决定了酒店管理者必须具有广博复合的知识素质，这样才能胜任酒店管理工作，适应当前酒店业的快速发展与进步，推动酒店业进一步发展。

酒店管理者广博复合的知识素质包括：

（1）一般企业管理知识素质　具体包括管理基础理论知识、组织行为学知识、行政管理知识、企业文化知识等。

（2）酒店管理专业知识素质　具体包括酒店人力资源管理、餐饮管理、客房管理、会计和财务管理、市场营销管理、设备能源管理、安全保卫管理、领导艺术与战略管理等。

（3）通用知识素质　具体包括宏观经济学、微观经济学、中外人类发展史、中西方哲学、旅游文化、顾客心理学、管理心理学、美学欣赏与设计等。

3．健康良好的身心素质

酒店管理工作是一种服务工作，而且工作时间具有"反常态性"，即越是人们休息、休闲、度假的时间，越是酒店工作人员繁忙的时间。从日常管理工作来看，酒店管理者的服务与管理涵盖了顾客的住宿、餐饮、娱乐、商务、娱乐等方面的事项，同时顾客需求与心理的多样性与变化性又对酒店管理者的身体素质与心理素质提出了较高的要求。这就要求酒店管理者具有健康良好的身心素质，能够始终保持自信与乐观，能够稳定自身情绪，具有很强的自律和自控能力，合理地运用自身智能和体能。

二、酒店管理者能力的含义与构成

（一）酒店管理者能力的含义

酒店管理者能力是指管理者在特定的酒店管理活动或情境中，将所学的知识、技能和态度经过类化、迁移与整合所形成的能完成一定管理任务的能力。

（二）酒店管理者能力的构成

以酒店职业经理人的能力要求为主体，同时参考《饭店业职业经理人执业资格条件》（GB/T 19481—2004）对酒店经理人能力的要求，酒店管理者的能力主要由以下几部分构成：

1．战略决策能力

当今酒店业正处于一个全球化竞争时代。一方面，国外各大知名集团酒店全方位进军中国市场，正在从我国大城市向中、小城市场渗透。另一方面，在竞争中成长起来的中国酒店企业也开始走出国门，进入海外国际市场，参与国际竞争。在全球化竞争时代，酒店管理者必须具有全球市场营销与竞争意识，熟悉国际经济政治发展形势，能够为酒店制订出符合本酒店企业的发展战略规划，通过科学的战略决策，带领酒店在竞争中持续发展与壮大。

2．领导凝聚能力

领导凝聚能力是指酒店管理者应培养形成适合自身的领导风格和魅力，在自身领导风格和魅力的影响下，将酒店全体员工凝聚起来，大家劲往一处使，力往一处用，通过共同努力，实现酒店共同的奋斗目标；同时，要将酒店共同的奋斗目标与员工个人的发展目标有机结合起来，争取在实现酒店共同奋斗目标过程中，也有助于实现员工个人的发展目标，最终实现酒店与员工的共同成长与发展。

3．组织控制能力

酒店管理者不仅要具备领导凝聚能力，同时还必须具备组织控制能力。现代酒店管理者既是酒店的战略制订者，也是酒店战略的实施者。在实施酒店战略的过程中，酒店管理者必须拥有对酒店的组织控制能力，从而保证酒店沿着正确的道路成长壮大。

酒店管理者对现代酒店组织控制的主要手段是规范化管理、制度化管理。酒店管理应是规范化、制度化管理的倡导者、执行者和推进者。酒店管理者通过规范化、制度化的管理，合理有序地组织酒店经营活动。

4．沟通合作能力

当今社会是竞争激烈的社会，也是联系更加紧密的社会，个人的成功离不开团队的共同努力。良好的沟通是团队合作的前提与保证。

酒店管理者要乐于倾听不同意见，在坚持原则的前提下，重视情感沟通，将广大员工紧紧地凝聚在一起，形成一个有竞争力团队，通过团队合作实现酒店的发展与壮大。

5．感知应变能力

当代酒店管理者面临的是一个日新月异的时代，人们的生活方式在悄然地发生着各种改变，而且对生活质量提出了更高的要求。酒店业作为与人类生活紧密关联的产业，正处于快速的发展变化之中，低碳环保、人工智能、移动互联网等现代技术的飞速发展，正在对传统酒店形成巨大的冲击。

处于快速多变的竞争环境中，酒店管理者必须具有快速感知变化、灵活应对变化的能力，从而引导酒店在变化中实现酒店的发展与壮大。

6．学习进取能力

随着人类社会生活的快速变化和技术进步，新的管理理念、管理方式和管理技术层出不穷，这就需要酒店管理者具备不断学习的能力，不断地加强自我“充电”，这样才能深入了解国内乃至世界上酒店业的前沿情况和发展趋势，使自己的知识能够跟上社会前进的步伐。

酒店管理者只有不断学习、积极进取，不断提高自己，才能掌握更多、更新、更全面的知识，增加自身和酒店的竞争力，实现自身和酒店的共同发展。

7．知人用人能力

企业盛衰的关键因素是人才，企业的竞争归根到底还是人才竞争。现代酒店管理者应具有识别人才、任用人才、激励人才的能力，使每一位员工的长处和优势都能得到充分的体现和发挥，做到人尽其才，同时还能够发现和挖掘员工的潜质并加以培养和开发，使酒店人力资源能够充分发挥效用，从人力资源上保证酒店的发展与壮大。

8．开拓创新能力

开拓创新是一个民族进步不竭的动力。对于酒店企业而言，开拓创新同样是推进酒店持续成长的核心力量，是一个酒店不竭的动力。酒店管理者的创新能力包括观念创新、技术创新、组织创新和制度创新等多个方面。酒店管理者不应墨守成规，而应始终紧跟社会发展步伐，大胆开拓新市场、推出产品、推动新变革，对酒店发展与壮大做出自身应做的贡献。

资料

马里奥特的奋斗之路

马里奥特家族的传统——通往成功之路的“路标”：

（1）保持身体健康、精神爽朗。

（2）警惕你的习惯——坏习惯会把你毁掉。

（3）每逢难题要祈祷。

（4）钻研与恪守专业管理原则，把它们合理地运用到你的酒店。

（5）人是第一位的——要关注他们的发展、忠诚、兴趣与团队精神。开发各方面的经营管理人员是你的首要职责。

（6）决策：人生来就要决策并为之承担责任。

1）你和经理们的决策权必须严格区分。

2）掌握一切情况，然后决策，执行决策要坚定不移。

（7）批评：不要批评人，但要同他的上司对其能力做出公正的评价。要记住，你的批评往往会传到他们耳里，难以保密。

（8）要看到别人的长处，并使之发扬光大。

（9）无效率：如果员工工作不胜任，又无法克服的话，给他找个合适的工作或立即辞掉，不要等待。

（10）合理安排你的时间：

1）谈话要简短，但要说到点子上。

2）工作时一分钟要有一分钟的效率。

3）效率高些，工作时间短些——有些人把大半时间都浪费了。

（11）授权的同时要求他们对结果承担责任。

（12）对待琐碎事情：

1）放手让你的员工自己去做。

2）节省精力去策划、思考，和部门的头一起工作，宣传新思想。

3）不要做别人能为你做的事情。

（13）主意与竞争：

1）主意给生意带来活力。

2）了解你的竞争对手在做什么，准备做什么。

3）鼓励管理人员思考改进经营的方法与建议，在研究与开发上要舍得花钱、花时间。

（14）不要替员工干活，要提建议、出主意。

（15）想问题要客观，保持幽默，使生意对你和他人都充满乐趣。

应当说，这 15 条“路标”中，有许多是管理上的至理名言，对酒店经理和其他行业的管理人员都是值得借鉴的。

马里奥特身体很不好，而且多次蒙难，但他总是大病初愈就马上投入紧张的工作。1985 年 8 月 13 日，85 岁的马里奥特在新罕布什尔州的豪宅中去世，在这之前，他一直奋斗在万豪公司的事业上。他去世以后，当时的美国总统里根发表声明，称约翰·威拉德·马里奥特是“美国之梦的活典型”。《马里奥特传》一书的出版商在该书 1989 年再版时写道：“约翰·威拉德·马里奥特通过把信仰、梦幻、诚实与苦干杰出地结合，使美国之梦变成现实。他的一生是创业的一生，是服务的一生，他是个非常了不起的人。”

的确，马里奥特以实际行动实践了自己的诺言：一个人应当总是富有建设性的，做有建设性的事情，直至生命最后一刻。

资料来源：百度百科。

【问题】

（1）结合马里奥特的成功经历，思考一个成功的管理者应具有的素质和能力。

（2）讨论老马里奥特撰写的公司经营的 15 条方针蕴含的管理思想及对酒店管理的启示。

复习思考题

一、名词解释

酒店管理　　酒店管理方法　　制度管理法　　行政管理法

酒店管理者素质　　酒店管理者能力

二、简答题

1. 简述酒店管理的基本职能。
2. 简述泰勒的科学管理理论包含的原理与内容。
3. 简述酒店管理者应具有的新思维和新理念。

三、论述题

1. 结合酒店业发展的新形势，论述现代酒店管理者应具备的素质与能力。
2. 结合当今酒店的管理实践，探讨管理学理论在酒店中的应用。

第四章

现代酒店经营管理

学习目标

- 掌握酒店企业的运营特性
- 掌握酒店企业使命和战略目标的构成
- 掌握酒店组织机构设置的原则和要求
- 理解酒店组织机构设置的方法和模式
- 理解酒店的运行机制与管理制度

案例导入

某宾馆，曾是一所接待党和国家领导人的别墅型园林式宾馆，曾接待过 50 多个国家 100 多位政界要员，在国内外享有很高的声誉。全馆共有接待楼房 15 幢，床位 1 200 多张，员工 1 200 多人；酒店占地面积 26 万平方米，其中湖面面积 4.6 万平方米；馆内设施豪华，优雅舒适，设有国宴厅、西餐厅、中餐厅、温泉游泳馆、国际标准网球场等娱乐设施等，其中最大的宴会厅可容纳千人，是×省最大的宴会厅。

目前该宾馆正从传统的国宾馆向以市场为导向的商业化酒店转型。酒店面临着战略的调整、运营模式的改变、企业价值的重新定位等问题，建立现代企业制度，健全内部管理体系对宾馆来说尤为重要。与其他的大部分转型期的企业一样，该宾馆在组织管理、岗位管理、绩效管理和薪酬管理等方面存在许多有待变革与完善的地方。

【讨论】

（1）酒店组织机构优化需要考虑的因素以及对酒店运营管理的影响。

（2）酒店运营市场化后，酒店的各业务和职能部门应如何转型和调整？

酒店作为一个服务企业，有着与一般企业不同的经营特点。酒店业又是一个历史悠久的传统行业，酒店的经营与管理有着自身的理念与规律，这些理念也在不断发展，与时俱进，在日趋国际化和现代化的 21 世纪，更显现出不同的时代特征。本章阐述酒店企业的运营特性、酒店经营使命与目标，分析酒店运营组织系统设置的原则与要求、方法和模式，介绍现代酒店运行机制与管理制度等。

第一节 酒店经营的使命与目标

酒店作为一种经济组织，具有与一般企业不同的特点，它有自己的产品、市场、工艺和经营方法。酒店业属于具有较高固定成本的劳动密集型行业，资产专用性强，做好员工管理也显得更为重要。为了更好地了解酒店的经营管理，我们有必要对酒店企业的特性做具体分析。

一、酒店企业的运营特性

（一）酒店企业的一般特征

酒店是以大厦或其他建筑设施为凭借，能够接待境内外宾客，为他们提供住宿、饮食、娱乐、购物和其他服务的综合性服务型企业。它是为了满足社会需要，并获得盈利而进行自主经营、独立核算，具有法人资格的基本经济组织。酒店作为企业，具有反映企业共性的一般特征。

1. 经营上的自主性

酒店是独立自主从事生产经营活动的经济组织，在国家法律、政策允许的范围内，酒店的生产活动不受其他主体的干预，即酒店具有独立进行经营活动的权利，以便酒店企业能够灵活地适应客源市场需求的变化，满足和引导市场需求，获得理想的经济效益。

2. 经济上的独立性

酒店是经济组织，它所从事的是经济活动，以谋求利润为目的。它以自己的产品或服务，通过交换来满足社会需求，并从中获得利润，即酒店是“独立核算、自负盈亏”的经济组织，遵循等价交换的原则，通过自身的业务经营活动参与社会的经济活动，以经营的全部收入抵补全部支出，从而获得经营利润。

3. 组织上的完整性

酒店企业是由功能各不相同的多个部门综合而成的，各部门的业务又存在着纵横交错的联系。酒店的各种服务功能在独立运转的同时又相互交叉配合形成酒店的综合服务体系，为使酒店的服务体系正常高效运转，需要与之相适应的综合系统管理体系，要有与经营活动和服务规模相适应的组织结构以及自己的组织章程，组织上的完整性与综合协调可以保证酒店业务的正常运行。

4. 地位上的合法性

酒店企业必须依法成立，酒店的经营活动是以租让酒店设施使用权的形式进行的。酒店企业具有法人资格，是一个能够独立行使法定权利和承担法律义务的社会组织。法人资格和地位是酒店企业独立性的法律保证，也是酒店企业独立经营和独立核算的条件。

5. 市场上的竞争性

竞争是市场经济的基本规律。酒店企业是市场的经营主体，同时也是竞争主体。酒店企业要生存、发展，必须参与市场竞争。酒店的竞争性主要表现在它所提供的产品和服务的竞争力上，要得到社会各界人士的认可，要接受市场上各类顾客的评判和挑选。市场竞争的结果就是优胜劣汰，酒店企业只有通过提供优质产品或服务，才能在市场经济中求生存、谋发展，才能在市场竞争中脱颖而出。

（二）酒店企业的特殊性

酒店作为一个独立的营利性经济组织，除具备经营上的自主性、经济上的独立性、组织上的完整性、地位上的合法性和市场上的竞争性等一般特征外，酒店企业在经济职能和经营方式上还有着与其他企业不同的特性。

1. 酒店企业的服务性

酒店提供的产品是酒店有形设施设备和无形服务的有机结合，其中以无形服务为主。顾客在酒店消费很大部分只是在一定时间和空间上购买了酒店的设施设备如房间、床位、包厢、餐位的使用权，获得了特殊的使用价值而无法获得其所有权。可见，酒店的经营活动是以租让设施的使用权的形式进行的，酒店的有形设施实际上是酒店服务销售的辅助性形态，不是能够获得所有权并可携带移动的实际物品形态。这就在本质上决定了酒店是一个服务性质的企业，也从而决定了酒店企业的经营活动不同于其他工商企业。

2. 酒店业务的综合性

住宿服务是酒店产品的基本形态，但随着行业规模的扩大和市场需求的多样化，酒店同时也提供餐饮、娱乐、购物、交通、商务、会议、休闲度假等一系列的服务，这些相关设施设备的完善及提供相应服务的能力已成为决定酒店档次的重要条件。可见，部分酒店已成为一个具备综合功能的企业，综合服务已成为酒店业竞争的重要手段。一家酒店的功能越多、设施越完备，就越能满足客人的多样化需求，获得更多的业务。

3. 酒店经营的依赖性

酒店经营活动对市政基础设施和水、电、能源、交通等行业具有较强的依赖性。酒店客源来自国内外，受政治、经济、文化、宗教、外交、事故、灾害等多种因素影响，与社会政治稳定和经济发展水平呈平行趋同状态，对自然灾害、国际政局、战争冲突等具有高度的敏感性，会出现较大的波动性。酒店经营环境复杂多变、营销活动具有季节变动性，因而对国民经济、社会政治和国际形势具有依赖性。因此，酒店企业必须加强市场调研，掌握市场规律，加大市场开拓力度，灵活经营，才能取得更加理想的经济效益。

4. 酒店企业的文化性

探求异地文化、追求现代生活质量，使顾客对旅游、旅居生活的需求带有更为浓厚的文化色彩。所以，酒店业的竞争也由低层次的价格竞争走向了高层次的质量和企业文化的竞争。可见，增加酒店的文化底蕴、彰显酒店的文化特色，是酒店参与市场竞争、争取客源的必然选择。因此，许多酒店注重培养其文化性内涵，讲究酒店地域特点、地方风貌、历史文化、民族文化、特色文化、文化品位等与酒店业务的融合与统一。在酒店的外在形象与内在机制有机统一的基础上，将文化主题体现在酒店经营的管理和服务的每一个环节中，使顾客在丰富多彩的酒店文化氛围中感受到精神的享受和愉悦。

5. 酒店丰富的情感性

在激烈的市场竞争中，酒店业一直在强调提高服务质量，提供让顾客感到满意的服务。

为了让顾客满意，酒店必须以人为本、重视顾客的需求。这就要求酒店和顾客之间必须要有情感作为维系，要求员工充满感情地对顾客服务，让顾客融入酒店的生活中去，让他们在情感上与酒店产生共鸣而接受酒店提供的服务。这样，顾客在酒店不仅能获得物质上的满足，更能获得精神和心理上的满足，真正实现“宾至如归”。另外，酒店业务中的情感内涵也包括酒店管理者对员工的情感管理，要让员工有归宿感，有发挥自身才华的舞台。

6. 酒店生产的独立性

酒店业是一个不同于其他行业的独特行业，酒店生产和销售的产品大多来自服务人员的劳务服务，这就决定了酒店业不可能有机器化大生产，而是劳动密集型产业。尽管酒店的设施设备已日趋现代化，但酒店服务的提供，还需一线服务人员面对面为顾客提供服务。现代化的设施设备不能代替人工服务，酒店的劳动现代化程度要比工业企业低得多。因此，酒店企业人力资源开发和管理是一项需要耗费大量成本，关系到企业生存的重要工作。

二、酒店企业使命

（一）企业使命的含义

企业存在的价值不是由它的名字、章程和条例来定义的，而是由它的使命来定义的。企业使命是企业经营者确定的企业生产经营的总方向、总目标、总特征和总的指导思想。简单地理解，企业使命应该包含以下的含义：

1. 企业使命是企业存在的理由

每个企业都有其存在的理由，如“提供某种产品或者服务”“满足某种需要”或“承担某个不可或缺的责任”等。如果一个企业找不到合理的存在理由，或者存在的理由连自己都不明确，或者连自己都不能有效说服，那么我们可以说，这个企业“已经没有存在的必要了”。就像人一样，经常问问自己“我为什么活着”的道理一样，企业的经营者们更应该对自己的企业使命了然于胸。

2. 企业使命是企业生产经营的哲学定位

企业确定的使命为企业确立了经营的基本指导思想、原则、方向和经营哲学等，它不是企业具体的战略目标，或者是抽象地存在，不一定表述为文字，但影响经营者的决策和思维。这中间包含了企业经营的哲学定位、价值观凸现以及企业的形象定位：我们经营的指导思想是什么，我们如何认识我们的事业，我们如何看待和评价市场、顾客、员工、伙伴和竞争对手等。

3. 企业使命是企业生产经营的形象定位

企业使命反映了企业试图为自己树立的形象，诸如“我们是一个愿意承担责任的企业”“我们是一个健康成长的企业”“我们是一个在技术上卓有成就的企业”等,在明确的形象定位指导下，企业的经营活动就会始终向公众昭示这一点，而不会“朝三暮四”。

企业使命是企业的存在宣言，它阐明了企业存在的理由和根据，同时揭示企业存在的目的、走向何方以及生存的意义等根本性问题。所以，企业要生存和发展，首先必须明晰自己的使命，发布“立身之本”的宣言。世界上的优秀企业中，企业使命管理一直占据着重要地位。以下是一些世界优秀企业的“使命”。

迪士尼公司——使人们过得快活。

荷兰银行——通过长期的往来关系，为选定的客户提供投资理财方面的金融服务，进而使荷兰银行成为股东最乐意投资的标的及员工最佳的生涯发展场所。

微软公司——致力于提供使工作、学习、生活更加方便、丰富的个人计算机软件。

索尼公司——体验发展技术造福大众的快乐。

惠普公司——为人类的幸福和发展做出技术贡献。

IBM 公司——无论是一小步，还是一大步，都要带动人类的进步。

耐克公司——体验竞争、获胜和击败对手的感觉。

沃尔玛公司——给普通百姓提供机会，使他们能与富人一样买到同样的东西。

华为公司——聚焦客户关注的挑战和压力，提供有竞争力的通信解决方案和服务，持续为客户创造最大价值。

马里奥特集团——通过有效培训员工使其提供出色的服务，致力于成为世界最佳住宿和餐饮企业，给股东以最大回报。

香格里拉集团——为顾客提供物有所值的特色服务与创新产品，令顾客喜出望外。

文华东方酒店集团——让顾客充分地感到快乐及满足。我们承诺每天都做出改变，不断改善，成就我们的最好。

希尔顿国际酒店——为我们的顾客提供最好的住宿和服务。

从上述例子可以看出，企业使命是一个企业区别于其他企业的长期适用的对外经营目的的叙述，反映了企业的最高追求。明确企业的使命，就是要确定企业实现远景目标必须承担的社会责任或义务，并要将这种社会责任和义务贯穿于企业活动的始终。企业使命不是企业经营活动具体结果的表述，而是对企业开展活动的方向、原则和哲学的高度概括和提炼。

目前国际上普遍认同企业社会责任理念：企业在创造利润、对股东利益负责的同时，还要承担对员工、对社会和环境的社会责任，包括遵守商业道德、生产安全、职业健康、保护劳动者的合法权益、节约资源等。企业的社会责任不仅回答企业是做什么的，更重要的是为什么做。崇高、明确、富有感召力的企业社会责任不仅为企业指明了方向，而且可使企业的每一位成员明确工作的真正意义，激发出其内心深处的工作动机。

（二）企业使命说明书

为了引导企业朝着一个方向前进，企业决策层应以书面报告形式提出本企业的使命，并加以表述，形成企业使命说明书。制定企业使命说明书是为了让企业的经理、员工在许多场合与顾客和其他公众共同负有其使命感。因此，企业不必刻意追求一个多么伟大、正确的理念，而要切合自身实际，确定具有自身特色的、能凝聚和激励员工的使命，并达成上下共识，坚持下去，成为企业成功取胜的“利器”。一般而言，企业使命说明书应该具备以下条件：

① 市场导向：有一个确切的市场定位，大方向要准，要知道干什么。

② 切实可行性：目标、任务大而空，就等于没有目标。

③ 有鼓动性：能使员工从中感到力量，看到希望，并自愿为之奋斗。

④ 具体明确：有明确的、较集中的目标，知道怎么去一步步实现。

酒店高层管理者在制订企业使命说明书时可以围绕下列问题来界定：

1．**经营范围**

我们的业务是什么？（What is our business？）我们的业务应该是什么？企业经营范围可以从三个方面加以确定，即顾客群、顾客需求和技术。大公司往往有许多业务范围，如通用电气公司把它所经营的范围划分为49种，并称为战略业务单位。酒店企业高层需要深入思考和清楚地表达企业的宗旨和企业的使命，只有这样，才可能树立明确而现实的企业目标。

2．**目标客户群**

我们的顾客是谁？（Who are our customers？）顾客是企业产品和服务的最终使用者。对于一个酒店企业来讲，会有各种各样的顾客。每一种顾客对酒店都有不同的期望和价值观，购买不同的产品和服务。但是，酒店必须使所有的顾客在“我们的企业是什么”这个问题的回答中感到满意。

3．**所能提供的价值**（产品和服务）

我们对顾客的价值是什么？（What kinds of value can we provide to these customers？）企业对顾客的价值并不是企业产品或服务本身所固有的，而是顾客出于自己的目的对企业所提供的产品或服务的使用结果的一种体验。顾客认为某些产品有价值，是因为他们所选产品的效用和服务能达到或超过他们的预期目的。优异的顾客价值是能够在顾客心中造就与众不同的驱动力，使顾客成为忠诚顾客、终身顾客。

4．**发展前景**

我们企业将来的业务是什么？（What should our business be in the future？）对这一问题，即使是最成功的答案，迟早也会成为过去时。德鲁克得出的结论是：“关于一个企业的宗旨和使命的定义，很少有维持到30年的，更不用说50年了，一般只能维持10年。”因此，酒店高层管理者在提出“我们的企业是什么”这一问题时，更应该问问“我们的企业将来会成为什么样子”。

这些看上去很简单的问题，正是酒店企业管理者时时应该做出回答的最大难题。成功的酒店企业管理者经常向自己提出这类的问题，并慎重及全面地做出回答。成功的酒店企业管理者往往也非常注重培养每一个员工的使命感。使命感可引导他们明确目标、方向和机会，使之朝着同一个组织目标而工作。当企业拥有一个看起来难以置信，但企业却有实力把它当成使命去实践的梦想时，由于这一前景的引领，就可达到更高境界。例如索尼公司曾要求每一个员工研究“个人可移动的声音”，结果他的公司发明了随身听和CD随身听。

一份令人满意的企业使命说明书不是一蹴而就的，要花费很多的时间和精力。根据国外的经验，写一份令人满意的企业使命说明书，要花一两年的时间。只有如此，才能使一个企业树立目标，制定战略，集中资源并进行卓有成效的管理。

资料

丽思卡尔顿全面质量管理的黄金标准

- 座右铭
  - ✧ 我们以绅士、淑女的态度为绅士、淑女们忠诚服务。

- 信条
  - ✧ 我们的最高使命是令丽思卡尔顿成为一个让宾客获得真诚关怀和舒适款待的地方。
  - ✧ 我们承诺为客人提供最完善的个人服务及设施，让客人始终享受温馨、舒适而又优美的环境。
  - ✧ 丽思卡尔顿体验除可让宾客身心舒畅、幸福快乐，甚至可以满足客人内心的需求与愿望。
- 格言
  - ✧ “我们是为淑女和绅士提供服务的淑女和绅士”。
- 优质服务三步骤
  - ✧ 热情和真诚的问候，并称呼客人的名字。
  - ✧ 预见和满足每一位客人的需求。
  - ✧ 告别。向客人热情地说再见，并称呼客人的名字。
- 基本准则
  - ✧ 具有丽思特色的服务战略：注重经历，创造价值。
- 员工承诺
  - ✧ 在丽思卡尔顿，我们的绅士、淑女是对客服务承诺中最重要的资源。
  - ✧ 通过实施信任、诚实、尊重、正直和承诺的原则，我们培养并充分发挥员工的天分以达到个人和企业的互利。
  - ✧ 丽思卡尔顿致力于创造一个尊重差异化、提高生活质量、实现个人抱负、巩固丽思卡尔顿成功秘诀的工作环境。
- 服务信念
  - ✧ 我为加入丽思卡尔顿而自豪。

【问题】了解丽思卡尔顿酒店的发展历程，讨论并体会其信条和格言等包含的深层含义。

三、酒店企业的战略目标

战略目标是对企业战略经营活动预期取得的主要成果的期望值。战略目标的设定，同时也是企业宗旨的展开和具体化，是企业宗旨中确认的企业经营目的、社会使命的进一步阐明和界定，也是企业在既定的战略经营领域展开战略经营活动所要达到的水平的具体规定，它反映企业在一定时期内经营活动的方向和所达到的水平。企业使命是企业的根本性质和存在的理由，说明企业的经营领域、经营思想，为企业目标的确立与战略的制定提供依据。企业在制定战略目标之前，必须先确定企业使命。企业使命为企业战略管理者确定企业战略目标、选择战略、制定政策、有效利用资源提供方向性指导。与企业使命不同的是，战略目标要有具体数量特征和时间界限，一般为3～5年或更长。可见，一个简明、清晰、生动、明确的企业使命表述，再辅之以深入、细化、现实、可行的企业目标，定能激发士气、鼓舞斗志，从而充分调动起员工的积极性。

制定战略目标受到企业使命的直接制约，当然也会受到企业高层管理者的社会价值体系的影响。因此，企业制定战略目标时，处于不同行业中的企业、不同发展阶段和规模的企业、不同环境下的企业，它们制定出来的战略目标肯定是不一样的。具体来讲，酒店企业的战略目标大体上由以下几个大目标组成：

（一）社会贡献目标

社会的发展和激烈的竞争使得酒店企业实施企业社会责任成为大势所趋。但如果不考虑酒店企业的战略目标，企业社会责任又变成了酒店企业的经济负担，还可能引发矛盾，造成资源浪费。要让企业社会责任既有利于社会和谐发展，又能为酒店企业持续发展服务，就要实现企业社会责任实践与酒店企业战略目标相结合，即将企业社会责任纳入酒店企业长期发展战略中来，使其成为独具企业特色的企业竞争力的提升器，为企业战略目标的达成和企业的长期稳定发展服务。酒店企业社会责任是指酒店企业在创造利润、对股东承担法律责任的同时，还要承担对员工、消费者、社会和环境的责任。企业的社会责任要求酒店企业必须超越把利润作为唯一目标的传统理念，强调要在生产过程中对人的价值的关注，强调对消费者、对环境、对社会的贡献。一般来讲，酒店的社会贡献目标主要表现在：应该承担并履行好经济责任，为极大地丰富人民的物质生活、为国民经济的快速稳定发展发挥自己应有的作用；应该带头诚信经营、合法经营，带动酒店的雇员、酒店所在的社区等共同遵纪守法、共建法制社会；应该大力发展绿色酒店，提高酒店吸纳就业的能力，安排失业人员，为环境保护和社会安定尽职尽责；应该充分发挥酒店企业的资本优势，发展社会公益事业以及促进本地区社会主义精神文明建设。

（二）企业发展目标

每个酒店企业都有一定的发展目标与计划，酒店的发展是与整个企业的运营状况和行业的市场环境紧密相关的。酒店不发展，就不可能有盈利；酒店没有利润，就谈不上发展。酒店的发展标志着酒店经营的良性循环得到了社会的认可，它是酒店经营管理的内在动力和企业发展的后劲，对于增强酒店的市场竞争能力是至关重要的。酒店要想在风云变幻、竞争激烈和挑战严峻的经营环境中求得长期生存和不断发展，就必须站在战略的角度审视企业的发展前途，制定明确的企业长远战略目标，加强对经营环境的研究分析，以未来的环境变化趋势作为决策的基础，这样才能正确地确立酒店的发展方向，选择企业合适的经营领域或产品市场领域，从而更好地把握外部环境所提供的机会，增强企业经营活动对外部环境的适应性，促进企业发展壮大。酒店的发展目标主要表现在酒店等级的提高、规模的扩大、服务项目的增加、经营范围的扩大等。

（三）市场经营目标

酒店的生存与发展均有赖于客源市场，一个酒店如果没有顾客光临，那么再优秀的管理者也无法达成企业的经营目标。要保证酒店的效益，就必须获得并保有一定数量的客户。酒店应该利用那些公开资料或企业调查的一手资料，以及当前市场容量的分析结果，综合判断目标市场的需求量、产品偏好、价格幅度等客人需求的状况；另外，未来目标市场需求的发展变化，对酒店企业的市场经营目标、组合营销策略也至关重要。因此，酒店企业不仅要分析目前的市场需求，而且要分析判断，随着国家经济发展、政局变动等环境的变化，市场需求的发展前景及其走向。

当然，酒店业面临的市场不是一个简单的同质市场，顾客的需求也不相同，它是由不同层次、不同需求的顾客所组成的异质市场，顾客对产品有多种多样的需求，其自身也具有多重性与复杂性。国际酒店业市场的状况就更为复杂，既包括外国的客户，也包括了本国的客户。从关注酒店产品到对酒店设施和服务的评价，再到顾客购买产品的方式，顾客在消费过程中的每一步都受到文化背景的影响，顾客通过自己的文化意识吸收信息，根据自己的文化传统和伦理准则及思维模式做出选择。制定酒店市场经营目标的管理者要善于站在不同顾客的角度去分析和看待酒店产品，要理解顾客在文化上、态度上、思维上的差异，还有顾客消费的动机等。

对市场进行细分是酒店企业选择目标市场和进行市场定位的基础与前提，目标市场的选择和市场定位的确立则是市场细分的继续与发展。所以，酒店市场经营目标主要表现为原有市场的巩固、潜在市场的开拓和新市场的创造。酒店为了使自己的产品和服务在市场顾客心目中留有深刻的印象，占有深受欢迎的地位，通过宣传推广，塑造酒店品牌形象，为酒店的产品和服务在目标市场上确定适当的位置。酒店的目标市场定位以企业知名度和美誉度、顾客满意度和忠诚度来表示。市场经营最基本的指标是营业收入、平均房价、出租率、人均消费、市场占有率、境外客人所占比率等。

（四）人力资源目标

酒店业最核心的竞争是人才的竞争，人力资源已成为决定酒店生存和发展的最重要的战略资源。然而，从当今世界酒店业的现状来看，酒店人力资源的不足已成为酒店业可持续发展的瓶颈。因此，大力开发酒店人力资源，全面提高酒店员工素质，加快酒店专业人才培养，调动酒店员工的积极性，对酒店业的发展具有突出的意义。

针对当前社会发展和现代酒店人力资源短缺的现实，不断提升和完善酒店人力资源的管理与开发，制定详细、恰当的人力资源发展目标，已经成为每一家酒店紧迫的现实课题。酒店人力资源管理首先要制定合理的人力资源发展目标。酒店管理者要根据酒店发展战略、企业经营目标和行业市场环境的变化，科学地分析和预测人力资源的需求和供给，及时制定和调整相应的人事政策，组织合理的员工队伍，更要创造良好的人才发展环境，以确保企业获得恰当的人选，建设造就一支优秀的员工队伍。酒店人力资源管理的目标可以用员工流失率和员工满意度这两个基本的指标来表达。员工流失率是酒店所不希望的员工的离职情况的统计数据，特别是重要岗位的流失。员工满意度反映了酒店的综合管理水平，即酒店管理政策和制度的科学性的问题，也有各级管理者的素质问题。

（五）财务管理目标

酒店的财务管理是指酒店利用货币形式对经济信息进行确立、衡量及交流，以便信息的使用者做出充分的判断和决策。它包括财务、会计、预算、成本控制等几个方面，也有人简称为聚财、理财和生财之道。它是酒店经营活动的重要组成部分，是一种按照资金活动规律进行的全面管理活动。酒店财务管理负责酒店经营计划及决算、财务管理、财产物资管理、采购管理，为酒店经营管理者加强计划、财务、财产和物资管理进行指导、监督和整改，并为增加营业收入、提高经济效益、降低成本和费用当好参谋和助手，不断提高酒店的经济效益。酒店的经济效益是酒店一切经营活动的原动力，它不仅关系到全体员工的切身利益，也决定着酒店的发展。

酒店的财务管理目标主要有两个：①资金目标。资金是酒店企业正常运行的基本要素，一般可用资金结构、现金流量、新增普通股、运营资本、贷款回收期等财务指标表示。②盈利能力指标。盈利能力指标反映了企业给业主、股东的回报率和经营效益大小，一般可用营业收入、利润总额、投资收益率、销售毛利（净利）等指标来表示。

第二节 酒店运营组织系统

酒店是劳动密集型企业，人员众多，工程各异，管理过程精细复杂，加上产品中的服务含量大，要完成酒店企业的使命和达成酒店企业的目标，必须建立一个严密、合理的运营组织系统。酒店运营组织系统就是为了达成酒店经营管理目标，由许多相互联系、彼此合作的部门和人员共同形成的一个有机整体。

一、酒店运营组织系统的设置原则和要求

酒店运营组织系统是酒店管理体制的核心。酒店管理体制中的领导管理体制，是以组织机构的存在为前提条件的。建立一个行之有效的运营组织系统，必须正确把握酒店组织机构的概念、特点及酒店组织机构设置的依据和原则。

（一）酒店组织机构的概念和特点

现代酒店组织机构是为达成酒店经营管理目标，由许多相互联系、彼此合作的部门和人员共同形成的一个有机整体。它是一个集体力量，是建立在人员分工、职能分化基础上的一种组织形式。其特点是：

1．职权分离、互相制衡

组织机构的作用是运用权力来协调酒店管理中的各种关系。而组织权力因组织机构等级层次不同，决定了其权力的大小也不同。同样，管理人员在组织机构中的职位高低和工作岗位不同，其权力大小也不一样。组织机构是一种群体活动。因此，在酒店管理中，“职权分离、互相制衡”是组织机构的显著特点。

2．一体三面、协调配合

“一体”是指酒店的组织机构和组织管理都是一个整体。它要求机构设计要从整体利益出发形成系统，各级机构及其各岗位主管经理的职权分工也要从整体利益出发，形成一个分工明确、职权清楚、相互制衡而又相互协调的整体。“三面”是指酒店组织机构同时具有 3 个层面：①具有清晰的职位，各级、各岗的层次、顺序、岗位职责规范十分清楚；②具有流畅的信息沟通渠道，组织机构中的信息系统、信息管理制度健全；③具有协调与配合精神，组织气氛要和谐，能够用组织手段来保证组织目标的达成。

3．目的明确、适应环境

酒店设置组织机构的目的是为了完成经营管理任务。在这一总目标下，各级组织机构的等级不同，其具体目的和管理任务也不同。因此，酒店组织机构的设置、各级组织和各岗位人员的安排都要以目标、任务为基础。日常的组织管理工作也要以组织目的为基本出发点，保证目的明确、任务清楚。与此同时，酒店组织机构又要适应环境。它包括两个方

面：①在组织机构设计时，要充分考虑国家和地方政府的有关政策和要求、酒店所处的市场环境、市场竞争状况、酒店性质和投资结构等，以保证组织机构设置及其人员安排、岗位职责规范等与客观外界环境相适应；②当酒店外界环境，包括国家和地方的经济环境、市场环境、酒店性质和投资结构等发生变化时，酒店的组织机构设计、人员安排、岗位职责等也要随之变化。

（二）酒店组织机构的设置依据和原则

1．酒店组织机构设置的依据

酒店组织具有双重功能：①合理组织和调配酒店的各种资源，组合成接待能力；②形成酒店的高效运营体制和组织结构，以保证酒店的正常运行。酒店组织机构设置的依据主要包括以下方面：

（1）投资结构　投资结构是酒店经济性质和产权关系的本质体现，它常常决定酒店组织管理模式和组织结构形式。酒店投资结构不同，反映投资主体意识和要求的高层管理人员结构也必然不同，从而决定和影响酒店组织机构设置及其管理工作。所以，投资结构是酒店管理组织机构设置的主要依据之一。

（2）酒店规模　酒店规模是由客房数量、餐厅类型和座位多少，经营种类、康体娱乐服务项目的多少和同一时段的接待能力等多种因素决定的。酒店规模直接决定酒店组织管理的层次多少、管理幅度、机构大小和部门设置、用人多少等各个方面，是酒店组织机构设置的又一重要依据。

（3）档次高低　酒店档次越高，设备设施越豪华，经营管理和服务质量的要求越高、越细致，用人也就相对较多，必然加大酒店组织机构规模。所以，规模相同的酒店，档次高低、豪华程度不同，其组织机构的形式、岗位设置和组织管理都有较大区别。

（4）服务项目的多少　酒店服务项目的多少直接影响其综合性程度的高低。两家建筑面积相同的酒店，服务项目越多的酒店其综合性越强，其所设置的领班和主管人员必然增加，从而会扩大组织规模、增加员工数量和经营管理的难度。

2．酒店组织机构设置的原则

酒店的组织机构设置由于各酒店的规模和性质不同，不必强求统一，但基本上的要求是一致的。一般来说，酒店组织机构设置，要满足酒店运营管理的需要，更要充分考虑顾客在酒店内的活动特点。一般来讲，设计酒店组织机构主要应遵循以下几项原则：

（1）统一指挥原则　统一指挥原则指的是酒店统一划分各部门的职权范围、统一制定规章制度、统一发布指示和命令的原则，它是保证酒店高效运转的前提。一个良好的酒店组织将命令的发布权只授予一个人，不允许一个员工有一个以上的直接领导。统一指挥原则要求酒店的任何指令都应该是指令者向自己直属的下级逐级发布，不能越级，使酒店从最高管理层次到最低管理层次的指令都保持一致，这样各种指挥命令就不会发生矛盾和冲突。否则，多头指挥会出现交叉领导、令出多门的现象，组织就会发生混乱。即使是酒店各职能部门对业务部门的各项命令，也应通过业务部门的直接上级领导统一布置，各职能部门不应直接干预业务部门的日常工作。贯彻统一指挥原则要求酒店只能有一个指挥中心，从高层到基层必须保持一致，还要求酒店在进行组织设计中必须建立上、下级之间连续不断的等级链，任何上级都不允许超越下属的职责权限对更低一级进行直接指挥，任何一个下级都只对直属上级负责。

（2）权责对等原则　职责是指职位的责任、义务，职权是为完成责任所应具有的权力。权责对等原则要求酒店在设置组织机构、确定职位、配备人员时，必须划清职责，同时赋予对等的权限；权责不应大于或小于所授予的职权，各级管理者拥有权力也应承担相应的责任。只有职责没有权力，管理者不可能发挥工作效率和承担应有的责任。相反，只有权力而没有责任，就会出现权力滥用、瞎指挥等现象。因此，每一个职位的设置都要因事设人、因事设权，赋予其相应的职务权力，承担相应的责任，保证管理的有效性，防止出现有责无权或有权无责的现象。只有权责对等才能确立组织管理中的责任感和权威，从而保证组织的有效运转。

（3）服从命令原则　由于酒店业务的机动性和随机性比较大，个人行为的机动性和随机性也比较大，因此，酒店企业强调服从命令的要求比其他行业更加严格，酒店企业要求酒店各级人员对上级的命令不管正确与否都应该执行，不允许以任何借口拒绝执行命令。当然，从权责对等原则出发，指挥者也应该对自己的命令负责，如果命令发生失误，谁发布的命令就由谁负责。下级在无条件地执行上级命令时，在不违背上级命令的同时，应根据自己的工作特点有所创新和发展。

（4）才职相称原则　酒店的每项工作都应该确定为完成该项工作所需要的知识和技能。酒店管理者可以通过考察每一个人的学历与经历以及进行测验及面谈等，了解每一个人的知识、经验、才能和兴趣等，并在此基础上进行评审比较。职务设计和人员评审都可以采用科学的方法，使每个人现有的和可能有的才能与其职务上的要求相适应，做到才职相称、人尽其才、才尽其用、用得其所。

（5）分工协作原则　酒店提供的服务产品的复杂性和机动灵活性要求酒店组织对具体的工作任务进行合理分工，并进行有效协调。分工与协作是促进组织顺利完成任务的保障，也是酒店组织要遵循的重要原则。酒店划分为客房部、餐饮部、保安部、娱乐部和工程部等多个专业部门以及部门内部设置不同的岗位，从而发挥每位员工的优势，减少员工因工作变换、调整心理所花费的时间和精力。同时，贯彻协作原则，处理好各部门、各层次的任务与资源、职权与职责等方面的平衡与分配，做好纵向（上下级之间）、横向（各部门之间）的协调，由此达到组织的各层次、各部门、各人员步调一致，通力合作，形成合力，从而高效率地达成组织的共同目标。

（6）管理跨度与管理层次统一的原则　在酒店组织机构的设计过程中，管理跨度与管理层次成反比例关系。管理跨度在一定程度上决定了组织的层次和管理人员的数目。假定所有条件一样，组织的管理跨度越大，组织就越有效率。越来越多的组织正努力扩大管理跨度、减少管理层次。也就是说，当组织机构中的人数一定时，如果管理跨度加大，管理层次就必然减少；反之，如果管理跨度缩小，管理层次肯定就会增多。管理跨度如果超过一个人的有效管理范围就会影响管理职能的正常发挥。管理专家研究认为8～10人为管理跨度最合理的取值范围，但是相应来说，越到管理高层，管理跨度就越小，越到基层管理跨度就越大，同时对管理跨度的具体确定还需要考虑工作的复杂性和标准化程度、下属人员的素质、信息沟通方式、下属人员相互之间的关系、管理工作的难易程度、管理者本身的指挥才能及外部环境变化等因素。

（7）集权与分权相结合的原则　这条原则要求酒店企业实施集权与分权相结合的管理

体制来保证有效的管理。需集中的权力要集中，该下放的权力要大胆地授权给下级，这样才能增加酒店企业的灵活性和适应性。如果将所有的权力都集中于最高管理层，则会使最高层主管疲于应付琐碎的事务，而忽视酒店企业的战略性、方向性的大问题；反之，权力过于分散，各部门各把一方，则彼此协调困难，不利于整个酒店企业采取一致行动，实现整体利益。因此，高层主管必须将与下属所承担的职责相应的职权授予他们，调动下层的工作热情和积极性，发挥其聪明才智，同时也减轻了高层主管的工作负担，以利于其集中精力抓大事。但在一个酒店企业中，究竟哪些权力该集中，哪些权力该分散，没有统一的模式，往往是根据酒店企业的具体性质和管理者的经验来确定。

（8）稳定性与适应性相结合的原则　随着酒店行业的持续发展，理想的酒店组织形式也不是一成不变的，而是在实践中不断发展完善的。稳定性与适应性相结合的原则要求酒店企业组织机构要有相对的稳定性，不能频繁变动，但也要随着外部环境及自身需要能及时做出相应的调整。一般来讲，一个酒店企业有效活动的进行能维持一种相对稳定状态，酒店企业成员对各自的职责和任务越熟悉，工作效率就越高。组织机构的经常变动会打破酒店企业相对均衡的运动状态，接受和适应新的组织机构会影响工作效率，因此，酒店企业组织机构应保持相对稳定。但是，任何酒店企业都是动态、开放的系统，不但自身在不断运动变化，而且外界环境也在变化，当相对僵化、低效率的组织机构已无法适应外部的变化甚至危及酒店企业的生存时，组织机构就要进行适度的调整甚至变革，组织机构要具有弹性和灵活性，有能力做出相应反应，迅速调整组织机构和完成人员变动，使酒店企业重新充满活力、提高效率。

二、酒店运营组织系统的设置及功能

由于各酒店的规模、性质和业务活动不同，酒店运营组织系统的设置和职责分配也不尽相同。一般来说，酒店根据为顾客提供的酒店产品和服务的类别和特性设置相应的部门结构。按照酒店各部门的性质，可以将酒店划分为业务部门、职能部门和其他组织。

（一）酒店业务部门

1．前厅部（Front Office）

前厅部也称为总台服务部、前台部、大堂部，是酒店以房务运作为中心的营业部门，是酒店组织客源、销售酒店产品、沟通和协调各部门对客服务，并为顾客提供前厅系列服务的综合性部门。前厅部是现代酒店的重要组成部分，在酒店经营管理中具有举足轻重的地位。前厅部的主要功能机构都位于酒店最前部的大厅。前厅部是酒店的“神经中枢”，前厅部的业务工作贯穿于顾客与酒店接触和交易往来的全过程。前厅部主要承担预订客房、办理登记手续、安排住宿房间、代客储存物品、办理邮电业务、外币兑换、咨询、结账等工作，为顾客提供全面的服务。前厅部的工作带有全局性，会直接影响酒店服务质量和管理水平的高低。因此，前厅部被称作酒店服务与管理的“橱窗”，前厅部人员在顾客心目中是“酒店的代表”。此外，前厅部还担负着联系和协调酒店各部门工作，并为酒店最高决策层提供决策信息和数据的重任，所以前厅部是酒店组织管理的关键部门和中心环节。前厅部组织机构的具体设置，各酒店不尽相同。比如，一些高星级酒店前厅部设置有预订处、接待处、问讯处、行李处、电话总机、收银处、商务中心等。

2．**客房部**（Housekeeping Department）

客房部也称管家部，是酒店管理有关客房事务，向客人提供住宿服务的部门。客房是顾客住宿和休息的场所，也是酒店基本设施的主体部分。客房部是酒店的主要创收和创利部门。随着现代化旅游业的发展，顾客对客房环境、住宿设施、清洁卫生设备及服务质量等都提出了很高的要求。因此，为顾客提供一个整洁、舒适、安全的房间是客房部的主要任务。客房部是酒店占用面积最大、顾客停留时间最长的部门，客房服务也是项目多、内容杂、随机性强的服务工作。客房部服务质量和管理水平的好坏，不仅关系到整个酒店的声誉和经营效果，而且直接影响到酒店的经营收入和效益高低，因而酒店企业必须妥善地搞好客房部管理，不断提高酒店的经营管理水平。客房部的组织机构因酒店规模、档次、业务范围、经营管理方式等不同而有所区别，一般包括客房主管部、楼层服务组、公共区域服务组、棉织品组和洗涤组等。

3．**餐饮部**（Food and Beverage Department）

餐饮部是酒店的又一个主要创收部门，虽然其创收能力通常小于客房出租的总收入，但该部门所获得的营业收入仍然是相当可观的。酒店餐饮部是集原料采购、验收、储藏与分发、食品生产、加工、销售和服务于一体的部门。由于餐饮部所辖面广、涉及环节多、员工数量多且文化程度差异大等，因此餐饮部成为酒店管理中管理难度较大的一个部门。不同酒店，餐饮部的规模不同，其组织机构也不尽相同，但一般都包括食品采购供应、厨房加工烹调、餐厅酒吧三部分业务活动，因而其相应设置的业务部门有原材料采购供应部、厨房、餐厅、酒吧等。

4．**康乐部**（Recreation Department）

康乐部是酒店特别是度假型酒店中设有的为满足客人休闲娱乐、康体健身等活动的综合性营业部门。康乐部通过向客人提供健身娱乐设施和相应的服务，获得相应的营业收入。康乐部的主管和其他专职人员，一般都具有组织、策划健身娱乐活动的能力和专长，他们也为酒店顾客组织一些别开生面、富有吸引力的娱乐活动来满足顾客的娱乐要求，提高设施的利用率和销售水平。因为酒店的规模大小不一、服务档次高低不同，康乐部的机构设置也不一样。一般酒店规模越大、服务档次越高，为客人提供的休闲娱乐设施也就相对高档而丰富。部分酒店包括游泳池、高尔夫球场、网球场、保龄球馆、沙狐球、棋牌室、桑拿室、美容美发、健身房、歌舞表演、KTV 包房等娱乐场所。这些娱乐场所的活动均由康乐部组织安排，并设专门人员负责组织和指导工作。随着酒店业的不断发展，康乐部在度假型酒店中的重要作用也越来越明显，已逐渐成为酒店营业收入的重要组成部分。

5．**商品部**（Shopping Department）

现在许多酒店都设有商品部或商品销售点等，大型酒店的商品部和市区内零售商场的经营相类似。其基本功能就是为顾客提供商品，如食品、服装、生活用品、工艺品等，一般都以当地特有的旅游商品为主。商品部不同于一般的单纯性社会商场，它不仅是销售商品的场所，更是向住店客人和入店客人提供酒店服务的地方。所以，酒店商品部都会营造一个装修高档豪华、环境优美舒适的购物环境，来满足顾客的购物要求，增加酒店的收入。而且，随着酒店业的不断发展，酒店商品部的商品以及经营业务将会不断发展扩大，其营业收入在酒店总收入中所占比重也会越来越大。

6．旅游部（Ministry of Tourism）

现在许多酒店都设有自己组织旅游的专业部门，一方面为酒店组织住店客源，另一方面也为住店客人提供旅游观光和继续旅行的各种便利条件。旅游部也设有专门的人员负责提供交通工具（车船）、导游、订票等各种专门的旅游服务业务。

（二）酒店职能部门

1．行政办公室（Executive Office）

行政办公室也称总经理办公室，它在总经理对酒店实行经营管理过程中起着重要的沟通上下、联系左右、协调内外的作用。行政办公室具体负责各类文件的打印、收发、归档等工作；负责处理各类往来的信函、电邮、电报、传真，及时上传下达，接听电话并做留言记录；为总经理出差办理预订机票、客房等具体事宜；安排酒店高级管理人员值班表、酒店内部用车；制作酒店各种例会的会议纪要及文件发放等工作。

2．人力资源部（Human Resource Department）

人力资源部是为了满足酒店经营管理的需要，协助其他部门负责酒店管理人员和服务人员的选聘、录用、培训、选拔、考核、奖惩、工资福利、劳动保险、劳动争议处理等各项管理活动的部门。它是酒店最基本也是较重要的部门，一般直接受总经理的领导和指挥。人力资源部除了设有经理和副经理外，还有专职人员负责员工调配、职工培训、工资管理、缴纳社保等。有些酒店的人力资源部还设有专门的员工培训机构。

3．财务部（Financial Department）

财务部负责处理酒店经营活动中的财务管理和会计核算工作，担负着酒店聚财、理财的重要职责，是整个酒店经营管理工作的信息中枢，是反映酒店经营成果、为总经理进行市场预测和经营决策提供信息和数据资料、督导各部门改善经营管理、提高经济效益的职能部门。财务部人员的数量取决于酒店的经营规模的大小。一般来说，酒店财务工作直接由一位酒店的副总经理领导，财务部内部设有经理、副经理、主管会计、会计员、出纳员若干名。

4．销售部（Sale & Marketing Department）

销售部是主要承担以扩大酒店客源、增加企业收入、宣传酒店形象为中心的营销工作；同时还是酒店对外宣传和推销的窗口，是酒店外联和广告宣传的中枢部门。为保证酒店有充足的客源，销售部的人员要进行市场调研，了解市场需求，掌握客源流向并负责推销酒店产品，以实现酒店产品的创新和增值。酒店销售部的大小规模是有差异的。销售部一般设有经理和主管销售业务的专职人员。有些规模较大的高档酒店的销售部还设有分管旅游销售、会议销售、宴会销售的经理以及公关经理等专职人员。为搞好销售工作，酒店总经理也会关注和引领处理销售部的有关事宜。

5．安保部（Security Department）

安保部也是酒店非常重要的职能部门之一。安保部对顾客的人身和财产安全、酒店的各种设施与财产安全以及酒店员工的安全等均负有重要的责任，因为顾客在酒店不仅需要有良好的住宿条件和其他服务，还要有一个安全、舒适、宁静的环境。安保部一般设有安保部经理和专职的安全保卫工作人员。他们对全酒店进行 24 小时的安全保卫和巡逻，以保障酒店及顾客的安全。虽然酒店安保部的人员总体负责酒店整体的安全保卫工作，但酒店的所有工作人员和服务员都应关心酒店的安全工作，并积极参加安全保卫措施的具体实施工作。

6．工程部（Engineering Department）

工程部也是酒店非常重要的职能部门之一，它是酒店重要的生产经营和后勤保障部门，主要负责酒店房屋、设施、设备等的日常维修、保养与更新等工作，以使酒店的外部及内部装修等保持在完好的水平上，确保酒店为客人提供一个良好的居住、工作与生活环境，确保酒店日常经营活动的正常进行和经营目标的顺利达成。工程部还需要按照计划对酒店的能源进行有效的管理。工程部组织机构包括工程部办公室（由工程部经理、助理、调度员等组成）、锅炉冷冻组（由锅炉房和冷冻机房组成）、电工组（由交配电组、强弱电组组成）、维修组（由综合维修人员组成）、电梯组（由电梯操作、维修人员组成）、土建组（由土建、木工、油漆工组成）。有的酒店只设置锅炉、冷冻、水电和土建四组。

（三）酒店其他组织

除酒店的营业部门和职能部门外，根据我国的国情、法律、政治经济体制等，酒店还要设置其他一些机构：一是党组织的领导机构或党的组织，对酒店的经营决策、正常运行、达成组织目标起监督保证作用。二是工会、共青团、妇女组织机构，其中工会是职工代表大会的常设机构，通过职工代表大会的形式行使职工民主管理的权利，监督酒店的活动，并维护广大职工的利益；共青团、妇女组织是酒店的群众组织，在引导她们在酒店中发挥积极作用的同时还要保护好她们的权益。

第三节　酒店组织结构

酒店各部门划分后，要将酒店各部门在组织中予以定位，使各部门有机地组合起来。酒店通过组织结构对系统内的各部门进行定位和组合。我国有多种经济成分和多种投资形式，酒店也有多种管理模式，于是形成了酒店组织结构的多种类型。按照现代酒店的经营特点和组织设计原则，目前我国较为典型的酒店组织结构有直线制组织结构、职能制组织结构、直线—职能制组织结构、事业部制组织结构和矩阵式组织结构五种基本形式。

一、直线制组织结构

直线制组织结构是最早、最简单的一种组织结构形式。其特点是酒店内各种机构和部门按照纵向系统直线排列，酒店的命令和信息从酒店最高层到最低层垂直下达和传递，每个下属只接受一个上级的直接领导。直线制组织结构形式一般适用于产品形式单一、生产技术简单、酒店规模较小、客源范围较小、不需要按职能实行专业化管理的小型酒店企业。直线制组织结构的基本形式如图 4-1 所示。

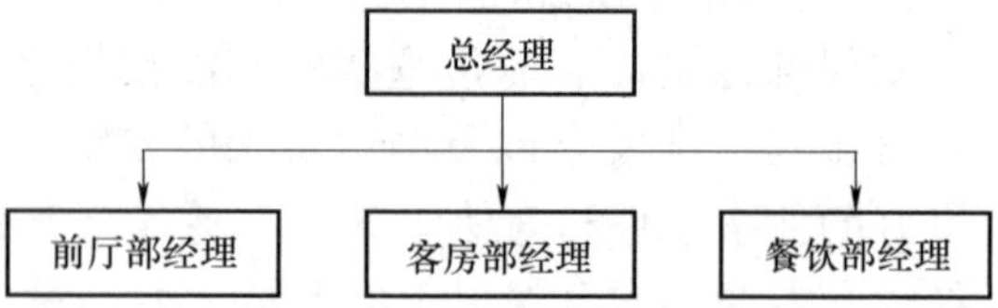

图 4-1　直线制组织结构图

直线制组织结构形式的优点：①机构简单，决策迅速；②职责清楚，权限明确，责任心强；③权力集中，上下联系简捷，有利于统一指挥，提高组织效率。

直线制组织结构形式的缺点：①要求酒店经营管理人员具有全面的经营管理知识和业务能力，并具有较强的综合协调能力和指挥能力；②由于集权过多，缺乏横向的协调与配合，一旦酒店经营规模扩大或产生复杂问题，就会出现不适应状况。因此，这种形式一般只适用于规模较小、员工人数不多的小型酒店。

二、职能制组织结构

职能制组织结构是在直线制组织结构的基础上进一步发展形成的。总经理下设职能机构，通过职能机构来实行对一线业务部门的领导，各职能机构在自己职权范围内有权直接指挥一线经营部门。这种形式的优点在于加强了各部门的业务监督和专业性指导，使各职能部门注意力集中，充分发挥企业各方面专家的作用，减轻各级行政负责人的工作负担，便于高效地完成本部门的任务。其缺点是容易形成多头领导，妨碍统一指挥，令出多门，使得执行人员无所适从，造成管理混乱。职能制组织结构的基本形式如图 4-2 所示。

我国在实行改革开放政策之前，大多数酒店都采用职能制组织结构形式，但这种组织形式在管理中出现的矛盾较多，目前已被大多数酒店所淘汰。

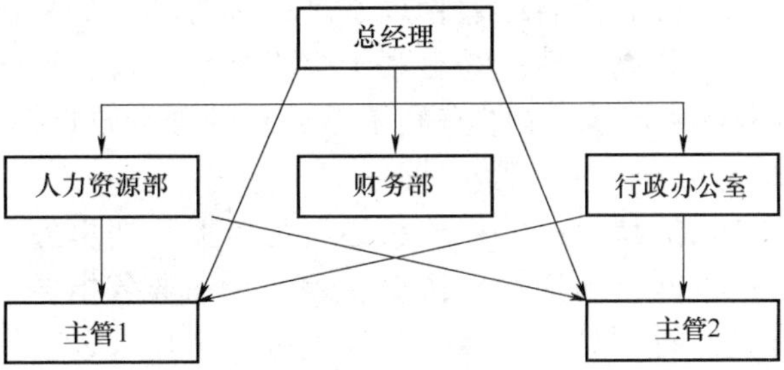

图 4-2　职能制组织结构图

三、直线—职能制组织结构

直线—职能制组织结构也称为直线—参谋制组织结构，以纵向统一指挥为主，职能参谋为辅，是在“直线制”和“职能制”的组织结构的基础上兼取了两者之长、克服其短发展起来的一种组织形式。其特点是把酒店所有的部门分为两大类：一类是业务部门（也称直线部门），如酒店的前厅部、客房部、餐饮部、康乐部、商品部和旅游部等，业务部门按直线的原则进行组织，实行垂直指挥；另一类是职能部门，如酒店的行政办公室、人力资源部、财务部、销售部、安保部、工程部等，职能部门按分工和专业化的原则执行某一类管理职能。直线—职能制组织结构一方面坚持指挥统一性原则，实行垂直领导，层层负责，总经理为酒店管理的核心；另一方面又设立职能管理机构，发挥职能机构对一线部门的业务指导作用。与职能制组织结构形式不同的是，在直线—职能制组织结构形式中职能机构和一线业务部门是平级的，职能机构不能直接进行指挥和命令，它们是总经理的参谋机构，通常是通过总经理的指令来领导业务活动，同时，也根据酒店业务条例与其他部门协调工作。如今，我国大多数酒店企业都采取这种组织形式。直线—职能制组织结构的基本形式如图 4-3 所示。

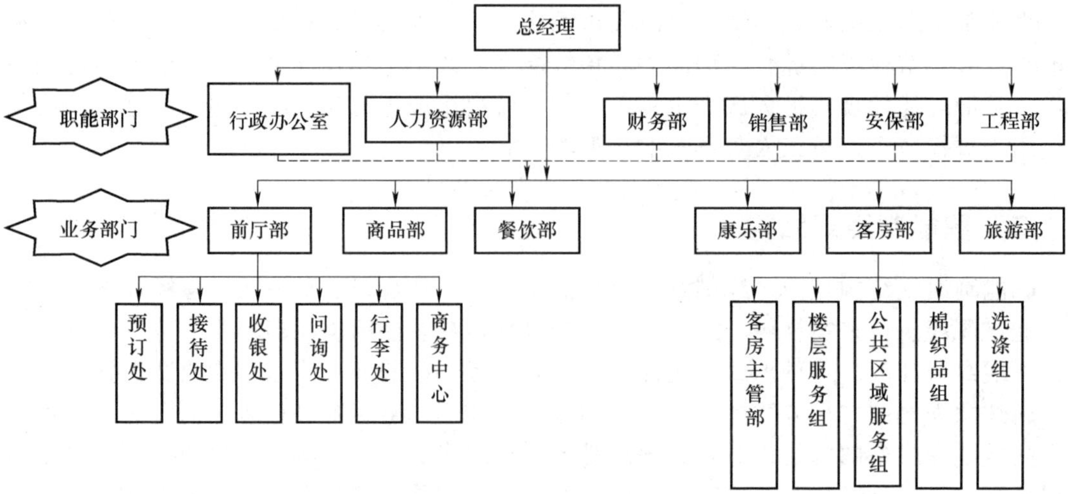

图 4-3　直线—职能制组织结构图

直线—职能制组织结构的优点：①既有利于整个酒店统一指挥，又能充分发挥职能部门专业化管理的作用，从而提高酒店经营管理水平；②有利于加强直线行政领导的权威，提高酒店经营活动的有效性和高效性；③有利于突出酒店经营管理的主次，发挥专业管理人员的作用，提高酒店专业管理水平；④有利于培养有较强行政指挥能力的综合管理人员，特别是酒店总经理、部门经理层的管理人员。

直线—职能制组织结构的缺点：①行政领导容易包揽一切事务，而职能管理部门的作用发挥不够，各职能部门之间横向沟通和协调性差；②在业务指导上，直线领导与职能部门会出现一定的矛盾冲突，特别是当酒店经营规模进一步扩大、市场竞争剧烈、经营情况复杂时，直线—职能制组织结构也明显地不适应酒店经营发展的需要。

四、事业部制组织结构

事业部制组织结构也称为部门化组织结构，就是按照酒店集团所经营的事业，包括按产品、按地区、按顾客（市场）等来划分部门，设立若干事业部。事业部是在酒店总经理的统一领导下，拥有完全的经营自主权，实行独立经营、独立核算的部门，它既是受酒店集团控制的利润中心，具有利润生产和经营管理的职能，同时，又是产品责任单位或市场责任单位，对酒店产品、服务及销售活动负有统一领导的职能。

事业部制组织结构的特点是：公司集中决策、事业部分散经营，每个事业部实行独立核算。如，有的酒店附属有旅行社、大型餐馆、旅游景区、酒店用品工厂等；有的酒店有独立的公寓楼、写字楼、旅游房地产等。一般而言，酒店主体是一个核算单位，酒店下属各单位又是一个核算单位，酒店主体及各下属单位均在酒店组织系统之中。目前，国外的大型酒店、酒店管理公司和集团化经营的连锁酒店等普遍采用这种组织结构形式。近几年，随着我国经济的发展及管理水平的提高，我国酒店业专业化管理、多元化经营的趋势也越来越明显，一些酒店或酒店集团开始采取这种组织形式。事业部制组织结构的基本形式如图 4-4 所示。

事业部制组织结构的优点是：①有利于酒店高层管理人员摆脱日常行政事务，集中精力抓好酒店的经营发展战略和重大经营决策；②有利于面向市场、分散经营，提高酒店经营管理效率，增强酒店的应变能力，提高服务质量和水平；③有利于考核各事业部的经营业绩，促进各部门之间进行比较和竞争，调动各方面的积极性和主动性；④有利于培养独立的、全面的主持酒店经营管理工作的高级经营管理人才。

事业部制组织结构的缺点是：①表现在各事业部之间容易形成部门狭隘观念，而忽略酒店的整体利益；②部门之间横向协调差，不利于人才的流动；③机构重叠而导致管理费用增加、利益协调困难等。因此，酒店企业应根据自身实际情况灵活采用相应的组织形式。

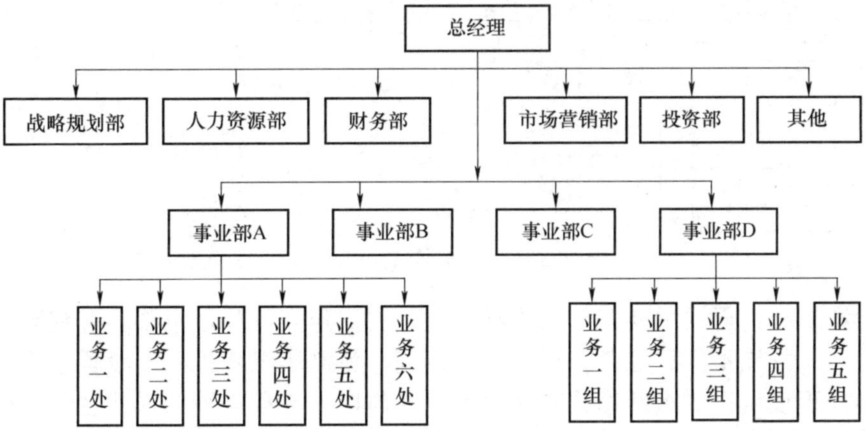

图 4-4　事业部制组织结构图

五、矩阵制组织结构

矩阵制组织结构是在组织图示上把职能部门按纵列排列，把产品项目部按横行排列，互相交叉形成一个矩阵。产品项目部设立经理，在总经理直接领导下进行工作。职能部门设立经理，职能部门的成员可以参与各产品项目的工作，任务完成后，原职能部门的成员再各自回到原来的单位，这样，若干职能部门所形成的垂直领导系统和为完成专门任务而形成的若干产品项目部的临时系统，就组成了纵、横两套管理系统，即矩阵式的组织结构系统。

目前，酒店采用矩阵式组织结构的主要是一些酒店集团公司或输出管理的一些大型酒店。其特点是集团公司是一个系统，公司有领导机构，有各职能部门，职能部门对各项目部进行专业化管理；公司系统下属若干个项目部，如对外输出管理的一组人就是一个项目部，公司下属子公司也是一个项目部，项目部成员接受项目部经理领导；职能部门对项目部做专业指导检查，但无指挥权。这种组织形式使公司整个系统都在总经理的统一领导之下，但又能充分发挥各项目部的主动性和积极性。矩阵制组织结构的基本形式如图 4-5 所示。

矩阵制组织结构的优点是：①既能保证完成任务，又能充分发挥各职能部门的作用；②能集中各部门专业人员的智慧，互相学习，协调促进，加强组织的整体性；③加快工作进度；④避免各部门的重复劳动，因而可以缩减成本开支；⑤管理方法和管理技术更专业化；⑥打破酒店内部的部门界限，便于内部不同部门之间的协调。

矩阵制组织结构的缺点是：①项目负责人的责任大于权力，因为参加项目的每个人都来自不同的部门，隶属关系仍在原部门，由于临时参加该项目，故没有打破等级制，这种双重领导的状况容易延误决策时机；②矩阵结构需要酒店内部一种合作的文化支持，这是矩阵结构比较难于实施的原因。

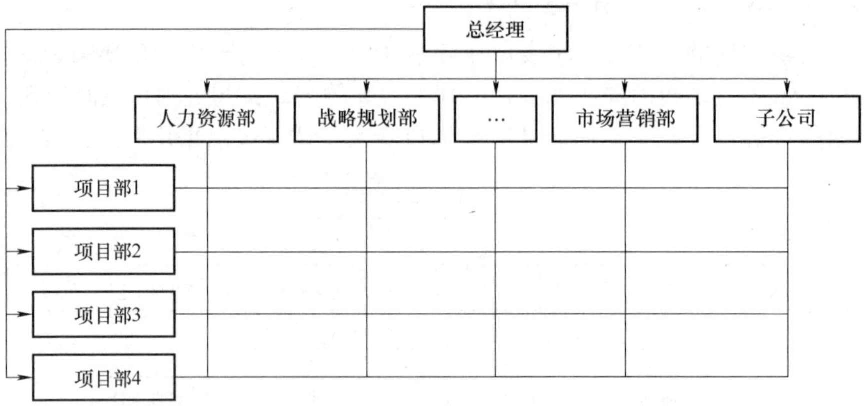

图 4-5 矩阵制组织结构图

酒店的组织结构形式主要有以上 5 种类型，它们形式各异，也都各有利弊。由于酒店的性质、特点、规模不同和经营管理思想的不同，各酒店组织机构的设置也不尽相同。当然，各酒店在形成自己的组织结构时，也不可能与以上 5 种类型的模式完全一样，各酒店都会有适合自身经营需要的形式。除了以上 5 种组织结构形式外，现实中的酒店还有其他的组织结构。酒店组织结构的设置须视酒店具体情况而定，从本酒店的实际出发选取一种最适合本酒店的组织结构形式，以保证酒店组织能最有效地发挥作用，达成酒店的经营目标和完成经营任务。

第四节 现代酒店的运行管理

酒店设置组织机构的目的是要通过严密的组织系统、分层负责、分工明确、各行权责、各守其职，达成酒店的经营目标。酒店组织管理是酒店运行管理的一项重要职能，也是体现酒店管理者经营管理能力的一个重要方面。组织管理是否有效，将对酒店正常运转产生重大影响，直接关系到整个酒店经营成果的好坏。如果组织管理良好，组织内部各级人员互相配合，同舟共济，则整个酒店的效益就会提高；反之，效益就会下降，甚至导致经营失败。因此，酒店各级管理者必须把组织管理工作作为重点来抓。

一、酒店管理层次

酒店的管理层次一般都呈金字塔形式，从塔底到塔顶，由宽到窄。管理的幅度则是越往上层，管理难度越大，管理的幅度越小。现在国内酒店较常采取的组织机构是直线—职能制组织机构形式。在该组织形式中，任何一级领导、管理人员、服务员都要明确自己的业务范围、工作职责及本人应该具有的工作技能和知识。除很小的酒店外，一般酒店管理层次分为四层（见图 4-6）。

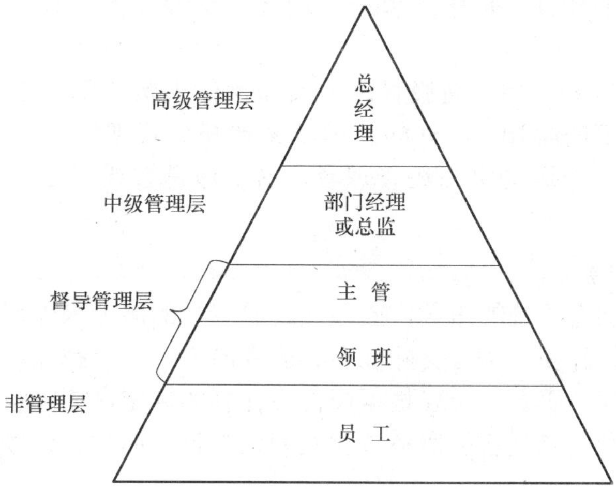

图 4-6 酒店管理层次

（一）高级管理层

高级管理层包括总经理、副总经理、总经理助理等，他们主要负责制定企业的经营方针，确定和寻找酒店的客源市场和发展目标，同时对酒店的经营战略、管理手段和服务质量标准等重大业务问题做出决策，因而称之为“决策管理层”。此外，高级管理层还要选择、培训高素质的管理人员，负责指导公关宣传和对外的业务联系，使酒店不断提高美誉度和知名度。总经理对董事会负责。

（二）中级管理层

中级管理层主要是总监或部门经理、副经理，他们的主要职责是执行最高领导层提出的目标和重大决策，组织完成属于本部门的任务，因而称之为“执行管理层”。中级管理层在酒店中处于至关重要的地位，他们是酒店的中坚和脊梁，是酒店的核心人才库。一家酒店能保持持续发展、实现理想的业绩，关键在于酒店中是否拥有一批具有市场意识、竞争意识和责任意识的精干、高效、优秀的中级管理者。他们把高级管理者的意愿、工作动能与市场现实这三股企业发展的动力有机地连接在一起，是企业愿景、战略决策、组织方案的有力执行者和组织实现者。

酒店高级管理者和中级管理者构成了酒店的管理团队。这个管理团队的职责是：指导酒店正常运营，定期向投资者报告财务运行情况，对酒店经营活动和人事做出安排。管理团队必须有效地完成投资者规定的各项经营指标。

（三）操作管理层

主管和领班是酒店中人数较多的第一线管理人员，他们直接指挥员工的操作，因而称之为“操作管理层”。他们身临现场直接对酒店的各种资源，尤其是员工进行管理，担负着检查、监督和指导员工工作的职责，习惯上又把他们称为“督导管理层”。在规模小、员工少的酒店往往不设主管，由部门经理直接领导领班。主管和领班既要对业务工作进行管理，又要领导好员工，特别是在服务高峰的时候或是服务人员缺少的情况下，主管或领班都要亲自参加服务工作，因此，主管或领班必须具有较高的服务技能和服务技巧，是本班服务员的榜样，是服务现场的直接组织者和指挥者。否则他就不具备领导本班服务员的权威。

主管或领班的位置处于中、高级管理人员和操作人员之间，是管理层与普通员工的中间环节，是连接上下的阶梯。国外的管理学家把督导管理层比喻为一个拱门里的拱顶石，它把拱门的两边（一边是中高级管理者，另一边是普通员工）连接成一个整体，并使之牢固。

（四）服务员操作层

酒店要为顾客提供高质量的服务，必须通过服务员的服务来体现。因此，服务员的素质、个人形象、礼仪、礼貌、语言交际能力、应变能力、服务技能和服务技巧等是酒店提高服务质量的重要条件。服务人员要根据岗位责任制的规定，明确自己的职责范围、服务程序、服务质量标准和应该具备的服务技能及理论知识，向主管或领班负责。

二、酒店的组织管理制度

酒店组织是一个复杂的系统，为保证这个系统的正常运转，必须依靠一整套科学、严密的组织管理制度来保证酒店组织目标的达成。利用制度来管理酒店是现代酒店管理的重要途径。酒店组织要实行现代化的科学管理，就要强调以制度为主体的规范化管理。由于酒店业务的特殊性，一方面，实行现代化管理要求制定制度和规则，并按要求严格执行；另一方面，以人为中心和使顾客满意的服务宗旨有时又要突破制度以取得更好的效果。因此，酒店的组织管理制度就成了酒店管理中的一个特殊而重要的课题。

（一）酒店组织管理制度概述

酒店是一个综合性的企业，内部业务和部门较多，对外又有着广泛的社会联系，因而组织管理制度就会多一些。无论是在开业准备阶段还是进入经营运行阶段，酒店都要进行组织管理制度建设。酒店的组织管理制度大概可以分为六大类。

第一类是有关所有制关系的制度，也可以说是产权制度。它要规定酒店的性质、投资形式、产权关系、企业组织、权益关系等。例如，酒店的资产管理制度、酒店的公司章程、酒店的董事会制度、监事会制度等均属此类。

第二类是有关体制和组织结构的制度。它要规定酒店的体制、组织结构形式、酒店上层的权责关系等。例如，酒店组织制度、总经理负责制、党委工作制、职工代表大会制、“工青妇”组织制度等均属此类。

第三类是酒店内部的基本制度。该类制度是针对酒店运行大纲、方针的基本规范所做的规定，是酒店其他制度的基础。该类制度主要有管理方案、员工手册、服务规程、岗位责任制、经济责任制等。

第四类是部门制度。这是由各部门根据自身业务特点和实际需要而制定的一些制度，这类制度的专业性较强。

第五类是专业制度。这是由酒店职能部门按专业管理的需要而制定的制度。例如，酒店的人事制度、财务制度等均属此类。

第六类是酒店行政工作制度。这类制度主要针对行政管理，如酒店的会议制度、报告制度、文印制度、有关决策程序等。

（二）酒店组织管理制度的作用

1．保障酒店组织的正常运转

酒店组织管理制度通过明文规定的组织规章制度形式，对工作的各环节、岗位及成员进行权力、职责和义务的划分，对酒店各部门的工作任务、服务标准等做出具体的要求，并用文字方式确定下来，从而使酒店组织的所有人员都明白自己的工作任务，形成约束，防止酒店组织运转过程中产生与企业目标偏离的现象。

2．保障酒店服务和产品质量

酒店的产品和服务具有无形性的特点，酒店员工在具体的对客服务过程中往往会有不自觉的随意性，这种随意性会对酒店服务质量产生影响。制度作为酒店内部的规章，有很高的权威性和严肃性，它以强制的力量要求每个成员必须执行，违反制度就要受到处分。制度面前人人平等，谁都不得超越制度而各行其是。制度保障了酒店为顾客提供的服务质量，降低了不稳定性，增强了酒店的竞争力。

3．规范酒店员工的工作行为

每个企业都十分注重其内部人员的组织行为，酒店业也不例外。它是一个以人为本的行业，也是劳动力相对密集的行业。通过制度有效地管理人才来提高生产力和服务质量，这一点在酒店业的体现比在任何其他产品制造业都更明显。由于酒店组织中的每个成员都有自己特有的认知方式和处事行为方式，而酒店工作又具有复杂性和员工提供产品的无形性，这两者决定了酒店组织管理中困难的必然性。酒店组织管理制度对员工从外部形象到具体工作内容都做了明文规定，使员工在工作过程中有了具体的行动指南，能够积极向规范化和标准化的方向努力，从而使其所表现出的服务行为和所提供的酒店产品越来越好。

（三）酒店组织管理制度的主要内容

当酒店企业存在以后，为了保障酒店组织能够正常运转、保证酒店发展目标的顺利达成，必须建立一套科学、严格的酒店组织管理制度。酒店组织管理制度是酒店组织结构、管理方式、员工行为等的具体化和细化。一般来说，酒店的组织管理制度有基本制度、专业管理制度、部门制度和酒店工作制度四大类，每类制度都对酒店管理和运行具有某方面的规范作用。这四类制度又有着内在的联系，它们之间相互补充、相互配合，形成了酒店的制度体系。

1．基本制度

酒店基本制度是酒店的根本制度，是对酒店进行各种经营活动的指导规范，如酒店管理方案、总经理负责制、职工民主管理制、员工手册、经济责任制、岗位责任制、服务规程等。

（1）酒店管理方案　酒店管理方案又称酒店管理方针、酒店管理大纲，是根据酒店管理的基本原理和酒店自身的特点，从原则上和酒店管理的一般程序上对酒店及其各部门的管理思想、管理理念、经营原则、内容和方法等所做的规定。酒店管理方案的着眼点在于酒店管理的整体性和指导性，其制定必须遵循企业现代化管理的基本要求和酒店经验管理的客观规律。管理方案是酒店实际管理工作的总方针，是酒店管理的纲领性文件。

酒店管理方案的形式多种多样，每个酒店形成的管理方案的结构、内容、条文也不尽相同，但管理方案的内容基本都有这两大部分：

1）酒店整体管理的思想和方法。首先要对酒店做基本定位，确定本酒店管理的基本水准及目标；其次要规定本酒店管理在组织管理、服务质量管理、市场营销管理、人事管理、设备管理、物资管理、财务管理、安全管理、业务管理和公共关系管理等各个领域展开的具体内容、方式和方法。

2）酒店各部门管理的思想和方法。各部门应根据自身业务的内容与特点，提出部门管理的基本目标、思想、内容和方法，这是酒店整体管理思想和方法在各个领域的具体化和细化；部门管理要侧重于决策和计划、业务管理、服务质量等方面。

酒店管理方案是酒店实施管理的依据，是管理活动的指南。为保证管理方案的顺利实施，酒店管理者要对照管理的实际，定期检查管理方案的贯彻落实情况。

（2）总经理负责制　总经理负责制是酒店组织管理中实行的领导制度，是酒店内部实行的最高管理组织形式。总经理负责制是指总经理是酒店的法人代表，酒店建立以总经理为首的经营管理系统，总经理在酒店中处于中心地位，根据董事长或投资者的决策，全面负责酒店的经营与业务，并对酒店的发展负有全面责任的一种管理制度。总经理负责制是适应酒店现代化管理、适应酒店市场经营、适应按酒店规律管理酒店和依法治店的一种管理制度。总经理负责制是酒店组织管理制度的最基本方面。

总经理负责制赋予总经理对酒店人、财、物等各项领导和决策的权力，以履行其职责。因此，总经理应具有对酒店高度负责的精神、良好的职业素质、出色的领导才干。酒店也应该通过各种有效的制度和组织形式，使总经理的权力和权威能充分发挥作用。同时，总经理也应自觉接受上级组织和员工的监督。

（3）职工民主管理制　职工民主管理制是我国社会主义制度的要求，也是酒店总经理负责制的基本保证。职工民主管理制的法定形式和主要形式是酒店的职工代表大会制。职工代表大会具有管理、监督和审议三方面的权力，具体工作为：①听取和审议通过总经理的工作报告；②审议酒店的发展规划、经营计划，以及一些重要的经营管理问题；③审议酒店各项基金使用，以及酒店生活福利等重大事项；④评议、监督酒店各级领导干部，并提出奖惩和任免的建议。

实行民主管理制体现了酒店职工在酒店中的主人翁地位，是搞好酒店经营管理的关键之一。在实行民主管理制的同时，要正确处理好民主与集中、自由和纪律以及权利和责任的相互关系。

（4）员工手册　员工手册是酒店的又一个基本制度。员工手册是规定全酒店员工共同拥有的权利和义务、共同应遵守的行为规范的条文文件。它能够使员工对酒店目标、酒店精神等有一个充分的了解。员工手册与每位员工都休戚相关，是酒店里最具普遍意义、运用最广泛的制度条文。

每一个酒店的员工手册都具有自己的特点，它的制定主要有三个方面的依据：我国政府有关的人事劳动法、酒店业工作的特点和国际酒店业的惯例等。它涉及员工在酒店工作中的一系列权利、义务和责任。

员工手册的基本内容，因各酒店的指导思想不同而有所不同，但主要内容大致包括序言、宗旨、企业精神、员工地位、总则、组织管理、劳动管理（包括用工类别、聘用条件、劳动制度、劳动合同、体格检查、试用期、工作时间、超时工资、人员培训、工作调动、调职与晋升、合同解除、争议处理等）、员工福利（各种假期、医疗福利、劳动保险、工作餐等）、酒店规则（包括礼貌礼节、考勤、行为规范、员工投诉、使用电话、顾客投诉、离职手续等）、奖励和纪律处分、安全守则及修订解释等。

员工手册的内容非常丰富、包罗万象，但条文的规定既要严密准确，也要简明扼要、便于操作。员工应经常学习并熟记内容，以利执行。

（5）经济责任制　经济责任制是酒店组织管理中的另一项基本管理制度。酒店经济责任制是酒店各部门以酒店经济效益为目标，对自身的经营业务活动负责，实行责、权、利相结合，把酒店的经济责任以合同的形式固定下来的一种经营管理制度。酒店经济责任制的实施，是依据酒店的经营目标，按照责、权、利、效相结合的原则，将各项指标逐层分解，并落实到酒店的各部门、各岗位和个人，以责为中心，责权结合，确定指标，保证上缴，超收多留，少收自补，以调动酒店、部门、员工的积极性。其主要内容有：制定酒店总体经营目标；实行定量化管理，落实经济责任；检查考核经济责任的履行情况；效益为本、按劳分配。

实行经济责任制必须做好三项工作：①经济责任制与目标管理、计划管理相结合，形成一种管理模式。经济责任制是一种制度，它以目标管理和计划管理为基础。②指标的测算和考核要明确口径，避免重复计算，特别是费用部分。分摊费用的测算要有一套科学的方法。③经济责任制每年都要修订一次，修订的依据是下年度的年度计划和上年度经济责任制实施中的问题。

（6）岗位责任制　酒店所有的指标和任务最终都要落实到各岗位的每一位员工身上，因而酒店在组织管理上要建立和健全岗位责任制。岗位责任制就是以岗为单位，具体规定每个岗位以及该岗位每位员工的职责、工作范围、业务标准、权限和工作量等，并以制度的形式确定下来，全体员工必须严格遵守。岗位责任制的表现形式是“岗位责任说明书”或“职务说明书”。其内容主要有明确岗位和岗位名称、该岗位的直接上级（即对谁负责）、该岗位的直接下级（即领导谁）、岗位的职责和工作内容、工作量、工作质量标准、岗位权限等，从而保证酒店各工作岗位的正常运转和组织工作的顺利开展。有的酒店对某些岗位还规定了人员的上岗标准。

酒店岗位责任制是一个完整的体系，它包括：酒店领导人的责任制——总经理责任制；各部门主管和技术人员的岗位责任制；各生产、服务人员的岗位责任制。酒店服务人员的岗位责任制是酒店其他责任制的基础，也是岗位责任制的主要形式。岗位责任制应有一套考核办法，岗位考核由部门每日进行。岗位责任制的落实体现了酒店各层次的职责权限、分工协作等管理内容，有利于酒店各业务部门、各工作岗位的正常运转。

（7）服务规程　服务规程也是酒店组织管理制度中很重要的一项制度。服务规程是指每做一项工作所要遵循的标准化的工作步骤、要求和所要达成的质量目标，即具体的服务程序和质量标准。这些标准必须符合酒店的星级与档次，只能提高而不能降低。制定这些标准必须详细而具体，即这些标准必须是可以操作的而不是抽象的。制定服务规程都是针对某一特定的服务对象和过程，但是制定服务程序时，又必须考虑服务过程的系统化。

2．专业管理制度

酒店的专业管理制度是在基本管理制度的指导下，为保证酒店经营活动的正常运行，保证经营服务过程中各环节的协调，实现酒店各项专业管理职能而制定的各种管理工作的规范，即各个管理层、管理部门、管理岗位以及各项专业管理业务的职能范围、应负责任、拥有的职权，以及管理业务的工作程序和工作方法。这是酒店管理制度的重要内容，在全酒店通用，要求全体员工遵照执行。专业管理制度有：

（1）行政性制度　行政性制度是对酒店的行政事务所做的一些规定性的制度。主要有行政办公制度、行文制度、报告制度、发文制度、行政档案制度、与行政主管部门联系制度、保密制度和内部接待制度等。

（2）人事制度　人事制度是对酒店人事管理所做的一些规定性的制度。主要有招工招聘制度、人员录用使用制度、人员培训制度、人事管理制度、劳动工资制度、奖惩制度、技术职称考评制度、福利制度、晋升制度等。

（3）安全保卫制度　安全保卫制度是为保证顾客和酒店的生命财产安全、使顾客和酒店都满意的规章制度。主要有：与公安、安全、消防、防疫等部门配合的各种制度；酒店的内保制度；消防安全制度；交通安全制度。安全保卫制度是一个系列，在部门制度中也应包含与部门安全保卫有关的制度和条文。

（4）财务制度　财务制度是酒店经营管理中最重要的一种特殊制度，是一种按照资金活动规律进行全面管理的制度。它主要是针对财务系统为完成酒店的计划预算、购进、生产、服务、销售以及薪酬分配等方面的全部业务流程的成本核算和钱、财、物的管理制度。

3．部门制度

部门制度是指酒店各部门根据本部门自身业务特点和运行规律为规范本部门行为而制定的制度。如果说基本制度和专业管理制度是适用于全酒店的一般性制度，那么部门制度就是具有特殊性的、只适用于部门运作的制度。部门制度的制定一方面要以酒店的基本制度和专业管理制度为依据，另一方面还要紧密结合本部门的自身业务特点而定。

（1）业务运行责任制度　业务运行责任制度是为保证部门业务的顺利运转而制定的。它主要包括业务情况和业务活动记录统计制度、业务流程制度、交接替值班制度、服务质量考评制度、卫生制度、表单填写制度、信息传递制度、应急事件处理制度等。

（2）设施设备管理制度　每个部门都有设施设备，而且配置的设施设备也不尽相同，对设施设备的管理要求也不一样。各部门应在设备管理部门的统一指导下制定本部门的设施设备管理制度。它主要包括设备运行使用管理和操作制度、设备的财产管理制度两方面。

（3）服务质量管理制度　每个部门的服务质量的内容不尽相同，服务质量管理制度也有较大差异。服务质量管理制度主要包括服务质量的标准、服务质量的基础制度、服务质量保证制度、全面质量管理制度。

（4）部门纪律　部门纪律是根据部门自身的业务特点而确定的部门员工必须遵守的规章制度，如客房部的进房纪律、餐饮部的传菜作业纪律。部门纪律的主体是部门员工的行为规范。

（5）物品管理制度　不同部门所用的物品性质和种类不同，制定的相关制度也有很大的差异。一般该类制度的共性内容有物品的分级管理制度、使用领用制度、保养责任制度、成本核算制度、库存盘点制度、重要物品专人保管制度等。

（6）工作考核制度　工作考核制度是对岗位、班组、部门的工作状况进行考评考核的制度。它主要包括考勤制度、任务分配和工作安排制度、作业检查制度、劳动考核制度、工作原始记录制度、奖金分配制度、部门内违纪处理制度等。

（7）部门财务制度　部门财务制度是在酒店财务制度框架下建立的针对部门内部资金管理方面的制度。它主要包括各部门收银及现金管理制度、信用消费制度、支付制度、资金审批制度、营业外收支制度、流动资金管理制度等。

以上仅仅是部门制度的主要方面，总体来说，部门制度还会更多、更具体。部门制度的多少和具体程度由各酒店根据决策而定。

4．酒店工作制度

酒店工作制度是为涉及全酒店的一些行政工作所制定的制度，是对酒店的运转状况实施控制的具体保证，也是酒店基本制度和经济制度实施的保证。酒店的工作制度主要有：

（1）会议制度　举办会议是协调相关事宜，解决问题的重要途径，有关会议举办及运行管理的相关制度称为会议制度。它主要包括每日的晨会、店务会议、办公会议、年会、职代会、部门业务会、班前会、党团组织生活会等制度。

（2）酒店考评总结制度　酒店考评总结制度是酒店按时对经营情况、工作情况做考评总结的制度。它主要包括年终考评总结、半年考评总结、月考评总结、重要接待任务后的考评总结等制度。

（3）决策和计划工作制度　决策和计划是一个科学、严肃的过程。对决策计划过程的规范化就是决策计划工作制度。它主要包括决策者、决策权限、决策程序、决策结果表述、决策实施责任等。

（4）质量监督制度　质量监督制度是对酒店服务质量进行检查、监督的管理制度。这类制度必须规定监督执行机构和执行者、监督体系、监督内容、监督范围、监督方法、监督结果处理等。

建立合理、有效的制度，要有认识—实践—修改这样不断反复的过程。酒店管理人员应把完善各项制度作为加强组织管理的手段。酒店高层的管理人员应把完善酒店的各项制度作为重要的决策事项。任何制度都有一个不断完善的过程，但都应保持相对的稳定，切不可朝令夕改而影响制度的权威性。制度公布后，要进行广泛深入的宣传，使广大员工对公布的制度能真正地了解。

复习思考题

一、名词解释

酒店企业使命　　酒店社会责任　　酒店运营组织系统　　酒店组织结构
事业部制组织结构　　矩阵制组织结构

二、简答题

1．简述酒店企业的特性。
2．简述酒店管理的层次。
3．简述酒店企业的战略目标。
4．简述酒店组织机构设置的依据。
5．简述酒店组织机构设置的原则。
6．简述酒店的部门设置及其功能。

三、论述题

1．结合实际，谈谈酒店如何实施扁平化的组织结构及其产生的利弊。
2．以某国际品牌酒店为例，探讨其企业使命的确定、运用及意义。
3．酒店管理发展的最高境界是“用文化管人”，请结合相关实践探讨其含义，并阐述文化和制度在酒店管理中的作用。

第五章

酒店业务管理

学习目标

- 掌握酒店主要业务部门名称及其业务范围
- 掌握酒店各业务部门的组织机构设置
- 掌握酒店各业务部门业务管理要求
- 理解酒店会议管理和康乐管理的基本内容

案例导入

（一）

张文龙是武汉保利大酒店的一名“金钥匙”管家。“金钥匙”管家主要属于酒店前厅的礼宾部，并协助咨询部的工作。某天 17:28，张文龙突然接到客房部电话说有客人将护照遗留在 1910 号房间。张文龙放下电话后马上取回护照，并迅速和前台联系，查到客人的联系方式。但从 17:37 开始，张文龙多次拨打客人的电话都无人接听。17:40，张文龙通过监控录像和武汉出租车管处查到该位客人乘坐的出租车前往目的地为武汉天河机场，并通过商务中心查询到客人乘坐的航班号。17:55，张文龙带着客人的护照火速赶往机场，及时将护照交到了客人的手上。

【讨论】

（1）运用该案例分享你是如何理解酒店的优质服务的。

（2）酒店客房部和前厅部如何很好地做好相关工作的衔接和协调？

（二）

李青是北京某家五星级酒店客房部的一名老员工。2013 年大年初五，李青当班，上午例行为客人清扫客房。当她轻轻敲 1201 客房的房门时，无人应答。李青使用钥匙打开房门，推开房门 1/3 处时例行问候“您好”；这时李青听到床的位置有翻身的声音，意识到客人仍在房间，便轻轻掩上门，退了出来。李青推着工作车来到隔壁，准备清扫别的房间。但这时她怎么想都觉得刚才哪里不太对劲，客房内客人翻身的声音似乎有些不正常。凭着多年的工作经验，李青果断地再次打开 1201 的房门，进去后，发现客人正在床上痛苦地翻滚并口吐白沫，李青立刻通知相关部门，及时将客人送往医院抢救。后来证实，该客人工作遇到不顺，来到酒店自杀。

【讨论】

（1）客房部的老员工成功地避免了一起悲剧的发生，请体会酒店客房部员工对客服务的特殊性，讨论客房部员工的工作内容和职责。

（2）酒店客房部员工清扫客房的工作流程。

本章重点阐述了酒店前厅、客房、餐饮、会议和康乐五个主要业务项目的地位、管理任务和管理要求，并对前厅部、客房部、餐饮部的组织结构和业务分工进行了介绍。

第一节　酒店客房管理

一、酒店客房部概述

客房部也称管家部，主要负责酒店客房产品的生产。客房是酒店的主体，是酒店的主要组成部分，在酒店的经营和管理中居于重要的地位，其主要的工作任务是为客人提供一个安全、整洁、舒适、温馨的住宿环境，提供细致、便捷、周到、热诚的对客服务。

（一）客房是酒店的主体和存在基础

酒店的基本功能是住宿，而酒店中承担这一功能的就是客房，客房也是客人来到酒店购买的最主要的产品。所以，有客房才有酒店。在酒店整体建筑面积中，客房面积是主要部分，一般占到了70%左右；酒店在客房的建设、装修上投资所占比例也是非常大的；另外，酒店的大部分固定资产和经营所需的各种设备和物质也都在客房，因此客房是一个酒店的主体和存在的物质基础。

（二）客房是酒店营业收入的主要来源

酒店的利润主要来自客房、餐饮和其他服务设施的收入。其中，客房收入是酒店盈利的最主要来源，一般占到了酒店总收入的一半左右甚至更高；同时，客房的收入还会影响到酒店餐饮和其他方面的收入。所以，作为酒店产品主体的客房，关系着酒店的生存和发展；酒店在建设时，会重点对客房的种类、面积、装修、装饰、设施配套等进行设计和投入，在酒店的运营中客房的销售是酒店经营的核心，客房的管理和维护也是酒店的重点工作。

（三）客房管理和服务是影响酒店经营的直接因素

客房是客人在酒店休息、工作和进行会客等活动的地方，也是客人住店期间停留时间最长的场所，客房集卧室、办公、通信、休闲、娱乐、洗浴、化妆、卫生间、行李存放、衣物存放、会客、私人会晤、早餐、安全多种功能于一身（由于酒店的性质不同，客房的功能会有所不同）。所以客人对酒店的体验和评价会很大程度来自客房部的工作，如客房打扫是否清洁、日耗品补充是否及时、服务态度是否热情、有问题是否能得到妥善及时地处理等，这些都很直接地影响了客人对酒店的印象。良好的客房管理和服务会给客人带来满意甚至是愉悦的住店体验，给酒店带来大批的忠诚客户，赢得良好的口碑。而客人的积极的评价会大大提升酒店的知名度和美誉度，有利于酒店的经营。

二、客房部的主要任务

客房部作为酒店最基本的业务部门之一，主要任务有下列几个方面：

（1）创造整洁、舒适的住宿环境。

（2）提供热情、周到而有礼貌的服务。

（3）确保客房设施设备时刻处于良好工作状态。

（4）保障酒店及客人生命和财产的安全。

（5）负责酒店公共区域的卫生和客用布草及员工制服的洗涤及整烫等。

三、客房部组织结构和业务分工

（一）组织结构

客房部既是酒店的利润中心，也是酒店劳动力最密集的中心。客房部的工作复杂而具体，建立科学合理的客房部组织结构是客房部工作顺利开展的保障。

客房部的组织结构根据酒店的性质、档次、规模和客源不同而有所不同。一般来讲，大、中型酒店通常采用如图 5-1 所示的组织结构形态（中型酒店可以考虑不设领班一级）。小型酒店客房部组织结构图如图 5-2 所示。

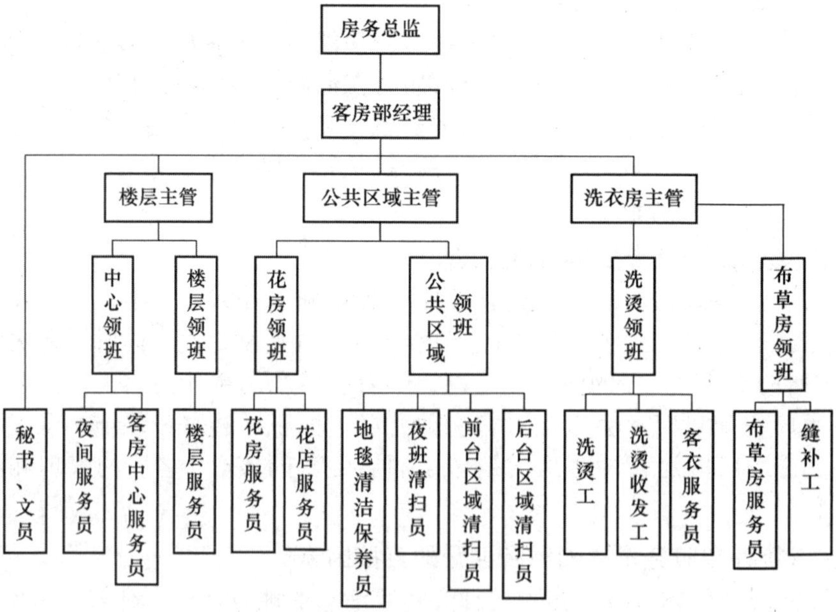

图 5-1 大型酒店客房部组织结构图

（二）业务分工

客房部的业务分工与酒店的档次、规模、业务范围密切相关，主要包括客房服务中心、客房楼层、公共区域、布草房、洗衣房等。客房服务通常有两种模式：一是客房服务中心模式；另二是客房楼层模式。也有酒店既设立客房服务中心，又保留了客房楼层服务台。

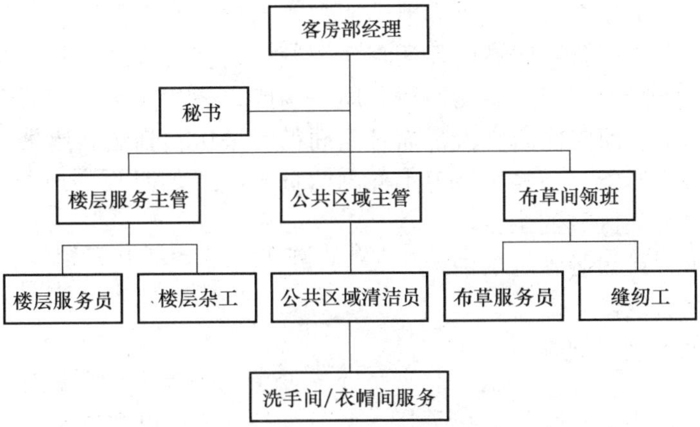

图 5-2　小型酒店客房部组织结构图

1. 客房服务中心

客房服务中心是客房部的对客服务中心和信息中心。客房服务中心通常设置主管或领班、服务员等岗位，主要任务是统一安排和调度所有的对客服务，并负责与其他部门的沟通协调、传递客房部相关信息等。

客房服务中心的具体工作包括：

（1）24 小时值班，随时接受和处理各种客情信息并及时通知相关楼层服务员。

（2）安排客房打扫，管理客房部钥匙的发放、回收。

（3）接受客人投诉并及时通知相关领导和部门。

（4）保管和处理客人遗留物品。

（5）汇集布草和洗衣需求，与布草房和洗衣房交接工作。

（6）与前厅部、工程部等相关部门保持良好的沟通，做好房态显示、通报和客房维护等工作。

（7）管理客房部人员出勤、物品领取和分发、部门资料整理等。

2. 客房楼层

客房楼层下设主管、服务员岗位，在客房部管理中扮演着重要的角色。客房楼层的具体工作包括：

（1）为本楼层客人提供直接对客服务，包括迎客服务、送客服务、会客服务、洗衣服务、擦鞋服务、租借服务、委托代办，以及病客、托婴、醉客等其他特殊服务；安排清洁人员的清扫次序和工作定额；掌握本楼层的客情。

（2）为本楼层客人提供间接的服务，根据客人的需求，楼层服务台须与前厅、工程维修部、洗衣房、送餐部及安全部等部门保持联系，更好地满足客人的多样化要求。

（3）保障本楼层的安全，客房楼层区域面积大，客情复杂，楼层服务台需随时掌握客人的动态，密切关注楼层动静；做好来访客人的接待和登记工作；对楼层的各种不安全因素能及时发现、汇报和处理，保证客人和酒店的安全。

3．公共区域

公共区域卫生部下设主管、领班和清洁服务员岗位。客房部不仅承担客房的清洁卫生工作，而且负责整个酒店公共区域的保洁工作。酒店的公共区域包括大堂、门前、花园、客用电梯和扶梯、餐厅、酒吧、多功能厅、康乐场所、公共洗手间、后台区域等。公共区域的涉及范围广，不仅面向住店客人，而且面向很多来访和到酒店用餐、开会、娱乐的客人，直接影响酒店的形象。公共区域卫生部具体负责：

（1）酒店内外公共区域的卫生。

（2）酒店排水、排污等管道的清疏。

（3）酒店卫生防疫。

（4）酒店绿色植物养护等。

4．洗衣房

洗衣房一般设置主管、领班和客衣组、湿洗组、熨衣组等岗位。洗衣房负责酒店全体员工制服及其他织品的洗涤和熨烫；负责为住店客人提供洗衣服务等。

5．布草房

布草房也称布件房，通常设主管、领班、布件、制服服务员和缝补工等岗位。布草房的具体工作包括：

（1）酒店布件及员工制服的收发和送洗、修补和保管。

（2）酒店布件及员工制服的盘点、补充、更新、报废。

（3）与洗衣部沟通做好布草洗涤及整烫工作。

四、客房业务管理的基本要求

客人良好的入住体验与客房的关系非常密切。安全、舒适、整洁、优雅是客人对客房环境的追求，也是酒店力求为客人打造的住宿环境。为达到这些要求，酒店需要抓好以下几个方面的管理。

（一）客房产品管理

客房是酒店的利润中心，是客人入住后使用时间最长也是最具有私密性质的场所，客房产品的打造至关重要。随着时代与技术的进步以及客人多元化的需求增长，现代酒店在客房的整体和局部设计上越来越具有完整、丰富、系统和细致的内容；同时，客房在酒店文化建设方面的卓越功效也越来越凸显出来，越来越能够为客人带来特别的入住体验。因此，酒店在客房产品上应做好以下环节的管理：

（1）客房区域设置要合理　客房楼层呈立体垂直排列，相同功能位于一个立面上；客房楼层的客房区、交通枢纽区和服务区分布合理。

（2）客房的类型比例要合适　酒店客房一般有单人房、双人房、套房三种类型，酒店根据自身的客源情况确定不同客房类型的数量和面积。

（3）客房功能区域布置要合理　酒店的客房通常设有五个功能分区，包括睡眠空间、盥洗空间、起居空间、书写空间和储存空间，相应空间应布局合理、设备和客房用品齐全，保证方便客人使用。

（4）客房设备、用品配备要合理　客房部编制客房设备用品采购计划、做好设备用品的日常管理和更新改造，保证客房设备用品能够满足客人的需求。

（5）客房的装饰和装修应安全、健康、实用、美观、舒适 客房的设计和装修极为重要，这是酒店行业的共识。虽然说安全、健康、实用、美观、舒适几乎是所有酒店在装修和设计客房时都应遵循的原则，但不同的酒店可以根据自身的定位，经营目标和目标客户群的特点，深化所有使用功能方面的设计，准确恰当地定位客房的风格、文化和商业目标，同时追求客房的人性化设计，通过适宜的用品和陈设品，体现酒店的文化和远见，从而达到功能设计、风格设计和人性化设计三者的和谐统一。

（二）客房清洁管理

客房清洁是客人对酒店的基本要求，也是客房部的基本职责。客房清洁卫生具有管理的空间广、工作人员分散、不易集中控制的特点，一方面需要客房清洁员具有良好的职业道德和职业规范；另一方面需要酒店严格客房清洁卫生质量控制。为保证客房的清洁质量，客房管理需做到以下几点：

1. 客房清扫需有科学的清扫原则、程序和岗位规范

（1）客房清扫的基本原则是从上到下、从里到外、环形整理、干湿分开、先卧室后卫生间等。

（2）客房清洁整理的操作流程分为准备、清洁整理和结束三个阶段。其中，准备阶段要穿好工作服、参加例会领取任务和客房服务员清扫日报表、领取房间钥匙、准备好工作车和使用的清洁用具等；清洁整理阶段又称“做房”，即对客房进行正式的清洁、整理和物品配备、设备检查等；结束阶段清洁员要整理好工作车、清洁用具，填好日报表，签字后交给领班。

2. 客房清洁应分不同级别

客房清洁应根据房态不同分别进行简单清扫、一般清扫、重点清扫和彻底清扫四种类型的清洁。其中，简单清扫即为小整理，适用于空房；一般清扫也叫中整理，适用于正在使用的客房；重点清扫又称大整理，适用于走客房；彻底清扫也称强化整理，适用于 VIP 客人和长住客人刚刚使用完毕的客房。不同类型的清扫有不同的程序和要求，清洁员应根据不同状态的房间，合理安排清扫顺序，有条不紊地进行清扫。另外，在客房的清扫上，一般酒店采用的是二进房制（即白天的清扫和晚间的夜床服务），但如果遇到客人有特殊清扫需求，也应尽量满足。

3. 明确客房清洁质量标准

客房清洁标准分为感官标准和生化标准两个方面。感官标准主要是眼睛看到的地方没有污迹，手摸到的地方没有灰尘，客房设备和用品没有病毒，客房空气清新无异味等。生化标准包括水具和卫生间的消毒标准、室内空气质量标准、噪声标准、采光照明标准和饮用水标准等。生化标准是客房清洁卫生质量更深层次的衡量标准。客房管理者和清洁卫生工作人员应熟悉本店卫生操作程序和标准，不断对照改进，体现服务质量和管理水平。

4. 落实逐级检查制度

这是客房清洁质量控制的关键所在，是确保客房清洁质量的有效方法。通对对客房清扫整理的次数、布置规格、工作定额、操作程序和标准、整洁状况几个方面的检查，可以确保客房清洁能够按照服务规程制定的标准和要求来完成。逐级检查一般包括服务员自查、领班全面检查、主管抽查、经理查房四种。此外，酒店总经理或副总经理、大堂副理也会不定期抽查房

间清洁，此类查房标准很高，所以被称为“白手套”式检查。另外，一些酒店还专门设置“宾客意见表”，注意听取客人的评价和意见，发挥客人的监督作用，有针对性地改进工作。

除此之外，客房部还需要做好计划卫生工作。除日常清洁外，做好每天对某一区域进行彻底大扫除以及季节性大扫除和年度大扫除的工作安排。

（三）客房服务管理

客房服务是酒店服务的主要部分之一，在很大程度上体现了酒店的服务水准和质量。客房部与客人打交道的机会很多，为客人提供的服务一般包括常规服务和特殊服务两类。常规服务包括清洁客房、迎客、送客、会客、洗衣、擦鞋、租借物品等；特殊服务包括病客、托婴、醉客服务等。无论是常规服务还是特殊服务，都要求客房服务员既要注意服务工作认真、负责、热情、周到，又要注意服务中的礼仪。只有做到这两个方面，才能优质地为客人提供服务。具体如下：

（1）清扫客房　客房服务员进客房要先敲门或按门铃，客人在房间时需经过同意才能打扫房间，不得翻看、自行处理客人的物品或触摸客人的贵重物品，女士客房不要轻易动其衣物，化妆品稍加整理即可，房间整理完毕不要无故逗留等。

（2）迎客服务　客房服务员应了解客情，做好客房布置，蓄好冷热水，调好室温等；主动问候客人、引领客人进房间并对房间及设备进行介绍等。

（3）送客服务　客房服务员应了解客情、检查对客服务情况如有无送洗衣物，及时检查客房等。

（4）会客服务　当客人有客来访时，客房服务员应主动了解客人的需求，做好茶具、茶叶、烟缸等准备；协助引领来访者到房间，提供沏茶、续水服务，协助送客并整理房间等。

（5）洗衣服务　客人有洗衣要求后，客房服务员应及时到客房收取客衣并听取客人洗衣要求；检查清点衣物，衣袋内有无客人遗留物，对有特殊污渍或破损处应请客人确认；填写洗衣单，核对客人姓名、房号、日期、衣物、件数、洗衣类型、有无特殊要求等，并请客人签名。送还客衣时，客房服务员应按洗衣单进行清点；检查洗涤衣物有无破损、缩水、褪色等；送客衣进房间时，应请客人检查验收，清点完毕后向客人道别；如遇客人不在房间，应按程序进门，把衣物摆放在床上或挂于衣橱内（将衣橱门打开）。洗衣服务是比较容易引起客人投诉的项目，如遇到客人投诉，应积极查找原因，妥善处理。

（6）病客服务　当客人在酒店出现不适或生病时，很需要酒店给予问候和饮食起居上的照顾。这时的酒店就像家一样，会带给客人非常温暖的感受和记忆。客房部一旦发现客人生病，应及时询问病情，问候致意，并根据病情和客人的意愿提供相应的帮助。

（四）客房安全管理

对于入住酒店的客人来讲，人身、财产的安全是第一位的。安全是酒店经营的前提和基础。客房安全是客人最基本的要求，也是酒店安全工作的主要部分，酒店有责任和义务保证客房的安全和客人的安全。

客房安全具有一定的特殊性。这主要是因为客人入住客房后，客房即成为私密的空间，没有客人的允许，酒店管理人员甚至客房服务员都不得入内。这就为客房安全管理带来比较大的难度和要求，需要客房部的工作认真、细致，时刻保持安全意识，关注客情和楼层环境。

防火、防盗、防伤害是客房安全管理的主要内容。客房安全需要在预防为主的基础上加强管理。具体为：①加强员工安全教育，落实安全制度；②客房检查工作到位，保证客房设备设施正常运转；③强化客房服务员的安全意识，消除安全隐患；④严格管理，加强巡查，防止客人和客房的财产受损。

同时，客房部应结合本部门情况，成立客房部防火组织，制订防火措施，训练员工应对火灾处理。针对财产安全，客房部应配备必要的客房安全设施，加强客房钥匙的管理，加强巡视。发现盗窃事故，客房部员工应积极协助客人，调查财物丢失原因，使事情得到及时妥善地处理。另外，在客房还会出现意外事故（如卫生间滑倒、地毯绊倒等）、醉客闹事、住客死亡、停电等突发事故。客房部要有相关事故处理的程序和办法，一旦出现此类事故，客房部从服务员到管理人员都能够熟知处理程序并有效地予以解决；日常工作中，楼层服务员尤其要提高警惕，随时留心楼层环境和客情，尽量防患于未然。

案例

浙江萧山宾馆服务员小骆，第一天上班被分配在酒店A楼5层做值台。由于她刚经过3个月的岗前培训。对于做好这项工作，她充满信心，自我感觉良好。一个上午的接待工作，她做得的确颇为顺手。午后，电梯门打开，走出两位港客。小骆立刻迎上前去，微笑着说："先生，欢迎入住本饭店，请跟我来。"一边领他们走进房间，随手给他们沏了两杯茶放在茶几上，说道："先生，请用茶。"接着她又一一介绍客房设施、设备："这是床头控制柜，这是空调开关……"这时，其中一位客人用粤语打断她的话头，说："知道了。"但小骆仍然继续说："这是电冰箱，桌上文件夹内有'入住须知'和'电话指南……"未等她说完，另一位客人便掏出钱包抽出一张面值10元的港币不耐烦地递给她。这时，小骆愣住了。一片好意被拒绝甚至误解，使她感到既沮丧又委屈。她涨红着脸对客人说："对不起，先生。我们不收小费，谢谢您！如果没有别的事，那我就先告退了。"说完便退出房间，回到服务台。此刻，小骆心里乱极了。她实在想不通，自己按服务规范给客人耐心介绍客房设施、设备，为什么会不受客人欢迎？小骆请教了不少富有经验的老员工。后来她才慢慢懂得，在服务过程中要有一个"度"，同时还要学会察言观色，不可一味硬搬规范。果然，时隔不久，小骆便成了一名很出色的服务员。

【问题】服务员小骆在接待服务过程中，有哪些失当之处，应如何把握服务的"度"。

第二节　酒店前厅管理

一、酒店前厅部概述

前厅部（Front Office），也称前台部、大堂部，是饭店组织客源、销售客房、接待客人、沟通和协调各部门的对客服务，为客人提供前厅系列服务的综合性的部门。

前厅部是每一位客人抵达酒店和离开酒店的必经之地。客人住店期间与前厅部打交道的机会也相对更多，前厅部员工的形象基本代表了酒店的形象，所以客人对酒店印象的形成与前厅部关系密切，前厅在酒店中处于核心地位。具体表现为：

（一）前厅是酒店的“门面”和“橱窗”

前厅是酒店的“门面”和“橱窗”，也即我们常说的前厅是饭店形象的代表。一个酒店大堂的功能分区、环境营造，前厅部工作人员的仪容仪表、精神面貌和工作状态，都代表了该酒店的企业文化和经营管理水平，会给客人留下非常强烈的印象，带给客人直观的感受。

（二）前厅部是酒店的信息中心和业务中心

一般情况下，前厅部是掌握酒店信息最集中和最全面的部门。一方面前厅部需要及时收集和处理来自客人和酒店内外的相关信息并反馈给酒店相关领导和部门，供其决策参考；同时还要负责与酒店其他各部门的信息沟通和对客服务，保证信息渠道畅通。所以，前厅部是酒店当之无愧的信息中心。另外，前厅部还直接负责接待、登记、结算、客史、寄存、咨询、礼宾、总机、投诉、安全等服务，协同销售部积极主动销售酒店产品，提供商务、电信、票务等服务，因此也是酒店的业务中心。

（三）前厅部是影响客人满意度的“关键部门”

酒店要获得良好的知名度和美誉度，与客人住店期间的所有体验息息相关，受多方面因素影响，其中前厅部的整体形象和服务质量相比更加突出。客人从预订客房、入住接待再到住店期间的很多问题处理和解决，和前厅部沟通的机会非常多。前厅部周到、及时、礼貌的服务和高效率的工作会直接影响客人的满意度，因此，前厅的有效运转是酒店经营效果的关键因素。

二、前厅部的主要工作任务

（一）提供综合对客服务

前厅部直接向客人提供多种服务，包括订房、入住登记、行李、接机（站）、问讯、留言、委托代办、收银、退房等。

（二）销售客房

客房是酒店的最主要产品，其销售利润在酒店的利润总额中占到一半以上。因此，客房的销售是酒店营销的首要任务，也是前厅部的主要任务之一。前厅部销售客房数量的多少以及价格的高低，直接影响着酒店客房的收入，也间接地影响了酒店餐饮、娱乐等部门的收入。

（三）控制房态

各类客房的基本情况是客房销售和分配的直接依据。因此前厅部除了负责一系列的对客服务和销售客房外，还必须做到能够随时正确反映酒店的各类客房状态，包括住客房、走客房、待销售房、待清扫房等。目前，酒店通过科学、先进的管理信息系统、有效的管理制度和沟通，能够非常好地控制房态。

（四）信息管理

前厅是酒店的信息中心，对酒店内和酒店外的相关信息进行收集和整理。一方面，前厅部负责将尽可能多的客人关心的相关信息，如酒店内部的各类服务、设施和活动，本地的商务、交通、娱乐、观光等，提供给需要的客人，丰富和方便客人住店期间的生活和工作；另一方面，前厅部还要收集经营方面的信息和对客服务过程中的各类信息，整理并汇报和传达到相关领导和部门，使酒店内部信息沟通及时、准确、全面。

（五）客史档案管理

客史档案是酒店了解客人信息、掌握客人需求特点，进而为客人提供个性化服务和培养忠诚客户的重要途径；同时也是酒店分析客源市场、研究客人消费心理和能力，提高市场竞争力的重要参考资料。所以，建立和管理好客史档案已经成为酒店经营服务必不可少的工具。客史档案包括客人的常规档案、预订档案、消费档案、习惯爱好档案和反馈信息档案等。

（六）客账管理

客账管理是指前厅部为客人提供的统一账务管理服务，包括建立客人账户、累计客账、审核及结账收银等。客账管理既方便了酒店实时记录客人的各项消费，保证酒店及时准确地管理营业收入，客人通过一定的信用证明也可以方便地在酒店内签单消费。

三、前厅部组织结构

酒店前厅部的组织结构直接受酒店的规模和功能定位制约，同时也受酒店的性质、特点、目标市场、经营和管理方式等多种因素影响。所以，不同的酒店应根据自身的实际情况，明确各部门的业务范围及相互之间的协调关系，选择最适宜的组织结构形式。一般来讲，不同规模的酒店在前厅的组织结构设置差异明显。下面分别介绍大型酒店、中型酒店和小型酒店的前厅组织结构。

（一）大型酒店的前厅组织结构

在大型酒店里，前厅部通常设置部门经理、主管、领班和普通员工四个层次，如图 5-3 所示。对于不同的酒店，也可根据自身的不同情况有所调整。

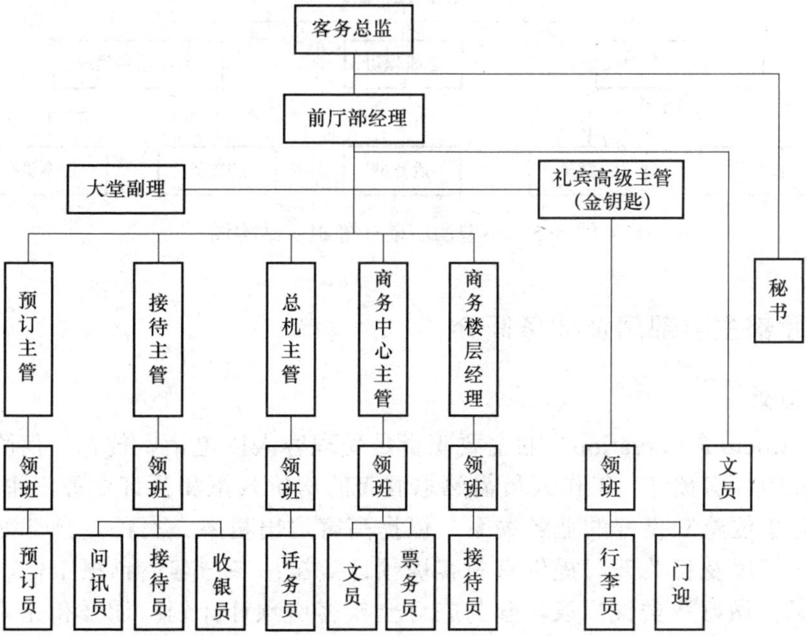

图 5-3　大型酒店前厅部组织结构图

（二）中型酒店的前厅组织结构

与大型酒店相比，中型酒店前厅部下设的工种减少，层次减少，由部门经理、领班、服务员三个层次构成，如图 5-4 所示。

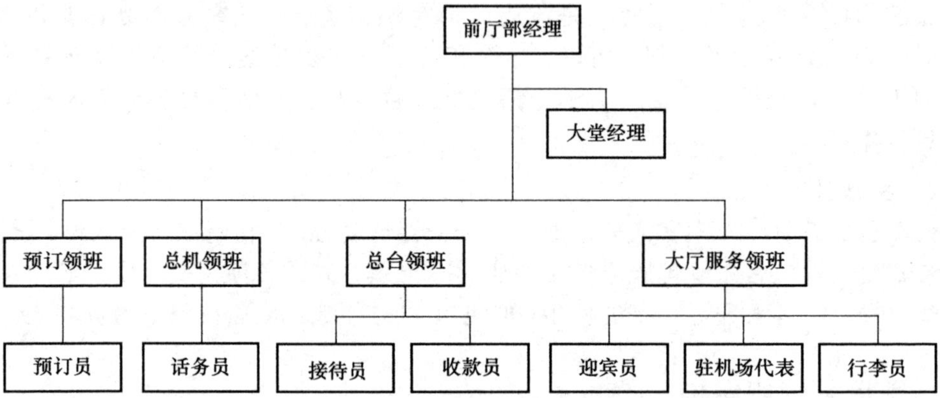

图 5-4 中型酒店前厅部组织结构图

（三）小型酒店的前厅组织结构

小型酒店的前厅部组织结构较为简单，总服务台设总台服务员，负责订房、问讯、接待、收款等多项接待工作。另外，还设有电话总机话务员、大厅服务员两个工种，如图 5-5 所示。部分小型酒店不设置前厅部，由客务部经理直接管理总服务台。

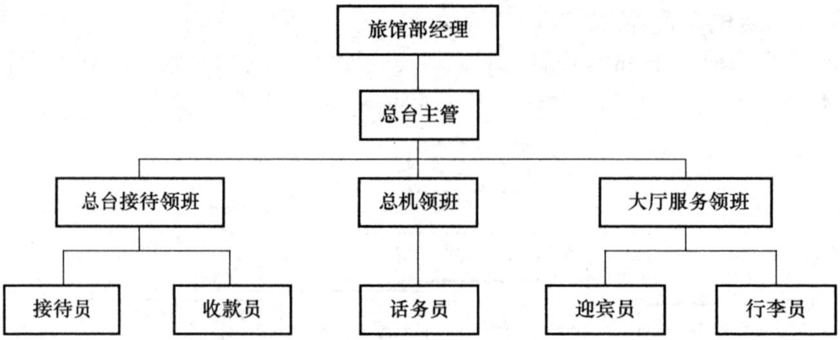

图 5-5 小型酒店前厅部组织结构图

四、前厅部主要部门及业务简介

（一）预订处

预订处（Room Reservation）的主要职责是受理客人以电话、传真、信函、电子邮件或口头等形式的客房预订。工作人员需熟悉酒店的房价政策和预订业务，并与协议单位、旅行社等客源单位建立良好的业务关系，以提高客房出租率。另外，预订处还需及时向前台、前厅部经理及相关部门提供有关客房预订数据；参与客情预报工作，向上级提供 VIP 抵店信息；做好各类订报表，参与制订全年客房预订计划；加强和完善订房记录及客史档案。

（二）接待处

接待处（Check-in/Reception）的主要职责是：接待客人，为客人办理入住登记手续，分配客房；及时变更和准确掌握客房动态信息；掌握住店客人的动态资料，建立客户档案；制定客房营业日报等表格；及时掌握客房出租的情况；协调对住客服务工作。

（三）问讯处

问讯处（Information）负责：回答客人的各种问询；接待来访的客人；处理客人邮件；提供留言服务（住客留言和访客留言）；代客保管客房钥匙等。

（四）收银处

收银处（Check-out/Cashier）的主要职责是：办理客人离店时的结账手续；办理入住酒店客人住房预付金；提供外币兑换和零钱兑换服务；建立客人账卡，管理住店客人的账目，与酒店各营业部门的密切联系；夜间统计酒店当日营业收益情况，制作营业报表；负责应收账款的转账；夜间审核全酒店的营业收入及账务情况等。

（五）礼宾服务处

礼宾服务处的主要职责是：在门厅或机场、车站迎送宾客；负责客人的行李运送、寄存，确保其安全；雨伞的寄存和出租；公共区域找人；引领客人进客房，并向客人介绍服务项目、服务特色等，适机进行宣传；分送客用报纸，分送信件和留言；协助管理和指挥门厅入口处的车辆，确保畅通和安全；回答客人问询，为客人指引方向；传递有关通知单；为客人提供召唤出租车和泊车服务；负责客人其他委托待办事项。

“金钥匙”是礼宾服务的一种高级形式。国际金钥匙组织是一个国际性的酒店服务专业性组织，于1929年起源于法国巴黎，于1952年正式成立于法国戛纳。1999年我国国家旅游局正式批准成立中国酒店金钥匙组织。酒店的“金钥匙”有明确的任职资格、素质要求和岗位职责，有日常服务的标准、服务对象、服务内容和方法。“金钥匙”通常身着燕尾服，上面别着十字形金钥匙标志。“金钥匙”提供的是“满意”+“惊喜”的服务，其服务哲学是“尽管不是无所不能，但一定要做到竭尽所能”。

资料

酒店金钥匙服务理念

“金钥匙”是一种“委托代办（concierge）”的服务概念。国际金钥匙组织成立于1952年4月25日，是指全球酒店中专门为客人提供金钥匙服务，并以个人身份加入该组织的成员组成的国际专业服务民间组织。

国际金钥匙组织是一个国际性的酒店服务专业性组织，其国际性标志为垂直交叉的两把金钥匙，代表两种主要的职能：一把金钥匙用于开启饭店综合服务的大门；另一把金钥匙用于开启城市综合服务的大门。也就是说，饭店金钥匙成为饭店内外综合服务的总代理。“金钥匙”是国际酒店服务业职业最高水准，代表着对顾客细心周到、无微不至的接待服务。1997年中国申请加入国际饭店金钥匙组织，成为第31个成员。金钥匙在中国最早出现在广州的白天鹅宾馆。酒店金钥匙服务理念如下。

（1）酒店金钥匙的服务宗旨：在不违反法律和道德的前提下，为客人解决一切困难。

（2）酒店金钥匙为客排忧解难，“尽管不是无所不能，但一定要竭尽所能”，要有强烈的为客服务意识和奉献精神。

（3）为客人提供满意加惊喜的个性化服务。

（4）酒店金钥匙组织的工作口号是“友谊、协作、服务”。

（5）饭店金钥匙的人生哲学：在客人的惊喜中找到富有乐趣的人生。

【问题】服务从某种程度上讲是一种“处世哲学”，体会金钥匙的服务理念，探讨服务人员如何在服务中找到自己富有的人生。

（六）电话总机

电话总机（Switch Board）的主要职责是：转接电话；客人叫醒服务（Wake up Call）；“请勿打扰”（DND）电话服务；回答客人电话问询；电话找人服务；受理电话投诉；电话留言服务；办理国际、国内长途电话事项；播放或消除紧急通知、说明；播放背景音乐等；紧急时刻充当酒店的临时联络和指挥中心。

（七）商务中心

商务中心（Business Center）的主要职责是：为客人提供打字、翻译、复印、传真、长途电话以及互联网服务（商务服务）；可以根据客人需要提供秘书服务；提供文件加工、整理和装订服务；计算机、幻灯机等的租赁服务；提供代办邮件和特快专递服务；提供客人委托的其他代办服务。

（八）大堂副理

大堂副理（Lobby Manager）的主要职责是代表总经理负责前厅服务协调、VIP 客人接待、客人投诉处理等工作，具体为：执行前厅部经理的工作指令，并向其负责和报告工作；代表酒店总经理接待和迎送客人，主动向客人征求意见，处理客人投诉，接受客人对酒店提出的建议和意见；协助酒店领导和有关职能部门处理在酒店内发生的各种突发事件等。

（九）行政楼层

行政楼层（Executive Floor）是高星级酒店（通常是四星级以上）为了接待高档商务客人等高消费客人，为他们提供特殊的优质服务而专门设立的楼层，也称“商务楼层”。行政楼层被誉为“店中之店”，通常隶属于前厅部。行政楼层集前厅登记、结账、餐饮、商务中心于一身，设有环境优雅的休息室、会客厅、咖啡厅、商务中心等，其中很多项目是免费的，如洗衣、早餐、下午茶等，让客人享受到更加便利和优质的服务。行政楼层的房价一般比普通房价要高出 20%～50%。

案例

叫醒服务

一天，一位酒店客人要求总台为他做一次第二天早上 6:00 的叫醒服务（Morning Call）。总台的小姐马上通知了总机。然而，第二天早上 7:00 过后，客人非常气愤地来到大堂经理处投诉说：今天早上并没有人来叫他起床，也没有听见电话铃声，以致他延误了国际航班。后经查实：总机在接到总台指令后，立刻就通过计算机为他做了叫醒服务并排除了线路及器械上故障的可能。经过分析后认为，可能是由于客人睡得较沉，没有听见。电话铃声响了几次之后就会自动切断。

【问题】结合以上案例讨论，酒店应如何实现服务保证，服务失败后应如何处理？

五、前厅管理基本要求

前厅是酒店的橱窗，是酒店管理的业务中心和信息中心，这些都决定了它必须是高效运转的部门。对前厅管理的基本要求如下：

（一）良好的环境营造

酒店前厅的中心地位使得大堂的设计举足轻重，酒店必须重视大堂的环境营造。多功能的特征和客人的体验需求使得酒店大堂既要保证功能，又要突出特色。所以无论是巧妙的空间利用，还是独具匠心的主题和装饰，都需要酒店投入精力去设计和营造。

一般来讲，酒店大堂的设计要注意经济、安全、美观和高效的原则。根据酒店的规模、档次来设计接待服务区、公共设施区、经营设施区和服务设施区。同时，保证大堂有适宜的光线，能给客人带来良好心境的色彩搭配，舒适的温度、湿度和通风，并控制好大堂的噪声，给客人创造舒适、平和、高品质的大堂环境。

（二）优质的接待服务

前厅是酒店的形象代表，实现优质的接待服务是前厅管理的核心和目标。客人对前厅的印象除了来自前厅的设计和环境营造外，更主要的是来自前厅的管理和服务。因此，酒店对前厅工作人员的素质要求相对更高，既要有专业的知识和技能，训练有素的服务礼仪，还要有良好的服务品质和服务意识。前厅优质接待服务的黄金七法则为“SERVICE”，即：S（Smile，微笑）—— 对每一位客人提供微笑服务；E（Excellent，出色）—— 将前厅每一程序、每次微小的服务工作做得很出色；R（Ready，准备）—— 随时准备好为病人服务；V（Viewing，看待）—— 将每一位客人都看作是需要提供优质服务的贵宾；I（Invite）/邀请—— 在每一次接待服务结束时，应显示出诚意和敬意；C（Create，创造）—— 应想方设法精心创造出使客人能享受其热情服务的氛围；E（Eye，眼光）—— 以热情友好的眼光和客人进行交流，了解客人需求，提供主动而周到的服务。

（三）高效的业务运转

前厅部的业务范围广，全天 24 小时运转，综合接待服务，信息量大，服务方式灵活多样，处理关系复杂。上述特点都要求前厅部必须是高效运转的部门。在酒店行业竞争越来越激烈的今天，前厅高效的业务运转是酒店能够高效运转的保障，非常有利于酒店市场竞争力的提升。

案例

巧妙推销豪华客房

一天，南京某四星级饭店前厅部预订员小夏接到一位美国客人霍曼从上海打来的长途电话，想预订每天收费 180 美元左右的标准双人客房两间，住店时间 6 天，3 天以后来饭店住。

小夏马上翻阅预订记录，回答客人说3天以后饭店要接待一个大型会议的几百名代表，标准间已全部预订完，小夏讲到这里用商量的口吻继续说道："霍曼先生，您是否可以推迟 3 天来店？"霍曼先生回答说："我们日程已安排好，南京是我们在中国的最后一个日程安排，还是请你想想办法帮我预订"。

小夏想了想说："霍曼先生，感谢您对我的信任，我很乐意为您效劳，我想，您可否先住3天我们饭店的豪华套房，套房是外景房，在房间可眺望紫金山的优美景色，紫金山是南京名胜古迹集中之地，室内有我们中国传统雕刻的红木家具和古玩瓷器摆饰；套房每天收费也不过280美元，我想您和您的朋友住了一定会满意的"。

小夏讲到这里，等待霍曼先生回答，对方似乎犹豫不决，小夏又说："霍曼先生，我想您不会单纯计较房价的高低，而是在考虑豪华套房是否物有所值吧？请告诉我您和您的朋友乘哪次航班来南京，我们将派车去机场接您。到店后，我一定先陪您参观套房，到时您再做决定好吗？我们还可以免费为您提供美式早餐，我们的服务也是上乘的。"霍曼先生听小夏这样讲，倒觉得还不错，想了想，就欣然同意先预订 3 天豪华套房。

【问题】前厅部有一项工作就是销售客房，分析案例，讨论小夏成功销售的原因，并体会服务的技巧。

第三节 酒店餐饮管理

一、酒店餐饮部概述

酒店的两大基本功能是住宿和餐饮。所以，餐饮部是酒店的主要业务部门之一。餐饮部经营的好坏直接影响着酒店的经济效益，也对酒店的社会影响力和竞争力产生很大影响。因此，加强餐饮管理是酒店管理的重要环节。

（一）餐饮部是酒店对客服务的主要部门

客人入住酒店，第一要解决的需求是住宿，排在第二位的需求就是餐饮。在旅游六要素"吃、住、行、游、娱、购"中，"吃"排在了第一位。所以，酒店的餐饮部是住店客人或社会客人经常要光顾的场所，是酒店对客服务的主要部门。

（二）餐饮收入是酒店收入的主要来源之一

酒店的盈利主要来自客房、餐饮、娱乐和购物，餐饮部是酒店主要的盈利部门之一。酒店餐饮部分的收入受多种因素影响，在酒店总收入中所占比例不同酒店会有所不同，但一般来讲，正常经营可以使餐饮的收入占到酒店总收入的 1/3，仅次于客房收入。另外，酒店还可以通过餐饮部平衡淡旺季的经营，吸引客人到店进行餐饮消费，保持酒店的经济效益。

（三）餐饮有助于形成酒店的特色和提高酒店的知名度

人类的饮食文化历时悠久、源远流长，全世界的美食丰富多彩、数不胜数。酒店餐饮满足客人的不仅仅是吃的生理需求，还有对饮食文化的精神享受。一家酒店的餐饮经营如果能做到餐饮有特色、菜品质量好、就餐环境好、服务好，会非常有助于形成酒店的特色；而特色餐饮会成为酒店的招牌，进而提高酒店的知名度，使更多的客人慕名而来。

二、餐饮部的组织结构和业务分工

（一）餐饮部的组织结构

酒店餐饮部的组织结构根据酒店的性质、类型、规模和定位而确定，酒店一般根据自身的实际情况设置相应的组织结构。某中型酒店餐饮部的组织结构示意图如图 5-6 所示。

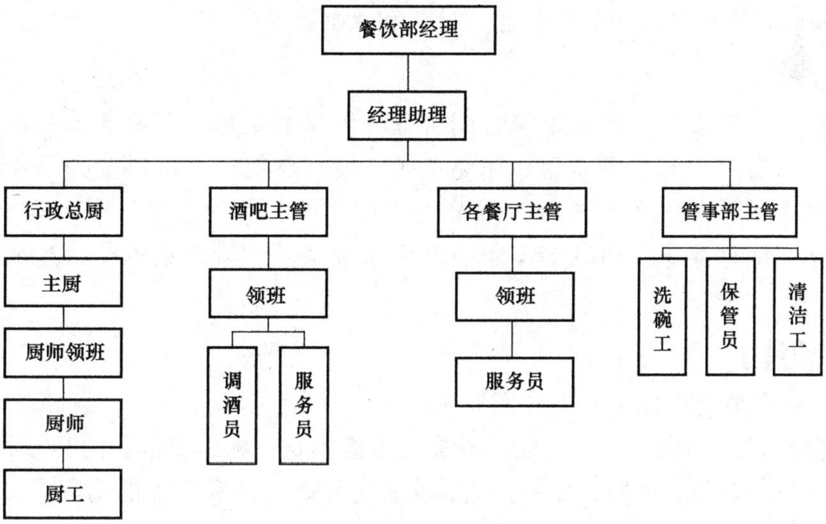

图 5-6　某中型酒店餐饮部组织结构

（二）餐饮部的业务分工

（1）餐厅部　餐厅部是直接向客人提供餐饮服务的部门。酒店根据向客人提供食品、饮料和服务的不同，设有自助餐厅、风味餐厅、零点餐厅、咖啡厅、酒吧、客房送餐和外卖部等。

（2）厨房部　厨房部是餐饮部的生产部门，承担整个酒店所有菜品的准备和制作，菜单的设计、餐点的创新、厨师培训等，并负责制订食品原材料的采购计划和餐饮部的成本控制等；

还负责以最有利的价格保质保量地购买到酒店所需要的各类物品；对采购的物品进行分类入库储存和妥善保管、发放。

（3）宴会部　宴会部主要承办各类宴会、酒会和招待会，负责接收预订、设计菜单、布置宴会厅、备餐摆台，提供宴会服务。

（4）管事部　管事部负责餐饮环境的清洁卫生，厨房、餐厅、酒吧的打扫，所有餐具、器皿的洗涤、消毒、存放和保管等，负责将使用过的布草送到洗涤部门进行洗涤。

三、餐饮部业务管理

餐饮部作为酒店的主要对客服务部门和创收部门，主要任务是为客人设计满意的菜单、营造良好的就餐环境、提供优质的餐饮服务，并不断研发新菜品、做好营销宣传，为酒店赢得客源、带来利润。所以，餐饮部既要面向目标市场，了解客人的需求和餐饮发展的趋势，制定合理而有特色的菜单；又要研究如何保证食品安全，提高食品质量、服务水平以及怎样进行餐饮推销，增加收入。

（一）菜单管理

菜单是指餐厅中一切与该餐饮企业产品、价格及服务有关的信息资料表，可以包含各种文字和图片资料、声像资料以及模型与实物资料等。菜单对于顾客来说，是点餐的依据；对于企业来说，菜单实际上是进行餐饮生产和服务的计划书。所以，菜单的设计和管理非常重要。它反映了餐饮企业的经营思想、特色和水准。

1．菜单的种类

菜单的种类丰富多彩。根据用餐时间可以分为早餐菜单、正餐菜单和夜宵菜单；根据产品类别可以分为菜单、酒水单、甜品单等；根据点餐形式可以分为零点菜单、套餐菜单和混合式菜单；根据市场需求可以分为固定菜单、变动菜单、即席菜单等。另外，还有宴会菜单、团体菜单、自助餐菜单、客房送餐菜单、特种菜单（如儿童菜单、减肥菜单）等。

2．菜单的设计

菜单的设计需要考虑以下几个方面要素：

（1）目标客源的需求　菜单的设计首先要考虑的是目标消费群体的喜好和口味，并注意合理组合菜品，兼顾到价格、原料构成、烹饪方法、口感和营养的均衡，方便客人选择和搭配。只有设计出适合消费者的菜单，才能吸引客人光顾和再次光顾，并形成好的口碑，为酒店带来更多的客人，提高经济效益。

（2）酒店餐饮的特色　餐饮市场的竞争日益激烈，酒店既要分析本企业的目标市场的竞争态势，又要关注本企业的文化和优势所在，研制出菜式丰富、搭配新颖、有文化内涵、特色突出的菜单。

（3）原材料的供应和成本控制　餐饮企业在设计菜单的时候，除了要关注目标消费群体的需求和餐饮特色外，还特别需要关注原材料的供应和成本核算问题。因为只要是列入菜单的菜品原材料，必须保证能够随时供应，否则就会出现菜单上有的菜客人却点不了的尴尬局面，造成客人失望和不满。因此，在设计菜单时必须考虑好菜品的数量和生产条件，充分掌握各种原材料的供应情况，包括季节、产地、运输条件、价格等，既不要发生缺货，也不要占用大量资金来存储过多原材料，保证原材料的及时供应和成本控制。

（4）厨房的设备和人力　创设既有营养搭配、菜式创新，又让客人满意并能够为企业增加收入的菜单，需要厨房有与之匹配的设备和人力资源。否则菜单只能是纸上谈兵。菜单的设计者必须熟悉厨房的设备条件和厨师数量及水平，合理进行设计，这样才能最大限度地发挥人力和设备的功效。

3．菜单的制作

菜单的制作需要进行艺术设计。菜单的规格、篇幅、封面和封底、字体和图片、纸张都要进行精心的选择和设计，使之成为企业的产品形象载体和企业的文化载体，提高对客人的吸引力。另外，菜单在执行一段时间后，餐饮企业需要对其受欢迎程度和销售情况进行调查和分析，并做出适当的调整。

（二）餐饮原料管理

餐饮原料是餐饮生产、服务和经营的物质基础，对其管理过程包括原料的采购、验收、储藏和发放四个环节。

1．采购

采购是原料管理的第一个环节，主要的管理目的是能够在适当的时间里，以适当的价格，从合适的供应商那里购买到合适数量和质量的物品。原料采购的方式主要有竞争报价采购、无选择采购、成本加价采购、归类采购、集中采购等。

2．验收

验收是酒店对采购物品进行把关的重要管理过程。酒店需有明确的验收标准、指定有责任心的验收人员、配备验货工具和场地，根据订货单和送货发票，检查进货的数量、质量和价格等。对于合格的原料签字受理，对于不合格的原料予以退回。

3．储藏

储藏的管理主要是根据不同原材料储藏所需要的不同储藏条件，选择适当的储藏方式，以及进行有效的库存控制。食品原料的储藏主要分为干藏、冷藏和冷冻储藏三种方式，酒店需设置足够的、合适的仓库储藏原料，保证各类原料所需的温度、湿度和安全条件。

4．发放

原料发放的管理既为保证生产用料的及时供应，又为控制和计算生产用料的数量和成本。所以，申领原料必须有计划并严格审核；发放原料时要履行手续、正确计价。对于酒店内部餐厅、厨房、酒吧、咖啡厅等之间的原料调拨，要使用调拨单进行记录。

（三）厨房管理

厨房是从事各类菜品生产、加工和制作的场所，直接决定了餐饮产品的质量和酒店餐饮经营的好坏。因此，厨房管理是餐饮管理的必不可少的组成部分。对厨房的管理主要包括厨房的功能布局、设备管理、生产管理和产品质量管理。

1．功能布局

厨房的功能布局需要考虑酒店餐饮经营的规模和目标，提供方便而有效的利用空间、工作流程安排合理、保证作业环境的卫生与安全等；厨房在环境设计上要保证厨房地面、通道、温湿度、通风、照明、排水的各项需要；对于加工厨房、烹调厨房、冷菜厨房和面点厨房等作业间的位置、空间、设备等进行合理布局，方便操作和加工，提高工作效率。

2．设备管理

设备是保证厨房生产加工顺利进行的工具，一般包括加工、冷冻、冷藏、加热设备等，对设备的管理是厨房管理的一项基础工作。首先，厨房在设备的选择和配备上，要遵循安全、卫生、方便、实用、经济的原则，并能根据科技的进步，选择技术先进的设备，保证工作效率和加工品质；其次，厨房要制定设备管理制度，严格操作程序、保养和维修要求；最后，针对厨房设备使用率高、安全性要求高的特点，对厨房设备的管理要经常化，保证设备的清洁、保养、维修和使用安全、有效。

3．生产管理

生产管理主要包括生产损耗控制、卫生管理和安全管理。其中，菜品在加工切配和烹饪过程中的损耗控制有利于厨房总成本的控制，促进合理利用原材料；卫生是厨房的重中之重，厨房必须切实做好食品、设备、用具、环境、个人和操作等方方面面的卫生监督和管理。另外，厨房也是安全隐患较多的场所，厨房需强化员工安全意识，坚持操作规范，安全生产，避免安全事故的发生。

4．产品质量管理

厨房最终要呈现给客人的就是厨房生产加工出来的产品。好的厨房产品能够满足客人的用餐需求，并带给客人以享受，是决定客人满意度和餐厅美誉度的直接影响因素。厨房产品的质量体现在色、香、味、形、器、营养、卫生多个方面，受制于厨房员工的能力和水平、原材料的品质、厨房设备的效率等。所以，对厨房产品的质量管理首先要加强食品原料的控制，确保原料新鲜、适宜；然后，要对菜品加工时的配菜和烹饪进行把关；最后要做好备餐和上菜服务。

（四）餐饮服务管理

餐饮服务是酒店餐饮部业务活动最重要的组成部分之一，餐饮服务既是一个酒店餐饮文化的体现，也是酒店经营管理水平的重要标志。服务的好坏直接影响了顾客的就餐感受，也往往成为客人能否再次光顾的主要原因。所以，酒店应非常重视餐饮服务的管理，持续发展酒店的餐饮服务能力，提高自身的市场竞争力。

酒店里为客人提供餐饮服务的场所类型较多，包括散客餐厅、宴会餐厅、自助餐厅、咖啡厅、主题餐厅等；服务方式因用餐种类的不同也有所区别。比如，西餐常见的服务方式分为美式服务、俄式服务、法式服务等；中餐常见服务方式分为共餐式服务、分餐式服务等。虽然餐厅类型和服务方式不同，但酒店为客人提供餐饮服务的内容都离不开食品饮料、餐厅环境、卫生、安全和礼仪等。

为了给客人提供满意的、高质量的餐饮服务，酒店餐饮部需要做好以下 4 个方面的管理工作：

（1）建立服务规程　这是餐饮部进行服务管理的基础。规程中要明确不同餐饮服务类型的服务规格、过程和标准。比如对于零点餐厅要制定出迎宾、引座、沏茶、点菜、传菜、酒水服务等全套服务规程；西餐厅中要明确美式服务、法式服务、俄式服务的服务程序、礼仪要求和特别注意事项；规程的制定要针对目标消费群体，科学、可行，如西餐和中餐就要适应国内外不同客人的用餐习惯和文化来加以制定。

（2）对员工实施培训　服务规程需要通过餐饮部员工的具体行为来加以体现，所以服务规程的内容必须内化为员工的工作需要才有实际效果。新员工的入职培训、在岗职工的继续教育，是酒店深化服务管理的重要手段。通过培训，使餐饮服务人员的基本素质（爱岗敬业、服务意识、团结协作等）、业务知识（菜品、酒水、烹饪、营养、习俗等）和业务技能（摆台、餐巾折花、托盘、斟茶、上菜、分菜、酒水等）、礼仪（仪容仪表、仪态、语言等）达到为客人服务的要求，不断提高服务的质量。

（3）加强服务质量的过程监督和控制　餐饮服务的过程，一般可以分为准备、进行中、结束三个阶段。

1）在准备阶段，餐饮部要做好如下监督和控制工作：员工仪容仪表和精神面貌、开餐前的所有物品准备、摆台情况、餐厅环境、当天相关信息沟通（如某个菜品估清、重点服务工作）等。

2）在服务进行中的阶段，餐饮部管理人员要关注服务现场，了解餐厅服务的整体情况，以及员工服务的规范化程度和突发事件的解决，并随时根据餐厅服务状态给予人员调度；重点或大型宴会需要由餐饮部主管或经理亲自把握服务标准甚至上菜时机等具体服务。

3）在服务结束后，餐饮部要进行适时总结，分享服务中的案例和经验；对于在准备阶段和服务进行阶段的问题和不足给予反馈，提出改进措施。

（4）加强餐饮服务质量研究　餐饮部可以通过培训、讨论、日常巡视、定期抽查、突发事件、顾客反馈等多种方式调查研究本部门的服务状况。学习其他酒店餐饮先进的服务理念，及时总结典型事例，发现服务中的不足，扬长避短，提高整个部门的服务水平。

第四节　酒店会议管理

一、酒店会议管理的意义

随着会议市场的发展，会议旅游作为产业受到了各国的高度重视，越来越多的酒店经营者已经认识到会议能够给酒店带来可观的经济效益和社会效益。酒店会议具有规模大、住宿标准高、停留时间长、利润大等特点，会议的收入成为酒店继住宿和餐饮等传统业务之外的重要收入来源。

（1）会议管理可以为酒店带来可观的经济效益　酒店可以为各种从事商业活动、政务活动、贸易展览、学术讲座、体育和艺术活动等客人提供住宿、餐饮、会议以及其他相关的设施和服务。会议旅游者在酒店的消费项目和消费水准较普通旅游者要多要高，其经费基本由政府、企事业单位等提供，来源可靠。会议业务会直接提高酒店的客房入住率，会议室及相关设备的使用率，大大增加餐饮、娱乐项目和商务中心的营业额，为酒店创造可观的经济效益。

（2）会议管理可以扩大企业的市场影响力　会议对酒店的市场影响很大。第一，新闻媒体对重要会议的宣传报道会直接或间接地为酒店做宣传，提高酒店的知名度和影响力，给酒店的无形资产带来增值；第二，会议业务扩大了酒店的客源。酒店接待的客人来自不同国家和地区，如果有高水平的会议管理和满足不同需求的会议室、谈判室、演讲厅、展览厅等，以及能够提供多国语言的同声翻译、电视会议等，会极大地增强客人对酒店的好感，吸引回头客。

（3）会议管理能够较好地填补酒店的淡季经营　会议活动的安排通常计划性很强，会议一经预订，到客率很高，不受季节和天气的影响。所以会议业务能够较好地填补和平衡酒店的淡季经营。

二、会议市场及会议类型

会议产业对于发展经济产生的巨大价值已经成为人们的共识。在中国，越来越多的城市选择把会议产业作为发展重点。国际大会和会议协会（ICCA）主席阿纳尔·纳多恩于2011 年在接受《中国会议》记者专访时表示，“中国将是对世界产生深远影响的国家，中国的会议市场对全世界、对所有的客户也将产生重要影响”。

会议的种类繁多，每类会议都有其各自的特点和办会要求，了解和掌握会议的类型，有利于酒店管理人员更好地认识和组织会议，提高会议管理和经营的水平。

（一）按会议性质分类

根据会议性质的不同，可分为商务会议、政治会议、展销会议、学术会议、培训会议等。

（1）商务会议　商务会议是指带有商业性质的会议形式。一般包括新产品宣传推广会、大型的培训沟通会议、上市公司年会、招股说明会、项目竞标会、跨国公司年会、集团公司年会、行业峰会、企业庆典、新闻发布会、巡回展示会、答谢宴会、商业论坛、项目说明会、项目发布会等。

（2）政治会议　政治会议是国际政治组织、国家和地方政府就政治问题召开的会议。

（3）展销会议　展销会议主要是商品展销、交易和展览的各类会议，常伴有招待会、谈判会和签字仪式等。

（4）学术会议　学术会议是由各类学术团体、高等院校、科研机构等就学术问题召开的会议。其经常采用学术报告、分组讨论等形式召开。

（5）培训会议　培训会议是指各类组织机构对其员工所进行的业务知识、技能或其他方面的培训所召开的会议。

（二）按会议区域分类

根据会议代表来自的地域划分，可分为世界大型会议、国际会议、全国会议、区域会议、单位或部门会议等。

（三）按会议规模分类

根据参加会议的人数划分，一般可分为大型会议、中型会议、小型会议。

（四）按会议阶段分类

按会议阶段划分，可分为预备会议和正式会议。预备会议也可称为筹备会议，是指正式会议之前，为保证会议的顺利进行而召开的准备会议，主要商议正式会议的有关事宜。

（五）按会议形式分类

酒店会议根据会议形式分类，可分为常规会议、电话会议、电视会议、网络会议等。

（1）常规会议　常规会议一般是指参会人员处于同一个会场中，按照既定程序开会。

（2）电话会议　电话会议是指把电话作为会议工具，将一个会场的声音信号传送到其他会场。与传统会议相比较，电话会议大大节约了时间和成本，在各种类型的企业中被广泛使用。

（3）电视会议　电视会议是指通过电视台或者有线电视信号将会场的声音和画面传到不同的会场中，使人身临其境，提高会议效果。电视会议要求有稳定安全的设备、正式的会议环境等条件。

（4）网络会议　网络会议是指利用网络技术进行会议信号的传递。由于网络具有交互性，会议的各方均可以通过网络进行发言、讨论，与电话会议、电视会议的单向沟通方式相比，效果更好。

三、会议型酒店

酒店是接待会议的主要场地，这些酒店能够独立举办会议、提供综合性会议服务。因此，酒店业界将会议收入占到酒店收入 40%以上的酒店称作会议型酒店。这些酒店的会议服务已不仅仅是迎来送往、端茶倒水这样的简单工作，还包括了从接洽到接待、会场布置、设备设施服务、引导、咨询、休息室、会间服务、餐饮、参观游览、票务及其他特殊需求的服务等一系列工作，是一项全方位的服务项目。特别需要指出的是，会议型酒店从硬件条件上需要配置足够数量和规格的会议厅、宴会厅、展厅以及会议设备，包括投影仪、录像设备、扩音设备、通信设备、视听设备等。接待国际会议的酒店还需要配备同声翻译的装置，并保持设备状态良好，有专人保管和使用指导，这样才能满足不同规格会议的需求。

我国的会议型酒店是进入 21 世纪以来，随着会议市场规模的迅速扩大而逐步发展起来的。我国与其他国家经济、文化等领域的交流与合作日益紧密，越来越多的国际会议进入中国；国内的各种类型的商贸会、展览会、学术会等的发展也日益繁荣。会议市场的增长拉动了会议型酒店的发展，酒店经营者更是看到了会议市场的前景和潜力，越来越关注会议客源市场，投资建立或改造会议室，更新或增添相关设施设备，更有专门经营会议的度假村和酒店出现。

四、酒店会议管理的内容和要求

（一）会议管理的原则

酒店的会议管理，需要遵循两个基本原则：

1．根据会议特征提供相应服务

由于会议的类型不同，每种会议都有不同的主办者、参会者、会议形式和会议要求，这就需要酒店必须能够根据不同会议的特征，采用不同的管理策略和服务方法。既要保证场地和设施符合会议需求，如房间、会议室、设备、展厅及休息室等，还要保证会议环境的布置要符合会议主题。因此，酒店通常设置专门的机构和人员，通过专门的团队来提供专业化的一条龙服务；从会议承揽、会前准备、会议接待到后勤安保、会议结束后的跟踪服务，形成一整套的会议服务程序。

2．满足会议消费特性需求

会议客人的消费相比普通客人要多，消费水平也要高。除了住宿、餐饮外，会议服务是会议客人很大的一部分消费，主要包括场地租金、设备租金、会场布置费用和其他支持费用等；除此之外，会议客人还有娱乐、健身、购物、订票、参观、旅游观光等安排。近几年的相关数据表明，酒店会议客人的消费至少是普通客人的一倍甚至2～3倍。因此，酒店要尽可能做好沟通协调工作，满足会议消费需求，为会议客人提供全面、周到的服务。

（二）酒店会议市场营销

会议业务给酒店带来的经济价值和综合效益是非常有吸引力的。酒店可以提供客房、会议和活动场地、餐饮以及相关设施和服务，因此已成为会展业的主要供应商之一。为赢得更多的会议，酒店可采取以下营销策略。

1．产品策略

会议的组织涉及面广，较为复杂。为了保证会议的成功，会议的组织者首先要做的就是对比多家会议供应商的产品。因此，酒店要有明确的会议产品策略。

（1）提供充足的设施和服务　除了酒店自身的基础设施和服务外，酒店还需特别为会议客人提供会前、会中和会后的系列服务，重点任务是做好会议布置和会间服务。

（2）提供合适的会议场地和设备设施　具体包括所需规格的会议室、扩音设备、灯光系统、投影设备、指示系统的配备；会场的布置和装饰，网络通畅；召开电视电话会议和同声翻译所需支持系统；休息区；足够的电源插座等。

（3）提供周到的餐饮服务　不同的会议对用餐的规模、形式和标准会有较大的不同。酒店要能提供宴会、中西式自助餐、茶歇、酒会等多种用餐形式和场地，并保证用餐时段提供有序的服务和良好的就餐环境。

在会议产品提供上，酒店可以通过外部采购来增强提供会议产品的能力，这些外部采购渠道包括会议管理公司、机场班车、汽车租赁公司、会议旅游代理商、会议设备供应商、会议指示系统供应商、会场装饰供应商等。

另外，由于会议客人消费的多样性，酒店还要具有娱乐、健身、购物、旅游等会议相关产品和服务。

2．价格策略

和产品一样，价格也是会议组织者最关注的方面。会议价格体系主要包括住宿、餐饮、会场场租、会议设备设施及服务四个部分。酒店对会议的定价，首先应充分了解会议市场情况，再结合顾客需求、酒店的接待能力、淡旺季等来确定，确定自己的目标市场。对外报价时酒店需给各级销售人员制定清晰、合理的报价口径和折扣权限，特殊价格或重点客户报价的批示权应统一由酒店市场销售总监执行。

在价格策略上，酒店还可以对其目标市场提供会议包价。会议包价是指将会议客人所消费的客房、会议、餐饮、娱乐等所有项目进行打包，形成包价价格。会议包价相比较单项消费累加要优惠，可以吸引客人并增加综合消费。

3．推销策略

目前来看，公司会议、奖励旅游和协会会议等是酒店都期望争取的目标市场。这些会议主要选择能提供良好会议、住宿、餐饮设施和服务的星级酒店。针对这类市场，酒店需要与目标公司内有会议需求的部门（如市场销售部、培训部、行政部等）和相关决策人员保持紧密的沟通，争取建立长期的客户关系。

具体到会议的推销策略，酒店可以采用人员销售、电话销售、网络销售等多种方式。对于销售人员来说，清楚地知道会议决策人对于会议地点选择的步骤、标准和考虑的事项非常关键。一般来讲，影响会议地点选择的主要因素包括交通、设施设备、服务、费用，景点和娱乐、安全等。

（三）会议场所布置

1．会场布置基本原则

会场布置是酒店会议管理的一项重要内容。一个与会议高度契合的会场布置，无疑会给会议增色很多。一般来讲，会场的布置应充分考虑会议的性质、来宾构成和会议规模等因素，遵循如下原则：

（1）主题突出　会标端正醒目、台型整齐规范、桌椅布置便于参会人员视听和发言，整个会场的效果能突出会议的主题和宗旨。

（2）配备齐全　会议所需设备全部到位，状态良好，摆放位置和角度适宜。台面座位名卡、便签、笔、杯具、小毛巾、插花等物品根据需求配备并规范摆放。

（3）整洁舒适　会场和台面整洁、有序，空气清新，温湿度和照明适宜等。

（4）装饰得当　会场色彩协调，陈设物按需搭配，鲜花和绿色植物合理摆放等。

2．常见会场布置形式

（1）剧院式　在会议厅内面向讲台摆放一排排座椅，中间留有较宽的过道。剧院式会场可以最大限度地容纳参会者，但不便于参会者摆放资料和记录。剧院式会场适用于新闻发布会、论坛、辩论会、启动仪式等规模比较大的会议。

（2）课桌式　它是指将会场桌椅像教室一样安排摆放，密度可调整。课桌式会场非常便于参会者放置资料和做会议记录。

（3）围桌式　围桌式会场适用于中式宴会，如答谢会、招待会、茶话会等。

（4）长方形　长方形会场是指将会议室里的桌子摆成方形中空，前后不留缺口，椅子摆在桌子外围，设置主持人的位置；中空处通常会摆放绿色植物。

（5）U 形　U 形会场是指将桌子连接着摆放成长方形，在长方形的前方开口，椅子摆在桌子外围，通常开口处会摆放投影仪的桌子，中空处摆放绿色植物；不设会议主持人的位置。

（6）鸡尾酒会式　鸡尾酒会式摆桌，即只摆放酒水、饮料及餐点的桌子，不摆设椅子，形成自由活动空间，便于与会者自由交流。

除此之外，会场通常还需要根据会议组织方要求布置大会主席台、横幅、彩虹门、现场背景板、广告画、产品展示台等。

3．常见会场陈设物

会场的陈设物有助于烘托会议氛围，经常作为会场布置要求的一部分出现。会议陈设物一般包括家具、地毯、窗帘、灯具、植物、工艺品等。其中家具部分主要是桌椅，布置会场时应根据会议重点、时长、参会者特点等选择适宜的家具；地毯吸音、触感好，铺设图案、颜色和质地匹配的地毯能很好地烘托会场的氛围；窗帘除了调节光线强弱和遮挡视线的功能外，其花色、款式、材质和地毯一样，能很明显地增强会场的审美效果和艺术感；

灯具和灯光是会场设计不可忽略的一个部分，色形俱佳的灯具灯光能够给会场带来理想的照明效果；植物对于会场的美化必不可少，应根据会场空间和会议主题摆放数量、大小、色彩和款型适宜的绿色植物和花卉；工艺品的陈设能提升会场的档次和气质，在会场陈设工艺品应少而精，宁缺毋滥。

会场陈设的物品，其效果不是独立的。在布置会场时，应注意多种陈设物品之间的搭配，和谐统一，恰到好处。

（四）会议服务管理

除了硬件设施、服务项目、价格因素外，酒店员工的服务水平是会议组织者关注的另一个主要方面。酒店会议服务涵盖了以下一系列的项目：

（1）迎送嘉宾　该项服务主要包括按会议规格安排好车辆、欢迎横幅或易拉宝，VIP客人专人接送，做好机场、火车站的嘉宾接送工作。

（2）酒店门外布置　酒店门外应适当布置横幅、彩虹门、空飘、刀旗等。

（3）酒店内布置　酒店内应设立醒目的欢迎牌，提供宽敞的签到处，按需设礼仪迎宾，大堂、会议楼层设立会议相关的各类指示牌。

（4）礼宾服务　礼宾部应做好会议客人的车辆、行李和电梯服务。

（5）前台服务　前厅部应派专人办理会议客人入住手续登记，避免客人等待时间过长；提供酒店内外电话、交通等客人常用信息，解答客人的各种问题。

（6）客房服务　客房部应提前安排好会议用房，VIP客房要提前查房；协助会议组织方在客房放置欢迎卡、会议资料、鲜花、水果、报纸等；做好会议用房的清洁、客用品补充、叫醒、擦鞋、洗衣、送餐和委托代办等服务。

（7）会间服务　会议现场的茶水、茶歇、设施设备调节等服务应及时、有序。

（8）餐饮服务　按会议组织方要求，餐饮部应做好各个时段和各种形式的用餐服务，确保客人用餐环境整洁、有序，上菜及时，服务热情周到。

（9）会后服务　酒店还应提供处理会议文件、车位预留等其他服务。

酒店员工在为会议客人提供上述服务时，应按照礼貌待客、及时服务、符合规范、适时回避和观察、有求必应、主动解决的礼仪原则进行服务。服务员要保持良好的精神面貌和仪表仪态，主动问候客人或微笑致意，按礼仪规范引领客人、倒水、续水，并能够应对会场的各种临时状况。对于签字仪式、会见重要客人等重大活动，服务员要熟悉其礼仪规范。会议期间的衣帽间服务应保持衣帽间整洁卫生、礼貌问候、服务及时和规范操作；休息区服务应注意适时清洁、礼貌回避；茶歇服务注意讲究卫生、食品饮料摆放合理，符合饮食习惯，方便客人拿取等。

第五节　酒店康乐管理

一、酒店康乐部概述

康乐活动是人们在闲暇时间进行的、非职业性的，以一定设备设施、环境服务、规范要求为基础的，以增进人的身心健康和愉悦为目的的各种活动的总称。人类的康乐活动古已有之，形式多样。到了20世纪中叶以后，随着经济的迅速发展，康乐活动在西方国家得到了普及和发展；康乐项目的种类越来越多，人们的要求也越来越高；康乐场所逐步成为文化交流的场所，康乐产业和康乐经济开始出现。在我国，康乐成为较为独立的产业是在20世纪80年代以后。当时随着改革开放和人民生活水平的提高，国内的康乐业开始起步，并且在较短的时间内，无论是康乐场所、康乐项目，还是参与活动的人数，均出现了很快的增长速度。

康乐活动能够促进人的身心健康，陶冶情操，给人带来良好的身体和精神上的体验，让生活更加丰富多彩。经过几十年的发展，国内外的康乐业已朝着专业化、平民化和个性化的方向发展，表现为康乐项目层出不穷，康乐项目文化色彩越来越浓，参与康乐活动的人数越来越多，康乐服务和管理水平越来越高，康乐业市场经营越来越规范。

康乐是酒店的服务项目之一。在早期的酒店中，康乐是酒店的附属部门，归属于前厅部、客房部或餐饮部的情况都有，其经营和收益也都很有限。随着康乐业的发展，客人对酒店康乐活动的需求在扩大，酒店在康乐方面的投资开始大幅增加，收入在酒店总收入中所占的比例越来越大，成为酒店重要的业务部门。现在，绝大多数的三星级以上的饭店均设有康乐部；对于高星级的饭店，康乐服务的地位更加突出，已经成为不可缺少的经营部门之一。康乐部在酒店中的地位和作用，主要表现下以下几个方面：

（1）康乐项目扩大了酒店的经营服务范围，体现酒店的经营档次和特色。

酒店康乐项目的增加和规模扩大无疑会在酒店的传统主营业务外扩大酒店的经营范围；同时，康乐项目在旅游星级饭店评定中有明确的要求，按照国际惯例，四、五星级酒店必须设立康乐部，三星级饭店应具备康乐设施。同时，康乐设施和项目还是公寓式酒店和长住式酒店经营服务的必备条件。因此，康乐项目体现了酒店的经营档次。另外，酒店康乐项目的种类、新颖度和特殊性会给酒店带来新的经营上的特色。比如一些位于海滨、湖边、山地、高寒或温泉附近的酒店因地制宜可以设置出极具特色的康乐项目。

（2）康乐项目是酒店吸引客源的重要手段。

酒店的康乐项目非常有助于客人缓解旅途疲劳、放松和愉悦身心，康乐场所还能够很好地满足客人娱乐和社交的需要。所以，伴随着酒店行业的市场竞争日益激烈，仅依靠传统的住宿、餐饮、购物等服务，已经难以全面满足客人的需求。康乐项目正在成为吸引、稳定甚至增加客源的重要资源。这也是酒店纷纷开始投资康乐部、改善或提高经营条件、增加吸引力的主要原因。

（3）康乐服务是酒店营业收入的重要来源。

项目种类增多、消费者增加，加上康乐服务带来的多种相关服务，这些都直接提高了酒店的经济效益。一些酒店的康乐部已经和客房部、餐饮部一样成为主要的创收部门；甚至在一些酒店，康乐部的收入超过了其他部门，成为酒店最大的业务部门。

二、酒店康乐项目的设置

酒店康乐项目的设置应该遵循满足客人需求、突出酒店特色、扬长避短的原则，根据酒店的地理位置、环境条件和目标客源的特点，结合酒店的经济能力和康乐项目的发展趋势，发挥优势和特色，设置出最佳的康乐项目。

康乐活动的项目丰富多彩，种类很多。酒店的康乐项目一般分为康体、娱乐、保健三种类型。

（1）康体类项目　康体类项目是指利用一定的设备设施和场所，为客人锻炼身体和享受运动乐趣而设置的项目，包括运动器械、球类（保龄球、台球、羽毛球、乒乓球、网球、壁球等）、游泳、户外活动（如溜冰、滑雪、射击、滑沙、沙滩排球、水上快艇、潜水、帆船、冲浪等）等。

（2）娱乐类项目　娱乐类项目是指在一定的设施环境中，突出趣味，为客人提供轻松愉快的活动项目，包括 KTV、舞厅、电子游艺厅、影视厅、棋牌室、阅览室等。

（3）保健类项目　保健类项目是指通过一定的设备实施和服务，为客人提供达到放松身体、消除疲劳、促进循环、保养皮肤等目的的活动项目，包括洗浴、桑拿、SPA、按摩、美容、美发等。

三、酒店康乐部的经营管理及要求

酒店康乐部的业务因酒店的档次、规模、经营特点的不同而有所不同，而且由于康乐项目的服务内容相对特殊，使得康乐部的业务具有自身的特征和管理要求。

（一）酒店康乐部的经营特点

1. 项目和经营的灵活性

康乐项目形式多样，每种项目的开展、管理和服务又都有所不同。因此，康乐部的经营相对比较灵活，具体表现在：①酒店可以根据自身所处地理环境和当地气候的优势，灵活设置康乐项目。比如海滨酒店可以设置浮潜、潜泳、帆板等运动，山地度假酒店可以推出登山、攀岩等项目，而高寒地区的酒店就可以得天独厚地向客人提供滑雪服务等；同时，酒店还可以根据市场需求的变化，酒店的投资规模和内外部环境，灵活地更新一些康乐项目或设备设施。②酒店在每天的经营过程中可以根据每种项目的特点，灵活掌握开放时间、灵活配备服务人员和灵活处理客人的突发事件。

2. 服务和管理的多样性

首先，酒店的客人身份、年龄、爱好、身体状况等各有不同。他们喜欢和选择的项目是多种多样、有所差异的。所以，康乐部提供的服务也相应地表现出多样性。其次，不同类型的康乐项目以及每一种类型的不同项目在管理上都有较大甚至很大的不同。这就要求康乐部在管理上也必须多样化对待，针对不同项目采用不同的管理方式和方法。

3. 投资和开发的风险性

由于康乐项目存在着发展和变化，客人参与康乐活动的目的也各有不同，所以酒店在康乐项目的投资和开发上存在着客观上的风险。首先，出现比较早的一些项目如台球、保龄球、棋牌、KTV 等，酒店设置得比较多，内容雷同，很可能难以吸引客人的消费，造成资源闲置和浪费；其次，如果酒店为了满足客人需求和争取客源市场，选择那些时尚、先进、处于消费前沿的项目，如氧吧、水疗、高尔夫甚至是一些冒险性的康乐项目等，规模处理不当的话，就有可能无法实现预期的效果，甚至带来经营上的风险。最后，由于相关法律的制定与康乐业的发展还不完全同步，有些项目的开展可能给康乐业带来不良的影响，也会给酒店的康乐项目的投资和开发带来风险。

（二）酒店康乐部的业务管理要求

1. 营销管理

康乐部的营销是酒店营销的一个重要组成部分，在一些度假型酒店里，康乐营销甚至占据了关键的地位。一般来讲，酒店康乐项目的营销渠道有直接销售和间接销售两种。其中，直接营销是传统的销售方式。这种销售方式在客人和酒店之间没有中间环节，散客是主要的消费者。间接销售是指通过旅行社、公司、在线企业等中间商，进行多网点销售，可以带来大批的客源。

酒店对于康乐项目具体的促销方式主要有：

(1)人员促销　人员促销的方式是由推销人员直接向目标市场的客人推销酒店的康乐产品。这种面对面的方式能够针对重点客户，信息沟通流畅、全面，可以直接成交和购买。

(2) 推广促销　这种方式主要通过展示、表演、优惠销售、奖励回馈等刺激消费市场，如折扣、免费试用、礼品赠送、抽奖等。

(3) 广告促销　广告促销主要通过大众媒体对酒店的康乐产品和服务进行宣传，可以提高大众对产品的认知度，增进了解，指导消费，同时还可以树立企业的形象，提高产品的知名度和美誉度，争取更多的市场。

(4) 网络促销　通过互联网进行宣传几乎是现今各行业最为广泛使用的销售渠道和方式之一，网络大大增加了推销的范围和影响力。

在营销管理中，康乐部除了要加强上述各渠道和策略的使用外，还要加强与酒店内部相关部门的合作，尤其是前厅部和公关部。因为客人往往会通过前厅部了解康乐项目的情况，而公关部会帮助康乐部加大对康乐项目的推广和宣传力度。

2. 设备管理

康乐设备是指康乐部用于开展各项康乐服务的机器和用具，包括健身康体设备（如跑步机等健身器材、泳池水循环系统、球道系统等)、休闲康体设备（如桑拿蒸房系统、恒温器、按摩浴池循环系统、激光电源投射系统等)、娱乐设备（如 KTV、灯光系统、音响、洗牌机等)、美容美发系统（如转椅、美容仪、吹风机、焗油机等)。康乐部的设备在康乐服务中意义显著，是康乐项目的物质基础。酒店是否具有先进、运行良好的康乐设备，会直接影响客人的满意度和康乐服务效果。

一般来讲，康乐设备的损耗相对较快，更新周期短、种类多、设备管理涉及面广。康乐部的设备管理，就是要从选购、安装、维修保养到更新改造对设备进行全方位的管理，保证最大限度地发挥康乐设备的功效，满足客人的需求：①合理配置一定数量、质量和价格的设备；②保证设备正常运行、安全、卫生；③制定科学的保养、维修制度；④适时对设备进行更新改造。

康乐部在进行设备管理时，同样需要与其他部门保持协作。其中，与采购部沟通购买设备的计划，争取购置到性能先进、美观、舒适、使用方便的设备和物美价廉的易耗品；与工程部保持经常的联系，建立维修保养制度，并对康乐部员工进行培训和维修相关设备。

3．服务管理

这里讲的服务管理是指对康乐部员工提供的对客服务管理。与酒店前厅、客房等主要服务部门一样，康乐部的对客服务质量直接决定经营的成败。康乐部的服务质量管理主要关注以下几个方面：

（1）加强员工培训　康乐部应对员工进行酒店服务理念、康乐服务意识、康乐服务规程和标准、设备使用规范、对客服务礼仪和沟通技巧等方面的培训，提高员工对服务质量的重视和对服务标准的把握。

（2）服务过程标准、规范、有序　首先，酒店康乐部要加强卫生管理，包括活动场所卫生、客用设备及用具卫生、员工个人卫生等，需按标准进行检查和监督。其次，酒店康乐部要做好安全管理工作，严格按照计划对设备、电源、电器等进行测试，严格按设备操作要求进行操作，并为客人提供示范和指导，同时采取有效措施保证客人在活动过程中的财产和人身安全。最后，员工对服务项目的服务程序要非常明确，注意为客人提供好活动前、活动中和活动后的全过程服务，流畅而有序。

（3）要加强员工在服务中礼仪的运用　酒店所有员工应注意热情待客、微笑服务、文明用语，工作中保持良好的仪容仪表和仪态。

（4）优质服务管理　能够提供优质的康乐服务将大大提高客人的满意度，带来好的口碑、回头客和新的客源。因此，康乐部除了上述常规的服务要求外，可以进一步在提升项目的特色、员工的服务态度和服务能力方面做出努力，使服务重视细节、注意方法，及时、周到、灵活并有针对性，让客人有物超所值的感觉，不仅满意而且感到惊喜。

在服务管理中，康乐部还需要加强与客房部、餐饮部的协作与联系。一方面，客人很有可能通过客房服务员询问康乐部的项目、价格等信息或直接预订；另一方面，客人所需食品、饮料、水果等需餐饮部配合提供。

4．安全管理

康乐部的业务能够顺利开展，安全管理是基础和保障；客人进行所有的康乐活动，安全也是其关注的第一位因素。因此，康乐部的工作必须将安全管理纳入重点工作。康乐部安全事故主要来源于以下5个方面：①设施、设备质量原因；②设施、设备维修保养原因；③顾客使用原因；④管理和服务的原因；⑤消防和治安原因等。

针对上述原因，康乐部重点要做好如下工作，消除安全隐患：

1）对员工进行安全培训，消除麻痹大意思想。所有员工都应熟悉安全管理知识，具备处理安全事故的能力；提高服务过程中对客人的保护、对设备的操作、对秩序的维护等。

2）加强消防和治安管理的预防措施。要求有明确的责任人，安装烟火报警器、防火设施和排烟实施等，保安部加强对康乐场所的巡视，防止盗窃、打架斗殴及赌博等违法行为的发生。

3）重视酒店康乐设备设施的检查、维护和保养，重视对客人使用设备时的示范和指导，注重全过程对客服务。

复习思考题

一、名词解释

前厅部　　行政楼层　　金钥匙　　菜单管理康乐活动

二、简答题

1. 简述酒店前厅部的作用和地位。
2. 简述酒店客房管理的主要任务。
3. 简述酒店如何提供优质会议服务。
4. 简述酒店应怎样做好酒店餐饮服务管理。

三、论述题

1. 综合酒店的业务要求，论述酒店应怎样才能提供优质的对客服务。
2. 结合酒店实际，讨论酒店各业务部门需要沟通和协调的工作。

第六章

酒店职能管理（一）

学习目标

- 掌握酒店各职能管理的含义和重要性
- 掌握酒店各职能管理的特点和目标
- 掌握酒店各职能管理的主要内容
- 理解酒店各职能管理的主要方法

案例导入

一、酒店员工流动率过高的问题

近年来，随着酒店业的竞争越来越激烈，酒店企业员工流失问题日益严重。通常认为，普通企业的员工流动率一般在5%～10%，然而酒店行业的员工流动率远高于普通企业。特别是2000年以来，酒店行业员工流动率总体呈上升趋势，近年来不少酒店员工流动率竟高达 30%上。酒店员工的高流动率对酒店服务质量产生重大影响，致使顾客满意度和忠诚度下降，严重制约了酒店企业的成长与发展。

【讨论】

（1）分析酒店员工流动率过高的原因。

（2）作为酒店人力资源管理者，应如何解决酒店员工流动率过高的问题？

二、如家酒店的筹资与投资

2002年6月，携程旅行网与首都旅游集团成立如家酒店连锁合资公司。同时，首旅集团下属的原“建国客栈”4家连锁店统一翻牌为“如家酒店”，成为首批如家酒店连锁直营酒店。

2003年1月，如家第一家特许经营店签约，同时也成为国内酒店品牌第一个真正意义上的特许经营案例。

如家从2005年开始，迅速驶入发展快车道，到2006年10月上市前，如家在全国26个重点发达城市已开出82家酒店，规模超越了中国经济型酒店鼻祖——锦江之星。

2006年10月，如家快捷酒店正式在纳斯达克证券交易所挂牌上市，开盘22美元，高出发行价 59.4%，融资 1.09 亿美元。

2007 年 10 月，如家以 3.4 亿元人民币收购国内经济型连锁酒店排名第八位的“七斗星”100%股权。收购完成后，如家拥有酒店数量将超过 330 家，这也是国内经济型连锁酒店间第一桩大规模收购案。

2009 年 5 月，如家向携程旅行网定向增发 751.45 万股普通股。

2011 年 5，如家正式签署了收购莫泰 168 国际控股公司全部股份的协议。

2011 年 9 月，如家酒店集团正式发布旗下高端商务酒店品牌——和颐酒店发展战略：2011 年在国内新开设 3～4 家和颐酒店，未来 5 年内，如家酒店集团计划将和颐酒店的规模扩大到 40～50 家。此举标志着，如家正式进入中高端商务酒店市场。如家形成“如家酒店”“莫泰酒店”“和颐酒店”三大类服务产品，构建起从大众到中高档商旅的品牌服务结构。

2014 年如家集团在全国近 300 个城市拥有近 2000 家酒店，并以 4.2 亿美元的品牌价值入选中国品牌 100 强，居酒店行业之首。

【讨论】

（1）分析如家酒店筹集资金的途径和目的。

（2）作为酒店管理者，试分析如家是如何投资并保证投资效益的？

三、针对个性化需求，开发个性化产品

某酒店是北京一家具有 40 多年历史的三星级酒店，位于北京市朝阳区，地处中央商务区（CBD）。由于地处商务中心，商务旅游人士入住的比例很大，该酒店入住率和经济效益一直很好。

近年来，该酒店管理者发现，酒店市场上个性化的住宿需求日益增多。为了适应市场的需求变化，2006 年该酒店特意将其中二层客房整体进行特色化装修改造，开发出“新婚客房”“女士客房”和“健康客房”等多种形式的个性化特色客房产品。

新开发的个性化特色客房销售效果非常好，赢得了顾客的好评。新开发的个性化特色客房尽管房价高于普通客房的 20%～50%，但是入住率仍然高于普通客房。个性化特色客房的开发，不仅满足了顾客多样化的需求，而且为酒店创造了更好的经济效益。

【讨论】

（1）分析该酒店个性化特色客房产品开发的市场背景。

（2）分析该酒店开发销售个性化客房后，创造高出租率的原因。

本章系统地介绍了包括酒店人力资源管理、财务管理和营销管理在内的酒店职能管理各领域的基本含义、内涵和特征，主要内容和主要管理方法，该部分是酒店管理的重要领域和核心内容。

第一节　酒店人力资源管理

在市场经济条件下，人力资源是酒店最重要的资源，是支撑酒店生存与发展的核心资本。酒店员工流动率过高，会增加酒店经营管理的成本与难度。酒店管理者只有高度重视人力资源管理，系统掌握人力资源管理的理论，科学应用人力资源管理方法，才能提高员

工素质和工作绩效。

一、酒店人力资源管理概述

（一）酒店人力资源与人力资源管理的含义

人力资源是指一个国家、地区或组织中的人所拥有的能够对其价值创造、生存与发展发挥作用的体力、智力、经验、技术等资源的总称。

在市场经济条件下，在酒店所有的人、财、物、信息和时间的五种主要资源中，人力资源是最基本、最重要、最具能动性和价值创造性的资源。酒店的一切工作都是通过人力进行的，酒店的一切任务都是由人来完成的，因此只有加强对酒店人力资源的管理，才能把酒店的各项工作做好，酒店才能持续地发展与壮大。

酒店人力资源管理是指运用合理的方法与技术，对酒店人力资源进行有效的规划、开发、利用与提高，充分调动其积极性，以创造更大价值的管理活动和过程。

（二）酒店人力资源的特点

酒店人力资源同一般工业企业相比，具有一些显著的特点，而这些特点又对酒店人力资源管理提出了一些独特性的要求，具体表现如下：

1. 服务性

酒店是服务企业，酒店产品以服务产品为主，服务性是酒店人力资源的显著特点。这要求酒店人力资源管理在员工招聘、培训、考核、激励和提升等方面把“服务”作为核心，在招聘中要注重选择具有服务意识与能力的人才，在培训中要注重树立和强化员工的服务态度、意识和技能，在考核、激励和晋升时要让真正具有服务意识、能力和绩效，能够为顾客创造价值的员工得到相应的机会和报酬。

2. 实践性

酒店作为劳动密集型行业，其中大多数工作是由员工实际操作来完成的，而酒店最缺乏的也是具有高水平实践操作技能和经验的员工。因此酒店员工不仅仅需要具备很好的语言表达和沟通能力，更要具备很高的实践服务操作能力。适应于酒店人力资源的这种特点，酒店人力资源管理应特别注意对员工服务操作能力的培训与提升。

3. 创造性

酒店生产（服务）经营存在生产、交换和消费的“同步性”，确定酒店的生产（服务）活动需要在顾客的参与下进行，而顾客是具有自身思维和情感的能动性个体，员工很难准确预期顾客下一步会有什么样的需求和期望，而顾客一旦提出了需求和期望，员工就必须及时做出恰当的回应。

这不仅要求酒店员工具有快速反应的应变能力，更需要有创造性地为顾客提供高价值的个性化服务的能力。酒店如果能够建立或拥有一批能够创造性地开展服务和管理工作的员工，酒店发展就会有更加有力的保障。

4. 丰富性

酒店既生产有形产品，又要提供无形服务，酒店产品的复杂性决定了酒店生产经营的复杂性，而酒店生产经营的复杂性，又决定了酒店人力资源的丰富性。

酒店涉及部门众多，因此存在满足不同部门特点的岗位需求。丰富的岗位需要各种层次、经验、技能、专业、职位的员工，于是酒店拥有了多种类的复合人才队伍。酒店人才队伍和人力资源的丰富性给酒店人力资源管理的招聘、培训、激励等工作提出了更高的要求。

5．自我增值性

通常情况下，酒店的建筑、设备设施等物质资源会随着时间的推移而逐渐老化。但人力资源作为一种丰富复杂的资源，却随着时间的推移具有自我增值性。

酒店人力资源由体能、智力、经验和技能等资源组成，酒店员工的体力资源会随着时间的推移、年龄的增长而减少，但是员工的服务经验、服务技能和服务意识等资源却随着时间的推移、年龄的增长而增值。

酒店作为一个以对客服务为主的企业，对员工的服务经验、服务技能和服务意识等资源依赖性更强。因此，酒店会通过员工培训、激励制度等促进酒店人力资源的自我增值，使员工能够为酒店创造更大的价值。

（三）酒店人力资源管理目标

酒店人力资源管理作为酒店经营管理的重要组成部分，为保证酒店经营管理目标的实现，需要围绕明确的目标进行相应管理活动。酒店人力资源管理目标包括以下内容。

1．保证酒店生存与发展对人力资源的需求

酒店业作为一个劳动密集型行业，对人力资源有着较大的需求。但是，由于酒店业市场化程度高，市场竞争激烈，员工的收入报酬与其他行业相比，也缺乏足够的吸引力。另外，酒店企业员工特别是一线员工的工作时间相对较长，并且节假日还要上班工作，因此酒店企业在人力资源市场并不具有很强的吸引力，员工的流动性很高。

中国酒店企业普遍面临着人力资源需求难以得到有效满足、员工招聘困难的问题。因此，保证酒店经营与发展的人力资源需求就成为酒店人力资源管理的首要目标。

2．建立一支高素质的专业化员工队伍

著名酒店管理人恺撒·里兹（Cesar Ritz）曾有一句名言“好人无价（A good man is beyond price.）”，充分说明优秀人才对于酒店企业的重要性。酒店企业要想实现生存与发展，需要一定数量的、高素质、强能力并能符合酒店生产经营需要的员工队伍。在当今竞争激烈的酒店业市场中，酒店企业必须打造一支高素质的专业化员工队伍来支撑酒店的生存与发展。

3．形成最佳的员工组合

对于任何一个酒店来说，如果能够建立起员工的最佳组织，就能实现“1+1>2”的效应，组织的运行将更有效率，创造出更大的价值；相反，组织的运行将缺乏应有效率，浪费宝贵的人力资源。因此，酒店管理者应合理配置人力资源，形成最佳的员工组合，将酒店打造成一个有序高效的组织。

4．充分调动员工工作的积极性

在竞争激烈的酒店业市场，员工工作的积极性对于酒店的生存与发展具有至关重要的意义。因此，酒店要打造一支高素质的专业化员工队伍，实现员工的最佳组合，关键因素是充分调动员工工作的积极性，最大限度地发挥酒店人力资源的效用与潜力。

二、酒店人力资源管理的主要内容

（一）酒店人力资源规划

1. 酒店人力资源规划的含义

酒店人力资源规划是指根据酒店的整体发展战略，在对酒店人力资源内外部环境进行分析的基础上，为满足酒店对人力资源在数量和质量上的需要，制定一系列人力资源长期性安排。酒店人力资源规划是酒店人力资源管理的基础性工作，是基于酒店总体发展战略的重要组成部分。

2. 酒店人力资源规划的分类

1）酒店人力资源规划按时间跨度可分为长期规划（5～10 年）、中期规划（3～5 年）和短期规划（1～3 年）。

2）酒店人力资源规划按内容可以分为员工流动与数量控制规划、员工招聘规划、员工培训规划、员工薪酬管理规划、员工绩效管理规划和人力资源管理其他规划。

3. 酒店人力资源规划的流程及内容

适应于酒店的整体战略规划，酒店人力资源规划的流程及内容如图 6-1 所示。

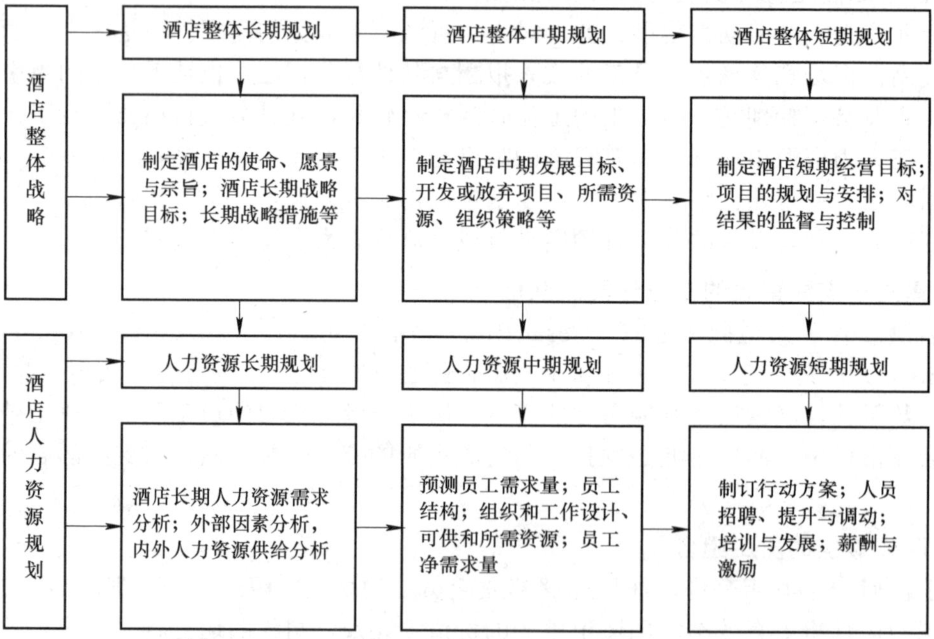

图 6-1 酒店人力资源规划的流程及内容

（二）酒店人力资源开发与利用

酒店人力资源的开发与利用是人力资源管理的重要内容之一。酒店的生产经营管理活动能否正常进行，能否给顾客提供高质量的服务，取决于酒店员工的素质与技能水平。员工的素质与技能水平又与由酒店员工招聘、员工培训等活动组成的人力资源开发与利用息息相关。

酒店人力资源开发与利用是指通过招聘、培训和使用等手段，提升员工的素质与技能，使其能适应本酒店特定岗位的需要，能够为顾客提供合格的产品和服务。

1．酒店员工招聘

酒店员工招聘是根据酒店人力资源规划、经营管理目标以及各业务管理部门对员工的工作要求，由酒店人力资源部门组织进行的挑选合格员工的过程。员工招聘是建立一支高素质、专业化员工队伍的基础，关系到酒店的生存与发展。

（1）酒店员工招聘渠道　按员工招聘的来源分类，酒店员工招聘渠道可分为外部招聘和内部招聘两大渠道。

外部招聘适合于酒店岗位有空缺，但这时内部招聘从数量或质量上难以满足；内部招聘适应于酒店有少量岗位空缺，而且酒店内部有员工能够胜任该职位的要求。

1）外部招聘。外部招聘是指酒店利用人才招聘洽谈会、传统媒体招聘广告（报纸、杂志等）、互联网招聘广告、校园招聘、人才猎头和员工推荐等渠道从酒店外部招聘员工。

外部招聘的优点包括：来源广泛，选择空间较大，特别是在酒店开业初期或快速扩张时期，需要从外部招聘大量员工。外部招聘可以避免员工“近亲繁殖”，能给酒店带来新鲜血液和活力，有利于组织创新和变革。酒店如能招聘到有一定理论基础或工作经验的员工，可节省培训时间和费用。

外部招聘的缺点包括：外部招聘员工需要一段时间熟悉酒店作业流程及工作环境，酒店需要对此付出时间和精力；存在对外部员工不够了解，导致招到不合格员工的可能性，招聘成本较高。

2）内部招聘。内部招聘是指利用酒店内网、酒店内招聘广告、招聘沟通会等渠道，将招聘信息公布给酒店内部员工，员工自愿参加应聘，从酒店内部招聘员工。

内部招聘的优点包括：对应聘员工了解全面，能做到人才的合理使用；内聘员工因对酒店情况较为熟悉，能很快进入角色，承担起相应的工作职责，培训成本低；内部招聘给酒店在位员工带来希望，有利于鼓舞员工士气，调动员工工作的积极性。

内部招聘的缺点包括：容易造成员工“近亲繁殖”；容易在酒店内部形成错综复杂的人际关系网，形成拉帮结派的不良风气；受酒店企业文化影响，老员工有老的思维定式，不利于组织创新；内部可供选择的范围狭窄。

（2）酒店员工招聘程序　为了保证招聘工作的顺利进行，使酒店能够招聘到合格员工，在招聘过程中应该遵循以下规范程序：

1）确定招聘员工的岗位及招聘人数。酒店人力资源部门应根据人力资源规划总体安排和当期具体的员工招聘计划，确定招聘员工的岗位与招聘人数。

2）确定招聘渠道，发布招聘信息。酒店人力资源部门应根据招聘岗位及招聘人数确定招聘渠道，是外部招聘还是内部招聘；根据选定的渠道，选择适当的方式发布招聘信息。

3）初步筛选并进行面试。酒店人力资源部门通过与应聘者初步接触和面谈，筛选出参加正式面试和测试的名单。接下来由人力资源部门和专业人员组成面试小组，对筛选出的应聘人员进行正式面试。

4）测试和外调。有些岗位在招聘时，还要进行相应的测试，如英文水平测试、心理测试和技能测试等，以深入了解应聘者的实际能力与水平。对于拟录用的外部人员，必要时进行外部调查，以全面了解情况。

5）办理相关手续，正式录用。酒店人力资源部门向合格的新录用员工发出书面通知，并与其签订劳动合同，正式确立双方的劳动用工关系。

2．酒店员工培训

酒店员工培训就是根据酒店业务市场发展变化和实际工作需要，应用各种方式对员工在知识、素质、能力等多方面进行的培养和训练活动。

员工培训是现代酒店人力资源管理的一项重要内容，当前酒店业市场竞争的日趋激烈、科学技术的飞速发展，顾客需求的快速变化，需要持续地对酒店全体员工进行培训，以适应酒店业竞争和未来发展的需要。

（1）酒店员工培训的意义　酒店员工培训的目的是不断提高酒店员工的专业知识、职业素质与专业能力，培训无论是对酒店企业，还是对员工个人，都有着非常重要的意义。

对于酒店企业来说，员工培训可以持续提高酒店人力资源的质量，更好地服务于顾客需要，不断提高酒店生产经营管理水平，使酒店的市场竞争力不断提高，实现更好地生存与发展。

对于酒店员工个人来说，员工培训可以提高员工的综合素质，使其不仅能更好地完成本职工作，还可以为未来的岗位晋升、职业发展、生活品质提高创造条件和奠定基础。

（2）酒店员工培训的类型与内容　酒店员工培训根据其目的与内容不同，可以分为以掌握操作知识、提升技能为主的职业培训和以丰富经营管理知识、提升能力为主的发展培训。

1）职业培训。职业培训的主要对象是酒店操作层面岗位的员工，培训的重点应放在培养训练员工操作知识与技能，使他们能够熟练掌握所在岗位所需的知识和技能。职业培训通常分为以下几种：

① 岗前培训。岗前培训是对新员工上岗前的培训，可以帮助员工尽快了解酒店，并适应将从事的岗位工作的要求。岗前培训的内容通常包括酒店的历史与现状、经营宗旨与政策、企业文化、规章制度、组织机构、服务理念与意识、服务礼貌与礼仪以及安全知识等。

② 在岗培训。在岗培训是指员工不脱离工作岗位，利用工作空闲或业余时间进行的培训。在岗培训一般是针对员工日常工作中出现的某一特定问题进行的短期培训。例如，针对服务岗位员工的服务意识、服务技能、服务心理等的培训，针对财务岗位员工的新财会制度培训，针对营销岗位员工的营销技能培训等。

③ 脱岗培训。脱岗培训又称离岗培训、职外培训，是酒店为了更好地满足员工职业知识与技能发展的需求，允许员工离开工作岗位一段时间，系统地接受特定目标的培训。脱岗培训是一种脱离目前工作岗位较长时间的系统培训，如有的酒店会每隔 1～3 年安排部分员工到国外酒店进行为期 1～6 个月的学习与培训。

2）发展培训。职业培训的对象是操作层面的员工，培训时只需分工种进行即可。而针对经营管理者的发展培训则通常会根据不同管理层次进行，不同层次的培训重点和内容也不相同。

① 基层管理者的发展培训。基层管理者如酒店的领班、主管等，其工作重点是执行中、高层管理者的指示和决策，直接面对员工，从事具体的管理工作。其培训应着重于管理的技能、技巧的培训。

② 中、高层管理者的发展培训。针对中、高层管理者的培训，培训内容应侧重在经营

管理中发现问题、分析问题与解决问题的能力，组织、管理与领导的能力，企业发展战略，以及行业发展形势和管理发展新理念和新思维的培训。

（3）酒店员工培训方法

1）讲授法。讲授法是传统的培训方法，是培训师以传统课堂讲授方式进行的员工培训方法。酒店培训中，经常开设的专题讲座通常采用讲授法进行培训。该方法适用于向数量较多的学员介绍或传授某专题性的内容。这种培训方法的重要补充环节是要保留适当时间让培训师与受训员工进行相互沟通，用问答形式使学员对讲授内容进行体会与理解。

2）操作示范法。操作示范法是为专业操作技能要求较高的岗位培训所设置的。为了使受训者熟练掌握正确的操作方法，常安排专业操作技能好的技师，通过现场操作示范的形式，使受训员工熟练掌握正确的操作方法，达到提高员工操作技能的目的。

3）案例讨论法。案例讨论法是针对一些工作中的重要问题进行集体深入讨论的培训形式。在对特定案例的分析和讨论中，受训人员可以集思广益、各抒己见，不断吸收新的思想，开阔视野，同时还了解他人的想法和学习别人的经验。需要注意的是，案例讨论法所选用的案例应具有典型性、普遍性和适用性。

4）角色扮演法。角色扮演法是在一个虚拟的任务或场景下，由受训者扮演其中的角色，以完成既定任务为目的的培训方式。培训者可以选取工作中主要的、常见的、特殊的场景，要求员工扮演工作中所涉及的不同角色，实现角色互换，让受训者体会到工作的不同侧面，从而提高服务的质量和水平。

5）工作轮换法。工作轮换法是将员工由一个工作岗位调到另一个岗位，以拓展其知识和技能的一种培训方法。这种培训方法不仅可以帮助员工相互理解工作领域内的各种工作，而且通过工作轮换获得的知识与技能对员工胜任更高水平的工作非常有帮助。

6）远程培训法。远程培训法是指利用计算机、互联网、移动通信等现代科学技术，开展跨空间、跨距离的培训方法，是国际教育培训未来发展的一种潮流和方向。受训学员可以不受地域的限制，足不出户利用空余时间自主进行远程培训学习。

（三）薪酬管理

1．薪酬与薪酬管理的含义

薪酬是指员工因与企业存在劳动关系（或称雇佣关系）而从企业方得到的所有货币性收入以及各种服务或福利之和。薪酬管理是对员工薪酬原则、薪酬战略、薪酬水平、薪酬结构、薪酬构成进行确定、分配和调整的动态管理活动和过程。

狭义的薪酬构成包括员工获得的工资、奖金等货币形式、实物形式或其他形式的物质报酬。广义的薪酬除包括狭义薪酬外，还应该包括员工获得的学习、培训、提升、荣誉和鼓励等非物质报酬，如表 6-1 所示。

表 6-1　员工薪酬构成表

项　目	具体形式	
物质报酬	直接物质报酬	工资、奖金、加班费、津贴、补贴、分红等
	间接物质报酬	保险、住房公积金、工作餐、住房福利、洗衣福利等
非物质报酬	提升、学习机会、培训机会、发展机会、被认可、被赞赏、各种荣誉、参与各种会议和决策机会、其他精神方面的鼓励	

2．影响员工薪酬水平的因素

影响酒店员工薪酬水平高低的因素，从大的方面来说，包括内部因素和外部因素两个方面。

（1）内部因素

1）酒店方面。首先，受酒店盈利状况和支付能力的影响。酒店盈利能力和支付能力越强，员工薪酬水平往往会越高。其次，体现在酒店的薪酬战略上。酒店的薪酬战略是酒店在薪酬方面采取的总体思路、规划和措施，有的酒店采取高薪酬的激进型战略，有的酒店采取低薪酬的保守型战略。最后，薪酬的水平还体现在领导风格和企业文化上。有的酒店领导风格和企业文化表现为重绩效、高薪酬做法，有的酒店表现为保稳定、稳薪酬做法。

2）员工方面。员工的个人因素主要包括员工本身所担任的岗位、职务、专业技术水平、资历、学历、工作绩效等方面。

（2）外部因素

1）国家的有关法规。《中华人民共和国劳动法》及相关法规对员工的薪酬、休息、休假等做了严格的规定，任何酒店都不得违反这些法律、法规。

2）当地经济发展和消费水平。在经济发达地区，人们的消费水平高，劳动者要求的薪酬水平也会提高。

3）劳动力供求状况。在市场经济条件下，当对某种职业或岗位的劳动力需求与供给不平衡时，都会对该种职业或岗位的薪酬水平产生影响。

4）竞争对手薪酬水平。由于员工通常都期望获得较高的薪酬，如果本酒店的薪酬水平比其他酒店低，就会引起员工的不满，影响员工队伍的稳定。因此，基于酒店的长远发展，薪酬水平会调整到与竞争对手相当的水平。

3．薪酬设计原则

（1）合法原则　薪酬水平的确定受政府相关法律、法规和政策的影响，要求酒店在设计自己的薪酬制度时应严格遵守相关的法律、法规和政策。

（2）公平原则　公平原则包括外部公平和内部公平两个方面。外部公平是指酒店的薪酬水平应与同一地区、同一档次的酒店或其他组织的薪酬水平大体相当。内部公平是酒店内部各个职位员工的薪酬水平、不同职位员工的薪酬差距应与职位的价值和员工的绩效相一致。

（3）激励原则　酒店薪酬应以增强薪酬的激励性为导向，引导员工努力提高服务质量和绩效水平，为酒店创造更大的价值和贡献。

4．薪酬设计流程

（1）岗位分析　薪酬设计的前提是科学的岗位分析。通过岗位分析可以了解某一岗位的工作职责、权利、工作条件和任职资格等相关信息，并根据这些信息确定某一岗位与员工能力水平相匹配的薪酬水平。

（2）职位评价　职位评价是在岗位分析的基础上，来确定岗位之间的相对价值。每一岗位建立价值序列，根据这个价值序列来确保薪酬体系设计过程中的内部公平。

（3）薪酬调查　薪酬调查选择的对象一般是本地区与自己类似的酒店或其他组织。酒店选好后，再进行职位的选择，所选岗位应该与本酒店岗位相似，这些岗位在不同酒店之间具有可比性。调查完相关信息后，对这些信息要整理，得出被调查市场的薪酬水平，并绘制薪酬指导线，作为酒店薪酬水平参考的依据。

（4）薪酬水平定位　薪酬调查后，酒店应根据市场的薪酬水平和自身采取的薪酬战略，并结合酒店的经营状况、支付能力等方面因素，选择适合自己的薪酬水平。

（5）确定薪酬结构　薪酬结构包括每个岗位等级的薪酬范围，内含等级数，每等级的最高薪酬、中位薪酬和最低薪酬。酒店通过确定合理的薪酬结构，来实现酒店的内部公平。

（6）薪酬体系的实施和调整　酒店的薪酬结构确定后，要在一段时间内稳定地、切实有效地加以执行。但是随着时间的推移、外部环境的变化和酒店自身的发展，酒店的薪酬结构也要随之做出相应的改革和调整。

（四）绩效管理

1. 绩效管理的含义与组成

绩效指的是员工在工作过程中所表现出来的与组织目标相关的工作业绩、工作能力和工作态度，其中工作业绩就是工作结果，工作能力和工作态度是工作中的行为。

绩效管理指的是管理者为确保员工的工作活动和产出与组织的目标相一致，通过不断改善其工作绩效，最终实现组织战略的管理活动和过程。

完整的绩效管理是由绩效计划、绩效监控与沟通，绩效评价和绩效反馈四个环节组成。

（1）绩效计划　绩效计划是指根据既定的绩效标准，由管理者（考核者）与下属员工（被考核者）共同制定的绩效目标及实现目标步骤的过程。

（2）绩效监控与沟通　绩效监控与沟通是指在整个绩效周期内，管理者（或考核者）积极指导下属员工（被考核者）工作，并与下属进行持续的绩效沟通，提前预防或及时解决绩效周期内可能发生的各种问题，以期更好地完成绩效计划的过程。

（3）绩效评价　绩效评价是指考核者运用一定的评价方法和评价标准，对被考核者实现绩效计划的程度所进行的综合性评价。

（4）绩效反馈　绩效反馈是指考核者与被考核者进行沟通，就被考核者在考核周期的绩效情况进行反馈，在肯定成绩的同时，找出被考核者工作的不足并加以改进。

2. 绩效管理常见模式

（1）目标管理　目标管理是管理大师彼德·德鲁克在《管理实践》一书中提出的一种管理模式。该模式的核心思想是把企业的任务转化为具体目标，并逐步分解该目标为分目标，由各自的部门和员工去实现这些分目标。

现代绩效管理中最常见的目标管理模式是KPI（Key Performance Indicator）考核，也就是关键绩效指标法，该方法将绩效管理简化为对几个关键绩效指标的考核。关键绩效考核要符合SMART原则，即具体性（Specific）、可衡量性（Measurable）、可达到性（Attainable）、相关性（Relevant）和时限性（Time-based）。

目前，许多酒店对经营部门的考核通常采用目标管理法，常常制定一些营业收入或利润指标，以督促各经营部门上下一同去完成，完成的给予奖励，没完成的则给予处罚。

（2）360°考核　360°考核是酒店人力资源部门常用于对员工进行的绩效考核方法。360°考核是一种多维度的绩效考核与评价方法。

360°考核也称为全方位考核，是指从被考核者的上级、下级、同级到客户和自我进行的多维度考核。360°考核是一个比较科学和客观的考核方法。该方法在许多世界排名靠前的企业获得了广泛认可和使用，并取得了积极的效果。

（3）平衡计分卡　平衡计分卡（The Balanced Score Card），源自哈佛大学教授罗伯特·卡普兰（Robert Kaplan）与诺朗顿研究院（Nolan Norton Institute）的执行长戴维·诺顿（David Norton）于 1990 年所从事的“未来组织绩效衡量方法”绩效评价体系。该绩效评价体系超越了传统上单纯以财务指标为主的绩效评价模式，以使组织战略能够有效地转变为员工的日常行动。

平衡计分卡是从财务、顾客、内部业务流程、学习与成长四个角度，将组织的战略落实为可操作的衡量指标和目标值的一种新型绩效管理体系。设计平衡计分卡的目的就是要建立“实现战略指导”的绩效管理系统，从而保证企业战略得到有效的执行，因此现在已经发展成为一种有效的战略管理工具。平衡计分卡四个角度的具体含义为：

1）财务角度：解决我们能获得多少收益问题，我们未来的收益是多少。

2）顾客角度：解决顾客如何看待我们的问题，了解顾客对我们的评价。

3）内部业务流程角度：解决我们擅长什么的问题，我们的内部管理、内部流程是否能满足顾客需要。

4）学习与成长角度：解决我们是否能持续提高并创造价值的问题。

第二节　酒店财务管理

酒店财务管理是有关酒店资金筹集、投放、使用和分配的管理活动。资金如同酒店的血液，为酒店的生存和发展提供强大的支持。酒店财务管理的水平在很大程度上决定了酒店管理的整体管理水平和效益，是酒店管理的重要组成部分。

一、酒店财务管理概述

（一）酒店财务管理的含义

酒店财务管理是酒店管理的一个重要组成部分，是组织酒店财务活动和处理酒店财务关系的活动和过程。随着酒店业竞争的加剧，酒店财务管理在酒店管理中的作用日益重要。在酒店财务管理中，财务活动和财务关系的具体内容如下：

1．酒店财务活动

酒店财务活动是指酒店财务部门对酒店资金运动的组织活动。任何酒店为了开展经营活动，为了能够向顾客提供住宿及其他服务，必须采用一定的方式，通过不同的渠道，筹集一定数量的资金，用于各种投资需要，如购置固定资产、无形资产和日常流动资金准备等。在酒店经营活动过程中，酒店还需要购入各种原材料，支付员工工资，支付各种费用等。随着酒店向顾客提供了产品和服务，酒店会以现金或应收账款的形式取得营业收入，用营业收入补偿了酒店的各项成本、费用和税金后，剩余部分就是酒店的利润。最后，酒店还要将利润向酒店投资者进行分配。这一切构成了酒店的资金运动。酒店财务部门按照国家法律规定，科学合理地组织酒店资金运动，就构成了酒店财务活动。

2. 酒店财务关系

酒店资金运动从形式上看，是货币和各种物质的流动，而实质上却体现了酒店在经营过程中与企业内外部的各有关方面的经济利益关系。在财务上，把这种包含在酒店资金运营中的经济利益关系称为财务关系，即酒店财务关系是指包含在酒店资金运动中的经济利益关系。酒店财务管理需要处理的主要财务关系如下：

（1）酒店与投资者与被投资者之间的财务关系 酒店接受各种投资者（即酒店股东）投入的资金，开展经营活动，取得利润以后，应按出资协议或出资比例向投资者进行分配。酒店还可将自身拥有的合法财产对其他企业进行投资，这些企业获取利润后，也应按出资协议或出资比例分配投资收益。酒店与投资者、被投资者之间的关系在经济性质上属于所有权关系。在处理这种财务关系时必须明确产权关系，维护各方的合法权益，明确酒店与投资者、被投资者各自之间的权利和义务。

（2）酒店与债权人、债务人之间的财务关系 当酒店资金不足时，可以通过银行借款、发行债券和利用商业信用等方式筹集资金，酒店因此要向债权人支付利息和筹资费用；而债权人可以获取比较稳定的利息收入。当酒店资金闲置或出于投资等考虑，酒店还会购买其他企业的债券，以获得比较稳定的投资回报。

另外，酒店在购买原材料、销售产品或提供服务时，由于赊购、赊销等原因，也会发生应收账款、应付账款。企业与债权人、债务人之间的关系在性质上属于债权、债务的关系。在处理这种关系时，酒店必须按协议、合同的有关条款，认真履行酒店、债权人、债务人的义务和责任，并保障各方的权益。

（3）旅游企业与税务机关之间的财务关系 政府作为社会经济和公共事务的管理者，担负着维护社会正常秩序，保卫国家安全，组织和管理社会活动，协调国民经济平衡发展的重要职责。政府必须通过税收等形式参与企业收入的分配。酒店作为一个营利性的经济组织，应按国家税法的有关规定，缴纳各种税款，包括计入费用的税金、流转税、所得税等。在处理这种财务关系时，酒店必须依法向税务机关按时、足额地缴纳各种税金，认真履行企业对国家应尽的义务。

（4）酒店与员工之间的财务关系 酒店按照按劳分配的原则，根据社会劳动保险制度和国家的相关政策，向职工支付工资、津贴、奖金以及职工共同享受的福利基金等。在处理这种财务关系时，要将职工的经济利益与其岗位责任、工作绩效挂起钩来，建立合理的分配制度，维护职工的合法权利。

（二）酒店财务管理的特点

酒店财务管理与一般工业企业财务管理相比，具有较显著的特点，这些特点主要表现如下：

1. 管理范围的广阔性

酒店相对一般工业企业，不仅提供有形的产品——实物产品，而且也提供无形产品——服务。因此，酒店财务管理不仅要从价值形式上对酒店实物产品的生产与经营进行管理，而且还要从价值形成上对服务产品的生产与经营进行管理。

由于管理对象的增加，导致酒店财务管理的范围与一般工业企业相比更加广阔，深入到酒店的所有领域，如设备设施、人力资源、能源消费、消防安全、卫生清洁和服务质量等。

2. 价值增值的无形性

与工业企业的价值增值不同，酒店的价值增值主要表现为生产规模的扩大和生产设备设施的增加。酒店价值的增长更多地表现为无形资产的价值增长，如良好的服务和质量水准，良好的顾客关系以及良好的市场声誉和企业品牌等。而且，正是这种形式无形资产的增长，使得酒店在经营、产品或服务质量等方面与其他行业形成显著的不同，从长期来看，这也是酒店投资报酬水平高于其他行业的一种潜在原因和能力。

3. 投资回收的长期性

投资于实体酒店的酒店企业，前期需要进行土地、建筑物和无形资产等的巨额资产的投资，或者进行大规模的酒店并购，前期资金投资规模非常巨大。

但是，酒店经营的价值增值更多体现为无形资产的增加，短期内货币资金的回收并不明显。因此，酒店投资的回收期相对长。例如，通常五星级酒店的投资回收期长达 8～15 年。

二、酒店财务管理的内容

酒店财务管理的对象是酒店生产经营过程中的资金运动，因此财务管理的内容应反映酒店资金运动的全过程。

酒店资金运动从内容上来说包括资金的筹集、资金投放和使用、资金耗费、资金收回和分配等方面。相应地，酒店财务管理的主要内容包括筹资管理、投资管理、资产管理、成本费用管理、利润及其分配管理等。

（一）筹资管理

任何一个企业从事生产经营活动都必须从筹集一定规模的资金开始，酒店也不例外，只有拥有一定数量的资金，酒店才能购买原材料、支付员工工资和其他费用开支等。因此，筹集资金构成了酒店财务管理的重要内容。

酒店筹集资金有两大方式：外部筹资和内部筹资。外部筹资是指酒店通过吸收直接投资、发行股票、银行借款、发行债券和商业信用等方式，将酒店外部组织的资金引入酒店完成资金筹集。内部筹资是指酒店通过计提折旧和利润留成的方式，将酒店内部资金留存下来完成资金筹集。新建酒店通常从外部筹集资金开始，经营中的酒店一般应首先充分利用内部资金之后，再考虑从外部筹资。

在确定了企业的筹资方式以后，企业还要考虑到资本结构、筹资成本、筹资风险等问题，合理安排酒店的资金来源，优化资本结构，降低筹资成本和控制筹资风险。

（二）投资管理

酒店筹资的目的是为了使用，资金只有在使用过程中才能实现增值。因此，选择投资方向、确定投资规模、测算投资收益、规避投资风险就构成了酒店投资管理的重要内容。

酒店投资包括固定资产投资、无形资产投资、流动资产投资、金融资产投资以及对其他企业的投资。企业投资决策的好坏对于酒店未来的生存与发展有着重要影响，一旦投资决策失败，就可能导致酒店生产经营困难，甚至破产。因此酒店在进行投资时，必须认真分析影响投资的各种因素，科学地进行可行性分析，合理地进行投资。

（三）资产管理

酒店投资决策确定了资金的流向，是投入酒店外部还是酒店内部。投入酒店外部的资金就形成了酒店的对外投资。对外投资按投资期限的长短分为短期投资和长期投资。短期投资是指投资期限在一年以内（含一年）的投资，长期投资是指投资期限在一年以上的投资。对内投资就形成了企业的固定资产、流动资产、无形资产、递延资产和其他资产。这些资产构成了企业日常财务管理的重要内容。

酒店资产管理的重点是固定资产、流动资产的管理。酒店固定资产一般在总资产中占有很高的比例（60%～70%）。只有深入了解固定资产特点，合理计提固定资产折旧，加强固定资产的日常管理，充分挖掘固定资产使用潜力，才能提高固定资产的利用效果。酒店流动资产在总资产中占有一定的比例，流动资产好比企业的血液，只有通过不断地循环周转才能完成资金的增值。因此，酒店要加强流动资金管理，加速流动资金周转循环，不断扩大营业收入，减少资金占用，才能提高酒店的经济效益。

（四）成本费用管理

成本费用是指酒店在向顾客提供产品和服务过程中发生的各项支出和耗费。成本费用管理构成了酒店财务管理的重要内容。酒店成本费用按经济内容可以分为营业成本、销售费用、管理费用、财务费用四大部分。

酒店进行成本费用的管理，首先要确定成本费用管理的目标，在此基础上编制出成本费用预算。其次，在日常管理中，要进行成本费用的控制，并对成本费用实际耗费情况进行考核分析，发现问题，及时纠正，保证酒店成本费用的经济效益性。最后，对成本费用的管理也就是对资金耗费的管理。酒店内部每一个部门、每一个环节都会消费资金，因此，成本费用管理是一项全员、全过程、全方位的综合性管理，需要所有部门、所有员工的充分参与，才能取得良好效果，才能通过成本费用管理来提高酒店收益水平和竞争力。

（五）利润及其分配的管理

随着酒店经营活动的进行，酒店资金会逐渐被耗费，同时从经营活动中取得收入。这种收入按照会计核算的原则，首先要补偿酒店的资金耗费（即营业成本和各项费用），缴纳营业税金及附加，再加减投资收益和营业外收支，最终形成企业的利润。企业实现利润以后，要按照国家的有关规定，向国家缴纳所得税，剩余部分就形成了企业的净利润。净利润要提取盈余公积金，用于弥补亏损和转增资本；其余利润进行利润分配，或者暂时留存酒店，作为投资者的追加投资。这一切就构成了企业利润及其分配的管理。

酒店管理者应认真做好利润规划与预测，确保利润目标的实现，并在兼顾国家、酒店、职工、投资者利益以及正确处理眼前利益和长远利益的前提下，合理进行利润分配，以实现财务管理的目标。

第三节　酒店营销管理

酒店营销管理是满足顾客需求，获取经济效益，并实现酒店经营目标的管理活动和过程，是为实现酒店经营目标而采取的一系列有计划、有步骤和有组织的管理活动，包括酒店产品、价格、渠道和促销等在内的管理活动，是酒店管理的重要组成部分。

一、酒店营销管理概述

（一）酒店营销管理的含义

酒店营销管理是指从目标顾客需求出发，开发与创新酒店产品，并将相关信息传递给顾客，引导和促进顾客消费，在满足顾客需求的同时，为酒店创造利润的管理活动与过程。

根据这一含义，可以将酒店营销管理内涵归纳为以下几点：

1）酒店营销管理的最终目标是“为酒店创造利润”，能否给酒店创造必要的利润，从而支撑酒店实现生存与发展是检查酒店市场营销效果的核心。

2）酒店营销管理的中心是 “满足顾客需求”，如果酒店无法通过自身的产品为顾客创造价值，满足顾客价值需求，酒店就无法取得利润，酒店的生存与发展就失去了保障。

3）酒店营销管理的核心是“交换”，交换是酒店主动、积极寻求市场机会，满足酒店与顾客双方需求与欲望的管理过程和社会交易过程，交换能否顺利进行，取决于酒店创造的产品能否为顾客创造价值，能否满足顾客的需求，并且为酒店创造必要的利润。

（二）酒店营销管理的特点

酒店经营产品的特殊性决定了酒店营销管理与一般工业企业相比，具有如下显著特点：

1．综合性

顾客对酒店需求不是单一的住宿需求，还有美食、娱乐、康体、购物和商务等其他多样性的需求。顾客需求的多样性决定了酒店产品的多样性，产品的多样性决定了酒店营销管理的综合性，即酒店不仅营销客房住宿产品，还营销餐饮、娱乐、康体、购物和商务等多种产品。

2．信息传递的重要性

酒店产品除了有形的硬件设备设施外，更主要的是无形的服务。酒店所有产品都要伴随服务出售。服务是无形的，在顾客购买和消费之前，无法像一般工业品一样，以实体形式完整地向顾客进行展示，从而让顾客对产品质量进行充分的体验与感知，由此造成酒店营销难度更大。

尽管酒店的营销人员可以通过一些实物，如小宣传手册、纪念品等来使其产品对顾客有形化，但这毕竟不是服务产品本身。这就要求酒店营销人员在进行服务产品营销时，要正确、有效地对酒店产品进行合理介绍，不要对产品进行过分的宣传与过高的承诺，以防止顾客对酒店产品期望过高对酒店带来不利影响。

3．高挑战性

酒店营销人员首先要面对的问题是酒店产品生产和消费的时空刚性，酒店产品无法像其他工业产品一样，可以存进库房，在未来再出售。酒店产品销售是黏附在时空维度上的，酒店产品的价值以时间为计算单位，随时即逝，“今天卖不出去的客房，就没法实现其产品价值”。酒店产品的这种特征对酒店营销提出了更高的要求与挑战。这种高挑战性要求酒店营销人员在保证必要利润的前提下，尽可能地通过一些及时的策略，如降价、促销甚至免费赠送等方式来加强酒店产品销售，以实现其当天的销售价值。

4. 易波动性

酒店业经营对外部环境有很强的依赖性，是一个高敏感度行业。酒店经营很容易受到很多外部环境因素的影响而发生波动，如政治、法律、经济、社会、自然和文化等因素。

这一方面要求酒店营销人员具有很强的心理素质，应付外部环境波动给酒店和自身业绩带来的不利影响，另一方面还要具有乐观精神与很强的应变能力，能够充分抓住不利环境潜在的有利因素，化不利为有利，降低酒店生产经营风险，提高酒店的生存与发展能力。

（三）酒店营销观念的演变

酒店营销观念的变化同工业企业营销观念的变化一样，依次经历了生产观念、产品观念、推销观念、市场营销观念和社会营销观念 5 个阶段。前 3 个营销观念以企业为中心，习惯上称为旧营销观念，后 2 个阶段分别以市场（顾客）为导向和社会为导向，习惯上称为新营销观念。

1. 生产观念

生产观念是指导企业营销行为的最古老的观念之一，这种观念流行于 20 世纪 20 年代前。那时，企业经营观念不是从顾客需求的角度出发，而是从企业生产的角度出发。生产观念在酒店业的经营中主要表现为"我的酒店能提供什么，你就消费什么"。生产观念产生和存在于卖方市场条件下，特别在由经济性垄断或行政性垄断造成的卖方市场条件下。

在一个国家或地区酒店业发展的初期阶段，普遍存在酒店产品和服务供不应求的现象。这时，通常酒店设施简陋，服务产品单一，服务水平低下，但前来住宿的顾客却源源不断，尤其在旅游旺季，形成严重的供不应求状况。

由于酒店房源有限，能找到住宿之处，顾客就已经心满意足，不可能再对住宿条件和服务有更高要求。酒店不存在客房销售不出去的压力，也就无须考虑再改善设施、增加产品种类和提高服务质量等事项。

在这种条件下，由于酒店业处于卖方主导的市场环境中，缺乏市场竞争力，对于大多数以普通大众为目标顾客的酒店来说，酒店所关心的只是一方面尽可能增加床位数量，提高住宿规模，扩大收入规模，另一方面采取新技术或改进管理方式降低成本，获取更加丰厚的利润。

2. 产品观念

产品观念这种经营思想与生产观念基本并行。执行这种观念的酒店主要是那些曾经以皇家贵族、社会名流、商界富豪为目标顾客的奢华型或高档酒店。如果说生产观念注重"以量取胜"的话，那么产品观念则是强调"以质取胜"。

采用这种营销观念的酒店面对的是数量有限、消费和支付能力极高的顾客市场。酒店热衷于通过豪华的酒店设备设施、全方位的管家服务和令人兴叹的住宿价格，赢得丰厚的利润。然而，若是酒店只注重自己产品的品质优良，看不到市场需求的动态变化，终究会使酒店陷于困境。

3. 推销观念

随着社会经济、旅游业的不断发展，酒店业进入高速发展期，酒店业数量迅速增长，规模日益扩大。市场供求状况开始发生转化，由原来的卖方市场逐渐向买方市场转化。顾客开始有了选择酒店的机会与权利，酒店市场竞争开始加剧。

市场供求状况的变化迫使酒店经营者不能再坐等顾客上门，而是要积极主动地推销酒店的产品和服务，以吸引顾客入住。酒店经营正是在这种形势下由生产导向阶段进入了销售导向的阶段，酒店营销观念也由生产观念或产品观念，转变为推销观念。

从历史和社会发展角度看，自20世纪20年代开始，西方资本主义社会开始出现大量生产过剩，产品积压，同时由于管理方式改进和劳动生产率的提高，市场由卖方市场向买方市场过渡，推销观念开始出现并逐渐占据上风。

在推销导向阶段，酒店以推销观念作为经营指导思想，奉行“我卖什么，你就买什么”的经营思想。在这种观念的指导下，酒店会致力于组织专门销售人员和销售队伍，使用各种强有力的销售手段，进行酒店产品的销售工作。

例如，许多酒店开始主动与旅行社等中介组织联系，以争取更多的客源；也有些酒店派推销人员到火车站、飞机场等去接送客人；有些酒店则利用大众宣传媒介，如报纸、电视等进行广告宣传。

推销观念同生产观念相比，是一个显著的进步。酒店经营者开始认识到除了提供数量更多、质量更好的酒店产品和服务外，还应组织专门人员去推销酒店产品和服务，让顾客加深对酒店的了解，赢得顾客的信任。这种观念对酒店产品的销售和酒店经营都起到了很大的推动作用。

但推销观念仍然是以酒店自身为主体，注重对酒店既有产品的销售，使产品销售成为产品生产的附带物，带有一定的盲目性和被动性，而忽视了顾客的需求及变化，酒店产品并不一定能真正满足顾客的需求，最终会因不适应顾客需求而被顾客抛弃。因此，推销观念还不能保证酒店在越来越复杂并且激烈的市场竞争中长期生存下去。

4．市场营销观念

市场营销观念从顾客需求出发，按照目标市场的顾客需求去设计产品和组织生产。酒店营销开始从“酒店生产什么就向顾客销售什么”，转变为“市场（顾客）需要什么，酒店就生产什么”。这种观念体现在酒店生产经营理念方面就是“以顾客为中心”。

市场营销观念产生于第二次世界大战以后，尤其在20世纪50年代之后迅速发展。这一时期，由于科学技术和管理方式的急速发展，市场供大于求的矛盾更加尖锐，市场竞争更加激烈，几乎整个市场都由卖方市场变为买方市场。这一时期，在酒店经营者和专家的共同努力下，形成了市场营销观念，完成了市场经营思想的革命性演变。

5．社会营销观念

社会营销观念产生于20世纪80年代，这一观念是在当代人类社会面临日益严峻的环境、生态、能源和人口等世界性问题挑战的背景下提出的。社会营销的基本思想是酒店在营销过程中要同时兼顾与酒店相关的各方，包括消费者、酒店员工、酒店股东、社会有关单位等的利益，应将酒店、消费者同社会各方的长期利益作为一个整体来考虑。

同时，同前面的各种营销观念相比，社会营销观念在强调酒店利益和消费者利润的同时，还强调酒店的社会责任和社会其他各方面的利益。酒店应将关注和照顾社会上孤儿、残疾人、孤寡老人等特殊人士的需求与利益，以及保持和促进生态环境的改善、绿色、低碳、环保等作为酒店营销的重要部分，有效建立同社会公众的良好关系，树立起酒店良好的形象，保持持续、良好的社会营销意识和行为。

二、酒店营销组合

酒店营销组合是酒店在营销过程中对各种可控因素的有效组合与利用。酒店营销受许多因素影响，这些因素可以分为两大类：一类是酒店无法控制的因素，称为不可控因素，主要包括政治、经济、法律、人口等宏观环境因素；另一类是酒店能够控制的因素，称为可控因素，主要包括酒店的产品、价格、渠道和促销等。

酒店营销组合的基本要求和目标是用恰当的策略实现酒店产品、价格、渠道和促销的最佳组合，以便为顾客创造最大的价值和为酒店创造最大的效益。

（一）酒店产品策略

酒店营销活动是以满足顾客需求为中心，而酒店满足顾客需求的途径和手段是酒店的产品和服务。因此，产品是酒店营销组合中的一个重要因素。酒店产品策略直接影响酒店对其他营销因素的管理，对酒店营销的成败发挥着关键性作用。在充分竞争的酒店业市场，所有酒店都应始终致力于产品创新与品质提升，以便更好地满足不断变化的顾客需求。

1．酒店产品组合

酒店产品组合是酒店提供给顾客的全部产品线的组合方式。酒店产品组合由酒店产品的广度、长度、深度和一致性决定。

酒店产品组合广度是指酒店所拥有的产品线数量，即酒店的客房、餐厅、会议和康乐等。

酒店产品组合的长度是指酒店产品组合里每一项产品所包含的产品项目，如酒店客房产品有套房、标准间、大床房等不同档次、不同类型的客房。

酒店产品组合的深度是指酒店产品线上的每个产品项目所包含的产品种类，如酒店客房产品的套房又包括总统套房、行政套房和商务套房等不同套房品种。

产品组合的一致性是指各类产品的使用功能、生产技术、销售渠道或其他方面关联的程度。例如，温泉度假酒店的温泉疗养项目与健身运动设施在促进顾客身心健康方面就具有很强的一致性。

一般情况下，酒店产品组合的广度、长度和深度内容越多，能够组合出来的产品就越多，能够满足顾客需求的可能性也越大。但是，酒店产品组合越复杂，酒店投入的资源规模就越大，服务种类也越多，酒店经营的成本也越高。酒店通过加强产品组合间的关联性，可以充分利用酒店资源，取得更大的市场竞争优势。

在当今瞬息万变的社会里，人们的需求和消费观念在不断地变化，一成不变的产品组合很难长期满足顾客不断变化的需求，因此酒店应根据市场需求变化趋势，对产品的组合不断地进行调整与创新，在持续满足顾客需求的条件下实现酒店长期的生存与发展。

2．酒店新产品开发

酒店新产品开发是酒店生存与发展的必要条件，是酒店保持活力与市场竞争力的重要途径。酒店新产品开发是一个从形成新产品构思，到把新产品成功推向市场为止的前后连续、有目的、有计划的系统化管理过程。这个过程通常可以分为以下几个阶段。

（1）产品构思　产品构思是对新产品进行设想或创意的过程。新产品构思是新产品开发能否取得成功的关键因素。一个成功的新产品开发，首先来自一个有创意性、预见性的构思。

酒店通常可从酒店内部和外部寻求新产品的构思。酒店内部人员包括酒店生产经营一线员工、职能部门和市场营销部门的员工，外部人员包括顾客、中间商、竞争对手、营销公司和科研机构等。

（2）构思筛选　新产品开发阶段形成的大量构思并非都具有价值和可行性，构思筛选的目的是尽可能发现和放弃无价值和不可行的产品构思，保留和深化有价值的产品构思。

对新产品构思的筛选过程包括：对酒店资源进行总体评价，分析酒店的设备、技术专长、生产和营销产品能力等；分析酒店市场竞争状况和环境因素；判断新产品构思是否符合酒店的发展目标与战略；分析新产品市场性质及顾客需求，确定新产品能否满足市场需要；进行财务可行性分析，分析酒店能否有足够的资金开发新产品，新产品在未来能否给酒店创造盈利等。

通过以上各方面的分析判断，剔除不恰当的产品构思，保留有价值产品构思进入下一阶段。

（3）产品含义发展与测试　经过筛选后的产品构思要转化成具体的产品含义，它包括含义发展和含义测试两个步骤。新产品含义发展是酒店从顾客需求角度出发，对产品构思进行详尽描述，包括对产品名称、性能、用途、形状、价格等描述。新产品含义测试是挑选目标顾客对新产品含义进行测试，了解顾客对新产品含义的看法与反应。

（4）产品商业分析　产品商业分析是预测一种新产品含义在市场中的适应性及发展能力的阶段。具体的商业分析包括：预测产品的销售量、成本、利润及报酬率；预测开发的风险与机会；预测环境及市场竞争形势变化对产品未来收入、成本、利润的影响；确定目标市场，预测市场规模，分析消费者购买行为等。这项工作比筛选更量化，更复杂，通常需要专业人员或专业机构进行。

（5）产品开发　若产品构思通过商业分析，确定具有可行性，就进入了产品的实际开发阶段。在进行产品的设计与开发时，要考虑功能和质量两方面的决策。功能决策包括新产品的使用功能、外观及地位功能。质量决策包括产品的适用性及经济性。

例如，建一座酒店，既要考虑其地理位置、周围环境、交通条件、酒店的设计与建筑、设备的安装、内外部装潢、招聘和培训新员工等多方面的因素，还要考虑投放资金、未来报酬和顾客接受之间的平衡性，酒店并非投入越多，顾客就越认可，酒店未来利润就越多。

（6）产品试销　产品试销是酒店将新产品在较小的市场范围内进行试验性销售，以检验顾客可能做出的反应，使新产品失败风险降到最低。通过试销，酒店可以根据顾客的反映与建议，对新产品进行补充与完善，更好地适应市场需要。

（7）正式销售　新产品通过试销取得成功后，就可决定全面投入市场，这时产品进入新产品开发的最后阶段。酒店营销者在这一阶段，应当选择适当的时间和适当的地点，采用适当的营销战略，向适当的顾客推销其新产品，以最大可能保证新产品开发成功。

（二）酒店价格策略

酒店价格策略是酒店企业进行价格决策时所采用的基本方法、措施和技巧。产品价格策略在市场营销组合中具有非常重要的地位，酒店产品价格是否适当，直接关系到酒店产品的收益与市场竞争力。随着酒店市场竞争的加剧，制定价格策略的难度越来越大，在此过程中，不仅要考虑成本的补偿问题，还要考虑顾客的接受能力和市场竞争状况。

1．酒店产品价格的含义

酒店产品价格是顾客购买和消费酒店产品支付给酒店的对价，是酒店产品价值的货币表现。酒店产品价格的高低受酒店产品价值、酒店市场供求和一个国家或地区币值等多种因素的影响。

2．酒店产品定价方法

酒店产品定价方法是酒店产品在定价时具体采用的方法，应用该方法可以对产品价格进行量化的科学计算，定价方法是定价策略的组成部分，常见的酒店产品定价方法如下：

（1）成本导向定价法　成本导向定价法是以酒店产品成本为基础，综合考虑其他因素而确定酒店产品价格的方法。其中最常见的成本导向定价法是成本加成定价法。成本加成定价法是在单位酒店产品成本的基础上，加上预期利润作为产品销售价格的方法。

（2）需求导向定价法　需求导向定价法是一种以市场需求强度及消费者感受为主要依据，与产品成本关系不大的定价方法。需求导向定价法既可以是一种常见的定价方法，又可以是一种灵活的定价策略。需求导向定价法包括：

1）认知价值定价法。这是一种建立在消费者认知价值基础上的定价方法。它是指酒店在进行产品定价时，首先将酒店产品同竞争者（同行）的产品进行比较，利用营销组合中的非价格变量，建立消费者心目中的认知价值，然后依据认知价值定出酒店产品的价格。

2）反向定价法。这是一种酒店依据顾客能够接受的最终销售价格，计算自身经营成本和利润后，逆向推算出产品的批发价和零售价的方法。

3）需求差别法。该定价方法是酒店在产品定价时，将酒店同一产品或服务，定出两种或多种价格，运用在各种需求不同的细分市场上，满足不同层次顾客的消费需求，促进产品销售，提高酒店经济效益。

（3）竞争取向定价法　竞争取向定价法主要以竞争对手的价格为考虑因素。竞争导向定价法包括：

1）率先定价法（领头定价法）。在酒店实力雄厚或产品独具特色的条件下，酒店在进行产品定价时，可以采用领头者姿态，率先确定产品价格，无须考虑竞争对手的反应。

2）随行就市定价法。这种定价方法根据同一行业的平均价格或其直接竞争对手的平均价格决定自己的价格。

3）投标定价法。投标定价法是指政府采购机构在报刊上登广告或发出函件，说明拟采购产品的具体要求，邀请供应商在规定的期限内投标。如果酒店想投标成功，产品的报价应低于竞争对手的报价。

3．酒店产品定价策略

产品定价方法侧重于从量化角度对产品的价格进行科学计算，而定价策略则是定价时运用的手段与技巧。

（1）新产品定价策略　常见的酒店新产品定价策略主要有三种，即撇脂定价策略、渗透定价策略和满意定价策略。

1）撇脂定价策略。撇脂定价策略又称取脂定价策略，是指酒店新产品上市初期，将价格定得很高，以便在短期内获取高收益，迅速收回投资，待竞争者相同或类似的产品进入市场后，再逐步降低价格，达到巩固和提高酒店产品市场和收益的效果。这一定价策略有如从鲜奶中撇取其中所含的奶油一样，取其精华，所以称为“撇脂定价”策略。

2）渗透定价策略。这是与撇脂定价策略相反的一种定价策略，即酒店在新产品上市之初将其价格定得较低，吸引大量顾客购买，从而在较短期间内为新产品打开销路，扩大市场占有率和获取较大收益。

3）满意定价策略。满意定价策略又称适中定价策略，是一种介于撇脂定价与渗透定价之间的定价策略。它既不是利用高价格来快速获取高额收益，也不是用低价格来快速占领市场，而是用适当的价格来获取较为正常、平稳的长期收益。

当不存在适合于采用撇脂定价或渗透定价的条件时，企业一般采取满意定价。另外，这种定价通常会使酒店和顾客双方都比较满意，有时又称为“君子价格”或“温和价格”。

（2）心理定价策略　心理定价策略要求酒店在制定产品价格时，不仅要对顾客需求进行理性分析，更要对其购买心理进行分析，利用顾客心理特征制定有利于提高酒店收益的价格。心理定价策略主要有尾数定价策略、整数定价策略和习惯定价策略等。

1）尾数定价策略。尾数定价策略又称非整数定价策略，是指酒店给产品制定带有零头数结尾的非整数价格。例如，某种产品价格定价为 199.90 元而不是 200 元。使用尾数定价策略可以使价格在顾客心中产生价格便宜、定价精确的感觉。

2）整数定价策略。与尾数定价相反，整数定价策略针对的是将产品价格有意定为整数。整数定价策略能给顾客，特别是高消费能力的顾客以“一分价钱一分货”“质优价高”的印象。酒店的豪华客房、高档康乐产品通常会采用这种定价策略。

3）习惯定价策略。习惯定价策略是指根据市场长期形成的习惯性价格定价的策略。某些产品可能在市场上已经形成一个习惯价格，个别酒店难于改变消费者的这种心理惯性。降价易引起顾客对品质的怀疑，涨价则可能受到顾客的抵制。企业定价时常常要迎合顾客的这种习惯心理。

4）声望定价策略。声望定价策略是酒店根据产品在顾客心中的声望、形象和社会地位来确定价格的一种定价策略。例如，一些世界知名酒店集团，往往可以利用顾客对高档奢华酒店仰慕、炫耀的心理，制定显著高于其他酒店同类产品的价格。

5）招徕定价策略。招徕定价策略是指酒店将某一种或几种产品的价格定得特别低，以吸引顾客注意力，从而达到扩大销售的定价策略。酒店采用这种定价策略，虽然这种或这几种产品的销售并不赚钱，甚至亏本，但是可以带动其他产品的销售，加速酒店资金周转并获取收益。

（3）折扣定价策略　折扣定价策略是酒店为争取顾客购买产品或提前付款等目的，对基本价格做出一定的让步。折扣定价策略主要有以下几种形式：

1）数量折扣。数量折扣是指按顾客购买数量的多少，分别给予不同的折扣。通常顾客购买数量越多，折扣越大。其目的是鼓励顾客大量或集中购买本酒店产品。

数量折扣包括累计数量折扣和一次性数量折扣两种形式。累计数量折扣规定顾客在一定时间内，如果购买本酒店的产品达到一定数量或金额后，则可按其总量给予一定折扣，其目的是鼓励顾客经常购买本酒店产品，成为本酒店的忠诚顾客。一次性数量折扣规定顾客一次购买本酒店产品达到一定数量或金额后，则给予一定折扣，其目的是鼓励顾客大批量购买本酒店产品，促进酒店产品多销、快销。

2）现金折扣。现金折扣是指酒店规定顾客如果在一定的时间内提前付款或用现金形式付款，将给予顾客一定的价格折扣。其目的是鼓励顾客尽早付款，加速酒店资金周转，降低酒店回款风险。现金折扣一般包括三个因素：①折扣比例；②折扣期，即给予折扣的时间；③信用期，即付清全部货款的期限。

在西方国家，典型的现金期限折扣表示为“3/20，*n*/60”。其含义表示如果在交易成交后 20 天内付款，顾客可以得到 3%的现金折扣，超过 20 天，在 60 天内付款，不予折扣，超过 60 天付款就属于违约，顾客将承担违约付款后果。

3）季节折扣。季节折扣是指由于受旅游淡旺季因素影响，有些酒店特别是休闲度假型酒店，在销售淡季时，为鼓励顾客购买产品，而给予顾客一定折扣的优惠政策。季节折扣有利于促进酒店产品销售，加速资金收回，充分发挥酒店生产和销售潜力，降低季节性因素给酒店造成的市场风险。

4）回扣和津贴。回扣是间接折扣的一种形式，是指顾客在按价格目录全部付款给酒店以后，酒店再按一定的比例，将款项中的一部分返还给顾客。津贴是酒店出于特殊目的，对特殊顾客以特定形式给予的价格补贴或其他补贴。

（三）酒店渠道策略

1．酒店营销渠道的含义

酒店营销渠道又称分销渠道，是指酒店产品从酒店生产开始，到顾客消费结束为止运动过程中所经历的线路和线路上一切活动的总和。酒店销售渠道的起点是酒店，终点是酒店消费者，中间环节包括各级代理商、批发商、零售商、其他中介组织和个人等。

在市场经济条件下，大部分酒店产品必须依靠一定的销售渠道，才能将产品转移到顾客手中，营销既是酒店产品商品化的必由之路，也是连接酒店产品和顾客的中介。不同的营销渠道，有着不同的营销活动和效果。

2．酒店营销渠道的类型

根据不同的分类标准，可以将酒店营销渠道分成不同的类型。

（1）直接营销渠道和间接营销渠道　根据旅游产品在营销和流通过程中是否经过中间商，可以将酒店营销渠道分为直接营销渠道和间接营销渠道两种类型。直接营销渠道也称零层次渠道，是指酒店不通过任何一个中间商，直接把酒店产品销售给顾客的销售渠道。与此相反，间接销售渠道则是指酒店利用中间商进行产品销售。

（2）长渠道和短渠道　根据酒店将产品通过多少环节销售出去，可将营销渠道分为长渠道和短渠道。

长渠道是指酒店在产品销售过程中利用两个或两个以上的中间商。这种渠道常见类型有：①酒店→批发商→零售商→顾客；②酒店→代理商→批发商→零售商→顾客。

短渠道是指酒店仅利用一个中间商或自己直接把产品销售给顾客。短渠道的常见类型有：①酒店→消费者；②酒店→零售商→消费者。

（3）宽渠道和窄渠道　在酒店将产品销售给一个目标市场时，按可供使用中间商的多少，可将营销渠道划分为宽渠道和窄渠道。营销渠道的宽度是指营销渠道的每个环节或层次中使用的中间商的数量，同一层次或环节使用的中间商越多，渠道就越宽，反之渠道就越窄。

3．营销渠道选择

酒店在选择产品营销渠道时受许多因素的影响和制约，其中主要考虑的因素有：

（1）酒店资源　如果酒店本身实力雄厚，规模大，有着良好的品牌形象和声誉，能够很好地控制营销渠道，这时就可以选择沟通方式灵活、信息交流及时、效率高的短渠道；反之就要充分发挥中间商的作用，应选择长渠道。

（2）酒店产品　酒店不同产品适合采用不同的营销渠道，一般说来，餐饮产品中的零散点餐宜采用短渠道，这样可以减少中间环节，降低营销费用。相反，针对大型旅游团的客房住宿产品，则宜采用较长和较宽的营销渠道，这样一方面可以为旅游者提供更多的选择，同时扩大客户住宿产品销售。

（3）市场状况　市场状况对营销渠道策略选择也存在一定的影响。一般目标市场范围大的产品，如客房，宜采用长渠道；目标市场范围较小，如特色餐饮，宜采用短渠道；市场比较集中的产品，可采用短渠道；市场较分散的产品宜采用较宽、较长的渠道。

此外，市场竞争状况、顾客购买习惯、需求季节性都对营销渠道选择具有一定影响。另外，可供选择中间商的数目、国家政策、信息技术水平等因素也将对营销渠道选择产生影响。

（四）酒店促销策略

酒店促销即“酒店促进销售”，是指酒店通过一定手段，将酒店及其产品信息传递给顾客，使顾客对酒店及其产品加深了解和产生偏爱，从而达到扩大销售的目的。酒店促销实质是信息的宣传、沟通与交流。酒店常见的促销方式有人员推销、广告促销、营业推广和公共关系等。

1. 人员推销

对于酒店企业来说，人员推销是一种既传统、有效，又普遍采用的促销方式。人员推销是指酒店营销人员直接与顾客或潜在顾客进行信息交流与沟通，促使其了解、喜欢并购买酒店产品。酒店人员推销的常见方式有联系、专访酒店产品的代理商、中间商、机关、团体、企业、VIP及零散客人等。

酒店人员推销的流程与步骤通常为：寻找确定顾客；制订推销方案与计划（了解顾客需求，确定访问目的、方法与时间，构思推销策略等）；接近顾客（以合适的方式同顾客会面）；介绍和沟通产品信息；处理双方异议；合作与交易；后续工作。

2. 广告促销

广告促销是企业通过一定的媒体形式，向公众广泛传递酒店或其产品信息，达到扩大产品销售或提升酒店品牌形象目的的活动。

酒店广告促销有着多种媒体可供选择，传统媒体包括报纸、杂志、广播、电视、户外广告位和直接邮寄等。近年来，随着计算机技术、互联网技术、移动通信技术的不断进步，互联网、手机、平板电脑等也正在成为酒店可供选择的新广告媒体。

3. 营业推广

营业推广是酒店刺激产品早期需求或引发强烈市场反应而采取的各种短期性促销措施或手段。酒店营业推广方式包括产品展销、现场操作、竞赛、抽奖、打折券、优惠券、顾客酬谢、免费试用、免费赠送、免费纪念品等多种促销方式。

营业推广的各种方式能使消费者产生强烈而又快速的反应，能通过刺激使即将低落的销售快速回升，但是其促销效果往往是短期性的。

4. 公共关系

公共关系是指酒店为了改善与社会公众的关系，促进公众对酒店的认识、理解及支持，达到树立良好组织形象，促进产品销售而进行的一系列促销活动。

公共关系作为一种促销方式，是酒店和各种人群或组合进行积极沟通的有效手段。各种人群或组织包括股东、中间商、顾客、员工、社区、社会团体以及政府机构等。公共关系能有效地影响这些人群或组织中的每一个人。

公共关系的优势在于其浓厚的“感情色彩”，往往能达到“以情动人”的效果。此外，公共关系也被证明是能触及所有营销受众的强大营销工具。在有利的情况下，公共关系是一种主动进取的手段；在不利的情况下，公共关系则是一种有力的防御策略。

酒店公共关系常见方式既包括专题性的新闻发布会、新闻报道、产品宣传活动、大型庆典活动、专项赞助活动等，也包括所有日常性的活动，如日常的社区服务活动、环保公益活动等。

三、酒店营销新发展

近年来，随着酒店业竞争的全球化，同时伴随着技术的飞速发展和人类生活方式的显著变化，酒店营销领域不断出现新理论、新思路和新模式，呈现出丰富多彩的发展趋势。酒店营销新的发展变化趋势主要体现在以下方面：

1．品牌营销

西方发达国家对品牌营销进行系统的研究和实践开始于20世纪80年代末期。品牌营销是指酒店利用顾客对品牌的需求，围绕酒店品牌展开各种营销活动，使顾客形成对酒店品牌的深刻认知，最终形成品牌效应的过程。

换言之，品牌营销就是将酒店的形象、美誉度、知名度等展示给顾客，深刻地映入顾客心中，从而在顾客心中形成对酒店产品或服务的品牌性认知。

酒店企业拥有品牌效应，不仅是自身综合实力的体现，更是实现快速扩张、提高市场占有率的必要条件，西方许多知名酒店集团都是依靠品牌效应迅速成长起来的。

近年来，我国酒店企业在与西方知名品牌酒店企业的竞争中，成长起如锦江、建国、金陵、白天鹅等一些国内知名的品牌酒店，但与国际酒店相比还有不小的差距。因此，我国酒店企业在打造、传播品牌，通过品牌营销实现发展和壮大仍然有很长的路要走。

2．体验营销

体验营销概念来源于“体验业”以及“体验经济”。1970年，阿尔文·托夫勒（Alvin Toffler）在其名著《未来的冲击》中，预言那些不再生产有形商品和不再提供传统服务的行业，即体验业将发展得更快，继服务业发展之后，体验将成为未来经济发展的支柱。

体验营销是指通过让顾客体验产品并确认价值，促成对酒店产品的信赖，然后自动接近产品，从而成为企业忠诚的顾客的一种营销方式。酒店中应用的体验式营销模式，一般有感觉营销、情感营销、思维营销和行动营销。

（1）感觉营销　感觉营销是通过刺激消费者的视觉、听觉、触觉、味觉与嗅觉，让顾客建立感官体验，创造值得回忆的感受，从而引发购买和消费动机，增加酒店产品的附加值的营销方式。

（2）情感营销　情感营销即在营销过程中，通过触动客人的内心情感，创造情感体验，引发顾客购买动机的营销方式。

（3）思维营销　思维营销以启发人们的智力为目的，通过在产品的营销中加入一些有创意、知识性的因素，以引起消费者的兴趣和参与，促进顾客消费需求的营销方式。

（4）行动营销　行动营销是酒店通过举办一些活动，让顾客参与到产品或服务的创造过程中，增加人们的亲身体验，促进顾客消费需求的营销方式。

3．绿色营销

绿色营销是着眼于保护人类生存环境、促进人类社会可持续发展的一种新型营销观念，它要求企业在发展的过程中应履行社会责任，为保护人类生存环境和促进人类社会可持续发展做贡献。

绿色营销是指企业在生产经营过程中应把消费者的需求、企业的利益和环境保护三者有机地统一起来，从产品设计、生产、销售到使用的整个过程都要充分考虑到资源节约和环境保护，以实现人类与环境的和谐相处和人类社会的可持续发展。

酒店常见的绿色营销措施如下：

（1）实施绿色管理　酒店应将环境保护和人类可持续发展观念融入酒店管理之中，使安全、卫生、节约、环保、低碳等绿色含义深入员工心中，并指导和约束员工的日常行为。

（2）采用绿色技术和设备　酒店在技术标准选择和购置设备时，应优先选择能够降低污染、保护生态、减少浪费、循环使用、节能降耗的技术标准和设备。

（3）开发绿色产品和服务　酒店绿色产品主要包括绿色客房、绿色餐饮和绿色服务。以绿色客房为例，要求酒店客房从开始设计到提供住宿服务的全过程应符合环保要求，如建筑材料应使用绿色材料，客房用品为绿色产品，客房设备为绿色设备等。

（4）开展绿色促销　酒店可以通过营销人员直接向消费者宣传酒店的环保措施；酒店产品广告应注意强调产品的绿色特征。酒店还应通过公关活动，让公众了解到本酒店在环境保护方面所做的努力，从而在公众中树立起绿色环保的形象。

4．网络营销

网络营销是指以互联网等现代信息技术为手段，更好地满足顾客需求，并且为企业创造更好效益的营销活动和营销过程。网络营销是顾客导向营销、双向互动营销、远程全球营销、无纸化营销、自助式营销等一系列先进营销方式的综合体。

与传统信息传递媒介相比，网络传递信息速度快、范围广、内容丰富、形式多样，成为酒店企业广泛使用的营销媒介与手段。借助于网络营销，酒店可以更有效地提高营销效率和扩大市场占有率。酒店通过网络宣传自身产品服务，顾客可以通过网络及时了解酒店的所有相关信息，并且进行信息互动沟通。

借助网络，特别是移动网络，酒店可以实现客房产品网络预订，提高客房出租率。利用网络等现代信息技术，酒店还可以广泛收集、记录顾客的爱好及要求，对这些信息进行分析，不断开发特色产品和服务，在此基础上实现大规模的定制化服务。另外，借助于网络，酒店还可以实现品牌在公众之间的快速传播。

5．主题营销

主题营销是指酒店根据自身资源优势、流行消费时尚、特定顾客需求等因素，有意识地发掘、利用或创造某种特定主题来实现经营目标的一种营销方式。

主题营销可以在原本单调、形式化的营销活动中注入某种思想、理念或文化，使营销活动由单纯交易转变为情感交流，让顾客在交易和消费物质产品的同时得到精神享受，增强酒店产品对顾客的吸引力。

酒店开展主题营销时，一般是在对顾客需求进行科学分析的基础上，选择适当的主题，然后围绕这一主题而开展有特色的营销活动。具体来讲，就是从某一主题入手，把酒店产品、服务项目与特定主题相结合，以个性化的产品和服务吸引顾客消费。这时酒店不再是单纯的住宿、餐饮消费的场所，更是以历史、文化、城市、自然等不同主题特色吸引顾客的舞台。较之于一般形式的营销活动，主题营销活动更容易给人留下深刻的印象，提升营销活动的效果。

案例

Art Series酒店的营销活动——够胆就来偷

Art Series 酒店是澳大利亚一家奢侈型连锁酒店，拥有 3 家艺术主题酒店：The Cullen Hotel，The Olsen Hotel，The Blackman Hotel。每一间都有独立的主题，并陈列着当地著名艺术家的作品。在 12 月至 1 月中旬，墨尔本没有任何运动、文化大事件，酒店业进入淡季。偏偏他们又面临着 1000 间房的预订任务。他们需要一场别开生面的公关活动来实现突破。

活动基于一句心理学格言："Bad men do what good men dream. " Art Series 酒店对外宣称，"街头艺术家班克斯（Banksy）价值 15 000 美元的作品就在酒店里，如果你能够偷走这幅画且不被人发现，它就是你的。"当然这些艺术品受到严格的保护，想要偷的人可得费不少功夫。活动的规则是当期只放一件作品，且作品是轮流在三家酒店摆放的，但官方会通过网络地图来公布这些消息，当然社交媒体也是官方发布消息的渠道之一，号召用户一起协同来盗画。画上装有 GPS 定位，成功偷走的人会被找到，同时酒店方面还利用社交媒体来发布失败者的"犯罪"过程。最后甚至吸引了网球明星小威廉姆斯参与活动，当然她并没有成功。

结果是，第一幅画只在店内待了五天就被偷了，盗贼是一名叫茂拉·图霍的人。图霍的手段十分巧妙。他假扮成负责把艺术品搬到另一家酒店的 Art Series 酒店雇员，成功骗过酒店员工，把班克斯（Banksy）的艺术品弄到手。第二幅画由于没人偷得了，Art Series 酒店就把它捐献给了公益组织。当然活动获得了极高的曝光率和热烈的网络讨论。不断的爆料让这一事件始终是人们谈论的热门话题。至于订房任务，4 周内早已超过了 1 500 间。

【问题】请利用营销管理的相关理论对该营销案例进行解读，分析营销活动获得成功的原因和产生的效果。

复习思考题

一、名词解释

酒店人力资源管理　酒店人力资源规划　绩效管理　平衡计分卡

酒店目标管理　酒店财务管理　酒店筹资管理　酒店营销管理
体验营销　绿色营销

二、简答题

1. 简述酒店人力资源的特点。
2. 简述酒店人力资源管理的目标。
3. 简述酒店财务管理的内容。
4. 简述酒店营销管理的特点。
5. 简述酒店营销渠道选择要考虑的主要因素。

三、论述题

1. 论述酒店人力资源管理的主要内容。
2. 结合酒店业发展实际，论述酒店营销观念的转变和营销的新发展。

第七章

酒店职能管理（二）

学习目标

- 了解酒店设备、安全和服务质量管理的基本特点或内涵
- 掌握酒店设备、安全和服务质量管理的基本含义
- 掌握酒店设备、安全和服务质量管理的主要内容

案例导入

（一）

台湾卓先生第一次来大陆做生意，由当地一位商人介绍，住进了福建沿海某市一家三星级酒店。没想到的是，他却遭遇了洗澡被热水烫伤并摔成重伤的事故。

原来，卓先生有在气温适宜的情况下，尽可能用冷水洗澡的习惯。他进入客房，刚放下行李，就急匆匆进入卫生间想冲个冷水澡。他根据浴缸水龙头"冷热混合开关"背后墙上贴着的冷热转向示意色标，将水龙头开关一下子转向了蓝色标志（示意为冷水）一方。

若按正常情况，应当是浴缸水龙头先出水，以便客人用脚试下水温，然后再拨动"转换开关"让喷淋头出水。然而没想到的是，浴缸水龙头并不出水，而是头顶上方的喷淋头突然冲出一股热水，而且水温相当高。卓先生光着的身体一下子被滚烫热水灼得刺痛，本能地跳出浴缸。更糟的是，脚底一滑，整个人重重地摔在了地上，卓先生连痛带惊几乎晕了过去。

好在酒店接到卓先生打出的求救电话后，极为迅速地将其送至医院治疗，又是派人陪护，又是酒店领导前往慰问，而且还满足了卓先生的全部赔偿要求，这次意外事故总算平息了。

【讨论】

（1）酒店设备管理的重要性及意义。

（2）作为酒店管理者，应如何做好设备管理，以防止事故的发生？

（二）

2013 年 9 月 20 日凌晨 1:00 左右，某酒店保安部员工李师傅照常进行夜间巡察，当巡察至酒店小花园时，发现有两名 25 岁左右的男青年，手里拿出背包，正在四处张望，而且形迹非常可疑。

当两名男青年发现保安人员正在巡视时，开始变得慌张起来，急忙向花园中的假山上走去。李师傅急忙叫住这两名男青年，问他们在干什么。

这两名男青年支支吾吾，说是来酒店花园里散步。李师傅大声说道："大半夜里，来酒店散什么步？"。这两名男青年见酒店保安人员如此警惕，只好快步离开了酒店。

【讨论】

（1）作为酒店管理者，应如何看待酒店的安全管理工作？

（2）作为酒店管理者，应如何看待李师傅对这次安全管事项的处理行为？

（三）

凌晨 1: 00，"铃——" 静谧的夜晚被急促的电话铃声所打破。在某知名五星级酒店总机值夜班的小李赶紧接起电话。"晚上好，张先生。这里是总机，请问有什么可以帮您的吗？" 细听之下，原来是 1845 房间的张先生询问关于语音留言的事情。

深夜回到房间的张先生，发现电话的留言灯一直在闪烁，便打电话到总机，询问是否有留言。话务员小李通过系统查找，发现该客人有一封新的语音留言，便告诉客人挂机后拨打 "77#" 收听新留言。可是，张先生在听留言的中途，不小心挂断了电话，导致最重要的信息没有听到，才有了后来打电话到总机寻求帮助的一幕。

作为一名实习生，小李虽然在酒店工作已有半年之久，但还是第一次遇到客人要求帮忙查询已收听的语音留言，难免有些慌张。不过，小李还是有礼貌地回答客人："您稍等，我帮您在系统里再查一下。"

几秒钟之后，小李发现酒店 Opera 系统里显示客人确实已经收听了留言，若想再提取留言，话务员只能通过语音信箱帮客人查找，并且此操作耗费时间较长，不能让客人在线等太久，所以只能挂机操作。

于是小李只好劝说客人："抱歉，张先生，你的留言我需要帮您在语音信箱查找一下，时间比较长，您在房间稍等，我马上帮您查一下，稍后给您打回，可以吗？" 张先生听后觉得也对，只好嘱咐小李一定要找到留言，尽快打回，便挂断了电话。

结束通话后，小李翻出学习笔记，找出如何在新系统中帮客人提取留言的步骤。由于前一段时间酒店更换了新的话务台系统，所以很多操作流程都有所改变，对于本身就不太熟悉话务台操作的小李来说有些棘手。

对照笔记，小李赶紧拨打语音信箱的电话 "50002"，进入语音信箱操作系统，按照提示音输入房间号 "1845" 和密码 "88#" 后，小李听着提示音按 "1"，没有发现有新留言，反复操作几次后，还是没能找到客人的留言。只好马上打回电话到客人房间。"晚上好，张先生。抱歉打扰您，不好意思，我帮您在语音信箱查找了一下，并没有发现您的留言，我和工程师联系一下，让他们帮您再查下，您看明天给您打回可以吗？" 张先生听后，没有办法只好作罢，让话务员明天一定打回。

挂断电话之后，小李并没有马上给工程师打电话，总觉得有些地方做得不对，于是再次进入语音信箱系统，终于在"已删除的留言"中找到了客人所有的语音留言，然后按照 Opera 系统里语音留言的时间，逐个与语音信箱里的日期时间一一核对，费尽一番周折后，终于找到了张先生漏掉的那条留言。

留言的内容很简短，是一位外线客人给张先生留下的联系方式，小李迅速记下留言客人的名字以及联系方式，然后马上给客人房间打回，和李先生核对后，确实是这一条留言，张先生非常感谢小李的帮助，并称赞小李专业、高效的服务。

【讨论】

（1）作为酒店管理者，如何看待小李这次高质量的服务补救事件？

（2）作为酒店管理者，应如何避免给顾客造成不便的服务质量事项？

本章系统地介绍了包括酒店设备管理、安全管理和服务质量管理在内的酒店职能管理领域的基本含义、基本内涵或特征、主要内容和管理方法，该部分也是酒店管理的重要领域和核心内容。

第一节　酒店设备管理

酒店设备管理是对酒店各种设备从选购、验收、安装开始，到使用、维护、保养、修理，直到更新改造全过程的一系列管理活动。酒店设备管理是由酒店工程部主要负责，全体员工共同参与的综合性管理工作。

一、酒店设备概述

（一）酒店设备的含义

对于一般工业企业来说，设备是指可供企业在生产中长期反复使用，并在反复使用中基本保持原有实物形态和功能的生产资料和物质资料的总称。

对于酒店来说，酒店设备是指酒店在生产经营过程中可长期、多次使用的机器、机具、仪器、仪表等物质技术装备的总称。

酒店设备具有多次使用的特性，不是一次性消耗品。同时，由于酒店大多设备价值较高，因而大多数酒店设备都属于酒店固定资产。

（二）酒店设备的分类与构成

酒店设备按照不同的分类标准，可以有不同的分类。按照工程技术管理的要求，酒店设备系统分类与相应构成如下：

1. 供电系统

按照我国目前的供电要求，当某一建筑物内设备总装机容量超 250 千瓦时，就必须采用高压供电和变电装置，将高压转换成低压后供设备使用。高星级酒店的设备装机容量大多超过这一标准，所以，酒店就必须从高压电网取电（高压供电的电压级别标准一般为 10 千伏），然后对其进行降压以满足酒店内部的电力使用。

酒店供电系统主要由三类设备组成，具体如下：

（1）变配电设备　主要包括高压配电柜、变压器、低压配电柜。

（2）输电设备　主要包括输电线路和接线箱。

（3）用电设备　主要分四种类型：机电设备（如电梯）、电热设备（如电烤炉、微波炉）、电子设备（如电视、音响）和照明设备（如日光灯）。

2．空调系统

空调系统是一个包括供制冷、通风、供热的综合系统，它将室外的空气吸入，经过过滤、降温（或升温）、降湿（或加湿）等程序处理后送入空调室内，同时将室内空气排出。

酒店空调系统按照空气处理设备的集中程度可以划分为三种类型：集中式空调系统、局部式空调系统和半集中式空调系统。

（1）集中式空调系统　集中式空调系统是把所有的空气处理设备都设置在一个集中的空调机房里，空气集中处理后，再送往各个空调房间，如中央空调。集中式空调系统主要包括空气处理设备、空气输送设备和空气分布装置。

（2）局部式空调系统　局部式空调系统又称空调机，是把冷、热源和空气处理、输送设备集中在一个箱体内，它直接安装在酒店空调房间内，具有设备结构紧凑、安装方便、需专门机房等优点。它由制冷压缩机、节流机构、直接蒸发式空气冷却器、风机、空气冷凝器等部件组成的空调机组成。

（3）半集中式空调系统　半集中式空调系统除了设有集中空调机房外，还设有分散在各个空调房间里的二次空气理设备，常见的有风机盘管系统，它主要由风机、风机电动机、盘机、空气室温调节装置组成。

3．锅炉供热系统

锅炉供热系统主要由锅炉水处理系统、锅炉机组系统、锅炉辅助系统和附属设备系统组成。

4．给水排水系统

酒店给水排水系统由给水系统和排水系统组成。

（1）给水系统　给水系统主要包括生活给水系统、热水供应系统、生产用水系统（如厨房用水、洗衣房用水等）和消防用水系统。其中生活给水系统由输水管网、增压设备、输水压设备、配水附件、计量仪器及储水设备设施等组成；热水供应系统由热源、加热设备和热水管网组成。

（2）排水系统　酒店排水系统可以分为粪便污水排水系统、生活废水排水统、厨房废水排水系统、洗衣房废水排水系统、屋顶雨雪水排水系统。排水系统主要由污（废）水收集器、排水管道、通气管、污水处理的建筑物组成。

5．消防报警系统

消防报警系统主要包括消防监控系统、消防灭火系统和防排烟系统。

（1）消防监控系统　消防监控系统主要由自动报警系统、人工报警系统和消防控制系统组成。

（2）消防灭火系统　消防灭火系统主要包括消火栓、自动喷淋灭火装置、卤代烷灭火装置及小型灭火器。

（3）防排烟系统　防排烟系统主要包括排烟风机、送风风机、风管或风井、各种排烟防火阀门、风口等设施。

6．电梯设备系统

酒店电梯设备系统包括客用电梯和服务电梯。有些酒店的客用电梯，除了一般客用电梯外，还设有专用电梯（如贵宾电梯、旋转餐厅电梯等）、观光电梯。服务电梯又包括员工电梯和货梯等。

7．厨房设备系统

厨房设备系统按照功能和用途可以分为原料加工设备、烹调加热设备、清洁洗涤设备、冷冻冷藏设备四种类型。

8．音像与通信设备系统

酒店音像与通信设备系统包括音响系统、闭路电视系统、通信系统等。

9．健身娱乐设备系统

高星级酒店的健身娱乐设施主要分为三类：

（1）运动类设施，如游泳池、健身房、乒乓球场、篮球场、壁球场等。

（2）娱乐类设施，如舞厅、棋牌室等。

（3）保健美容类设施，如桑拿房、SPA 房、按摩机以及美容美发室等。

二、酒店设备管理概述

酒店设备管理就是对酒店各种设备从规划、选购、验收、安装开始，经过使用、维护、保养、修理，直到改造、报废、更新为止的全过程的一系列管理活动和过程。

（一）酒店设备管理的意义

酒店设备运行的好坏，直接关系到酒店的服务质量，关系到顾客满意和酒店经营的成效，对酒店经营管理有着重要意义。

1．酒店设备管理是保证酒店正常运行的基本条件

酒店是以设备为依托，向顾客提供住宿服务为主的企业。如果没有运转良好的设备做支持，酒店就很难向顾客提供合格的服务产品。而且，设备一时出现问题，如电梯门打不开，浴室洗浴水温低、空调不制冷等都会导致顾客的不满，进而影响酒店的市场声誉与入住率。因此，酒店设备运转良好是酒店正常运行的基本条件。

2．酒店设备管理是提高酒店服务质量的基本保证

酒店的服务质量是由酒店设备的质量、员工的服务水平、经营管理效率等多方面因素决定。其中，设备运行状态和先进程度对酒店为顾客提供高品质的服务具有重要影响。

世界旅游卫生组织历次调查表明，在从一星到五星级酒店的客人中，有 55%的顾客把设备好、清洁、卫生视为最重要的服务要求，是顾客决定是否入住这家酒店或者以后再来的主要依据。因此，设备管理是提高酒店服务质量的基本保证。

3．酒店设备管理是提高酒店经济效益的关键环节

设备是酒店开展经营活动一项必要投入，而且设备在运行过程中还必须追加能源支出和维护修理费用。这些费用的支出在酒店成本中占很大比重，如一般酒店设备的购置费占酒店总投资的 35%～55%，而运行费用则占经营总费用的 10%～15%。加强酒店设备管理，减少设备故障率，降低设备能源消耗，延长设备使用寿命，可以降低设备费用支出，提高

酒店经济效益。

4. 酒店设备管理是提高酒店等级的基本前提

我国酒店的等级水平用星级来表示，酒店申请一定星级标准，就必须具备一定的条件，从星级评定标准来看，六个项目中有四个都与设备管理有关。而且，在酒店星级评价标准中，对酒店的设备的供应、维护保养都有明确详细的规定，所以设备管理的好坏，直接关系到酒店星级水平的高低。

（二）酒店设备管理的特点

酒店设备管理对于酒店经营具有重大意义，同时酒店设备管理工作又具有如下鲜明特点：

1. 综合性强

目前，酒店使用的设备都是现代化设备，对这些现代化设备的管理工作已经不再仅仅局限于设备维修保养的纯技术性工作，还要涉及设备投资、建造、安装过程的经济分析和大量的组织、协调等方面工作。

例如，设备购置前要进行可行性论证，设备建造与安装过程中要进行劳动力的组织与安排，设备使用过程中要进行考核、检查、评比等工作。可见，酒店设备的现代化管理工作涉及面广，是一项综合性非常强的管理工作。

2. 设备投资回收时间长

酒店需要用先进、舒适的现代化设备设施来营造良好的消费环境和气氛。这些现代化设备设施投资巨大，大多占酒店总投资的 65%～70%。这些设备设施投资必须通过酒店业务的经营和产品销售来获得价值回收，其资金回收期较长。因此，酒店需要对大额、投资回收期比较长的设备设施投资，要结合酒店实际情况，慎重决策。

3. 技术水平要求高

从酒店设备的分类与构成中，可以看出酒店设备种类多、规格、型号各异、价值构成差别大、技术性强，使用方法和维修保养的要求也各不相同。

这就要求酒店设备管理人员不仅要掌握机械、电器、电子、计算机和通信等各种专业技术，还要懂得设备维修、保养等方面的管理技巧和知识。

4. 时间效率要求高

酒店的大量设备供客人直接使用或为服务客人提供支撑与保障，这给设备的使用质量提出了较高的要求。但是，设备在众多客人的长时间使用过程中，有可能存在着突发的、意外的故障和缺陷。一旦出现故障或发生意外，酒店相关部门必须立即以最快的速度为客人排除故障或处理突发事件，以此减少给客人带来不必要的麻烦。

这就要求酒店设备管理部门必须建立畅通的信息渠道，掌握精湛的业务技术，准备好各种维修器材，随时为客人服务、使客人满意。

5. 员工参与度强

酒店设备分布在各个部门，由各部门的员工使用。传统的观点认为，设备的管理、维修和保养等工作都是由工程部的员工完成的，但实际上，设备使用时间最长、次数最多的人是各部门的员工。

因此，酒店设备管理工作要求全体员工必须积极地参与酒店设备管理之中，实行全员设备管理。

三、酒店设备管理的主要内容

酒店设备管理的主要内容包括计划添置设备，对设备进行购置、安装、调试、使用、维护、更新改造，直至报废的全过程管理。

（一）酒店设备计划与购置

每年年末酒店设备使用部门要根据设备使用需求，提交下一年的设备采购报告，提供相关的技术参数，如技术、价格、适用性、可靠性、维修性评价、投资回收评价等信息。

酒店设备采购小组对符合条件的设备进行筛选，最终做出设备采购计划。根据设备采购设计，财务部门做出设备采购预算，并连同设备采购计划报总经理审批。

酒店设备采购部门按照批准的采购计划，按照物品的名称、规格、型号、数量、单位及时进行采购。

（二）酒店设备的安装与调试

对于需要安装与调试的设备，酒店应聘用具有安装资质和技术能力的组织或技术人员进行，保证设备安装与调试能够按照技术规范与要求进行。

同时，酒店设备管理部门也要对设备的安装与调试进行管理与监督。

（三）酒店设备的使用与维护保养

酒店设备管理部门要对酒店各部门使用的设备提供技术支持与指导，并实施监督管理的职能，促使设备使用部门正确、合理地使用设备，减轻设备磨损，保持设备良好的工作性能，更好地发挥使用效能。

为了保持设备运行状态正常，延长设备使用寿命，必须对设备进行维护保养。设备维护保养既是设备管理的重要内容，也是酒店全面质量管理的重要一环。酒店设备管理部门应对设备定期或不定期地进行保养、维修以保证设备正常运行。

（四）酒店设备的改造与更新

随着设备使用年限的增加，设备的有形磨损和无形磨损日益加剧，可靠性日益降低，维修时间间隔越来越短，维修费用不断上升，达到一定时间点后，再进行维修已经不经济。

另外，陈旧过时的设备还会给客人造成使用上的不便与精神上的不愉快，影响酒店声誉，这时就必须对设备进行改造与更新。设备改造是应用新技术对旧设备进行改造，使其恢复或提高使用效果与效益。设备更新是用先进的新设备更换过时的旧设备。

（五）设备的报废

设备由于有形磨损、无形磨损或其他原因，不能继续使用的，应予以报废。设备报废应遵守相关的制度规定，并且履行相关的报废手续，以保证报废活动的正常进常。设备报废后，如果还需要使用该类设备，应重新提交新的设备采购计划。

第二节 酒店安全管理

当今世界，各种违法犯罪活动、恐怖活动、突发事件频繁发生，不可抗力因素日益增多。酒店作为一个接待世界各国、全国各地顾客进行住宿、餐饮、休闲、娱乐和商务等多种消费活动的公共场所，面临的安全威胁和安全问题日益增多，酒店安全管理在酒店管理中的重要性日益凸现。

一、酒店安全管理概述

（一）酒店安全管理的含义

在《汉语大词典》里，“安全”具有两层意思：一是名词，指“平安，无危险，没有事故”；二是动词，指“保全，保护”。

酒店安全是指在酒店所涉及范围内所有人、财产的安全，以及没有危险，不受任何威胁的生理、心理的安全环境。酒店安全所保护的对象是酒店所控制范围内的所有人员与财产。

“所有人员”不仅是登记入住的全部顾客，还包括在酒店参加各种活动的所有人和酒店工作的全体员工。“所有财产”包括住店顾客的财物、酒店员工的财物以及酒店自身所拥有的财产。

（二）酒店安全管理的特点

1．复杂性

酒店安全管理的复杂性体现在以下两个方面：

（1）服务对象的复杂性　安全管理服务的对象包括酒店所有人员，既包括顾客，又包括员工。在当今人类交往全球化的大环境之下，酒店顾客和员工可能来自全球各地，有着复杂多样的目的、动机和行为习惯。服务对象的复杂性，决定了酒店安全管理的复杂性。

（2）管理内容的复杂性　酒店安全管理内容包括顾客和员工的人身安全、财产安全，还包括可能对二者产生安全隐患的设备安全，人身、财产和设备安全又包括复杂多样的内容，因此造成酒店安全管理的复杂性。

2．预防性

在酒店安全管理中，关键是确保酒店始终处于安全状态，尽最大努力事前排除安全隐患，减少安全事故。

因此，做好预防工作就成为酒店管理安全管理的核心任务。酒店安全管理要通过建立健全安全管理制度，装备安全保卫设备，预防和制止各种可能出现的不安全风险与隐患，而不是忙于应付事故发生后的处理和弥补。

3．法律法规性

酒店安全管理的复杂性决定了酒店安全管理工作具有很强的法律法规性。国家为保护公民的人身和财产不受侵犯，制定了一系列的法律法规。

例如，在有关酒店消防管理方面，就有《中华人民共和国消防条例》《高层建筑设计防火规范》。酒店在保护顾客、员工的人身和财产安全时，需要遵守国家的法律法规，依法开展安全管理活动。

4．国际性

随着人员国际流动性的日益频繁，国际不安定因素增多，安全形势日益复杂，所有涉外酒店安全管理的国际性特点日益突出。在酒店安全管理中，既不能违背东道国的法律法规，还要按国际惯例办事。既要考虑不同国家、不同地区的不同习惯，又要遵循国际惯例，按国际性安全管理惯例，充分满足不同国家和地区顾客共同的安全需求。

（三）酒店安全问题的类型

酒店面临的安全问题主要有以下类型：

1. 财产遗失

酒店里存在顾客和员工的大量财产，而且许多财产具有实物小、价值高特点，经常被顾客不小心丢失，或者成为不法分子偷盗的目标。因此，财产遗失也就成为酒店最常见的安全问题。

2. 逃账

在酒店经营管理中，常把冒用信用卡、盗用支票、使用假支票、使用假钞、逃单等现象统称为逃账现象。逃账现象在中、西方酒店中都经常出现。逃账会给酒店带来经济损失，危及酒店的正当利益。

3. 打架斗殴

打架斗殴事件多发生于酒店的酒吧、卡拉 OK 厅等娱乐场所，打架斗殴容易殃及其他客人，给客人造成身体伤害，同时使酒店受到经济损失。

4. 黄赌毒

黄赌毒是指酒店客房和娱乐场所等发生的卖淫、嫖娼、赌博、吸毒等严重危害人们身心健康的不法活动。

5. 食物中毒

食物中毒是指由于饮食卫生引发的较为严重的饮食安全问题，主要是由酒店餐厅提供的食品和饮品过期、不洁净、变质等原因造成的。

6. 设备安全事故

酒店有大量的设备，特别是电器、燃气、供水等设备，一旦出现安全事故，将会给酒店、顾客、员工的财产和人身造成极大的危害。

（四）酒店安全管理的意义

随着世界范围内各种不安定因素的上升和安全问题的出现，酒店作为一个接待世界各国宾客的公共服务场所，受到的安全威胁和面临的安全问题也不断上升。酒店安全管理的重要性在酒店管理中的地位日益上升，酒店安全管理的重要意义日益显现。

1. 酒店安全管理是酒店管理的重要组成部分

酒店管理很大一部分是对酒店各种资产的管理，如人力资产、财务资产、实物资产、顾客资产等，而酒店的各种资产随时都涉及安全问题。

因此，维护酒店各种资产的安全与完整就成为酒店管理的重要组成部分。同样，酒店只有在把安全管理视为酒店管理的重要组织部分，体现出对安全管理的重视，才能有效地减少安全事故的发生。例如，绝大多数酒店都是由酒店总经理对酒店重大安全事故负首要责任，以体现出对安全管理的重视。

2. 酒店安全管理是事关酒店所有顾客人身和财产安全的重大事项

顾客进入酒店住宿和消费，人身和财产安全是顾客的第一需要。酒店的所有产品与服务都是建立在不对顾客人身和财产造成损害的基础之上。一旦，酒店对顾客的人身或财产造成损害，哪怕是极其轻微的损害，都会给顾客造成心理阴影，成为一种不愉快的经历，更不要说使顾客产生满意与忠诚了。

3．酒店安全管理是事关员工工作满意与忠诚的重大事项

酒店员工是酒店最重要的财富，是酒店效益的直接创造者。只有满意与忠诚的员工才能为酒店赢得满意与忠诚的顾客。酒店员工长期在酒店工作，是酒店安全最直接的感受者。酒店工作环境的安全性，会对酒店员工工作的积极性、稳定性造成重大影响。

如果酒店员工总是担心工作环境的安全，员工就不能安心工作，更不说全身心地为顾客提供高品质服务。因此，为酒店员工提供一个安全的工作环境，既是酒店安全管理的主要任务之一，也是酒店管理者的重要职能。

4．酒店安全管理是影响酒店经济效益和社会效益的重大事项

一方面，酒店一旦由于安全管理问题造成安全事故，必然会给酒店造成经济效益方面的损失。例如，如果酒店的硬件设施设备因安全事故受损，酒店将直接承担相应的经济损失，同时还可能对酒店正常经营能力产生不利影响；如果顾客、员工的人身或财产因安全事故受损，酒店将由于承担赔偿责任而造成经济损失。

另一方面，如果酒店安全管理出现问题，酒店的企业形象和社会声誉也会因此受到破坏和影响，而且这种损失往往是难以估量的。

二、酒店安全管理的内容

（一）酒店治安管理

酒店治安管理是指酒店为保障顾客、员工的人身安全，以及顾客、员工和酒店的财产安全，而采取的一系列防盗、防破坏、防流氓活动和防治安事故的管理活动。酒店治安管理主要做好以下工作：

（1）建立健全安全管理制度，如贵重物品管理制度、行李寄存管理制度、住宿登记管理制度、员工出入管理制度、电梯维修保养制度、停车管理制度等，从制度上保证安全管理工作的科学有序进行。

（2）配备必要的安全设施，如监控摄像设备、防盗防暴设备等，从软硬件技术上保证安全管理工作有及时有效。

（3）具体落实各部门的治安管理工作，如前厅、客房、餐饮、康乐等经营部门，以及人力资源、财务、工程管理等职能管理部门的治安管理工作。

（二）酒店卫生安全管理

酒店卫生安全管理是指为给酒店顾客、员工提供一个卫生整洁的安全环境，而采取的一系列卫生清洁、卫生防疫、卫生安全的管理工作。卫生安全管理工作的重点是预防食物中毒和疾病传染，卫生安全管理工作的关键是执行食品卫生法和公共场所卫生管理的规定。酒店安生安全管理工作主要包括以下工作：

（1）员工个人卫生　特别是一线生产经营员工的个人卫生，这既是员工个人素质的体现，更是提供酒店卫生服务质量的需要。

（2）公共环境卫生　公共环境卫生涉及的范围非常广，包括酒店顾客和员工所能接触到的酒店内一切公共环境卫生，包括酒店的每一个地段、每一个过道，甚至每一扇门窗的卫生。公共环境卫生安全是给顾客和员工提供一个清洁、卫生、安全的住宿和工作环境的基础。

（3）酒店客房和餐饮的卫生安全　客房和餐饮卫生安全是酒店服务质量的核心环节，也是酒店顾客最关心和最敏感的问题，酒店安全管理部门一定要严格执行相关的卫生安全法律法规和管理制度，保证房客和餐饮的卫生安全。

（4）各部门的卫生安全管理工作　这项工作是具体落实到各部门工作职责之中，保证部门卫生安全工作落实到位。

（三）酒店消防安全管理

酒店消防安全管理是指为酒店为消除和避免火灾威胁而采取的一系列管理活动。火灾始终是威胁酒店安全一个重大灾难，因此消防安全管理是酒店安全管理的重要内容。

引发酒店火灾的消防安全事故主要原因包括：一是顾客吸烟，特别是卧床吸烟和乱扔烟头最容易引发火灾事故；二是酒店电器设备故障；三是大量易燃材料的使用，包括大量木制家具、棉织品、地毯、窗帘和装修装饰材料的使用；四是火情发现不及时，引发重大火灾事故；五是消防设施、设备配备不足；六是员工和顾客消防意识和技能不足。

针对可能引发消防安全事故的原因，酒店消防安全管理应做好以下工作：

（1）建立完善的消防管理制度，最常见的是“三级消防检查制度”，其中一级消防检查由各部门主管负责实施，二级消防检查由各部门经理负责实施，三级消防检查由酒店总经理检查负责实施。

（2）安装完善的消防设备，并且始终保证消防设备的有效性。例如，酒店客房、会议室和公共空间等场所要安排烟感报警器，酒店过道上应安装消防报警及灭火装置，较长的走道中间应有防火隔离门。

（3）定期、不定期地开展消防安全教育和消防技能培训活动，提高酒店员工的消防安全意识和技能。

（四）酒店安全培训管理

酒店安全培训管理是酒店安全管理的一项重要工作内容，具有强烈安全意识和训练有素的员工是酒店最重要的安全保障。酒店安全培训主要包括以下内容：

（1）员工安全意识培训　酒店作为一个公共场所，存在着多种安全隐患和安全风险，酒店应加强员工安全意识培训，提高员工识别安全隐患和风险的警惕性，掌握识别潜在安全隐患与风险措施。

（2）员工安全技能培训　酒店应定期、不定期地组织员工开展应对治安安全、卫生安全、消防安全、紧急安全事故等的培训活动，使其掌握使用各种安全设备的技能，能够熟练应对各种安全事故。

（3）员工思想道德教育　酒店应加强员工思想道德教育，减少员工违法犯罪可能，将酒店建立一个安全有保障的工作和消费场所。

案例

某酒店火灾事故

2002 年 7 月 13 日 23：00 左右，某酒店 1020 房间发生火灾，造成住在 1022 房间两名旅游的女学生蔡某、刘某死亡，住在 1021 房间的一名女学生受伤。死亡学生家长分别将该酒店及当时住在 1020 房间的李某、邓某告上法庭，索赔人民币 670.6 万元。

死亡学生家长称，由于住在 1020 房间的李某、邓某在房间内划玩火柴后离开而引发火灾，酒店没能及时救助，致使孩子被弥漫的浓烟窒息死亡。据调查，住在 1020 房间的学生李某和邓某也承认，7 月 13 日 22: 40 左右，在 1020 房间内划火柴玩，然后离开房间。经专家调查，鉴定这起火灾的起火原因是人为明火所致。

他们认为，两个学生的死亡是由于李某、邓某玩火引发火灾造成的。同时，酒店应具有完善的防火条件和设施并有义务提供安全的住宿条件，在出现火灾后，更应及时采取救护措施，避免损害发生。然而，酒店并没有完善的火灾报警设施，火灾发生后没能及时报警，也没有将住店宾客紧急疏散并采取及时有效的救助措施，最终导致两个学生被困房内窒息死亡。

根据这一案例，我们可以发现酒店中的一些安全问题。对于旅客来说，酒店所要保证的服务最为重要的一项就是保证住客的人身财产安全。一间无法提供住客安全的酒店是无法生存的。

而在案例中的该酒店所发生的事故反映了酒店的防火措施存在着极大的安全漏洞。尽管酒店无法控制住店宾客的行为，但是倘若酒店做好了安全预防措施，是能够有效地将事故控制在最小影响范围的。

【问题】

（1）请结合以上案例，并查阅网络相关资料，分析案例中涉及的酒店存在的消防安全隐患。

（2）联系实际，讨论酒店为了加强消防安全应采取哪些措施？

第三节　酒店服务质量管理

服务质量是酒店的生命。现代酒店服务管理的实质就是服务质量管理。酒店服务质量的好坏，直接关系到酒店的经营成败。谁能提供全面的、最佳的服务，谁就能在市场上取得优势地位，获得更高的经济效益。酒店管理人员始终应把服务质量管理作为酒店管理的重要内容。

一、酒店服务质量管理概述

（一）酒店服务质量的含义

质量是事物某一种特性满足要求的程度。从质量的这个定义上可以看出，质量应包括三个方面的要素：①特性，这是事物某一方面的属性，如事物的功能、感觉、行为、时间等；②要求，指特定主体的某种需要或期望，这种要求可能是明显的，也可能是隐性的，如人们的心理需要；③程度，就是满足的情况如何，如可以用合格和不合格来对质量进行评定。

酒店服务质量是指酒店服务满足顾客需求的程度，以及由此带来的酒店与顾客双方互动的结果。酒店服务有广义的服务和狭义的服务之分。

广义的服务包括酒店为顾客提供的所有服务，包括“硬件”服务和“软件”服务。“硬件”服务指的是以实物形态出现的服务，即由酒店的基础设施、实物产品等提供的服务，该服务主要以满足顾客住宿、餐饮、休闲娱乐等基本生理需求为主；“软件”服务则是由酒店员工所提供的、不包括任何实物形态的无形服务，以及服务态度、服务技能、服务效率等组成，该服务以满足顾客的心理需求为主。

狭义的服务仅指酒店所提供的“软件”服务，即不包括任何实物形态的无形服务。

酒店服务质量是酒店服务满足顾客要求的程度。与酒店服务有广义与狭义之分相适应，酒店服务质量也存在广义与狭义之分。

广义的酒店服务质量是指酒店所有服务的质量，包括“硬件”服务和“软件”服务在内的所有服务满足顾客需求的程度，它是有形产品质量与无形产品质量的有机组合。

狭义的酒店服务质量仅指酒店“软件”服务满足顾客需求的程度，即仅指无形服务产品的服务质量。本部分所讲的酒店服务质量是广义上的服务质量。

（二）酒店服务质量的构成

广义的酒店服务质量由设施设备质量、实物产品质量、服务产品质量、环境氛围质量和安全卫生质量五部分组成。

1．设施设备质量

酒店设施设备是酒店提供服务质量的物质基础，既包括前台宾客使用的客用设施设备，也包括后台使用的供应设施设备，还包括服务员使用的设施设备。酒店设施设备要求功能齐全、安全可靠、外形美观、节能环保、运行良好，有时还要体现一定的风格特色。

2．实物产品质量

实物产品是指可以直接满足顾客的物质消费需要的有形产品，其质量也是酒店服务质量的重要组成部分之一。实物产品质量通常包括以下几方面的内容：

（1）餐饮产品质量　酒店餐饮产品是酒店餐饮部门提供的主要产品，大多数顾客都希望酒店能够提供卫生安全、种类丰富、风味独特、富有文化内涵的餐饮产品。为了提高餐饮产品的质量，酒店餐饮部门应从原材料采购、加工烹制、风格特色、卫生安全等方面加以考虑。

（2）宾客用品质量　宾客用品是酒店实物产品的一个组成部分，是指酒店直接供顾客消费的各种生活用品，如客房用品为一次性消耗品（牙具、肥皂等）和多次性消耗品（棉织品、餐酒具等）。宾客用品质量应与酒店星级相匹配，避免提供劣质品。客用品数量应充裕，不仅要满足客人需求，而且供应要及时。另外，还要考虑节能、环保因素。

（3）商品质量　酒店为满足顾客购物需要，通常都设有商场部，商品质量的优劣也会影响酒店的服务质量。酒店商品应做到品种齐全、陈列美观、价格合理，杜绝假冒伪劣商品。

（4）服务用品质量　服务用品是指员工在提供服务过程中供服务人员使用的各种用品。它是提供优质服务的必要条件。服务用品质量要求品种齐全、数量充裕、性能优良、使用方便和安全卫生等。

3．服务产品质量

服务产品是酒店员工为顾客提供的无形产品，服务产品质量是酒店服务质量的重要内容，包括以下具体内容：

（1）礼节礼貌　礼节礼貌是以一定的形式向对方表示尊重、谦虚、欢迎、友好等态度的一种方式。礼节偏重于仪式，礼貌偏重于语言行动。酒店礼节礼貌要求服务人员具有端庄的仪容仪表、文雅的语言谈吐、得体的行为举止等。

（2）职业道德　职业道德是人们在一定的职业活动范围内所应遵守的行为规范的总和。酒店服务过程中，服务是否到位在相当大的程度上取决于员工的事业心和责任感的强弱。遵守职业道德是酒店服务质量最基本的构成之一。

作为酒店员工应遵循“热情友好、真诚公道、信誉第一、文明礼貌、不卑不亢、一视同仁、团结协作、顾全大局、遵纪守法、廉洁奉公、钻研业务和提高技能”的职业道德规范，真正做到敬业爱岗、乐于服务。

（3）服务态度　服务态度是指酒店服务人员在对客服务中所体现出来的主观意向和心理状态。酒店员工服务态度的好坏是顾客关注的焦点。顾客可以原谅酒店的许多过错，但往往不能忍受酒店服务人员不友好的服务态度。在酒店服务实践中，酒店员工良好的服务态度主要表现为热情、周到、微笑和恰当等。

（4）服务技能　服务技能是酒店提高服务质量的技术保证，要求员工掌握丰富的专业知识，具备娴熟的操作技术，并能根据具体情况灵活运用，从而达到良好的服务效果。同时也只有掌握好服务技能，才能使酒店服务达到标准，保证酒店的服务质量

（5）服务效率　服务效率是指员工在服务过程中提供服务的时限，以及员工在服务过程中对时间含义和工作节奏的把握。服务人员在服务过程中要力求做到迅速敏捷、准确无误和及时高效。

4. 环境氛围质量

环境氛围质量是指酒店的服务氛围给顾客带来的感觉上的美感和心理上的满足感。环境氛围由酒店的建筑、装饰、陈设、设施、灯光、声音、颜色以及员工的仪容仪表等因素构成。这种视觉和听觉印象对顾客的情绪影响很大。因此，酒店必须十分注意环境的布局和气氛的烘托，让顾客感到安全、舒适和愉快，并有独特的心理感受。

5. 安全卫生质量

安全是人类的第一需要，酒店保证每一位顾客的生命和财产安全，这是酒店服务质量的最基本和重要的环节之一。酒店要为顾客制造出一种安全的气氛，给顾客以安全感。

清洁卫生也是酒店业务工作中的重点和服务质量的重要内容。卫生状况不仅直接影响到顾客的身体健康，也反映了酒店的管理水平。

（三）酒店服务质量的特点

为了提高酒店服务质量水平，更好地对酒店服务质量进行管理，必须正确认识与掌握酒店服务质量的特点。与一般工业产品质量相比，酒店服务质量存在很大差别，其主要特点如下：

1. 构成的综合性

酒店服务质量的构成内容既包括有形的设备设施质量、服务环境质量、实物产品质量，又包括无形的服务产品质量等多种因素，每一因素又由许多具体内容构成，贯穿于酒店服务的全过程。因此，有人曾以“一个独立的小社会”来形容酒店。

酒店服务质量构成的这种综合性的特点，决定了在服务质量管理的过程中，要面面俱到，不能有所疏漏，酒店的服务质量应有自己的优势和特色，但不能有明显的弱项和不足，否则，就会影响服务质量的整体水平。

2．评价的主观性

尽管酒店自身的服务质量水平是一个客观存在，但是由于酒店服务质量的评价是由顾客享受服务之后，根据其物质和心理满足程度进行的，因此带有很强的个人主观性。顾客的满足程度越高，对服务质量的评价也就越高，反之亦然。

所以，酒店要提高服务质量，就必须注意顾客的需要，掌握顾客的心理，理解顾客的心态，以便更好地为顾客提供满意的服务。

3．显现的短暂性

酒店服务质量是由一次次内容不同的具体服务组成的，而每一次具体服务的使用价值均只有短暂的显现时间，即使用价值的一次性。所以，酒店服务质量的显现是短暂的，不像实物产品那样可以返工、返修或退换。即使进行服务后调整，也只能是另一次的具体服务。

因此，酒店员工应用心做好每一次服务，争取使每一次服务都能让顾客满意，从而提高酒店的整体服务质量。

4．内容的关联性

客人对酒店服务质量的评价是从进入酒店直至离开酒店的全过程而形成的。在此过程中，客人得到酒店员工提供的一次次具体的服务，这些具体的服务都不是孤立的，而是有着密切的关联。

在系列服务过程中，只要有一个环节的服务质量出现问题，就会破坏顾客对酒店服务的整体印象，进而影响其对整个酒店服务质量的评价。因此，在酒店服务质量管理中有一个流行公式“100–1=0”。

这就要求酒店各部门、各服务过程、各服务环节之间要协作配合，并做好充分的服务准备，确保每项服务的优质、高效，确保酒店服务全过程和全方位的“零缺陷”。

5．对员工素质的依赖性

酒店产品的生产、销售同步性特点决定了酒店服务质量与酒店服务人员表现的关联性。酒店服务质量是在有形产品的基础上通过员工的服务创造并表现出来的，这种创造和表现满足顾客需要的程度，即服务质量水平的高低取决于服务人员的素质和管理者管理水平的高低。

酒店的服务质量在很大程度上取决于员工对客服务时的即兴表现，而这种表现又很容易受到员工个人素质和情绪的影响，具有很大的不稳定性。所以，酒店服务质量对员工素质有着很强的依赖性。

这就要求酒店管理者应合理配备、培训、激励员工，努力提高他们的素质，发挥他们的服务主动性、积极性和创造性，同时提高自身素质及管理能力，培养出满意的员工，不断提高酒店的服务质量。

二、酒店服务质量管理的方法

（一）全面质量管理

1．酒店全面质量管理的含义

20世纪60年代初，美国通用电气公司的阿曼德·费根堡姆（Armand Vallin Feigenbaum）提出“全面质量管理（Total Quality Management，TQM）”的概念和体系。后来全面质量管理在西欧与日本逐渐得到推广与发展。我国从1978年开始推行全面质量管理，至今已有30多年。

酒店全面质量管理是指以提高和保持服务质量水平为目标，组织酒店全体员工共同参与，综合运用各种现代质量管理方法与手段，对服务质量进行全过程与全方位控制，最终全面满足顾客需求的系统化的质量管理活动。

2．酒店全面质量管理的特点

（1）全方位质量管理　酒店全面质量管理必然是全方位的质量管理，既包括有形产品的质量管理，又包括无形服务的质量管理；既包括酒店前台的各种质量管理，又包括酒店后台的各种质量管理。所以酒店全面质量管理包括酒店经营管理工作的各个方面，而不是只关注局部的质量管理。

（2）全过程质量管理　酒店中的每项业务活动，从开始到结束，都会形成一系列的服务过程。酒店全面质量管理涵盖了每项业务活动从开始到结束的整个过程，而不仅仅是服务过程中的某些环节。为此，酒店既要做好服务过程事前的质量管理，又要做好服务过程的事中和事后的质量管理，形成酒店服务质量全过程的管理。

（3）全员质量管理　酒店服务质量与酒店中的每一位员工都密切相关。酒店所提供的优质服务不仅仅是前台员工努力的结果，同时也需要后台员工的紧密配合。全面质量管理要求酒店全体员工都参与进来，每一位员工都为酒店提高服务质量水平贡献力量。因此，酒店服务质量管理是全员参与的质量管理。

3．酒店全面质量管理的原则

（1）服务第一，顾客至上　酒店全面质量管理要求酒店每一位员工都树立“服务第一”的理念，将服务顾客作为工作的内在本质要求。同时，以满足客人的需求为中心，认真贯彻服务质量标准，将质量管理的标准化、程序化、制度化和规范化有机结合起来，加强服务工作的针对性，切实提高服务质量水平。

（2）以人为本，员工为主　酒店各级、各部门、各环节、各岗位的优质服务，都是广大员工共同努力创造的结果。酒店要始终把人的因素放在第一位，关心爱护员工，要运用行为科学理论和各种激励手段充分调动广大员工的工作热情，特别是一线员工的主动性、积极性和创造性，将广大员工作为提高服务质量水平的主力军，依赖广大员工提高酒店服务质量水平。

（3）预防为主，防管结合　由于酒店每一次具体服务的使用价值均只有短暂的显现时间，不能像一般工业产品那样可以返工、返修或退换，而且酒店服务质量是由每一次的具体服务所创造的使用价值来决定的，事后难于返工和弥补，因此，全面质量管理必须坚持预防为主、防管结合的原则。

4．酒店全面质量管理基础工作

（1）标准化　标准化是指酒店向顾客提供各种服务时，必须达到的标准和尺度。在酒店为顾客提供服务过程中，顾客总是希望酒店提供尽可能更加完善的服务项目，尽可能提供更高水平的服务，然而酒店自身要考虑成本和效益，不可能无条件地满足顾客的所有要求。

同时，酒店对于服务人员的服务评价需要有一个客观的依据，所以酒店需要建立标准化管理。酒店的标准化管理既为顾客提供了一个衡量酒店服务的客观依据，同时也为服务人员的服务和酒店对服务质量的检查提供了一个客观依据。酒店实行标准化管理，要求酒店的设备配置、产品质量、服务水平与酒店规格水平能够保持一致。

（2）程序化　程序化是指酒店服务工作要以标准化的先后顺序有条不紊地进行。酒店服务工作是一项多部门、多环节、多人员、多设备共同参与的系统工作，受多种因素影响，需要进行程序化设计，以保证服务工作的顺利进行。酒店应根据顾客需要，按照事物客观的发展规律，通过科学的排列与设计，使服务工作程序化，提高服务质量水平。

（3）制度化　制度化是指酒店要用制度形式把酒店服务质量的一系列标准和程序固定下来，使之成为服务质量管理的重要组成部分。酒店服务质量的制度化有着非常重要的现实意义。酒店的大多数服务工作是由员工完成的，如果没有制度做保障，服务的标准化和程序化很难得到长期稳定的执行，服务质量水平也很难得到长期保证。通过服务质量制度化使得酒店服务质量能够实现长期稳固化，更有可能赢得顾客满意与忠诚。

（4）原始记录　酒店服务质量的持续提高与稳定保持，需要不间断地从经验和教训中学习，而与酒店服务质量相关的原始记录，能够真实、全面地反映顾客对酒店的意见和要求，服务质量存在的问题，以及值得学习推广的经验。

因此，原始记录成为酒店全面质量管理工作的重要组成部分。酒店质量管理部门要根据各部门、各环节的接待服务工作需要，制定记录表格或手册，随时收集服务质量管理的情况，及时发现质量管理存在的问题，并及时给予解决。

（5）统计分析工作　酒店的统计分析工作是酒店原始记录的最终结果。酒店如果只做记录而不进行统计分析，则无法以数据形式量化反映酒店服务质量存在的问题，这些问题也很难得到及时而彻底的解决。

所以，服务质量的数据统计分析工作也是酒店全面质量管理基础工作的重要组成部分。酒店的统计工作包括两方面内容：一是服务质量的优点和成绩，如宾客的表扬信；二是服务质量存在的问题，如设备问题、服务态度问题、礼貌问题等。

（二）零缺陷管理

1．零缺陷管理的产生与含义

零缺陷（Zero Defects，ZD）管理是美国克劳斯比（Philip B. Crosby）于 20 世纪 60 年代提出的一种质量管理思想，并在美国首先得到推行。后来，零缺陷的思想传至日本，在日本制造业中得到全面推广，使日本制造业的产品质量得到迅速提高，并且领先于世界水平，继而进一步扩大到所有工商业领域。

零缺陷质量管理的核心是：“第一次就把事情做对。”该质量管理理论认为“质量就是符合标准要求”。这个标准要求不是以“自我”为中心，而是“以顾客为导向”，是以满足顾客的需求为前提的。

该管理方法认为，低质量产品需要花费大量的人力、财力和物力，并且导致顾客不满，其成本远远大于保证一次性完成优质产品的投入，因此企业必须以零缺陷的要求来控制产品质量，追求完美的质量水平。

2．零缺陷管理的具体措施

酒店服务质量具有暂时性和不可弥补性的特点，所以要求每位员工都应使每项服务符合质量标准，这是改善酒店服务质量的基础。为此，要求酒店服务管理者必须坚持“预防为主”的原则，制定科学合理的服务质量标准，并要求每一个员工、每一个环节都应提供“零缺陷”服务，具体可采取以下措施：

（1）建立零缺陷服务质量管理的组织体系 酒店应建立零缺陷服务管理委员会，负责酒店的服务质量管理指导与推广工作，总经理作为最高管理者要亲自参加，下设专业的零缺陷服务质量管理部门，具体负责酒店服务质量管理工作；同时要建立相应的制度，要培训酒店员工树立零缺陷服务意识。

（2）确定零缺陷服务质量管理的目标 酒店管理者应制订零缺陷服务质量管理的目标，确定零缺陷小组（或个人）在一定时期内所要达到的具体要求，包括确定目标项目、评价标准和目标值。

（3）进行零缺陷服务质量管理的监控与信息通报 酒店零缺陷服务质量管理部门随时对酒店服务质量进行监控，并采用各种形式，定期或不定期将各小组完成目标的进展情况及时公布。

（4）进行绩效评价 在服务质量评价中采用小组自我评价与组织评价相结合的方式，对各小组目标是否达到进行客观、公正和全面的评价。

（5）建立相应的提案制度 服务人员对于不属于自己主观因素造成的服务质量差错，可就错误的原因提出改进建议，也可附上与此有关的改进方案，组长要同提案人一起进行研究和处理，必要时酒店质量管理部门和总经理要进行协调和管理工作。

（6）建立表彰制度 零缺陷管理应坚持“不是斥责错误者，而是表彰无缺点者；不是指出人们有多少缺点，而是告诉人们向零缺陷的目标奋进”，从而增强员工消除服务质量缺陷的信心和责任感，全面提高酒店服务质量水平。

（三）因果分析图法

1．因果分析图法的由来及作用

因果分析图法又称树枝图、鱼刺图、鱼骨图或石川图，是 1953 年由日本川琦制铁公司的质量管理专家石川馨最早使用的一种图示的因果分析方法，是一种发现质量问题产生原因的有效工具。

在酒店经营管理中，影响服务质量的原因错综复杂，利用因果分析图法可以对产生的质量问题进行分析，并且可以把原因与结果之间的关系系统、形象地表示出来。

2．因果分析图法的三个步骤

1）确定要分析的质量问题，在众多质量问题中，找到首先要解决的重要质量问题。

2）发动酒店全体管理人员和员工共同分析，找出导致首先要解决的质量问题产生的原因。分析原因时应集思广益，能够使大家畅所欲言，尽可能征求各方面员工的想法与意见。探讨一个质量问题时，要从大到小，从粗到细，寻根探源，直到找到能够采取的具体措施为止。

例如，酒店员工服务态度不好。这一质量问题产生的原因是多方面的，可能是培训不到位，也可能是员工对待遇不满等。而造成培训不到位的原因又可能是培训经费不足，或对培训不够重视等。分析到最后的这些原因，必须是采取具体措施就能解决的，如加强对员工服务培训的重视和增加培训经费的投入。

3）将找出的原因进行整理后，按结果与原因之间的关系画在图上。对分析找出的原因应进一步确定主要原因。通常，影响服务质量的主要原因可以从人、设备、原料、环境、方法等方面加以考虑。

（四）PDCA 管理循环法

PDCA 管理循环法是由美国质量管理专家爱德华兹·戴明（Edwards W. Deming）博士首先提出的，因此又叫"戴明环"。它是酒店企业全面提高服务质量的一个最基本的工作方法。PDCA 即计划（Plan）、实施（Do）、检查（Check）和处理（Action）的英文简称。

PDCA 管理循环法是指按计划、实施、检查、处理这四个阶段开展管理工作，并循环进行下去的一种科学管理方法。

PDCA 管理循环法一方面可以使质量管理工作按照逻辑顺序循环有序展开，避免了质量管理的波动性和随意性；另一方面它保证了质量管理的系统性和持续性，提高了质量管理工作的深度和广度。PDCA 循环运行过程就是质量管理活动开展和提高的过程。

1. PDCA 管理循环的工作程序

（1）计划阶段（Plan）　分析服务质量现状，找出存在的服务质量问题，进而分析产生服务质量问题的原因，最后提出解决服务质量问题的质量管理计划，即应达到的相应目标及实现目标的措施或方案。

（2）实施阶段（Do）　酒店管理者组织有关部门、班组以及员工具体地实施服务质量提升措施或方案。

（3）检查阶段（Check）　酒店管理者应认真、仔细地检查计划措施或方案的实施效果，并与计划目标进行对比分析，看是否存在质量差异，是正偏差还是负偏差。

（4）处理阶段（Action）　总结成功的管理经验，使之标准化，或编入服务规程，或形成管理制度加以推广应用。同时，吸取失败的教训，提出本轮 PDCA 循环没有解决的问题，自动转入下一循环的第一步，并开始新一轮的 PDCA 管理循环。

2. PDCA 管理循环的特点

1）质量管理循环持续运转，每循环一周质量提高一步。每次循环都有新的目标和内容，酒店服务质量问题才能不断地得到解决，酒店服务质量水平才能持续提高。

2）大循环套小循环，小循环保大循环，环环相扣，彼此促进。整个酒店服务质量循环是一个大循环，各部门则是大循环中的各个小循环。小循环以大循环为整体，是大循环的有机分解和重要保证。

3）强调循环管理的完整性。PDCA 管理循环是一个整体，每一个循环中的每一个阶段都处于同等重要地位。每一个阶段的工作都是下一个阶段的开始，不可忽视或缺少。

3. 实施 PDCA 管理循环的注意事项

PDCA 管理循环的四个阶段缺一不可。只有计划而没有实施，计划就是空谈；有计划，有实施，但没有检查，就无法得知实施的结果与计划是否存在偏离，以及有多大偏离；若计划、实施、检查都有，但没有相应的处理，则不但已取得的成果无法坚持与巩固，失败的教训不能吸取，而且发生的问题还会再次重复并不断进行下去，如此，服务质量就难以提高。

因此，只有 PDCA 四个阶段都完成，并且不间断地持续循环下去，才会使酒店服务质量问题越来越少，酒店服务质量不断提高并日臻完善，最终趋向于零缺陷水平。

（五）现场巡视管理法

托马斯·彼得斯（Thomas J. Peters）在 1982 年出版的《成功之路》一书中提出了现场巡视管理法。这种管理方法作为一种管理技术，主要阐述了管理者与顾客、供应商以及员工保持联系的问题。

现代酒店已经将这一管理方法运用在酒店管理中，并且已经普遍将其具体应用于酒店服务质量管理之中。现场巡视管理法有利于酒店现场监督服务质量，现场巡视并发现问题。例如，一些紧急问题（服务人员与客人争执）、小问题（卫生达不到标准）等都能得到及时解决。

通过现场巡视管理法，可以有效提高解决问题的效率，改善酒店管理人员和服务人员之间的关系，提高管理人员现场解决问题的能力，以及树立酒店良好的管理形象。现场巡视管理法的不足之处在于当员工发现有管理人员在场时，可能做出与平时不同的服务表现，从而影响管理人员的判断。现场巡视管理法在应用过程中，需要重点关注的内容如下：

1. 注重顾客管理

现场巡视管理法的重点不是抽查员工服务过程的质量问题，而是从顾客角度出发，发现酒店在为顾客服务的过程中存在什么不足，并现场解决。因此，管理人员应注重顾客管理，特别是关键顾客管理。例如，在团队入住过程中，人数较多，一位顾客的不满意会影响整个团队的情绪，因此应关注团队中的关键顾客。同时，现场巡视管理过程中，管理人员应注重与顾客的沟通交流，及时发现顾客的需求动态，有效调动相关资源，及时满足顾客需求。

2. 注重员工管理

酒店只有拥有真正满意的员工，才能有真正满意的顾客。酒店管理人员应合理安排员工的工作任务，现场观察，及时调整。例如，对于新员工，管理人员要适当减少其工作量，以提高其服务质量；对于典型的优秀员工应给予物质奖励和精神奖励，充分调动员工的工作积极性、主动性和创造性。

3. 注重质量控制

酒店管理人员在现场巡视过程中，应注重环境质量控制，如环境卫生、噪声等方面的问题。管理人员在现场巡视过程中若发现客人投诉或客人与酒店员工发生争执，应现场协调，尊重客人与员工，了解产生的原因，及时采取措施，妥善解决提高服务质量。

复习思考题

一、名词解释

酒店设备管理　　酒店安全管理　　酒店服务质量管理　　酒店全面质量管理
PDCA 管理循环法

二、简答题

1. 简述酒店设备管理的主要内容。
2. 简述酒店面临的主要安全问题。
3. 简述酒店服务质量的主要特点。
4. 简述酒店服务质量的构成。

三、论述题

1. 结合酒店实际，论述酒店安全管理的重要意义。
2. 论述酒店服务质量管理的主要方法。

第八章

酒店信息管理

学习目标

- 掌握酒店信息管理的内容和意义
- 理解酒店信息管理系统的相关知识
- 了解网络在酒店管理中的应用
- 理解“互联网+”背景下酒店的发展问题

案例导入

在地球上，有这样一家智慧酒店。客人进入大门，系统会利用无线射频智能识别技术迅速识别客人身份，并通过 Wi-Fi 信号发送，办好入住手续；随后，电梯直达客人要去的楼层，无线射频识别系统会自动引导客人，在走廊中指示出最适合的路径；进入房间，控制系统会自动感知客人的需求，温度、湿度都调至最舒适的模式；打开电视，VOD 点播的正好是客人最喜爱的节目。无论客人面前的是电视还是电脑，收发邮件、下载音乐、编辑、在线聊天各种功能可谓一应俱全。有客来访，客人不必去看门上的电子猫眼，屏幕上会立刻显示出图像，原来是服务生送来的最新参考资料；该外出赴约了，别忘了带上房间的智能手机，它能够自动导航，还支持电话会议，话费也节省不少，这需要整合无线、网络、交换机 PDA 等技术，还有运营商的通信计费系统，以及酒店信息管理系统，才能最终实现客房电话的移动功能与结账一体化；回到酒店，是时候整理一下了，只需一个键，打扫、洗衣、叫餐、行李服务，甚至叫车、打印登机牌等所有服务一次就能安排妥当。天色渐晚，环境模式开始变换，客人随手拿起资料翻阅，这时房间的灯光也会随之调整明暗；周围一切都安静了下来，而酒店又在悄悄地准备迎接新的一天。怎么样，是不是有些不可思议？事实上，这样的智慧酒店正在变成现实。

【讨论】

（1）发挥想象，探讨现代技术还会带来哪些酒店产品升级。

（2）结合酒店产品特性，探讨信息技术背景下酒店应如何调整和改变。

本章重点阐述了酒店进行信息化管理的意义和酒店管理信息系统的相关知识，以及网络在酒店中的应用情况和智慧酒店的发展。通过本章的学习，理解酒店管理信息系统在整个酒店经营和管理中的地位和作用，掌握酒店管理信息系统的基本工作内容，了解酒店网络化、智能化管理的现状和发展前景。

第一节　酒店信息管理概述

人类进入信息化时代之后，信息对于任何行业来说都是至关重要的。随着中国酒店业的快速发展，信息化管理已经成为酒店行业基本的、不可或缺的管理手段。先进的信息化管理技术已成为衡量一家酒店管理水平和创新能力的重要指标，成为酒店获得新的竞争优势的重要工具。

一、酒店信息管理及其发展

（一）酒店信息管理的内容

信息是企业管理的基础，是酒店日常管理最重要的内容。酒店的经营管理活动很复杂，涉及预订、接待、问讯、客房、餐饮、康乐、会议、电话、人力资源、财务、库房、设备、交通等多个环节。因此，酒店的经营和管理需要与之息息相关的多渠道的信息。我们把这些信息按来源大致划分成两种信息，即酒店内部信息和外部信息。酒店内部信息包括客户和客源信息、市场销售信息、财务信息、人力资源信息、设备设施信息、物资用品信息等。酒店外部信息包括：①酒店相关的行业政策、法规、规范、标准等；②相关的经济、金融、旅游等外部经济、金融类信息和行业信息；③酒店合作单位的信息，如旅行社、交通公司、其他产品供应商的信息等；④同行业其他酒店的经营管理信息。

酒店信息管理的内容基本可以分为前台管理和后台管理两大部分。

1. 前台管理

前台管理是应用管理信息系统最早的部分，也是酒店管理信息系统的重要组成部分。前台管理以直接对客服务为主，涉及前厅、客房、餐饮、康乐等多项业务，包括预订管理（主要是散客预订和团队预订的各项信息管理）、入住管理（客人入住登记）、客房管理（主要是查看和修改房间的状态）、结账（主要处理客人店内消费、退房结账、酒店各营业点的收款业务等）、核算（主要是夜审、日审，检查费用收支情况，生成销售报表、打印催账单，处理跑单等）、餐饮管理（主要是餐厅的点餐、酒水消费管理等）、客史档案管理（客人信息管理）、电话管理（主要是电话计费和电话叫醒等）等。

2. 后台管理

后台管理以财务系统为主，涉及财务、人力资源、采购、库存、固定资产、成本控制、工程、考勤、安保等。其中财务管理主要是酒店总账、往来账和财务报表管理等，物流管理主要是材料的采购、库存、使用和成本核算，另外还包括办公自动化管理、酒店设备管理、人力资源管理以及总经理查询管理等。

一个信息化管理水平比较高的酒店，可以实现财务管理系统与前台系统的无缝连接，前台的业务发生后会自动在后台的会计核算系统中生成相关的信息，并自动生成酒店的损益报告，大大提高工作效率和信息的准确率。

（二）酒店信息管理的发展阶段

酒店业信息管理发展至今，经历了电算化阶段、自动化阶段、网络化阶段、集成化阶段和协同化阶段。

1．电算化阶段

这是酒店信息化管理的最初阶段。酒店引入计算机电算化系统，在局部实现了计算机代替手工劳动，如入住登记、查房、客房统计报表、收银等。

2．自动化阶段

在自动化阶段，一方面酒店的办公自动化（Office Automation，OA）系统开始覆盖酒店主要业务部门；另一方面，酒店设施设备的自动化管理开始向高层次发展，有了中央管理站、各种 DDC 控制器及各类传感器、执行机组成的多功能自动化控制系统。

3．网络化阶段

该阶段的酒店信息管理开始以网络和数字化酒店为特征，网络成为饭店新技术的重中之重。酒店不仅可以为客人提供在酒店高速上网的服务，还可以通过网络实现经营管理的功能，如酒店的宣传推广、市场营销、客房预订、电子商务等。现今，数字酒店发展的趋势越来越明显，酒店数字化水平也可以衡量一个酒店档次的高低。在最近国家旅游局对星级酒店的评分标准的最新调整当中，四、五星级酒店必须提供客房宽带上网功能，内容涉及互联网接入、VOD 点播、远程预订等。

4．集成化阶段

在集成化阶段，酒店各个业务管理模块之间实现无缝集成，并实现了与多种饭店智能化系统之间的对接，客人入住手续更加简单，电子卡可以让客人轻松消费和结账，智能化技术可以让客房服务员轻松知道客人是否在房间等。酒店的业务流程再造，有利于酒店打造以客人为导向的经营管理，为客人提供更加便利的服务。

5．协同化阶段

现阶段，通过互联网搭建协同化的平台是酒店信息技术应用的新特点。顾客、酒店、员工、供应商、合作伙伴等通过互联网成为一个整体，实现实时在线、数据信息无缝交换的协同运作，为酒店顾客提供个性化服务。

从酒店信息管理的发展过程不难看出，信息技术的广泛应用和不断进步不仅给酒店的经营和管理带来了更广阔的空间，而且能够有效地帮助酒店创造服务优势，提高酒店的工作效率和科学管理水平。因此，借鉴和应用国际先进的信息技术、研究和建设酒店管理信息系统成为酒店提高经营管理效益的主要任务之一。

二、酒店信息管理的作用

酒店利用现代计算机和网络通信技术进行信息化管理，目的就是要实测酒店的各种运行数据，为酒店运行提供各层次人员所需的信息和功能，使酒店正确、高效地处理业务，并能把相关数据进行存储和再利用。

1．酒店信息化管理提高了酒店整体的工作效率和效益

酒店信息管理技术发展至今，从根本上改变了酒店经营管理的模式，大大提高了酒店的

工作效率和效益：

（1）信息化管理提高了业务运作的速度和准确性，如计算机和网络在客户资料的录入、保存、再利用，相关报表的自动生成，数据检查，票据的传送、登记和复核等方面，非常显著地提高了处理速度和处理能力，并使得信息能够快速地在酒店各部门间传递或共享，提高了工作效率。

（2）信息化管理会给酒店带来收入的增加。比如，酒店的网络营销系统显著地扩大了酒店的市场推广范围和效果，酒店与客户的沟通更加及时和顺畅，预订量也会随之增加，提升酒店的经济效益。

（3）酒店信息化管理的层次性满足了酒店不同层次工作人员的需求，大大提高了酒店的管理效益。酒店管理信息系统将使用对象区分为操作层、管理层和决策层，不同层次员工的工作目标不同，系统提供的功能也有所不同。对于操作层来讲，系统很方便其对基础数据进行管理，提高操作效率。对于管理层而言，一方面系统能够使管理者实时动态地掌握所需信息，及时发现问题、解决问题，提高管控能力；另一方面，系统的权限管理特点从根本上改善了手工管理的多种漏洞，并有助于管理层掌握每个岗位的工作情况，提高管理精度。对于酒店的决策层来说，信息化管理能够使其方便地获得酒店的所有数据反馈和信息分析，为酒店的经营决策提供翔实的基础材料，使酒店的经营活动能够有的放矢，避免许多不必要的时间、精力、资金的浪费，极大地提高了决策能力。

2．信息化管理帮助酒店降低成本并提高服务质量

首先，信息化管理为酒店节约了大量的人力和物力，直接降低了酒店的运营成本；同时，酒店管理信息系统的使用有助于酒店培养一大批忠诚顾客，可以降低酒店开拓新市场的压力和投入。而且由于忠诚顾客对酒店产品和服务环境具有信任感，他们的综合消费支出也就相应地比新顾客高，保持忠诚度的时间越长，酒店的效益也就越好。

另外，信息系统管理的高效减少甚至避免了很多工作失误，提高了服务质量。比如，预订系统会准确并随时提供客房使用和预订情况，不会出现重复预订或有房不预订的情况；前台系统加快了客人登记、结账的速度，减少了客人的等待时间；客人的基本资料使酒店能够及时、主动地提供客人所需产品和服务，实现个性化服务等，信息技术带给酒店各个方面服务的便利和高效均能提高客人的满意度，提升酒店的服务质量。

3．酒店信息化管理能够提升酒店的经营空间和竞争力

随着酒店之间的同业竞争日益加剧，酒店在人员、设备、制度、服务等方面融入信息化元素，客户接待信息化、客房服务信息化、人力资源管理信息化、市场营销信息化等，信息化建设带来的软实力的改变将有效提升酒店的经营管理空间和市场竞争优势。比如酒店收益管理系统能够很好地辅助酒店进行决策，帮助酒店将可供出租房以合适的价格、在合适的时间，出售给合适的客人。又比如，电子商务技术可以帮助酒店利用全球分销系统（Global Distribution System，GDS）和中央预订系统提高预订量，并通过建设独立的酒店网站和利用旅游电子商务平台来开展酒店的电子商务，最大限度地获取市场信息，加强与客户的互动，提升酒店的形象和广告宣传力度，实现信息发布、预订和支付等功能，并实现与相关企业之间的链接，扩大客户群，进而提升酒店的经营空间和竞争力。

第二节　酒店管理信息系统相关知识

一、酒店管理信息系统发展情况

（一）国外的酒店管理软件

早在 20 世纪 60 年代末，美国的 EECO 公司就开始将计算机应用于酒店预订和排房的业务管理，至 80 年代初逐渐形成完善的酒店管理系统。之后陆续出现了如 HIS、Fidelio、Opera、Sinfonia 等知名的酒店管理系统，使酒店的管理效益、经济效益及服务质量有了明显提高。

1. ECI（EECO）酒店管理系统

1969 年，美国易可（ECI）公司开发了 ECI 酒店管理系统，被公认为是世界上最早研发的酒店管理信息系统。其功能主要包括预订、排房、结账、客史资料、餐厅、查询、夜审及市场分析等。ECI 是美国加州电子工程公司（EECO）所属的子公司，因此该软件也称为 EECO 系统。1970 年，位于夏威夷的喜来登酒店安装了全世界第一台 ECI 酒店管理系统，其鼎盛时期用户达到 600 多家，中国有 60 多家。目前，还在使用的是其第三代产品 GEAC/UX 系统。

2. HIS 酒店管理系统

HIS 酒店管理系统全盛时期在全球有 80 多个国家的 4 000 多家用户，其公司总部位于美国的洛杉矶。HIS 原标准多用户系统，多用于高星级酒店；之后推出的 Innovation System，用于中高星级酒店；后来又推出龙栈系统。现在，该系统的国内用户不多。

3. Fidelio 酒店管理系统

Fidelio Software GmbH 于 1987 年在德国慕尼黑成立，后并入美国 Micros System Inc. 公司。该系统目前已在全世界 16 000 余家酒店、豪华游艇和休闲别墅中使用，位于世界酒店管理供应商首位。Fidelio 酒店管理系统在我国四星级以上酒店占有 40%左右的市场份额，在五星级酒店中则超过了 70%的市场占有率，而且是目前外资或外方管理的酒店被采用最多的管理软件。

4. Opera 酒店管理系统

该系统是美国 Micros System Inc.公司对 Fidelio 的全面升级版，包括六大模块，在国内外高星级酒店中被广泛使用。

（二）国内酒店管理软件

相比国外，中国酒店的信息化进程相对缓慢。中国酒店行业的计算机管理始于 20 世纪 80 年代，最初是由部分合资酒店及加盟国际管理集团的饭店引进国外的整套软、硬件系统。1979 年，第一套具有查询功能的国产酒店管理软件“华仪软件”首先用于北京前门饭店。其后，随着国际酒店的涌入及信息技术的逐渐成熟，国内酒店管理系统得到了一定程度的发展。1993 年，西湖软件研发了 Foxhis 系统，广东劳业电脑系统开发公司推出了千里马酒店管理信息系统；1998 年，北京中长石基网络系统工程技术有限公司成立，专门从事酒店信息管理系统研发；2003 年，石基公司与 MICROS 公司签订协议，全面代理了 MICROS

公司 Fidelio 和 Opera 在中国大陆的销售；2006 年，石基公司与当时国内最大的酒店信息系统供应商西湖软件公司合并。

到了 20 世纪 90 年代末，国产酒店管理软件逐步开始进入成熟期，适应多种平台的酒店管理软件不断被开发出来，此时高端酒店已开始使用国产软件。进入 21 世纪，基于互联网技术的酒店管理系统也开始出现，国内一些大城市的低档酒店也纷纷开始使用计算机技术进行管理；这时国产软件进入了兴旺发展时期，形成了酒店软件产业，出现了如杭州西软科技 Foxhis 系统、华仪饭店管理系统、北京泰能酒店信息系统、中软好泰饭店信息系统等全国性的软件企业，还出现了深圳捷信达电子、大连华盛科技、桂林奥普、北京贵德、珠海高柏、珠海万维科技、镇江资深等地方性酒店软件企业，酒店管理系统的使用率和普及率得到了大幅度的提升。

二、酒店管理信息系统简介

酒店管理信息系统（Hotel Management Information System，HMIS），是以酒店员工和计算机等组成的人机系统，综合运用计算机技术、数据处理技术、互联网技术、物联网技术、人工智能等先进技术并结合现代管理思想、方法和手段，来辅助酒店员工进行日常运营以及管理和决策的信息系统。本节以 Opera 系统为例，介绍酒店管理信息系统及其功能模块相关知识。

（一）Opera 系统的功能

Opera 系统可以依据不同规模、层次的酒店或酒店集团的需求进行研发和设计，全方位为酒店管理层和员工提供管理服务。和所有管理信息系统一样，Opera 系统涵盖了信息收集、信息存储、信息加工、信息交流和信息管理的功能。

（1）信息收集　Opera 系统主要收集两大类信息：第一类是关于客户的信息，包括客人的姓名、国籍、地址、联系方式等各种基本信息资料，以及客人的个人爱好和消费特征，这些可以利用系统的档案功能来完成；第二类是关于酒店经营的信息，涵盖了酒店前台、餐饮、康乐、电话等各类服务及收入。这两大类信息都是酒店良好运营的基础。

（2）信息存储　Opera 系统将信息存储到档案中，对于酒店集团来讲，这些存储的信息，下属各酒店可以通过“档案”功能共享。

（3）信息加工　信息加工包括查询、检索、计算、预测、评价、报表处理等，如酒店的营业报告和市场分析报告都可以通过 Opera 系统的信息加工来完成。

（4）信息交流　不同层次的酒店员工可以在各自岗位的终端查询客人及服务信息、酒店运营信息和市场分析报告、损益表等。

（5）信息管理　由酒店的工程部或计算机部具体实现，对系统的运行进行监督、操控和协调。

（二）Opera 系统的主要组成部分

Opera 系统由两个子系统构成，分别是物业管理系统（Property Management System，PMS）和销售与宴会管理系统（Sales and Catering，S&C）。两个子系统共享同一个数据库中的资源，协同完成酒店的物业与销售管理。

（1）PMS 它是 Opera 企业解决方案的核心，该系统可以完成酒店前台的管理，包括预订管理模块、前台业务管理模块、客房管理模块、收银管理模块、应收账管理模块、佣金管理模块、夜审模块、杂项模块等。

（2）S&C 它包括客户管理模块、团队管理模块，协助酒店的销售部完成客户、销售计划、团队预订、宴会和会议等业务的管理。

（三）Opera 物业管理系统

Opera PMS 系统采用的是集中式软、硬件结构设计，既方便系统的维护和升级，又方便酒店部门间共享所有模块的资源；Opera PMS 还可以根据酒店的不同需求，在前期通过一些设置为酒店提供专门的定制服务。系统功能如下：

1. 客房预订管理

PMS 提供了强大的预订管理（Reservations）功能，New Reservation 和 Block 两个模块分别可以实现散客与团队的预订管理。

Opera PMS 支持酒店直接预订、全球预订系统、订房中心、中央预订系统、互联网预订等预订方式，包括新建预订、查询预订、更新预订、用房量控制、取消预订、确认订房、等候名单、房间分配、押金收取以及房间共享等功能。系统还会进行客源统计，生成客源分析报表，方便酒店随时了解客源情况。该项功能还可以配合客户档案管理、收银、定金管理等多种功能。

2. 前台服务

系统的前台服务（Front Desk）可以通过查询客人的预订信息、收取押金、排房等为客人办理入住登记服务，同时还设有房间分配、客户留言、叫醒服务、电话簿信息等功能；对于住店客人，常用的几种功能有查询住店客人、换房、借用物品、给客人留言和部门间留言等。

3. 档案管理

Opera PMS 中的档案（Profiles）是整个 Opera 运行的数据基础，系统可以全面记载客户、商务合作伙伴、联系人、集团、旅行社以及来源等资料，客户资料包括会员基本资料、住店记录、爱好、联系地址、电话等。这些资料有助于酒店为客人提供个性化服务。档案模块的基本功能是新建、查询、修改档案。

4. 收银服务

收银服务（Cashiering）功能包括录入客账、账单金额调整、预付抵押金管理、外币兑换、费用结算、退房以及账单打印等，支持现金、支票、信用卡、转账和应收挂账等支付方式。收银员通过系统可以轻松查询账单、快速入账、调整账单等，还可以查看入账记录、历史账单等。

5. 客房管理

该系统能够确保酒店实时有效地识别并监督房态，如空房、已住人房、已清扫房、未清扫房、在检查房、大修房、小修房等，以及房间设施设备的管理和客房打扫的人员、区域的分配和客房用品的管理，并可以借助房间排队的功能加强前台与客房部的及时沟通。

系统中客房管理（Housing-keeping）模块的主界面可以查询房间和修改房态；任务分配界面可以自动生成所需清扫客房的任务界面、预测需要清理的客房数量、为客房服务员排班和分配合适的清扫工作量，并可以查询需要打扫的房间，排列优先打扫次序，按区域或楼层来分配房间清扫任务。另外，该模块中还设有一些选项功能，包括等候房、待修房、停用房、客房使用记录等。

6．应收账款和佣金

Opera PMS 提供的应收账款（Accounts Receivable）模块对通过信用完成销售的食宿费用负债进行管理，包括直接挂账、账单管理、账户账龄、支付账单、催款信、发票、周期结算对账单、账户查询、账户账龄报表等。佣金（Commissions）模块用于计算和处理旅行社、公司及其他形式的佣金管理，包括搜索客人的佣金情况、建立佣金、打印相关报表等。

7．房价管理

Opera PMS 系统中对酒店客房价格的调控提供了很好的管理工具，对不同房型的销售价格可以给予实时监控和价格策略，并对收入给出分析等。房价管理还可以与收益管理系统无缝链接。

这里要特别指出的是，Opera PMS 提供了强大的报表功能，总计提供 360 个标准报表，而且报表可以根据酒店需求进行调整。另外，Opera PMS 还可以根据酒店的实际情况，对系统做出功能选择、参数设置和缺省代码，并支持多国语言编辑和显示。

第三节　网络在酒店信息管理中的运用

现今信息化时代，计算机网络搭建了信息传输、接收、共享的虚拟平台，实现了即时通信、社交、网上贸易和服务、云端化服务、资源共享等服务；并借助文字阅读、图片查看、影音播放、下载传输、游戏、聊天等软件工具，极大地丰富和提升了人们的生活品质，成为人们工作和生活中不可分割的一部分。网络使人们的消费观念和消费行为发生了巨大的变化，充分利用网络带动和发展酒店的经营管理已经是行业内的共识。

计算机网络是计算机技术和通信技术相结合的产物。网络在酒店信息管理中的应用很广泛，除了我们前面讲到的酒店管理信息系统外，最主要的领域是酒店的电子商务、物联网应用、云计算应用等。

一、电子商务

网络为电子商务提供了技术基础，电子商务借助互联网对企业原有管理信息系统进行了延伸和发展，可以在网络上提供整个交易过程所需要的各种服务，包括企业和产品的广告宣传，咨询、洽谈，网上订购，网上支付，电子账户，网上商品传递及查询，征求意见，交易管理等。

酒店是较早应用电子商务的行业之一。酒店的电子商务主要体现在酒店客房网络预订和酒店网络营销两个方面。

（一）酒店客房网络预订

网络预订是酒店主要的一种客房预订手段，其中全球销售系统（Global Distribution System，GDS）和中央预订系统是主要的应用渠道。

1．全球销售系统

通过全球销售系统，遍及全球的旅游销售机构可以及时地从航空公司、酒店、租车公司、旅游公司获取大量的与旅游相关的信息，并进行在线交易，为顾客提供快捷、便利、可靠的服务；同时能够为顾客提供及时、准确、全面的信息服务，满足顾客旅行中包括交通、住宿、娱乐、支付在内的全方位需求。全球销售系统是第一个在全球旅游行业使用的预订系统，并且是全球旅游行业主要的预订系统，加入该系统的酒店将获得更大范围、更为紧密的客户群，提高订房率；消费者也可以通过 GDS 联盟网站查找到酒店的所有信息，极大地方便了消费者预订酒店。

2．中央预订系统

中央预订系统可以帮助酒店集团管理下属多家酒店的客房、价格和预订服务。预订中心的预订员可以在中央预订系统中查询到该集团的所有酒店的价格和预订情况，为客人提供服务。中央预订系统还可以将预订中心、全球销售系统、第三方酒店预订系统连接起来，进行数据交换，实现统一对外销售客房、自动更新房态、统一管理客人档案、所有分销渠道的房源和房价控制、预留房控制、生成集中佣金报表、保证金和付款账务操作等，帮助酒店及其分销客户拓展渠道、扩大销售额、节省成本、提高效率。

（二）酒店网络营销

随着信息技术和互联网的发展，现在越来越多的酒店已经建立自己的网站或者借助在线旅游企业（OTA）开展酒店的电子商务。这样做，一方面可以实现酒店及其产品的宣传、品牌推广、信息发布、网上预订以及客户服务等；另一方面可以降低来自全球销售系统和中央预订系统带来的交易成本。

1．酒店自建网站

具有一定资金和技术力量的酒店可以通过自建网站，实现酒店与客人的直接沟通，优势非常明显：

（1）酒店自建网站的大容量，可以容纳酒店的各类相关信息。酒店可以将所有计划宣传和推广的材料以文字、图片、动画、视频等多种形式呈现，并且快速更新，这些都大大地吸引了到访客人对酒店的注意力，有利于酒店的宣传和知名度提升。

（2）网络能够帮助酒店通过自动回复邮件、在线咨询、论坛等方式为客户提供咨询和交易洽谈，并通过网络利用预订和支付系统帮助客人实现预订。

（3）网络还可以帮助酒店与客户实现互动，如在线咨询、留言板、网上调查问卷、论坛、常见问题解答（Frequently Asked Questions，FAQ）等，缩短酒店与客户之间的距离，使酒店可以通过多种形式及时收集客人对酒店及其产品与服务的意见和建议，做好客户服务，改进用户住店的体验，形成口碑传播，提高客户满意度。

2．在线旅游企业

在线渠道销售已经成为酒店销售的常态。除了酒店自建网站外，目前国内在线销售渠道主要有携程网、去哪儿等大型在线旅游企业。另外，手机上还有各种酒店预订类应用。在这种情况下，酒店需要结合自己的特点，选择适合自己的在线销售渠道。酒店利用第三方电子商务平台，尤其是知名度高的平台，可以有效地促进其客房预订；同时可以省去网站建设成本及人力成本，只需缴纳年费和预订佣金即可。相关数据显示，2013 年中国在线酒店市场交易额约为 614.6 亿元，其中，通过携程网产生的酒店业务全年交易额约占在线酒店市场总交易额的 28.7%，位居第一。对酒店来说，接入这个平台几乎就是必选项。对大型连锁酒店来说，携程网这样的主流平台能为其带来在线预订的主要客源，将自己的销量最大化。对于中小型酒店来说，没有能力开发自有在线直销平台，接入大平台也能解决这个问题。同时，大平台还能帮助酒店赢得消费者的信任，获取部分长尾客户。对经济型酒店来说，通过在线旅游企业等分销渠道获取的客源远远超过高端酒店。

（三）微信营销

虽然现在很多酒店都意识到了在线渠道的重要性，但仅仅把互联网、移动互联网当成一个销售渠道是远远不够的。通过互联网和移动互联网，酒店可以和客户更好地连接起来。从这个角度来说，酒店在用户预订前、到店时和离店后都可以通过移动互联网带给客人更好的体验，微信营销就很好地帮助酒店实现了进一步的个性化营销。比如，通过让客户回答问题来了解客户的出行习惯，记住客户对酒店的需求，为客户提供出行建议。这样当客户需要预订酒店时，就更容易想到这家酒店。在获得了客户的预订信息后，酒店其实对客户已经有了一定的了解，如姓名、手机号，甚至可能还有客户在社交网络上的信息。如果之前通过微信和客户有过沟通，那酒店就能了解更多的客户需求。通过这些，酒店可以在客户到店时更好地协助其办理入住手续，提供更加贴心的服务。现在一些酒店已经实行了在线预订、到店直接入住，只需要通过手机进行简单的验证（比如扫描二维码），无须前台登记。这样的功能让用户在到店后即可享受到移动互联网的便利性。过去，酒店在客人离店后就几乎和客户失去了联系，但是现在酒店可以通过社交网络保持和客户的联系，如收集反馈意见以及二次营销，吸引客户下次入住。另外，社交网络的分享功能也有助于酒店品牌和口碑的传播，酒店可以为分享入住体验的客户提供减免房费等优惠服务，刺激客户主动传播。这样，一位客户的离店也就是酒店下一轮营销的开始。

二、物联网

物联网是新一代信息技术的重要组成部分，也是信息化时代的重要发展阶段。物联网是通过无线射频识别技术（RFID）、红外感应器、全球定位系统、激光扫描器等信息传感设备，把物品按约定协议与互联网连接，实现物与物之间、人与物之间的信息交换与智能控制。物联网的核心和基础仍然是互联网，是在互联网基础上的延伸和扩展的网络；其用户端延伸和扩展到了任何物品与物品之间，进行信息交换和通信。物联网在酒店的应用会越来越广泛。比如，可以利用无线射频识别技术将电梯控制系统、酒店指示系统等集成在一起，实现为客人引路的智慧识别功能。当客人走进电梯，手中的智能房卡，就能传递信息，控制电梯自动到达客人要去的楼层。客人下了电梯后，通过灯光指示，客人就可以方便地找到自己的房间。

三、云计算

云计算是基于互联网的相关服务的增加、使用和交付模式，“云”指的就是网络，通常涉及通过互联网来提供动态易扩展且经常是虚拟化的资源。云计算的特点是虚拟集中式管理、分布式计算和全方位使用。在酒店的未来发展中，云计算也将会有越来越多的用武之地。比如酒店集团可以采用中心服务器、节点服务器以及嵌入式终端（云 PC）组成的云计算应用系统，将三者分别安装在集团机房、酒店机房和客房里，中心服务器的推送内容及更新将推送到节点服务器再到云 PC，最大限度地共享资源。

资料

IU 酒店：中国首家互联网概念酒店品牌诞生

继去年陆续推出多个创新体验的酒店品牌之后，铂涛集团于 2015 年 2 月 10 日举行了一场别开生面的微信新品发布会，正式发布国内首个互联网酒店品牌——IU 酒店。据悉，这场发布会为行业首创。依托微信平台，通过图片、视频、文字等方式，结合“牛轰轰空降”“以 720° 重力感应全景看房”等线上体验，为大家展示了一个符合现代年轻人需求的互联网酒店品牌。

IU 酒店，中国第一家以互联网概念打造的酒店，定位为引领互联网生活的轻精品酒店。所谓 IU 就是 I 和 YOU 的简称，意味着打破了 I 和 YOU 之间的间隔，让 I 和 YOU 之间的沟通更加畅通无阻，让酒店无障碍。

IU 的倒影是 IN，是 I am in 的简称，意味鼓励消费者加入这个圈子，同时鼓励他们跟上时代跟上潮流，不落伍就来住酒店吧。

IU 酒店在新品微信发布会上为消费者展示了在酒店内的独特住宿体验。

1）IU 在线互动平台。当客人入店办理入住时，通过大堂微信互动屏扫描二维码便可加入 IU 酒店定制的微信互动系统，不仅可以与同住酒店的客人一起畅谈休闲，打破房间的局限性，一扫旅程的孤单枯燥，更可感受来自 IU 最亲切的关爱和分享。

2）多屏互动系统。房间采用 TCL 定制大屏电视，并在此基础上再次升级，推出 TCL 多屏视听互动系统，无须数据线的传输，就能将手机的图片视频内容投影到 TCL 大屏液晶电视屏幕中，手机、平板电脑和电视成为最佳搭档。多屏互动让音乐更动听，视频更清晰，游戏更好玩，喜欢的东西，经得起放大来看。

3）大数据定制体验。通过铂涛会背后的大数据支撑，IU 酒店将记录消费者的偏好，提前获知你的出行需求，提供个性定制服务。在 IU 酒店，顾客消费的每一个细节均体现出年轻消费者个性潮流的追求，与其说是互联网基因植入，还不如说是互联网思维下个性本质的体现。

“这是一个神奇的酒店，不仅打破了房间界限、拥有客房多屏互动系统，还提供力士二合一洗发沐浴露、静音快干电吹风、加厚地板拖鞋、大尺寸封盖茶杯、一键电话、100%精梳棉封包浴巾等 IU 专属定制物品，不仅让消费者享受到轻精品级的产品服务，更满足了消费者移动社交需求。”IU 互联网酒店首批体验者张琪表示。

IU 为什么叫 IU？其实在确定 IU 名字之前，IU 团队征集了 30 多个备选的名字，最后采用 IU，寓意为：陌生世界就是我（I）和你（U）的世界，I（我&爱）因你（U）而生——IU 酒店；IU 的倒影是 IN，在 IU 酒店，永远不落伍！IU 也可以翻转成 UI，打造最适合你的界面！IU 一下，快乐链接！

发布会上，铂涛集团高级副总裁、7 天品牌总裁苏同民先生表示，在移动互联网时代，消费群体具有两大特征：一是生活科技化，其中智能手机的应用已十分普遍；二是社交分享化，几乎人手必备社交软件，依托智能设备，消费者的社交也逐渐向分享化转变。同时，随着消费者升级，部分消费者更崇尚简约的生活，喜欢做真实的自己。

“移动互联网时代的消费需求，让互联网概念酒店顺势而为，”在苏同民先生看来，IU 酒店是精准定位于追求极致自我，渴望与周围发生各种链接的新一代年轻族群，他们几乎“无网不能活”、乐于分享，并且要做真实的自己，这类消费族群对酒店住宿体验的独特需求，也让铂涛集团更积极探索和创新互联网思维、技术与酒店产品的结合。

对于 IU 酒店的发展规划，苏同民也在微信发布会上透露，目前，IU 酒店第一家门店已经在广州开业，计划在 2015 年年底，能争取覆盖全国一线城市，达到 200 家门店、16 000 家客房的规模。另外，在 IU 酒店扩大规模的同时，将以问卷调查的形式及时洞察消费者需求，并添加微信支付、微信开门等功能，尽可能植入消费者有需求的互联网基因，打造消费者定制的 IU 酒店。

【问题】

（1）结合案例，讨论互联网酒店面向的主要消费人群。

（2）讨论互联网酒店中提供高情感服务的必要性。

第四节 “互联网+”背景下酒店业的发展

随着客户需求和期望的不断攀升和变化，酒店的竞争日趋激烈。如何才能吸引客户、扩大酒店销售、降低管理成本和提升客户满意度，成为酒店管理者最想解决的问题。而“大物智移云”㊀时代的到来和酒店信息化管理的深入，给酒店带来了新的增强核心竞争力的法宝，那就是大规模应用先进的信息化技术。

2015 年，我国政府工作报告中提出了“互联网+”的行动计划，随后国务院印发了“互联网+”的行动意见。我国将大力拓展互联网与经济社会各领域融合的广度和深度，为包括医疗、教育、物流、旅游等在内的传统行业与互联网的融合发展提供更大的空间，“互联网+”的概念开始风起云涌。这无疑会给酒店业带来更多的思考和行动，酒店行业的竞争也将在智能化、信息化、个性化等方面进一步展开。

“互联网+”就是“互联网+各个传统行业”，即充分利用信息通信技术和互联网平台，使传统行业与互联网深度融合，创造新的发展生态。在“互联网+”背景下，对酒店而言，重在如何利用改变的环境，建立和强化互联网思维和经营、广泛吸纳优质的互联网人才，来面对经营管理和企业生存发展中的问题，获得更多的竞争优势和发展机遇。

一、“互联网+”背景下酒店业需要关注的问题

“互联网+”的浪潮席卷酒店业，顺势而为，是大势所趋。但重要的是要树立“酒店未来+互联网”的思路，从酒店预订、支付、退房、客户反馈到营销，都可以通过互联网实现。但酒店经营的精髓在于打造实实在在的优质软硬件产品，无论时代发生什么变迁，这个根本不会变。

㊀ 大——大数据；物——物联网；智——智能化；移——移动互联网；云——云计算。

（一）“互联网+”背景下酒店经营的核心没有改变

互联网对酒店经营和管理的深远影响已经是事实。“互联网+”背景下，酒店确实可以对外迅速吸引客人，对内节约能源、优化流程、提高效率，这些都为优质优价提供了可能。但同时我们也必须看到，酒店经营的精髓仍在于打造实实在在优质的产品，这个永远不会变。没有过硬的和适宜的产品，吸引来的客源也只能是暂时的。而且互联网的开放性、互动性，恰恰决定了酒店长远的竞争必然是品质的竞争和服务的竞争。

因此，“互联网+”背景下，酒店既要看到互联网带来的营销上的变化，顺势而为；也要看到互联网对于酒店质量监控和改进的重要作用，不断提升客户体验和经营效率，使互联网成为酒店双向利用的渠道。

（二）“互联网+”背景下酒店提升服务体验的本质没有变

与互联网渐次融合的酒店业，正在变得更智能、更新潮。但酒店是一个高情感服务的行业，人与人接触的每一个真实的瞬间，通过服务人员的仪态、语言和行为的展现，给顾客带来真实的服务和体验。酒店只有提供最优质的服务，才能在移动互联网平台上创造更大的价值。因此，智能化的真正内涵还是要把互联网的各种服务整合到酒店里来，让入住酒店的消费者可以便捷舒适地享受互联网上的各种服务。提升硬件设备的目的，还是要让酒店更以人为本地提供服务。因此，酒店在发展中一方面要接受互联网、信息化的武装，另一方面要始终做好酒店服务。互联网技术不是服务业的本质，归根到底还是要做好服务，回归服务的本源。当然，很好地利用大数据的支持让服务更便利、更优质。比如，利用大数据分析入住客人的习惯和喜好，客人喜欢看哪个电视频道、喜欢几点睡觉等，利用这些数据的支持为客人提供更贴心和个性化的服务。

（三）互联网思维及营销手段创新

自 2015 年“两会”以后，“互联网+”成为热门话题。其实互联网对现实生活和生产经营活动的影响人们早已经深有体会。它不仅改变了传统的大众生活方式，同时也给各行业的经营管理带来了巨大的冲击。在酒店业，传统的酒店经营理念与互联网思维之间的撞击和相互裹挟也已经显而易见。而“互联网+”概念的提出，只是进一步提示了包括酒店在内的各个领域，传统的经营理念和管理模式确实已经无法很好地适应新的环境，经营管理者需要更加敏锐和创新的思维方式来定位市场营销，建立和强化互联网思维和经营已是必然。具体表现在：

1. 酒店消费碎片化特征显著

目前，我国网民总量接近总人口的一半，互联网普及率非常高；散落在 QQ、微博、微信、飞信、网络新闻、社交网站等各处的网络交流非常多样化。随着消费者消费心理的不断成熟，消费者的消费行为也在不断变化，很多消费可以在网络上分享，人们的关注和需求也更加分散、碎片化，消费者细分市场个性化、移动化和体验化特征明显。酒店营销者若继续以传统的方式就很难跟踪和快速把握受众的需求。“互联网+”背景下，就需要酒店利用新的手段让管理更有效率，更快、更好地去了解客人的消费爱好、个性特征、支付数据等，建立与客人之间的长久而紧密的联系，真正掌握自己的客户群体，而不是白白浪费掉这些散落网络各地的宝贵信息。“互联网+”背景下基于大数据的网络技术，可以通过受众在网络媒体上留下的各种数据，进行分析，进而从需求、资源、手段等方面了解市场。

2．酒店营销的关注点需要转移

传统营销模式中，企业对市场动态变化的反应慢而且信息资料有限。进入大数据时代，这样的营销方式显然无法适应。因此，拥有专业的互联网人才，借助“互联网+”对复杂的市场消费行为进行准确、细致的分析，形成基于“互联网+”的现代酒店营销就显得非常必要。“互联网+”背景下，酒店能获得井喷一样的信息，快速而全面的数据获取以及强大的数据处理能力会成为酒店制定营销战略和措施的利器。酒店用数据说话，就可以保证准确分析酒店经营现状和竞争对手，了解行业和市场，增强决策的准确性和前瞻性。从这一方面讲，酒店还需加强智力建设，吸引和培养互联网专业人才，加强网络应用能力培训。

3．销售渠道复杂多变

目前来看，酒店的营销渠道非常丰富而且复杂多变。首先，社会化媒体正在不断瓦解所有行业的营销和销售领域背后的传统观念，酒店业尤其明显。搜索引擎营销、移动营销（移动网站与手机APP）、邮件直销、微营销（微博与微信）等，每一个网络头像背后都是一位活生生的消费者，越来越多的酒店管理者意识到社交媒体的重要性并已经加入到社交媒体营销的阵营中。相关调查显示，客人与酒店之间的互动程度与客人在酒店的消费额有直接联系，参与度高的客人往往会对该酒店品牌有较高的信赖度，而且他们会更愿意成为酒店品牌的传播者。因此酒店需要了解各网络平台、精准定位酒店、积极有效地回复客人反馈，并利用数据监测和报告研究如何尽可能提高自己客人在社交媒体上的活跃度。其次，酒店还应正确选择分销渠道。在线旅游企业的价格战、在线旅游企业与酒店之间多年的博弈与对抗，也正说明了这一点。所以，酒店需优化分销渠道的策略，甄选分销渠道并做出正确的收益评估，用数据分析客户的消费行为和价格体系制定，合理定位在线旅游企业、协议客户与会员价，并加强渠道的推广、互动和监控。

4．电子商务应用创新

在“互联网+”背景下，国家鼓励企业利用电子商务平台的大数据资源，提升企业精准营销能力，激发市场消费需求。对酒店而言，一方面要拥抱互联网，重视数据、使用数据。从长远来看，酒店还需建立自己的互联网渠道，以便快速获取真实有效的信息，拥有信息资源的主动权，保护线下资源不被蚕食。另一方面，逐步建立酒店电子商务售后服务质量检测云平台，完善互联网质量信息服务体系，解决消费者关注的问题，鼓励酒店面向个体化、定制化消费需求，深化电子商务应用。

5．发展全球市场应用

国家鼓励“互联网+”企业整合国内外资源，面向全球提供供应链管理、大数据分析等网络服务，培育具有全球影响力的“互联网+”应用平台。对酒店业来说，充分发挥政府、产业联盟、行业协会及相关中介机构的作用，形成支持“互联网+”企业走出去的合力，任重而道远。

二、“互联网+”背景下智慧酒店的发展

智慧酒店是指酒店拥有一套完善的智能化体系，通过数字化与网络化实现酒店数字信息化服务技术，如智能门禁系统、智能取电开关、交互视频体系、计算机网络体系等。“互联网+”背景下，更加鼓励智能化水平及其服务能力，酒店智能化是一个不断丰富和发展

的领域，从2009年全球第一家智慧酒店杭州黄龙饭店的出现到现在，业界在智慧酒店领域做了很多探索和尝试。

（一）全球第一家智慧酒店

黄龙饭店隶属于杭州旅游集团，是杭州市的形象窗口，多年来承办了很多重要会议与贵宾接待工作。随着越来越多的国际化新酒店的进驻，杭州的酒店业竞争日趋激烈。如何突出重围，续写并超越黄龙饭店往日辉煌成为黄龙饭店管理层面临的首要问题。经杭州市重金打造的“卓越品质，五星启航”的改扩建工程，致力于全面提升黄龙饭店的综合竞争力与接待能力，将黄龙升级为浙江省首家国家级白金五星级酒店，并希望借助现代科技的力量显著提高客户体验，使客户获得最大化的舒适与满足，成为未来国内乃至世界级的超一流酒店。于是，通过与IBM的合作，全球第一家智慧酒店诞生了。经过几年的发展，现如今，提到杭州黄龙饭店，您最先想到的是什么？还是iPad点菜吗？还是智能导航系统？还是躺在床上即可看按门铃的来访客人？下面我们一起来看看黄龙酒店的智慧之处。

1．客人识别与远程登记

酒店会给每一位VIP客人发放一张房卡，当然这个房型也是由VIP客人自行挑选符合他们心意的客房。这张房卡上有芯片，只要VIP客人一到酒店的感应区域，客人就会自动收到欢迎短信。服务人员立即收到VIP到店的提示短信，包括客人的姓名、性别、国籍、照片等信息，这样服务人员可以主动欢迎客人。另外，VIP客人还可以通过手持登记设备（TABLET PC）进行远程登记，在房内或是店外就能完成登记、身份辨识及信用卡付款手续，节约了在前厅排队等候的时间。手持登记系统放置在前厅，服务员收到VIP到店提示短信后即可进行准备，然后用手持登记设备让客人签名即可。入住登记和办理退房都可远程进行。

2．全自动系统带来无限便捷

每位客人或许都有过这样的体验：开房要排队；入住酒店，出去开了个会，回来绕了好几圈还是找不到自己的客房；回到客房后，满头大汗，研究了半天才调好房间温度；想打开电视，还要到处找遥控器。而黄龙饭店的全自动系统带来的便捷是传统酒店无法比拟的。

（1）智慧导航系统　黄龙饭店是覆盖在无线射频识别技术的系统下面的，当客人进入电梯之后，就可以体验客房智慧导航系统。只需要刷一下含芯片的这个房卡，然后输入房号，一出电梯，系统会自动感应客人的房卡信息，三道指示牌指引客人直至自己的房间。

（2）自助入住/退房系统　针对35～50岁对于计算机操作熟悉的商务人士，杭州黄龙饭店在大堂内设置Kiosk机，客人可自助完成登记手续。

（3）客房全自动系统　客人在外面忙碌了一天，走进客房自然是希望灯、空调、音乐都不用自己开，电视遥控不用自己找，最好衣服都不用脱就躺在床上。智慧酒店就可以让客人轻松再轻松！只要客人一进入客房，安插好房卡，所有的空调系统、电视系统、灯光系统等全部都自动到位了。电视自动开启欢迎辞页面，空调也开始运作。

3．电视系统一展神奇功效

电视系统内置八国语言，兼具电视频道、航班信息、消息留言、账单查询、全球天气、租车服务等各种功能，还有杭州风景名胜、服装商场等具体介绍推荐。

（1）客房电视系统点菜　住酒店偷个懒，想在客房点菜是一件常事儿。然而在很多酒店，客人需要客房点菜总是翻着酒店指南，翻半天找到一些信息，然后拨打服务电话点菜。如今，客人想要躺在床上像看电视一样点个菜已经不是难事了，图文并茂，价格明细，看会儿电视之后餐点直接送到客房。

（2）了解航班信息，15 分钟更换一次有效信息　电视系统以萧山机场的出发、到达两方面展示信息。整个信息 15 分钟更新一次，并在下方有萧山机场的电话号码方便致电询问。客人住酒店不用担心航班延误或者因天气取消怎么办，只要打开电视查询航班状态即可，若航班延误就可多住一天酒店，不需要去机场苦苦等候。当然，15 分钟更新一次信息，也可以让客人实时了解航班的延误状况。另外，只需将电脑和客房内的四合一多功能一体机连接即可打印路线图和机票登机牌。

（3）门禁系统　客房有人按门铃，门外的图像会主动跳到电视屏幕上，方便客人判断。

4．帮助客人省钱

全球接听拨打客房智能手机解决了国外手机无法直接使用的问题。从技术的角度，它可以全球拨打、免费接听。现阶段，杭州黄龙饭店开放了部分信号区域，可在饭店或是杭州范围内的任何地方使用。另外，界面设置简单，客人只需要按服务键即可拨通酒店的服务中心进行咨询。

5．“一键”服务最方便

（1）“一键”液晶雾化玻璃　客人在沐浴之前拉帘子较为费时费力，只要一按开关即可得到“私密空间”，这就是黄龙饭店的“一键雾化玻璃”。浴室与卧室之间安装了液晶雾化玻璃，轻点控制面板，透明玻璃即刻产生“雾化”效果，给客人一个私密的浴室空间。

（2）“一转”客房盥洗室音乐系统　一边洗澡一边听音乐确实是件很享受的事情，一边洗澡一边还能听到刚刚依依不舍的电视剧声音更是不错了。一个人入住的时候，不按一键雾化玻璃，还可以一边洗澡一边看电视、听电视。客房盥洗室音乐系统拥有四个独立声道，分别用于播放饭店公共区域的背景音乐、客房专属音乐（两个声道）和客房电视正在播放的电视节目声音。

（3）“一键”拨打服务　很多时候，住客在房间会有一个小小的抗拒心理，那就是打服务电话，送水果要按哪个键？计算机连不上网要按哪个键？加条被子要按哪个键？打错了还得重新打。一件小小的事情，艰难地打了一通电话后，说不定让自己心情烦躁起来。如果每一家酒店都只要拨“0”，告知自己的所需要的服务即可马上得到回复，那是再好不过了。

6．智能考核员工

黄龙饭店每一个楼层的服务员，以及餐厅的员工都有一个 I-TOUCH。在员工管理方面，以短信的形式接收楼层服务或者餐厅点菜服务，不仅能够减少服务出错率，还能根据服务时间来对员工进行工作考核。发送在 I-TOUCH 上的任务时间即时开始。

（1）I-TOUCH 智能考核　酒店员工手持 I-TOUCH 上岗，可不仅仅是给酒店员工心理上的一个惊喜，更重要的是加快服务速度、减少服务出错率，以及对员工进行智能考核。对于餐厅的服务员来说，每一个点菜的 iPad 相对应的配对一个 I-TOUCH。每个包厢一个 iPad，在客人点好菜之后，由服务员确认信息，确认无误后发送给相应的 I-TOUCH。那么接收到信息的服务员就马上开始准备这个包厢的菜品。

（2）iPad 点菜　黄龙饭店的 iPad 点菜，早已名扬内外。每个包厢有一个 iPad，在点菜之于还可以玩玩小游戏。在 iPad 的启动页面，还有名车、名表等针对酒店高端顾客的供应商广告。

（3）RFID 标签员工管理　在员工的制服内有专业 RFID 标签，酒店在各个分区都有读写器，员工制服上的这个芯片可以显示员工定位。比如，某员工这段时间内应该站在这个岗位这个区域的，而他却跑到另外一个区域去了，这就是擅离职守。每个月月终管理人员就可以从系统里拉出单子来对比，进行考核。

（4）RFID 标签固定资产管理　黄龙饭店在贵重物品上粘贴 RFID 标签，主要是防止字画、瓷瓶等贵重物品被盗当资产非法移动，系统会自动报警。

（二）智慧酒店的未来发展

科技手段的创新是未来社会的发展趋势。未来的酒店竞争，已经不再仅仅是酒店的设施与装潢，还包括酒店智能化系统的完善与发展；拥有一个完善的智能化系统的酒店，是经营管理制胜的关键条件之一。人们追求科技带来的更为高端的服务，高科技体验也就可以成为未来酒店经营和管理的利器，成为吸引客源的竞争力要素。

2014 年是“中国智慧旅游年”，各地政府、旅游委（局）和协会在政策、制度、标准建设方面力度空前，各企业、组织举办多种活动、会议强化实施效果，这些前瞻性文件的举措将在未来持续显现，智慧旅游、智慧酒店工作将步入新阶段。在标准建设方面，继北京市智慧旅游系列标准后，广东、江苏、四川、浙江、山东等地发布智慧酒店相关制度和标准，为智慧酒店的建设提供了基础性文件。建设智慧酒店已经不仅仅是口号而转化为实际行动，以智慧作为方向的酒店集团、以智能作为卖点的特色酒店在各地大量涌现，以智慧、智能作为方向的供应企业、解决方案越来越多。智能也好，智慧也罢，其核心和基础还是信息化，这些资源大力推动了我国酒店业信息化的发展。2014 年 3 月，上海酒店用品博览会，金陵饭店集团“中华禅意”样板房横空出世，昭示着“大智物移云”时代的到来。金陵样板房最早采用物联网客房控制的方案，结合云技术，实现了“将酒店服务装进客人手机”的构想，“移动数字管家”在不久的将来就会登陆酒店。

2015 年，我国提出“互联网+”行动意见，鼓励企业提升终端产品智能化水平，积极开展差异化细分市场需求分析，提升用户体验，推动互联网技术以及智能感知、模式识别、智能分析、智能控制，这将进一步推动智慧酒店的发展，让客人可以凭借先进的智能手段，在步入酒店的那一刻起即可全程享受贴心的智能化服务，实现全方位的体验。

“智慧”确实不仅极大提升了酒店客人的入住体验，而且使酒店自身的管理流程也得到了极大的优化，方便酒店的运营管理。全新的体验方式也帮助酒店树立起行业的新形象，有助于酒店在高速发展的市场环境下保持领先的竞争力。但同时，我们也应关注到，智慧酒店是传统智慧与科技智慧的集合，并不仅仅是科技；智慧酒店一定要和酒店的传统文化、理念和基础服务结合起来，实现智慧管理、智慧服务、智慧营销、智慧控本。“智慧型酒店”绝不仅仅是冷冰冰的科技手段与硬件改造升级，最根本的还是科技和服务的结合。在国际上，高科技和智能化已经成为衡量高星级酒店的一个标准。全球高端酒店都努力地将科技融入酒店服务和管理之中。这些酒店智能化的设计都是为了一个出发点：提供给客人更舒适的体验及服务。所以，科技的目标是帮助酒店建立自己的风格，实现和展现自己的服务特色。不难看到，随着酒店服务标准化和个性化的深入，酒店服务已经不仅仅是传统的接待，优质服务不再仅仅是微笑问候，而是为客人打造温馨的居家感受，用智能化的科技产品诠释酒店对客人的微笑、温暖和旅途慰藉。那些用科技手段的奇思妙想带给客人特殊体验的酒店，让客人的旅行变成难忘的记忆，让客人感受到真正的高品质服务。

智慧酒店带给客人的感受可谓超乎想象。放眼全球，智慧酒店的数量在不断增加，越来越多的“在路上”的客人开始享受智慧酒店带来的贴心服务。科技在不断改变着世界，虽然酒店行业仅仅是迈出了一小步，但是对于人们追求更加智能化的生活却是迈出了很大的一步。我们曾经“想象”的酒店已经在现实中逐渐展开。

复习思考题

一、名词解释

酒店管理信息系统　　智慧酒店　　IU 酒店

二、简答题

1. 简述酒店信息管理的基本内容。
2. 简述酒店管理信息系统的作用。
3. 简述网络在酒店信息管理中的应用。

三、论述题

1. 讨论“互联网+”背景下，酒店业应思考和关注的问题。
2. 结合智慧酒店的建设，分析现代信息技术在酒店发展中的作用。

第九章

酒店公共关系管理

学习目标

- 掌握酒店公共关系的内涵、特点及功能
- 掌握酒店公共关系管理的内容与方法
- 理解酒店形象设计和塑造的内容和程序
- 掌握酒店公共关系危机的类型、预防及处理

案例导入

徐州市在经历"非典"之后，发起了"做有情有义的徐州人"活动。所有媒体均在讨论"徐州精神"和"徐州形象"。当时徐州市老矿区的一座单位公寓，住户长年累月使用该公寓内的一座公厕；但因该单位破产，电费无人承担，致使公厕一到晚上就漆黑一片。公寓楼内待业青年杨明从超市买来一根蜡烛，点好后，放在厕所里；从第一根蜡烛点起，到第10根，第50根，第100根，杨明坚持下来了。他的行为感动了这座公寓里所有的住户，并引起了媒体的关注。接连几天，媒体一直在陆续报道，因为杨明的事迹，供电部门重新给公厕通了电，甚至因为杨明的事情徐州出现了更多的文明现象。

某三星级酒店恰好在这时接到了由江苏省旅游局颁发的国家四星级旅游涉外饭店证书，配合晋升四星级酒店工作，酒店准备好了一大笔宣传资金。酒店看到徐明的报道后，立刻打电话到报社，希望待业的杨明能够到酒店来上班，希望他的蜡烛精神能够代表代表酒店的形象、徐州地区形象。杨明来到酒店工作后，当地的电视、报纸等媒体大幅介绍刚刚晋升国家四星级旅游涉外饭店的酒店接纳了蜡烛事件的当事人杨明，酒店总经理也接受了多家媒体的采访。接下来的几天，酒店的形象一直和蜡烛事件的当事人杨明联系在一起，所有的媒体在宣传杨明的时候，都没有忘了提一句，这家酒店刚刚晋升为"国家四星级旅游涉外饭店"。

【讨论】酒店应如何采取策略，抓住机遇来塑造形象？

本章阐述了酒店公共关系管理的内涵、特点、功能及主要内容和工作方法，对酒店形象的设计和塑造进行了重点阐述，并对酒店公共关系危机处理的原则和程序进行了介绍。

第一节 酒店公共关系概述

公共关系是由英文“Public Relations”翻译而来的，简称为“PR”，中文可译为“公共关系”或“公众关系”。公共关系学形成于20世纪初，随着人类社会文明的发展，现代公关关系学在广泛吸收传播学、行为科学、心理学和社会学等相关学科理论的基础上，形成了自身的理论、方法和技术，广泛应用于政治、经济、军事、文化等领域，发挥着重要的管理功能。

一、酒店公共关系的内涵

（一）公共关系

公共关系发展至今，尚无统一的界定。由于认识角度的不同，对公共关系内涵的理解也各不相同，各学说都对公共关系下了定义，定义中的关键词分别为管理职能、塑造形象、经营艺术、传播沟通、社会关系等。“管理职能说”在众多定义中最具代表性，该学说认为，公共关系是一种特殊的管理职能，它帮助一个组织建立并保持与公众之间的交流、理解、认可与合作；它参与处理各种问题与事件；它帮助管理部门了解民意，并对其做出反应；它确定并强调企业为公众利益服务的责任；它作为社会趋势的监视者，帮助企业保持与社会同步；它使用有效的传播技能和研究方法作为基本工具。国际公共关系协会同样认为，公共关系是一种管理职能，其定义是：公共关系是一种管理功能，它具有连续性和计划性。“形象塑造说”认为，公共关系是组织塑造形象的艺术和手段。“传播沟通说”认为，公共关系是研究组织与公众之间沟通规律的科学。“社会关系说”认为，公共关系是建立和改善组织与公众关系的艺术和方法。

不难看出，由于侧重的角度不同，人们对公共关系的认识差异较大。而这也恰恰说明，公共关系的内涵十分丰富，在多个领域和众多方面发挥着重要的功效。已有的这些界定在不断地丰富着人们对公共关系的认知。到目前为止，虽然对公共关系还没有一个公认的看法，但是我们完全可以依照它在各领域中发挥作用的特点，形成适合各自领域的公共关系理论，既能够有针对性地为行业服务，又可以丰富公共关系的体系。

（二）酒店公共关系

20世纪80年代，公共关系在我国得到了大范围的宣传和推广，一时间成为传播和研究的热点，公共关系的概念开始为人们所熟知。

尽管公共关系这一名词是新鲜的，但对于酒店行业来说，其经营管理过程中的公共关系活动其实一直就存在着。只不过在行业没有进入快速发展期时，这些活动还没有上升到公共关系的理论高度。在我国酒店行业，公共关系几乎是与改革开放同步出现和发展起来的。我国最早设立公共关系部的酒店是广州白天鹅宾馆。后来，随着合资酒店的增多和国外著名公共关系咨询公司的进驻，公共关系逐步走进酒店人的视线和实际工作中。随着改革开放和市场经济的深入发展，近些年来国外著名酒店集团纷纷进驻中国，国内品牌酒店的发展风生水起，酒店开始越来越关注公共关系的管理，关注在竞争中如何打造和处理好公共关系。公共关系已然成为关系酒店生存和发展的大事。

酒店是我国与国际接轨最早的行业之一，也是公共关系引进最早和应用最广泛的领域之一。国内酒店业发展的 30 年实践，也是酒店公共关系积极探索和实践的 30 年。酒店业是典型的服务行业和窗口行业，30 年的实践表明，公共关系在酒店的发展中扮演着越来越重要的角色，而且逐步形成了自身的公共关系体系。酒店公共关系是指酒店为了在公众中树立良好的形象而组织实施的各项双向信息沟通活动。实际上就是指酒店为了促进公众对酒店的认识、理解及支持，加强与公众的交流与合作，树立酒店良好形象，促进酒店销售的艺术、手段和一系列管理活动。它是一种状态，因为任何一个酒店或个人都处于某种公共关系状态之中；它又是一种活动，因为当一个酒店或个人有意识地、自觉地采取措施去改善和长期维持自己的公共关系状态时，就是在从事公共关系活动。

二、酒店公共关系的构成

公共关系由主体、客体和中介三方面组成，主体是社会组织，客体是社会公众，联结主体与客体的中介环节是信息传播。这三个要素构成了公共关系的基本范畴。公共关系的理论研究、实际操作都是围绕着这三者的关系层层展开的。酒店公共关系也不例外。

（一）酒店是公共关系的主体

作为社会组织的一种形式，酒店是为公众提供住宿、餐饮及其他服务的、具有多样化功能的商业性组织。酒店可以为客户提供住宿、餐饮、商务、家居、度假、娱乐、会议等多种服务。根据客源市场和接待对象的不同，酒店可以分为商务型、长住型、会议型、度假型等多种业态形式。在酒店的公共关系中，酒店是主体，是公共关系活动的主导者。作为公共关系主体的酒店具有三个突出的特征。

1. 商业性

酒店是以营利为目的的企业，是一种经济组织。与其他非营利机构不同，酒店必须通过一定的管理和经营活动来获取利润才能生存和发展。因此，酒店必须参与市场经济活动，提高自身的竞争力。

2. 服务性

酒店是典型的服务行业。它的服务对象是公众，既包括外来的旅行者，也包括本地的社会公众。酒店需要通过销售客房、餐饮以及相关服务等服务公众、获取收益。服务质量直接影响客户的满意度，酒店必须妥善和协调处理酒店运行中各个方面的关系，争取广泛的支持和合作，为酒店创造良好的生存环境。

3. 独立性

作为公共关系的主体，酒店具有独立的生产经营自主权，自主经营、自负盈亏。因此，酒店必须保证自身发展的相对稳定性和可持续性，加强公共关系管理，塑造良好公众形象，以利于酒店健康地发展。

（二）公众是酒店公共关系的客体

在酒店公共关系中，与主体相对的客体，即酒店公共关系活动的对象，是公众。公众与组织之间存在着相互影响和相互作用，没有公众就没有公共关系，对公众的影响效果就是公共关系管理的效果。酒店要做好公共关系工作，就必须了解和研究公众。

作为酒店公共关系的客体，公众包括所有与酒店利益相关、相互作用和相互影响的群体、组织与个人的总和。根据与酒店的所属关系分类，可将公众分为内部公众与外部公众。员工是酒店直接面对而最接近的公众，是组织赖以生存与发展的细胞，是酒店内部公众的主体。在组织的外部公众中，一般来说，消费者公众、传播媒介公众、社区公众、政府公众等对酒店的发展影响比较大。酒店公共关系的客体同样具有三个特征。

1．广泛性

酒店的市场需求具有明显的分散性，而且酒店是面向全社会服务的组织，与其生产经营和服务发生关系的组织和个人范围非常广泛。其中相关联的组织就包括政府、主管部门、旅行社、旅游交通部门、航空公司、各类媒体、业务合作单位、其他酒店等；个人的范围就更加广泛，包括各行各业，各种年龄、身份、肤色、种族的人群。

2．同质性

同质性是指酒店公共关系中的客体具有某种共同性，必须是与酒店这一特定组织相关的公众。这些公众因共同需求、目的、问题、兴趣联结在一起的，与酒店存在着潜在的或现实的利益关系，对酒店的生存和发展具有影响。只有存在着同质性，才能与酒店发生联系和相关作用，成为酒店的公共关系客体。

3．可变性

酒店的公众不是一成不变的，在社会发展和酒店发展的不同时期都会表现出不同的特点，表现出不同的价值观念和消费行为特征。但这种可变性对于酒店而言是可以引导的。酒店既要适应公众的变化采取相应的经营策略，又要通过公共关系管理逐渐影响公众的态度。

在公众划分的基础上，我们进一步将酒店主要公共关系分类为酒店内部公共关系和酒店外部公共关系。

（1）酒店内部公共关系　是指酒店通过一系列传播沟通活动，使酒店与内部公众相互理解、相互支持，增强酒店内部的横向和纵向联系，协调酒店内部关系，最大限度提高员工的责任心和归属感，激励和发挥员工的工作积极性和工作潜力。酒店内部公共关系具体包括酒店与员工之间、部门与部门之间、部门与员工之间三种关系。

（2）酒店外部公共关系　是指酒店通过与外部公众的传播沟通，协调与外部公众的关系，树立酒店良好的企业形象。在现代酒店营销中，外部公共关系的地位越来越重要了。良好的外部关系非常有利于提升酒店的知名度和美誉度，有利于酒店的经营管理活动。酒店的外部公共关系广泛而复杂，主要的公共关系包括宾客关系、客源输送机构（旅行社和对口接待部门等）关系、媒体关系、行政（主管部门）关系、社区（与所在地工商、税务、水、电、交通等部门、社会团体、其他组织等）关系等。

（三）传播是酒店公共关系的中介

传播沟通是联结公共关系主体和客体之间的桥梁与纽带。酒店公共关系传播，就是酒店利用各种媒介有计划、有目的地与公众进行沟通，影响公众，获得公众的理解、认可和支持，提高主体的知名度和美誉度的活动。酒店传播的种类主要有三种：

1．人际传播

人际传播即个体之间的传播，这是最普遍、最常见的一种传播方式。在酒店中，人际传播主要是在酒店服务员与客人之间、客人之间、员工之间使用。人际传播非常有利于双方互动，沟通及时、直接，并有利于情感表达；不足之处在于传播范围有限，传播速度慢、效率低且有可能出现信息失真的情况。

酒店在使用这种传播方式时，一方面应加强员工与客人之间的使用，通过提升员工的精神面貌和服务质量，直接影响客人对酒店的印象。另一方面，在展览会、交易会等各种现场宣传时，通过人际沟通大力对潜在客户进行传播，提高宣传的效果和影响力。另外，酒店还可以通过特殊人物的人际传播达到特定的效果，如政府领导和有关人士、记者、名人、外国相关机构人士等。

2. 大众传播

大众传播是指通过网络、报纸、杂志、电视、广播等大众传播媒介，将酒店大量的信息传递给分散的公众。大众传播是酒店传播必备的途径之一，是非常专业化的传播方式，传播速度快、范围广、影响力大，而且具有很强的舆论导向作用，是酒店公共关系活动中经常采用的传播方式。大众传播的不足在于受众分散，针对性差，反馈效果难以保证。

3. 群体传播

群体传播即酒店与相对集中的有关公众面对面进行沟通和传播的形式，如开业庆典、星级评定、新闻发布会、展览会、专题演讲和报告等。群体传播具有集中、面对面、反馈及时等优点。酒店可以根据需要在酒店发展的关键时段或有重大事情需要与公众沟通时，选择群体传播的方式。

4. 酒店自控传播

酒店自控传播即酒店通过酒店会议、酒店活动、酒店刊物、酒店电子媒介等进行传播的形式。酒店通过自控传播宣传企业政策、经营活动、酒店新闻等，实现酒店内部上下级之间以及员工之间的有效沟通，解决企业内部问题。

三、酒店公共关系的特点

公共关系是一门管理科学和管理艺术，酒店作为典型的服务行业和窗口行业，其公共关系管理是以塑造形象、促进营销为目标，以建立关系、改善环境为基础，以全员参与为特色。公共关系在工作对象、目标、原则和方法上具有如下基本特征：

（一）服务性

酒店公共关系的目标是要塑造形象和促进营销。尽管酒店可以通过建筑、装潢、色彩、家具等设计来确定外在形象和风格，但在酒店形象的打造中，服务起到了至关重要的作用。酒店主要是要通过酒店的服务、管理、员工的形象来树立、推广和完善酒店的形象特征，使之更具吸引力和活力。所以，酒店公共关系必须通过提高服务质量来塑造形象和扩大客源市场。

（二）情感性

公共关系是一种创造美好形象的艺术。它强调的是和谐的环境、和谐的人事气氛、最佳的社会舆论，以赢得社会各界的了解、信任、好感与合作。公共关系就是要追求“人和”的境界，为组织的生存、发展或个人的活动创造最佳的软环境。酒店的经营过程中人与人的直接交往很多，情感特征非常突出。酒店公共关系的活动中必须充分注入情感因素，使酒店更具亲和力。

（三）双向性

公共关系是以信息为基础的双向沟通，不是单向的公众传达或对公众舆论进行调查、监控，它是主体与公众之间的双向信息系统。酒店一方面要调查民意以调整决策，改善自身；另一方面又要对外传播，使公众认识和了解自己，达成有效的双向沟通。

（四）复杂性

酒店公共关系的复杂性包含两层意思：一是公共关系存在于主体的任何行为和过程中，即公共关系无处不在，无时不在，贯穿于主体的整个生存和发展过程中。二是指公众的广泛性和复杂性。因为酒店公共关系的对象可以是任何个人、群体和组织，既可以是已经与主体发生关系的任何公众，也可以是将要或有可能发生关系的公众。

（五）整体性

公共关系的宗旨是使公众全面地了解自己，从而建立起自己的声誉和知名度。它并不是要单纯地传递信息，宣传自己的地位和社会威望，而是要使人们对酒店各方面有整体的了解，形成酒店在社会中的竞争地位和整体形象。

（六）长期性

公共关系的实践告诉我们，不能把公共关系人员当作“救火队员”，而应把他们当作“常备军”。酒店公共关系的管理职能应该是经常性和有计划的，是酒店的长远战略和长期任务。这样才能巩固酒店的企业形象，不断扩大市场，提高酒店的可持续发展能力。

（七）全员性

酒店的经营特点决定了酒店公共关系必然是全员参与的过程。每一个员工的言行都可能直接影响客人对酒店的评价，关系到整个酒店的服务水平和形象。“全员公关”已经成为酒店公共关系管理的共识。因此，加强员工的公关意识、形象意识、沟通意识成为酒店员工培训的必备内容之一。每个员工都是酒店的形象使者和维护者，只有动员所有的员工参与到公共关系中来，才能真正实现酒店的公共关系的意义。

四、酒店公共关系的功能

酒店公共关系在酒店的经营管理中发挥着重要的作用，而且随着行业竞争的加剧和消费者多元化需求的增强，公共关系在酒店的发展中扮演着越来越重要的角色。

（一）信息功能

信息的收集和传播是酒店公共关系的基础功能，也是重要功能。这里的信息是指酒店通过内部信息渠道和外部信息渠道收集的包括酒店形象信息、酒店产品信息、公众信息和社会信息在内的所有信息。信息的收集有利于酒店的自我评价和对市场的了解，可以为酒店经营和管理提供重要的依据或参考。信息的传播有利于加强酒店的宣传以及与公众和社会的交流，促进其对酒店的了解，形成和谐的公共关系。

（二）形象功能

对酒店的形象进行设计和塑造是酒店公共关系的核心功能。酒店的形象取决于多种因素，酒店公共关系部门需要对酒店的整体形象进行充分的分析和设计，并通过一系列的举措进行塑造，使酒店的形象在社会和公众心里具有更高的辨识度和吸引力。

（三）协调功能

酒店公共关系的客体决定了酒店公关工作在协调关系方面发挥的重大作用。无论采取哪种中介形式，公共关系都是要在酒店内部各部门之间搭建桥梁，形成和谐的内部环境；并通过协调酒店与顾客、社区、供应商、政府部门、竞争者的关系达到酒店与外部环境的适应，从而提高酒店的市场竞争力。

（四）管理功能

酒店的公共关系是一种特殊的管理职能，它通过上述功能实现为酒店提供信息咨询和决策参谋的功能，充当着智囊团的角色。在酒店出现危机时，酒店公共关系的管理功能还可以帮助酒店化险为夷，重塑形象。

第二节　酒店公共关系管理的内容与方法

酒店公共关系管理的内容丰富，意义不言自明。为了使酒店的公共关系管理更有计划性和预见性，酒店需要有专门的机构来从事这项工作；而且由于公共关系具有很强的艺术性和专业性，酒店还必须根据需要配备具有较高素质的工作人员。

一、酒店公共关系机构与人员的设置

（一）酒店公共关系部

酒店的公共关系机构称为公共关系部。与其他部门相比，酒店公共关系部的角色较为特殊，它既不是领导部门，也不参与直接的经营；它的存在就是通过其特有的信息情报、决策参谋和宣传沟通功能来实现酒店的公共关系目标，它是为创造酒店良好的社会效益和经济效益服务的。因此酒店的公共关系部需与酒店外部和酒店内部各部门保持密切的联系，并向酒店决策层汇报情况、提出建议并参与决策，并可以作为酒店的代表对外发布消息和处理问题。因此，公关部通常被誉为酒店的“五心”，即酒店的公众联系中心、信息发布中心、环境监测中心、趋势预测中心、资料存储中心。

公共关系部在酒店中的隶属关系因酒店不同而有所不同，一种情况是直接隶属于酒店最高领导，另一种情况是隶属于销售部、前厅部、总办等部门。目前，国内酒店最普遍的一种形式是将销售部和公共关系部合在一起，称为公关销售部。

（二）酒店公共关系人员的职责和素质要求

1. 酒店公关部经理

酒店公关部经理的主要职责是：①确定酒店公共关系活动的目标和对象；②酒店公关工作规划；③酒店公共关系管理人、财、物成本预算与控制；④追踪外部公众信息并向管理部门传递；⑤参与酒店决策；⑥部门的管理工作等。

酒店公关部经理承担着部门管理任务，并对整个酒店的公共关系负责。酒店公共关系的特点决定了公关部经理需要具备较高的素质才能胜任，具体包括以下 4 个方面：

（1）知识素质　公关部经理需要有较宽的知识面，熟悉公共关系理论、形象学、外语、

心理学、传播学、广告学、新闻学、酒店管理学、市场营销、酒店相关法律法规、公关礼仪等知识。

（2）能力素质　公关部经理需要具备良好的组织能力、交际能力、沟通能力、创造能力和解决问题的能力，这样才能在复杂的公共关系管理中有条不紊、有的放矢、富有成效地完成任务。

（3）心理素质　公关工作的复杂性需要公关部经理在日常工作中具备自信、稳健、承担、果断、意志力等优秀的心理素质，在危机公关中，更需要公关部经理具有过硬的控制力和心理素质。

（4）道德素质　公关部经理必须遵纪守法、廉洁奉公、实事求是、重信守义、宽容大度。

2．酒店公关部员工

酒店公关部员工直接与酒店的内部公众和外部公众保持联系，具体负责酒店公关活动的执行和实施，要求具有良好的专业知识、技能以及良好的心理素质。

（1）知识要求　公关人员的知识越丰富，开展工作就越得心应手。酒店的公关工作人员除了需要具备扎实的公共关系理论知识外，还要根据分工需要掌握本岗位工作的专业知识，如宾客关系、新闻、编辑、美术、广告、网络等。

（2）专业技能　在酒店的各种公关活动中，需要公关人员具备多方面的能力，包括组织能力、语言能力、沟通能力、创新能力等。

（3）心理素质　公关工作人员同样需要具备良好的心理素质，热情、自信而稳健地与公众沟通，树立和维护酒店的形象。

二、酒店公共关系部的工作内容

酒店公关部的工作分为日常工作、定期工作和专门活动三类。

1．日常工作

酒店公关部的日常工作主要包括：①随时收集酒店内外公众的各种意见和信息；②与相关媒体保持联系，编制并向其发送酒店相关信息；③制作、整理和存储酒店各种资料；④设计和监制酒店的各种宣传品和赠品；⑤代表酒店接受公众的咨询和投诉，并落实解决；⑥落实重要宾客的接待等。

2．定期工作

酒店公关部的定期工作主要包括：①组织记者采访和招待会、接待参观访问；②编辑对外宣传刊物；③编辑内部刊物；④编辑酒店介绍和年度报告等重要资料；⑤参加酒店的会议和营销活动，了解酒店经营状况；⑥同社区进行定期接触；⑦定期评价酒店公共关系状况等。

3．专门活动

专门活动是公关部为达到特定目标而组织的活动，主要包括：①设计并委托制作酒店的店徽、标志等；②筹备和组织酒店的开业典礼、店庆等重大活动；③设计并委托制作有关酒店的宣传作品如纪录片等；④酒店广告的设计和监制；⑤酒店新产品的推介；⑥组织酒店内部的各种展览和演出活动；⑦代表酒店参加社会公益活动；⑧代表酒店与社会知名人士保持联系，邀请其参加酒店的重要活动；⑨预防并处理酒店的危机事件等。

三、酒店公共关系部的工作方法

（一）常规方法

由于目标和任务的不同，酒店公共关系活动的方法也会有所不同。主要的方法如下：

（1）宣传　酒店通过各种媒介开展工作，对酒店已有的产品和服务或者新产品、新服务等进行宣传，使公众更加了解和支持酒店。宣传的时效性和导向性都很强，影响面也广。

（2）交际　酒店通过团体交际和个人交际，与客人和员工加强感情联络，形成酒店外部和内部的人际关系环境。团体交际可以采用座谈会、招待会、茶话会、慰问等形式，个人交际可以采用交谈、拜访、信件等形式。

（3）征询　酒店通过信息采集、舆论调查、民意测验、采访等方式，获取酒店需要的信息，为酒店的经营管理提供依据和参考。

（4）社会活动　酒店通过举办各种社会性、公益性、赞助性、服务性活动来扩大酒店影响，联络与公众的感情，塑造酒店形象。

（5）维护　酒店通过传播媒介和活动源源不断地将酒店的信息送达公众，维护老客户，开发新客户。

（6）进攻、防御、矫正　这是酒店公共关系出现危机时，酒店根据实际情况采取的三种常见的工作方法，及时调整局面，化解危机，保护酒店形象。

（二）工作程序

为使酒店公关工作高效、有序，酒店在组织公共关系活动时必须遵循一定的工作程序。一般来说，酒店公共关系活动分为四个步骤，即调查、策划、实施和评估。

1. 酒店公共关系活动调查

调查是酒店开展公关工作的基础和前提，是公关工作的第一个步骤。调查的作用在于酒店通过收集、整理和分析相关的各类信息，明确酒店公共关系的状态及存在的问题，需要解决的重点和难点。科学的调查可以帮助酒店保持与公众的密切联系，从而获取可靠信息，为公关工作提供依据。

在调查阶段，酒店需要做好如下四步工作：

（1）准备　调查人员首先根据需要，明确本次调查的任务和范围；然后根据任务特点，选择适宜的调查方法，一般可以采用访谈、座谈、问卷、观察等方法；最后根据任务和选择的方法，进行人、财、物等方面的准备，形成调研方案。

（2）实施　调查人员按已有的调研方案进行实际的调研，完成资料的收集。

（3）整理和分析　调查人员对调研获取的资料进行筛选和整理，留取真实、有效、有价值的部分，并根据调研任务对资料进行分析和研究，说明情况和问题，形成报告。

（4）总结　调查人员对本次调查的完成情况和成果进行总结和评价。

2. 酒店公共关系活动策划

在调查完成之后，接下来的步骤就是对酒店开展公共关系活动进行策划。策划这一环节至关重要，决定了能否对调研资料进行全面、有效地利用，能否保证后续环节的科学、可行。所以，一个好的策划必须是完整的、实事求是的和有预见性的。

在策划阶段，酒店需要做好如下 4 个方面的工作：

（1）确定活动目标及目标公众　策划人员首先要明确活动的目标是宣传还是增进联络，是转变公众态度还是促进公众消费，然后进一步明确目标公众。

（2）确定主题及项目　策划人员根据公关目标，提出能够主导和联结整个活动的主题及恰当的项目。

（3）选择恰当的传播媒介和活动项目　策划人员根据目标公众的特点和传播内容的特点等确定合适的传播媒介，并审时度势，抓住最有利的时机，开展有针对性的活动。

（4）人员、经费和时间的预算　策划人员应对活动所需的人员、各项费用和时间进行预算，保证活动的顺利、高效地进行。在策划阶段，最后要形成策划书，包括封面、序、目录、活动宗旨、参加人员、活动内容、预算、活动进度表、场地及物品安排等。

3. 酒店公共关系活动实施

实施阶段，即酒店根据策划书，运用选择的传播媒介，开展既定项目，完成与公众沟通的过程。在活动实施过程中，酒店应严格按既定目标和设计，随时观察活动的进展情况，随时收集反馈信息，对进度和内容进行控制甚至是调整，排除可能因公众心理、观念、习俗和策划本身及突发事件等引起的偏差和障碍。

4. 酒店公共关系活动效果评估

对酒店公共关系活动进行效果评估是酒店公共关系工作的必要环节，一方面效果评估对已有的工作进行总结和评价，使酒店全体员工更加深刻地了解和认识酒店公共关系的状态和活动实施的成果和效应，激发和提高员工的公关自觉性；另一方面，效果评估也为之后的工作奠定了基础。酒店开展公共关系活动具有长远性，效果评估非常有助于酒店公共关系活动的可持续发展，有助于酒店公共关系活动的质量能够螺旋上升。

酒店公共关系活动效果评估可以从直接效果和间接效果、近期效果和长期效果、局部效果和全局效果等角度去进行评估。效果的具体内容主要包括信息传播效果、公众影响效果和目标达成效果三个方面。评估的方法有观察法、公众反馈、新闻分析和专家评定等。

第三节　酒店形象设计与塑造

在现代社会中，企业的形象对企业的生存和发展起着至关重要的作用，是企业最有价值的无形资产，直接影响企业的经济效益和社会效益。企业形象既是公众对酒店企业性状的抽象，也是对企业特征和状况的抽象，是和公众评价联系在一起的。酒店的形象也是如此。美好的形象非常有助于酒店提高知名度和美誉度、吸引客人和留住人才。因此，塑造形象是酒店公共关系的核心任务。

一、酒店形象的构成

酒店形象是指公众对酒店在经营活动中的行为特征和精神面貌的总体印象，以及由此产生的总体评价，具有整体性。但常见的情况是由于公众对酒店关注的点不同，往往给出的是其中某一方面的评价。也就是说，不同的人、不同的角度会对同一家酒店的形象给出不同的评语。

（一）酒店形象的构成要素

根据公共关系理论，酒店的形象通常有三个构成要素，即认知、信赖和好感。

（1）认知　认知是酒店形象的第一个构成要素，即让公众认识和知道酒店，了解酒店的产品和服务。只有获取了相关信息，对酒店产品和服务有一定的了解，公众才有可能进一步产生信赖和好感。在对酒店的认知上，不同个体在深度和广度上会存在较大的差异，会影响其对酒店形象的形成。

（2）信赖　随着认知的深入，公众与酒店之间交流和信息沟通增多，公众对酒店开始产生良好的印象，信赖便逐步形成。这种信赖与公众对酒店的认知程度相关，并存在程度和阶段的差别。

（3）好感　好感与前两个要素密切联系，是指公众在认知和信赖的基础上，对酒店的产品和服务给予了肯定的评价，带有更多的主观上的感情色彩。

（二）酒店形象的内容

虽然说酒店形象是多维立体的，但仍旧是由多个具体形象构成的，如产品形象、员工形象、管理形象、服务形象等。这些形象相互作用、相互影响，共同构成了酒店的整体形象。

1. 产品形象

酒店作为经济组织，产品提供了其生存和发展的基础。酒店的产品可以分为有形产品和无形产品两种。有形产品包括酒店建筑、装潢、客房、设施、设备、环境等；无形产品包括声誉、等级、特色、氛围、员工面貌等。无论是有形产品还是无形产品都或直观或容易被客人感受到，也最容易受到公众评价。

2. 服务形象

酒店是典型的服务行业。我们在论述服务时，通常是将其作为酒店产品的一部分出现。但这里我们单独将服务列出来，是因为服务在酒店形象的塑造中至关重要。我们知道，服务是无形的。在购买服务前，服务看不见，摸不着；在被购买和消费后又自然消失。但服务却能给客人留下了强烈的体验和感受，并成为客人选择酒店的主要考虑因素。随着现代酒店业的发展，服务内容的针对性、服务项目的多少、服务的标准化和个性化已经成为酒店竞争的重要环节。

3. 员工形象

酒店的形象由每位员工的形象构成，酒店的管理者、酒店的公关人员、酒店的普通员工都包括在内。人是企业最重要的资源，酒店的产品和服务形象能否达到最佳状态，与员工息息相关。尤其是前厅、客房、餐饮、娱乐、公关等部门的员工，与客人面对面打交道的机会非常多，其形象尤为重要。公众对酒店员工的素质、能力、仪容仪表、精神面貌、服务水准等方面的评价，构成了酒店员工的整体形象。

4. 管理形象

管理是企业内部的工作，但可以通过酒店的运营和员工的状态表现出来，成为顾客评价的一个方面。如果一家酒店的管理井井有条，各部门工作有条不紊，客人入住期间，所到之处服务周到，有问题都能及时解决，酒店自然会给客人留下“这家酒店管理得很好”的深刻印象。反之，如果有了需求和困难，要么找人找不到，要么找到了人却很长时间没有反馈或解决不了，就会很容易给客人带来管理混乱的不良感受。

另外，人事管理、经营决策、内部工作条件等方面的形象也是酒店形象的组成部分。在这些具体形象中，根据不同标准还可以对其进行分类，如总体形象和特殊形象、期望形象和实际形象、有形形象和无形形象等。

二、酒店形象的设计

酒店形象设计是酒店公共关系工作中最艺术化的一个环节。一个好的形象设计可以使公众对酒店的外在特征和内在气质留下深刻的印象，进而对酒店产生好感和期待。

（一）酒店形象设计的原则

酒店在形象设计时，需遵守以下基本原则：

（1）整体性原则　酒店的形象是个整体。在酒店形象设计时，要突出酒店的整体形象，部分为整体服务，做到全面规划、协调行动。

（2）统一性原则　即形象设计的工作目标要统一，具体包括知名度和美誉度统一、公众利益与酒店利益统一、总体形象与特殊形象统一、创名牌产品与创名牌企业统一。做到上述统一，才能使形象设计更加鲜明统一，更具凝聚力和吸引力。

（3）竞争性原则　酒店的形象设计同样存在竞争。酒店在设计形象时应博采众长、创新思维、扬长避短、强调差异，注重文化性和艺术性，形成自己的特色和竞争力。

（4）有效性原则　酒店的形象设计不是形式主义，而是要通过形象设计实现最佳的公关效果。因此，酒店要根据自身的实际情况，面向自己的主要公众和公众的主要需求，有针对性地进行形象设计，有效地发展酒店的公共关系，否则形象设计就失去了最初的意义。

（二）酒店形象设计的内容

酒店形象设计主要包括理念识别系统（Mind Identity System，MIS）、行为识别系统（Behavior Identity System，BIS）和视觉识别（Visual Identity System，VIS）三个系统。

1. 理念识别系统

理念是企业经营的指导思想，是企业的价值观念、企业文化和精神、发展战略等方面的总和。虽然理念属于意识形态领域，比较抽象，但却是企业的灵魂，决定了企业的发展格局，在市场竞争中具有方向性的作用。酒店作为企业，其理念包括酒店使命、经营观念、行为准则等。这些是酒店存在的价值，存在的宣言，阐明了酒店存在的理由和目的、意义和方向，阐明了酒店的价值观念和思想水平以及服务标准。在优秀的酒店中，理念管理占据着重要的地位。

酒店的理念识别系统需要建立在酒店的内外部各种条件基础上。对外，酒店应对行业有全面的认识，明确行业的发展特征和趋势，明确自身的优势和劣势、机会和威胁，明确公众对行业的需求和评价，尤其是对本酒店的评价等；对内，酒店应找准自己的市场定位和酒店的特色，这样才有利于建立酒店的理念识别系统。

2. 行为识别系统

行为识别是酒店理念的具体化。与理念识别系统相比，行为识别系统带给公众的影响更为直接和动态。酒店的行为识别包括企业行为和员工行为两部分，企业行为包括酒店的经营决策、管理制度和方法、工作程序等；员工行为包括工作作风、职业规范、服务意识、服务态度、服务方法、办事效率等。行为识别是形象设计十分重要的内容，公众通过酒店的各种传播沟通及切身体验，观察和体会酒店的行为，形成对酒店更进一步的印象。

3. 视觉识别系统

视觉识别是一种静态识别方式，但效果非常直接。酒店的视觉识别系统包括酒店的店标和店徽、酒店建筑、装饰风格、广告、宣传用品、制服、展览和展示等。这些视觉形象以酒店理念识别为基础，充分表现酒店的气质和个性，极具感染力和传播效果，而且一目了然。好的视觉形象会让人过目不忘，是酒店形象设计很容易出效果的一个部分。

在酒店形象中，上述三个识别系统是相辅相成的。理念识别是灵魂，行为识别和视觉识别是载体。三者各具特色，相互促进、相互补充。只有三者兼顾，才能打造出理想的、鲜明统一的酒店形象。

三、酒店形象设计的程序

酒店的形象设计是个系统工程，需要严格按程序进行，才能确保设计不流于形式，真正为酒店公共关系的提升带来帮助。酒店的形象设计分为 4 个阶段：准备阶段、设计阶段、推广阶段、改进阶段。

（一）准备阶段

酒店形象的复杂性要求酒店在设计时必须经过充分的准备。在准备阶段，酒店要做好的工作包括目标制定和调查分析两项任务。

（1）目标制定　一般来讲，酒店筹划进行形象设计的动因分为两种情况：一是从无到有，即酒店缺少统一的形象设计，需要从零开始；二是对原有形象设计的调整，常见的原因有酒店形象模糊、陈旧、过时或丧失等。无论哪种情况，酒店都需要根据当前的形势进行形象设计。因此，酒店需要明确形象设计的动因和目标。

（2）调查分析　调查分析是形象设计必不可少的环节。针对形象设计的动因和目标，调查主要包括酒店认知度调查、酒店基本形象调查、酒店理念调查、酒店行为调查、酒店视觉调查等。

上述两项工作的开展，是酒店进行形象设计的必备条件和前提，保证酒店能够充分把握内部公众和外部公众对酒店的评价和期望，以及酒店在已有形象建设方面的相关信息。

（二）设计阶段

酒店形象的设计是一项专业性很强的技术。这一阶段，根据酒店形象设计的动因和目标，对酒店的理念识别系统、行为识别系统和视觉识别系统进行有针对性和有重点的设计，或者建立酒店统一形象标识，或者突出酒店形象的差异和个性，或者重新梳理酒店形象，或者追赶国际化形象潮流，或者设计崭新形象等，使酒店的形象更具有辨识度和吸引力。

（三）推广阶段

上一阶段的形象设计出台后，接下来就要进行宣传和推广。酒店形象的推广应在有计划的基础上进行，酒店可以根据形象识别系统的特点采取合适的途径进行传播，如网络传播、交际传播、媒体传播、专题活动传播、酒店自控传播等。在推广阶段，酒店应注意反馈信息的收集。

（四）改进阶段

这一阶段是指酒店形象设计和推广结束后，对实际效果和各类反馈信息进行分析、研究并对设计加以改进和提高的过程。一方面酒店可以根据推广期间获取的公众反馈和后续的酒店业绩来评价；另一方面，酒店可以通过对公众和入住客人抽样调查的方式，获取酒店形象设计的真实效果评价。依据上述信息，综合评价酒店形象设计的成功之处与不足之处，提出改进的意见和措施。

四、酒店形象塑造的策略

酒店形象的塑造绝不是一朝一夕的事情，是一项长期的任务，需要酒店全员参与、全过程参与、全方位参与。

（一）统一认识，全员参与策略

酒店的形象具有全员性。只有酒店统一认识，全员参与，才能形成真正意义上的酒店形象，并具有可持续发展的能力。因此，全员参与是酒店形象塑造的基本策略。首先，酒店应通过内部宣传和专题培训，建立和提升所有员工对酒店公共关系的认知，熟悉酒店形象的三大识别系统的内容，培养所有员工具备形象的意识、服务公众的意识、真诚互惠的意识、与人沟通的意识以及长远发展的意识等；从思想上统一价值观，让全体员工都认识到自己就是酒店形象的一部分，每个人都需重视形象，在本职工作中自觉维护形象，为酒店形象的建设贡献力量。其次，所有员工在酒店形象树立的过程中，应保持上下一致、言行一致、前后一致、内外一致。只有酒店所有人展示给客人的形象是一致的，客人对酒店形象的认知才能通过这种一致性得到不断的强化，形象才会逐步从设计落到实处，得到确立和巩固。

（二）严格管理，全过程参与策略

酒店的形象不是靠一时一事就可以塑造的，全过程参与是保证酒店成功塑造形象的又一策略。“全过程参与”有以下 3 个方面的含义：

（1）全过程参与是指酒店形象的塑造从调研开始，到设计、推广、改进、再实施、再评价、再改进，要保证整个过程的连续性，对全过程进行监控，保证每一环节和步骤的科学和有效。

（2）全过程参与是指酒店在对客服务的整个过程中都要保持统一形象的打造和维护，即从客人入住酒店的第一分钟开始，到离开酒店最后一分钟的整个期间，酒店对客人保持统一的形象。

（3）全过程参与是指酒店在给客人提供具体的产品和服务时，注意全过程的管理，从头至尾展示酒店的经营理念和服务水准，不能虎头蛇尾，或忽冷忽热、忽快忽慢。全过程管理有利于客人在酒店的信息传播中和实际住店体验中，保持对酒店形象连贯的认知，而这种连贯的认知，会加速客人对酒店产生好感和信赖，达成酒店公共关系的目标。

（三）加强实施，全方位参与策略

酒店的形象切切实实地与酒店的经营和发展相关联，酒店形象不是口号，也不能只停留在口头上。酒店形象的塑造需要酒店管理者切实地落实各项工作，运用统一的设计和传播媒介，加强与公众的信息传递，将酒店的三大形象识别系统协调起来，营造最佳的企业运作环境，唤起公众的关注和兴趣，使之对酒店形成正确而美好的感知，激发其消费行为，实现酒店的形象战略。因此，酒店形象的塑造不能仅仅局限于酒店公共关系部门，要求酒店前厅、客房、餐饮、康乐、财务、人力资源、工程、安保等所属各部门都要参与到酒店形象塑造中来，共同对酒店形象负责。

第四节　酒店公共关系危机管理

一、酒店公共关系危机的概念及特征

世界旅游组织将危机定义为影响旅游者对一个目的地的信心和扰乱继续正常经营的非预期性事件。危机管理就是当旅游业遇到战争、瘟疫、恐怖活动、政治动乱等非预期性事件时，采取对策，将损失减少到最低的过程。

酒店公共关系危机，是指由于某些人为或非人为的突发事件及重大问题出现，打破了酒店正常有序的运转，使酒店声誉和利益受到损害，甚至面临生存危险时，不得不面对和处理的紧急状态。一般来讲，酒店公共关系危机具有以下几方面的特点：

（1）突发性　突发性是危机的一个基本特征。危机事件一般是在酒店毫无准备的情况下瞬间发生的，往往给酒店带来意想不到的困难。特别是像自然灾害、国家政策变化等来自酒店外部的危机，经常是酒店难以预测和抗拒的。

（2）严重危害性　危机事件的危害性很大。此类事件使酒店的正常运营受到很大影响，造成巨大的经济损失甚至是形象危机。

（3）不规则性　每次危机事件的发生，其原因、范围，以及给酒店带来的影响程度和损失程度都不尽相同，酒店的应对措施也会有所不同。

（4）广泛关注性　危机事件极容易成为社会舆论关注的焦点和热点，迅速成为新闻传播媒介捕捉的最佳新闻素材和报道的线索。所以，危机事件的处理影响是巨大的，一旦造成不良影响很难挽回。

二、酒店公共关系危机的类型

根据危机的性质，酒店公共关系危机主要有以下 6 种类型。

（1）突变危机　突变危机是指由于自然和人为的灾害造成较大生命损失，给酒店带来的重大危机。其中自然灾害包括地震、海啸、火灾、流行病等，人为灾难包括恐怖事件、盗窃、抢劫等。

（2）商誉危机　商誉危机是指酒店商业信誉危机。这种危机的出现通常是由于酒店在经营过程中出现不履行合同、服务出现质量问题甚至是违法行为等造成酒店商誉出现危机。此类危机会直接威胁酒店的生存。

（3）经营危机　经营危机是指酒店由于经营不善出现的危机，常见的如投资、定价等重大决策失误，产品质量低劣、管理混乱等。

（4）信贷危机　此类危机是指酒店由于信誉不佳无法得到银行贷款，又难以募集到股份，出现资金危机，导致酒店难以继续经营。

（5）内部危机　内部危机主要是指酒店由于员工能力、素质不高，以及设备、设施、装饰陈旧等内部因素造成客人满意度低，缺乏市场竞争力带来的危机。

（6）形象危机　形象危机是指酒店因自身形象不好，或有导致酒店形象受损的事件发生，直接影响了酒店的美誉度和吸引力。

上述几种类型的危机都会影响酒店的公共关系。另外，根据危机危害的程度，可以将酒店公关危机区分为一般危机和重大危机；根据危机发生外显程度，可以分为显性危机和隐性危机；根据危机产生的主客观原因，可以分为人为公关危机和非人为公关危机等。

三、酒店公共关系危机管理

危机管理是企业为应对各种危机情境所进行的规划决策、动态调整、化解处理等活动过程。酒店公共关系危机管理是指酒店根据危机管理计划，组织调动各种可利用资源，采取各种可能或可行的方法和方式，预防、监督、控制和协调处理危机事件，减少和消除危机产生的消极影响，从而使现存的和潜在的各种危机得以解决的过程。酒店公共关系危机管理中，预防和处理是最重要的两个部分。

（一）酒店公共关系危机的预防

防患于未然永远是危机管理最基本和最重要的要求。预防与控制是成本最低、最简便的方法。酒店公共关系危机管理的重点是危机发生前的预防。

实践证明，相当多的酒店都会遭遇到不同危机的困扰。在酒店的经营过程中，无论哪类危机事件发生，对酒店的生存和发展都是一次考验，如果处理不当，对酒店的打击可能就是非常严重甚至是致命的。酒店学会监测和预防危机，避免危机出现，是解决危机最主动、最好的方式。

大量的事实也表明，酒店的公共关系危机是可以预防的。虽然危机具有突发性，尤其是一些外部危机经常难以预料。但现实中，酒店的很多危机的发生是具有多种前兆的，这些危机可以通过预防来化解。比如，酒店在产品、服务等存在缺陷，客户投诉多，企业高层管理人员大量流失，企业负债过高长期依赖银行贷款，企业销售额连续下降和企业连续多年亏损等。酒店要从危机征兆中透视企业存在的危机，在危机到来之前，把一些可以避免的危机消灭在萌芽之中，对于另一些不可避免的危机通过预警系统及时得到重视。这样，酒店才能从容不迫地应对危机带来的挑战，把酒店的损失减少到最低程度。

总之，酒店越早认识到存在的威胁，越早采取适当的行动，越可能控制住危机的发展。建立一套规范、全面的危机管理监测和预警系统是必要的和可行的。

酒店公共关系危机的预防包括以下 5 个方面的内容。

1. 监测可能发生的危机

危机管理的首要一环是对危机进行监测。在企业顺利发展时期，企业就应该有强烈的危机意识和危机应变的心理准备，建立一套危机管理机制，对危机进行监测。酒店经营越是风平浪静的时刻越应该重视危机监测，在平静的背后往往隐藏着危机。只有在科学预测的基础上，才能实现对危机的预防。酒店公共关系危机的监测的步骤如下：①收集危机信息。酒店可以加强内部外部的反馈系统和舆论监督，从不同渠道了解酒店的经营、管理、服务等，收集显性和隐性的危机信息，也可以采用调查的方式有针对性地收集信息。②对收集到的信息进行整理和分析研究，从酒店实际出发，确定可能发生的危机问题及概率。③调查分析酒店出现此类危机的原因以及处理意见。在预防阶段，酒店应设想到最坏的情况，尤其是隐性危机的应对策略。

2. 成立公关危机管理机构

管理机构的设立是公关危机管理的组织保障。一般来讲，酒店公共关系危机管理机构要合理配置人员的专业、能力和职务，科学合理的人员结构有助于协调酒店的整体力量，有效地解决危机事件。该机构要明确办公地点，承担如下任务：预测和评估可能发生的危机；编制危机管理手册；准备危机处理相关材料；确定并训练发言人；组织危机预演等。

3. 确定危机预防的原则

危机的突发性、复杂性和时效性，常会给危机预防带来困扰。为了确保在危机预防阶段能够有序地监测和预警，酒店必须明确全体员工共同遵守的原则：资料来源的准确记录；不小题大做；不随便归因；不做无谓的争论；不随意发表敏感言论等。

4. 明确工作程序和责任要求

危机预防阶段，酒店必须依据危机管理的理论和实践，明确主要的工作步骤；同时必须设定多种方案，特别是进入危机处理时各个岗位的工作人员的责任要求必须明确具体，如人员怎样召集、谁负责内部控制、谁负责对外沟通、谁负责传达指令、事件处理的时间安排等。

5. 危机对策与预演准备

危机不常发生，预演是为了保证危机处理的效果。酒店可以通过预演，联合制订相应的危机对策，强化对特定危机处理的理解和修正。

（二）酒店公共关系危机的处理

酒店的公共关系一旦出现危机，就会直接影响到酒店的形象和经营，尤其是影响面大的危机，带来的损失会更大。所以，公关人员必须迅速根据情况做出反应，及时处理危机事件。良好的危机处理，可以降低或挽回酒店的经济损失，协调酒店与公众的关系，使酒店转危为安；有的情况下酒店甚至可以利用危机反败为胜，进一步树立和巩固酒店的良好形象。

1. 酒店公共关系危机处理的原则

危机的突发性、复杂性和时效性，常会给危机处理带来较大难度。为了确保危机突然降临时能够有序地决策和处理，应遵循以下基本原则：

（1）及时性原则　危机往往是突发的，尤其是公共关系的危机会很快传播到社会，引起公众和媒体的广泛关注。危机的解决，速度是关键。酒店公共关系危机处理的首要原则是要快速做出反应。为确保快速反应的准确性，危机降临时，酒店方需保持足够的冷静，在专案组对危机的快速危机分析和决策的基础上，使公众尽快了解危机的真相和酒店的措施，争取公众的理解和支持。及时处理的原则可以拉近酒店和公众及媒体的距离，增强其对酒店危机处理能力的信任，防止危机扩大化。

（2）主动性原则　作为公共关系的主体，酒店在危机出现时，不管危机的性质如何、责任在谁，都应该积极主动地去承担处理的责任。酒店主动地处理危机，可以表明酒店对待危机的态度、信心和能力，快速地消除公众疑虑，增强公众的信赖，使事情朝向积极解决的方向发展，这对于酒店形象的塑造无疑也是非常有利的。

（3）诚意性原则　这是在及时、主动原则基础上，对酒店处理公共关系危机的进一步要求。首先，酒店在出现危机，需要与社会公众沟通解决时，一定要本着诚心诚意的原则，换位思考，给公众以充分的同情和理解，而不是回避或对立。其次，酒店应向公众提供真实的信息，尤其是在事件初发阶段，避免造成公众的误解，防止事态扩大。再次，对危机事件，酒店应本着负责的态度，客观、公正、坦诚地分析事件，宣布酒店应该承担的责任。最后，酒店应与媒体真诚合作，获取媒体信任，避免失实报道带来的不利影响。

（4）全面性原则　公共关系危机影响着酒店内外的方方面面，在处理时酒店既要公众利益至上，又要维护酒店应有的形象和利益。事实上，获取公众的支持和信赖，维护酒店的形象和声誉，是酒店公共关系管理的出发点和归宿。因此，酒店在处理危机时应全盘考虑，挽回影响，减轻损失。

（5）灵活性原则　酒店公共关系危机的表现形式很复杂，每个危机事件从发生、发展到结束也会表现出不同的特征和状态。酒店在处理危机时，一定要根据客观情况，具体问题具体分析，实际灵活地加以处理，有针对性地解决危机。

2. 酒店公共关系危机处理的程序和措施

虽然公关危机在性质、类型、表现形式等方面各有不同，但在处理程序上有着共同之处。正确的处理程序，有利于酒店公共关系危机的处理能够有条理和有效地进行。

（1）危机发生之前　酒店本着防患于未然的态度，在危机发生之前，要做好充分的监测和预警工作，设立危机基金，便于酒店解决危机时能够有资金上的保障。另外，对于出现征兆的危机，酒店应该加强应收账款的管理，避免危机到来时出现财务周转困难。

（2）危机发生期间

1）酒店确认危机。确认危机包括：将危机归类；收集与危机相关信息；确认危机程度；找出危机产生的原因；辨认危机影响的范围和影响的程度及后果。

2）制定正确的危机决策。决策要根据危机产生的来龙去脉，对几种可行方案进行比较后，选择出最佳方案。方案定位要准、推行要迅速。

3）发布信息。酒店根据危机的实际情况，客观、准确地通过媒体等向公众发布信息，防止谣言扩散；并公布酒店的应对措施，比如撤掉不合格产品，对遭受损失的客人给予道歉和补偿，对事故责任者给予处罚等。

4）控制危机。酒店根据确认的某种危机及危机决策，迅速启动各项措施，控制危机，遏止危机的扩散和损害。在控制危机期间，一方面要与公众和媒体保持连续的沟通，通报情况，争取更多的和更长远的理解和支持；另一方面，应利用权威部门的意见和法律调控的力量化解危机。

（3）危机处理后期　危机得到平息后，并不意味着酒店公共关系危机处理工作的结束。公共关系部门还要在危机的后期，寻找机遇，恢复公众的信心，致力于酒店的声誉重建和形象重塑。一般来讲，在危机处理后期，酒店可以邀请媒体记者对事件进行后续的跟踪报道，使公众进一步了解事件的始末以及酒店方的危机处理态度和能力；同时通过启动酒店的相关公关活动，从根本上消除公众对酒店的不良印象，使酒店能够在危机过后，重新建立酒店的形象，赢得声誉，甚至寻得新的商机，这样公共关系危机处理才算圆满完成。

案例

从希尔顿的“双树旅馆事件”看危机公关

两位在西雅图工作的网络顾问——汤姆·法默（Tom Farmer）和沙恩·艾奇逊（Shane Atchison）在美国休斯敦希尔顿酒店的双树旅馆（Double Tree Club）预订了一个房间，并被告知预订成功。

尽管他们到饭店登记的时间是在凌晨 2:00，实在是个比较尴尬的时间段，但他们仍然很安心，因为他们的房间已经预订好了。但在登记时，他们立刻被泼了一桶凉水，一位晚间值班的职员草率地告诉他们，酒店客房已满，他们必须另外找住处。这两位住客不仅没有顺利入住预订的房间，而且值班人员对待他们的态度也实在难以用言语表达——有些轻蔑，让人讨厌。甚至在他们的对话过程中，这个职员还斥责了客人。

这两位网络顾问当时离开了，然后制作了一个严厉的但又不失诙谐幽默的幻灯文件，标题是“你们是个糟糕的饭店”。在这个文件里，他们记述了整个事件，包括与那名员工之间不可思议的沟通。他们把这个幻灯文件通过电子邮件的方式发送给了酒店的管理层，并复制给自己的几位朋友和同事看。

这一幻灯文件立刻成为有史以来最受热议的电子邮件。从美国休斯敦到越南河内，还有两地之间的所有地区几乎所有的有关人员都收到了这封电子邮件。这份幻灯文件还被打印和复印出来，分发到美国各地的旅游区。双树旅馆很快成为服务行业内最大的笑话，成为商务旅行者和度假者避之不及的住宿地。传统媒体的评论员们也将这一消息载入新闻报道和社论中，借此讨论公司对消费者的冷漠和网络对于公众舆论的影响力。

接着，法默和艾奇逊收到了 3 000 多封邮件，大部分都是支持他们的。对此，酒店的管理层也迅速有礼而大度地做出反应。双树旅馆毫不迟疑地向他们道歉，并用两个人的名义向慈善机构捐献了 1 000 美元作为双树旅馆的悔过之举。双树的管理层还承诺要重新修订旅馆的员工培训计划，以确保将此类事件再次发生的可能性降到最低。另外，双树旅馆的一位高级副总裁在直播网络上与法默和艾奇逊就此事展开讨论，以证明饭店认真对待此事。

【问题】两位客人在旅馆中的经历为双树旅馆的服务引发了广泛的信誉危机。请结合案例分析：

（1）双树旅馆在危机发生后，针对哪几类公众分别采取了哪些对策？

（2）双树旅馆面对公共关系危机采取了一系列措施，事件的处理过程中体现了哪些危机公关原则？

复习思考题

一、名词解释

酒店公共关系　　酒店形象　　酒店公共关系危机

二、简答题

1. 简述酒店公共关系的构成要素。
2. 简述酒店公共关系的特点。
3. 简述酒店公共关系的功能。
4. 简述酒店危机处理的原则和措施。

三、论述题

1. 结合具体案例，讨论酒店如何进行形象的设计和塑造。
2. 结合酒店案例，讨论酒店如何妥善处理公共关系危机。

第十章

酒店品牌管理

学习目标

- 理解品牌与品牌管理的含义
- 掌握酒店品牌建设的基本内容
- 掌握酒店品牌管理的基本内容
- 了解跨国酒店集团的品牌建设与管理

案例导入

喜达屋集团是全球最大的饭店及娱乐休闲集团之一，旗下品牌包括：瑞吉、豪华精选、喜来登、威斯汀、W 饭店、福朋等。该集团通过这些强品牌的联合，打造品牌优势，占据豪华高档市场。喜达屋集团旗下品牌均有严格的质量标准，酒店管理人员的品牌质量意识非常明确。威斯汀品牌以“天堂之床”著称，精心设计最适合人体曲线的床，让客人享受最舒适的休息感受；威斯汀儿童乐园为 13 岁以下儿童精心准备活动和服务；威斯汀的快速结账，免去令商务客人烦恼的等待时间。喜来登的服务承诺是 “如果你不满意，我们同样不满意”，要求保证每一位客人拥有一个愉快的经历，否则立即打折作为补偿，甚至给提出意见和建议的客人奖励或返还现金。

【讨论】

（1）喜达屋集团的品牌谱系有何特点？

（2）喜达屋旗下各品牌的品牌标准有何差异？

本章从品牌及品牌管理的含义切入，进而具体到酒店品牌建设及管理，并以一个跨国酒店集团的品牌建设及管理案例为例进行了实践分析，最后介绍了中国酒店品牌建设及管理的现状及发展。在品牌与品牌管理部分，从标识、要素、资产以及战略四个视角阐释了品牌的含义，将品牌管理分为品牌定位、品牌传播、品牌开发、品牌审计以及品牌谱系管理五个部分进行介绍。在酒店品牌建设部分，重点介绍了酒店品牌建设中的品牌定位、品牌传播以及制定酒店品牌标准等品牌建设的流程。在酒店品牌管理部分，论述了酒店品牌运营管理、延伸管理以及品牌谱系管理。

第一节　品牌与品牌管理

一、品牌的含义

品牌一词来源于英文的“brand”。如果对英文的“brand”再进行考证，有两种说法：一种是来源于古代斯堪的纳维亚语中的“brandr”一词；另一种是来源于古法语中的“brandon”一词。尽管来源不同，但均有“烙印”之义，意思是用烧红的烙铁给牲畜打上记号。这个记号是烙给购买牲畜的人看的，用以区分不同部落之间的财产。由此可以推断，最初品牌的含义首先是区分产品，其次是通过特定的标识在识别人心中留下烙印。现代意义的品牌，虽然仍保留标识之义，但是学者们从标识、要素、资产及战略等多个角度去界定品牌，使品牌有了更丰富的含义。

（一）标识视角的品牌

美国营销协会（AMA）对品牌的定义如下：品牌是一种名称、术语、标记、符号或设计，或是以上各项的组合应用，其目的是借以辨认某个销售者或某群销售者的产品或服务，使其同竞争对手的产品或服务区别开来。此定义强调品牌是一种标识（见图 10-1），由于美国营销协会的特殊地位，这个定义被广泛采纳。该定义的不足之处是：过于强调品牌的识别性，导致品牌的定义与商标的定义高度重合。如果仅从视觉识别角度来界定品牌，品牌与商标极易混淆，一些企业甚至认为产品或服务进行商标注册后就成为品牌。二者之间唯一不同的是，商标属法律范畴，而品牌属于市场概念。商标能够得到法律保护，而未经过注册获得商标权的品牌不受法律保护，可以将商标理解为经过注册获得商标专用权从而受到法律保护的品牌。

图 10-1　品牌标识示例

（二）要素视角的品牌

要素视角的品牌定义一般将品牌视为多种要素之和。奥美的创始人大卫·奥格威在1955 年如此界定品牌：品牌是产品特点、名称、包装、价格、声誉、广告方式等无形之和。菲利普·科特勒则从更为全面的视角界定了品牌，认为品牌包括六个要素：品牌属性、品牌利益、品牌价值、品牌使用者、品牌个性以及品牌文化。其中，品牌属性是指品牌产品在性能、质量、技术、定价等方面的独特之处；品牌利益是指品牌产品给用户带来的好处和用户在使用过程中所获得需要的满足；品牌价值是指品牌生产者所追求和评估的产品品质；品牌使用者是指品牌所指向的顾客种类或细分市场；品牌个性是指品牌形象人格化后所具有的个性；品牌文化是指品牌背景中的精神层面，常常体现品牌所属的国家文化或民族文化。科特勒以德国名牌梅塞德斯（Mercedes）轿车为例，说明这六者是一个紧密联系的统一体（见图 10-2）。

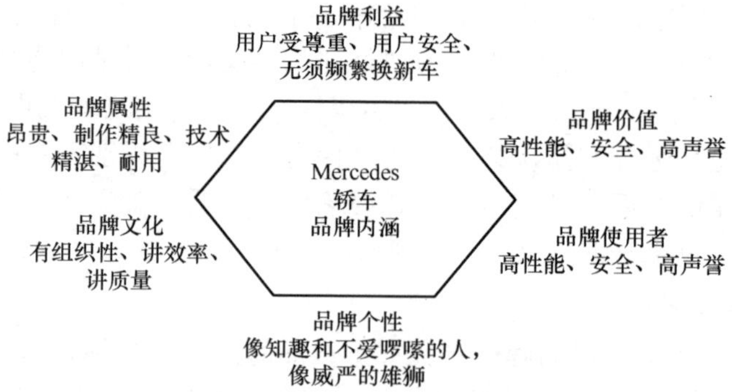

图 10-2　品牌内涵六要素——以梅塞德斯轿车为例

（三）资产视角的品牌

戴维 • 阿克（David Aaker）从资产的角度对品牌进行界定，认为品牌资产（Brand Equity）是与品牌（名称和标志）相联系的，可为公司或顾客增加或削弱产品价值或服务价值的资产和负债。阿克认为，品牌资产尽管因环境而异，但大体上可以分为五类：品牌忠诚度、品牌知名度、感知质量、除感知质量以外的品牌联想以及其他品牌专属资产（见图 10-3）。品牌忠诚度是品牌资产的核心要素。在品牌忠诚度的金字塔里，最低一级是无忠诚度；第二个级别的购买者对产品不厌恶；第三个级别的购买者对产品满意，且由于时间、金钱、风险成本等方面的考量，转换其他品牌的成本较高；第四个级别的购买者是真正喜欢品牌的购买者，他们对品牌的偏好取决于标志联想、使用体验或感知质量；最高级别的忠诚是坚定不移。品牌知名度是指潜在顾客认出或想起某类产品中某一品牌的能力。感知质量是指顾客了解某一产品或服务的具体用途后，心里对该产品或服务相对于其他同类产品或服务的质量或优势的整体感受。除感知质量以外的品牌联想是指消费者记忆中与品牌相联系的一切事物。品牌形象是各种品牌联想以某种有意义的方式组织在一起而形成的。其他品牌专属资产指专利、商标、渠道关系等。

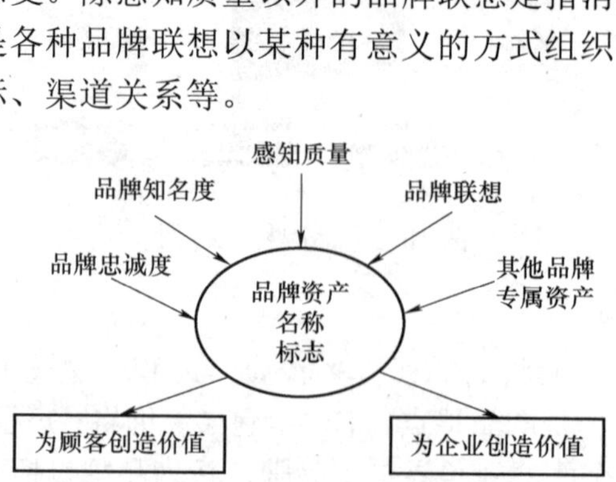

图 10-3　阿克的品牌资产模型

（四）战略视角的品牌

品牌是企业最重要的战略资产。从战略角度而言，品牌是一种战略资源，是对顾客长期的承诺，是顾客关系的基础。首先，品牌是一种战略资源。组织最有价值的资源不再是土地与资本资源，甚至也不再是人力资源、知识资源，这些资源没有消失，但其决定性的地位都要让位于品牌所代表的心智资源。如果一个品牌在顾客心智中成为产品品类的代名词，则这个品牌本身的战略价值超过企业本身的价值。其次，品牌是对顾客长期的承诺。广告史上的伟大人物沃尔特·兰道认为：品牌是一个承诺，它通过识别和鉴定某项产品或服务来传递对顾客满意及质量的保证。这种承诺是企业维系顾客并获得顾客忠诚的根本。最后，品牌是顾客关系的基础，是联系顾客与企业的纽带。品牌形象不仅是作为产品的品牌，作为组织的品牌，作为符号的品牌，更是作为个体的品牌。如果品牌形成契合顾客情感需求的品牌个性，如具有可信赖、真实等人格特质，品牌就够与顾客产生情感上的互动或共鸣，将普通顾客转化为忠诚顾客。

二、品牌管理的含义

与品牌概念相对应，品牌管理也可以分为四个视角：标识视角的品牌管理、要素视角的品牌管理、资产视角的品牌管理以及战略视角的品牌管理。当今的品牌管理不仅仅是对品牌标识和品牌要素的管理，更多的是采纳后两种视角的结合，将品牌视为企业的资产及重要的战略资源，即使品牌资产保值增值的品牌战略管理视角。以提升品牌资产价值为目标的品牌战略管理包括品牌定位、品牌传播、品牌开发、品牌审计及品牌谱系管理。

（一）品牌定位

品牌定位（Brand Positioning）是指“设计公司的产品服务以及形象，从而在目标顾客的印象中占据独特的价值地位”。从心理学的角度而言，定位是在顾客群的心智模式中找到合适的位置，通过品牌口号使顾客以合适的、理想的方式联想起某种产品或者服务。从竞争战略的角度而言，品牌定位需要确定一个竞争参照框架以及最优的品牌联想的异同点。综上所述，品牌定位包括三个步骤：确定竞争参照框架，确定品牌联想的异同点，以及确定品牌边界及品牌口号。

1．确定竞争参照框架

竞争参照框架中包括顾客和竞争对手的描述和分析，不同品牌竞争参照框架的不同就是顾客和竞争对手的不同。确定品牌所在的产品大类是确定竞争参照框架的前提和基础。首先，企业基于顾客需求分析及潜在市场容量的判断，确定品牌所在的竞争产品大类；然后，企业通过共同点和差异点分析，将竞争产品大类中与本品牌最具有竞争性的生产厂商和目标顾客群体确定为本品牌的竞争参照框架。

确定了竞争参照框架后，企业还要向目标顾客传播这种参照框架。品牌有时会被顾客接纳为某一品类成员，而事实是该品牌并不属于此品类，这时企业就要使顾客知晓品牌的实际身份，向目标顾客传播自己的品牌身份。一般有三种途径表明品牌所属的产品大类：传递品类利益、举例比较以及产品描述法。当品牌进入已建立众多品牌的品类时，品牌定位最大的挑战是如何找到切实可行的、长期的差异点。

2．确定品牌联想的异同点

确定品牌联想的异同点包括确定本品牌和竞争品牌的共同点以及差异点联想。共同点

（Points of Parity, POP）联想指与其他品牌共享的联想，包括品类共同点（Category Points of Parity）、竞争性共同点（Competitive Points of Parity）和相关性共同点（Correlational Points of Parity）。品类共同点联想是与产品大类相关的联想；竞争性共同点联想是用以抵消竞争对手差异点的联想；相关性共同点联想是源于品牌的相关属性的联想，包括潜在的负面联想。差异点（Points of Difference, POD）联想是消费者对与品牌相关联的有别于竞争对手的属性和利益的联想，消费者对这些独特的属性和利益具有积极、正面的评价，并且相信竞争者品牌无法达到相同的程度。

3. 确定品牌边界及品牌口号

品牌边界基于品牌愿景和定位，是对品牌应该且能够提供的产品或服务以及应该且能够满足的利益和需求的界定。企业要注意自有品牌与竞争对手品牌边界的划分，以免因高度重叠而陷入恶性竞争；对于拥有多个品牌的企业而言，更要注意旗下各品牌之间边界的划分。品牌口号是向消费者传递品牌边界的最佳工具，好的品牌口号应能够清晰地向消费者传递品牌的边界。品牌口号应阐述清楚品牌能够为消费者提供哪些理性和感性的利益，以及与其他品牌有哪些差异性，吸引消费者和零售商的兴趣，从而使品牌获得长期的发展。品牌口号也并非一成不变，可以根据市场需求以及消费者偏好的变化进行文字上的调整，但与之相联系的品牌联想及品牌边界保持不变。好的品牌口号甚至可以保持数十年不变。

（二）品牌传播

一旦品牌定位成功，下一步工作就是将品牌定位传播给消费者，使品牌在消费者的心智模式中占据一个位置。品牌传播渠道可以是广告宣传和公共关系活动等多种渠道，但在确定渠道之前，更重要的是确定品牌传播内容以及结合渠道确定品牌传播内容的具体表现形式。

1. 品牌传播内容及其表现形式

品牌传播内容应紧密围绕品牌定位，根据不同的传播媒体设计适合的内容。企业往往将品牌传播内容的制作及传播媒体的选择工作交给专业的设计公司以及广告代理公司运作。品牌传播内容包括品牌名称、标识、符号、口号、故事、包装、网址等品牌元素。通常情况下，企业会在专业机构的帮助下制定一个最适合于品牌定位的品牌元素组合。

品牌传播内容的表现形式与传播媒体相关，投放于电视媒体的传播内容可以设计为广告片、情景短剧、音乐短剧等多种形式，突出品牌标识及符号；投放于广播媒体的传播内容应特别注意品牌名称、口号以及故事的设计，强化品牌名称及口号；投放于网络媒体的传播内容则应注意传播内容的互动性，契合网络使用人群的特点。与公共关系活动相关的品牌传播内容在表现形式上应注意采用比较中性、客观的表现形式，并注意品牌与公关活动的契合性，以免引起消费者的反感。

2. 品牌传播渠道

品牌传播渠道包括广告、促销、公关活动、顾客体验等多种形式。广告和公关活动属于非定向传播，覆盖大量受众；而促销和顾客体验则属于定向传播，覆盖一部分受众。媒体广告曾经是很多企业优先选择的品牌传播渠道，但随着消费者心智模式的改变以及自我意识及参与意愿的增强，广告的影响力在下降。公共关系活动是企业通过正确处理企业与社会公众的关系，如通过召开新闻发布会、赞助公益事业、策划热点事件等方式吸引社会公众对品牌的关注，达到树立良好的品牌形象，增强品牌竞争力的目的。顾客体验也是一种重要的品牌传播渠道，顾客通过广泛的联系和接触点来了解及体验某个品牌，并乐于将品牌体验的经历在微信、微博等社交媒体上与朋友们分享。

（三）品牌开发

1. 产品线延伸和品牌延伸

产品线延伸（Line Extension）是企业将现有的品牌名称运用到现有产品类别中的新式样、新颜色、新型号、新成分或者新口味上。企业可以将产品线延伸作为推出新产品的一种低成本、低风险的方法，以此满足消费者多样化的需求，利用过剩的生产能力，从分销商那里争取更多的货架空间。产品线延伸的风险在于，品牌名称延伸过度，会在消费者的心智模式中失去清晰的定位，延伸的新产品销量的扩大可能会影响既有产品的销售。

品牌延伸（Brand Extension）是企业使用一个已有的品牌推出新产品或者改进的产品。品牌延伸与产品线延伸的区别在于，品牌延伸是将现有品牌用于新的产品品类，而产品线延伸是将品牌用于现有的产品品类。品牌延伸使新产品能够迅速被人们识别，节省广告开支，但其潜在的风险亦不容忽视。品牌延伸可能会对消费者心智模式造成困扰，破坏品牌原本在消费者心智模式中的清晰定位及品牌联想。一旦新产品失败，会损害消费者对同一品牌的其他产品的态度。里斯和特劳特认为，从短期来看，品牌延伸会为企业带来短期的利益，但从长期看，会造成消费者心理上的混淆。

2. 建立新品牌

建立新品牌主要包括在同一产品品类下新建品牌以及在新的产品品类下建设新品牌。首先，企业可以在同一个产品类别中引入新品牌。例如，宝洁公司在其每一个产品类别中都销售多个不同的品牌，这种策略使宝洁公司能够锁定分销商更多的货架空间。同一产品品类下建设多个品牌的风险在于品牌之间的竞争性导致每个品牌可能都只占有较小的市场份额，使每个品牌都不能达到丰厚的利润，并且企业可能因为资源分散在过多的品牌上而被拖垮。其次，企业可以为新的产品品类打造新品牌，这也是里斯和特劳特的定位理论反复强调的一点。在当前信息传播过度的社会中，消费者在面对海量信息时出于大脑防御的需求会简化心智，那些复杂的、不易理解的、与心智中已经存在的认知不一致的信息会被消费者的心智系统过滤掉，导致在同一品牌下延伸的新品类在消费者心智模式中不能占据独立的位置，无限制的延伸最终削弱最初的品类与品牌在消费者心智模式中的根基，进而彻底扼杀原有品牌。

（四）品牌审计

品牌审计（Brand Audit）是针对品牌资产的来源所进行的全面审查，以评估品牌的健康状况，并就改善和提升品牌资产提供建议。品牌审计分为定期的和不定期的，定期的品牌审计主要指年度审计，不定期的品牌审计指企业战略方向发生改变或品牌运营出现问题时进行的品牌审计。品牌审计能为品牌设定战略方向，无论何时企业战略方向发生改变，都应该进行品牌审计的管理。

品牌审计可以从企业和消费者两方面进行，前者为品牌盘查，后者为品牌探索。品牌盘查的目的是提供企业所有产品和服务的销售及相关品牌运营的全面的轮廓结构。品牌探索的目的是了解消费者对于品牌及相应品类的想法和感受，进而更好地理解品牌资产的来源和品牌发展面临的阻力。品牌盘查包括对于品牌定位的盘查（包括对品牌价值观、品牌文化、品牌承诺、品牌口号、独特销售主张以及产品/服务定位等的审计）和品牌运营系统的盘查（包括对于品牌标准体系、人力资源体系、销售过程及接触点、内部运营系统以及消费者服务体系等方面的审计）。品牌探索则是从消费者层面进行的品牌审计，包括对消费者的品牌意识、品牌忠诚度、购买行为等方面的调查，厘清本企业的品牌与竞争对手的品牌在消费者心智结构中所占据的位置。

（五）品牌谱系管理

1．品牌谱系的内容

品牌谱系（the Brand Relationship Spectrum）包括品牌组合和品牌架构。品牌组合（Brand Portfolio）是指企业在特定品类内所有品牌的集合，品牌架构（Brand Hierarchy）是品牌组合的组织结构，这一结构用来明确组合中各品牌的角色和各品牌之间的关系，以及不同的产品—市场环境。企业内部的品牌组合应形成聚合效应，即每个品牌能从组合中获益，而不是被组合内的其他品牌侵蚀收入和利润。理想的情况是，品牌组合中任何一个品牌都不能损害或降低其他品牌的资产，组合中每一个品牌都能够因为和其他品牌的组合而获得品牌资产的最大化。

企业的品牌架构体现企业的品牌战略，反映企业如何将新的及现有的品牌元素组合用于企业的产品及服务。由于一个品牌可能使用多个品牌元素，如万豪集团旗下的“Courtyard by Marriott”品牌就同时使用了新的品牌元素“Courtyard”和已有的企业品牌元素“Marriott”，同时某些品牌元素又可能会被企业的多个品牌共享，所以，企业的品牌架构图可以直观地反映品牌之间的嵌套关系以及品牌元素的利用情况。品牌架构图类似于组织结构图，横向反映品牌范围，纵向体现品牌层次，最常见的形状为伞形，纵向有若干层次，各层次间有嵌套关系。大多数企业的品牌架构图在纵向上不止一个层次，一般从顶端到底部的层次依次为：企业品牌、家族品牌、单个品牌、修饰品牌以及产品描述。

2．品牌谱系管理

品牌谱系管理应遵循以下原则：

（1）品牌层次的简洁性原则和清晰性原则　品牌层次的简洁性原则是指在不遗漏企业品牌信息的前提下，品牌层次越少越好。合适的品牌层级数目取决于企业产品线以及与品牌相关的产品组合的复杂性，拥有复杂的产品线及产品组合的企业，其品牌层级的数目会比产品线简单的企业更多。品牌层次的清晰性原则是指在品牌架构图中，所有品牌元素的逻辑关系必须清晰易懂和一目了然。品牌层次的简洁性及清晰性既是消费者心智模式倾向于接受简洁信息的要求，也方便企业内部人员更好地理解品牌之间的逻辑联系以及管理企业品牌谱系。

（2）同一品牌层次的相关性原则和差异化原则　相关性原则是指同一品牌层次中创建的品牌联想与该层次中越多的品牌有关联就越好，在企业或家族品牌层次尤其如此。通常，品牌联想越抽象，就越有可能在不同的产品情境中发生关联。例如，耐克的口号“Just Do It”引发的品牌联想与耐克出售的所有产品都相关。利益联想是最具有优势的联想，因为利益联想能跨越众多的品类。

差异化原则是指同一品牌层次中品牌形象的差异化和品牌管理的差异化。首先，同一层次内部的品牌应有区分性，每个品牌应有相对独立的品牌形象，方便零售商或其他渠道成员支持品牌以及消费者更好地辨认品牌。其次，差异化原则还表明并不是品牌架构任一层次的所有产品都必须同等对待。旗舰产品（Flagship Product）在品牌组合中扮演重要角色，它们能够提高短期利润，同时也能够带来长期利益（增加品牌资产）。所以，通常对旗舰产品品牌的管理优先于同一层次中其他品牌的管理。

（3）跨越品牌层次的显著性和共同性原则 显著性原则（Principle of Prominence）是指不同层次的各品牌元素间应具有相对的重要性及层次。企业要对品牌元素的重要性程度做一个评估，主要品牌元素用来传递产品定位和产品差异点等主要信息，而次要品牌元素常常起辅助作用或是增进品牌认知，用来传递一些范围更窄的联想信息，如产品的共同点或对产品个性的补充。共同性原则（Principle of Commonality）是指某些品牌元素可跨越纵向层级及横向层面，为企业产品所共用。产品共用的品牌元素越多，则产品之间的联系就越紧密。企业可以在不同的产品上直接使用品牌元素，或是按照某种方式使用品牌元素或品牌元素的一部分，或是采用共同标识等方式，从而在品牌和多种产品之间建立联系。

第二节 酒店品牌建设及管理

广义的酒店品牌管理包括酒店品牌建设及酒店品牌运营管理两个阶段。酒店品牌建设是指酒店品牌从无到有，直至进入消费者心智模式的过程，具体包括品牌定位、品牌标志及口号设计、品牌传播以及制定品牌标准等。酒店品牌运营管理则主要包括品牌的标准化运营、品牌开发以及品牌谱系管理。例如，洲际集团针对中国市场的新品牌“华邑”还不被大众所熟知，因其尚处于品牌建设阶段；而洲际集团的成熟品牌如假日、皇冠假日、洲际等品牌早已被大众接受，进入品牌运营管理阶段。

一、酒店品牌建设

（一）酒店品牌定位

酒店品牌有别于产品品牌。尽管酒店也拥有大堂、客房、康体娱乐等硬件设施，但这些设施消费者并不能带走，消费者购买的是酒店提供的住宿、餐饮等服务，所以酒店品牌归根结底是服务品牌，与产品品牌相比，它具有抽象性、无形性、顾客体验性以及服务人员参与性，应更为注重品牌个性的定位。根据前文中品牌定位的步骤，可得到酒店品牌定位的步骤如下：

1. 确定酒店品牌的竞争参照框架

确定酒店品牌的竞争参照框架包括确定酒店品牌的主要竞争对手及面向的主要顾客群体。在确定竞争参照框架之前，酒店应进行充分的市场调研，对顾客需求变化以及趋势有一个把握。归根结底，酒店品牌的定位是由市场驱动的。在顾客和竞争对手之间，酒店应更重视对顾客的分析。如果酒店能充分把握顾客需求，推出对某一细分市场的顾客具有独特吸引力的品牌，使顾客感知并接受该酒店品牌，进而形成一定的品牌忠诚度，则该品牌会对顾客形成一定的黏性，难以转投竞争对手的品牌。当然，竞争对手分析亦不容忽视，如果某一细分市场竞争对手众多或者主要竞争对手实力很强，则酒店在这样的细分市场中推出新品牌应极为审慎。

2．确定酒店品牌与竞争品牌的异同点

酒店与其处于同一竞争参照框架内的对手争夺相同的顾客群体，都企图在目标消费群体的心智模式中占据一席之地。要想让消费者认知并能回想起酒店品牌，酒店要对本品牌与竞争品牌的相同点有清晰的认知，厘清本品牌与竞争品牌在消费者心智模式中共享的联想。以经济型酒店品牌汉庭为例，华住集团（汉庭品牌的所有者）应分析汉庭品牌与如家、锦江之星等竞争品牌在消费者心智模式中共享的品牌联想，如低价、干净、有限服务等与经济型酒店产品特点相关的品牌联想。在厘清相同点的基础上突出相异点，从消费者认知层面而言，消费者极易混淆具有相似特点的酒店品牌，酒店品牌一定要有与竞争品牌不同的差异点才能被消费者记住，所以汉庭酒店在房间设计、枕头的选择、浴室的设计等方面企图形成与竞争品牌不同的差异点。

（二）酒店品牌名称、口号及标识设计

成功的酒店品牌名称或源于创始人名称（如 Marriott、Hilton），或来自酒店品牌定位（如 InterContinental），不论成功酒店品牌名称的灵感源自何处，都具有易于发音、易于记忆、不易产生文化歧义等共同特点。品牌口号赋予品牌名称以灵魂，酒店应确定易于被消费者记忆、押韵、反映产品及服务特点的品牌口号，通过品牌口号向消费者传递酒店产品及服务的差异性。酒店品牌口号不仅将特定品牌与竞争对手品牌相区别，也将其与同一酒店集团内部的其他酒店品牌相区别。例如，雅高（Accor）集团的品牌口号是“我们创造微笑”（We built smile.），反映出雅高品牌个性及在宾客心中引发的品牌联想——友善、温暖、热情以及向宾客传递正能量，通过品牌口号使雅高品牌形象化为个性温暖的人，为宾客创造微笑。

酒店品牌标志是酒店向目标顾客传递酒店品牌形象的重要工具。完整的酒店品牌标志由品牌名称和品牌符号组成，包括符号、图案、明显的色彩和字体，通过图案和颜色向消费者传递品牌信息，使消费者易于识别品牌，创造消费者对品牌的认知、联想和偏好，进而形成品牌忠诚。酒店品牌标志设计要做到以下几点：①品牌标志独特且易于识别。一流的设计团队可以帮助酒店达成这个目标。②品牌标志能满足消费者的认知及情感需求。设计师不能一味追求设计的独特性，而忽视消费者的认知及情感需求。③品牌标志能够引发消费者对于品牌属性的联想。例如，经济型酒店品牌“如家”的品牌标志引发旅客对于家的联想。

案例

织女星酒店

织女星（Vega）酒店坐落于莫斯科，旨在为世界各地的年轻游客提供理想的休息场所。织女星酒店品牌标志运用箭头图案以象征星形符号，动感十足，同时具有方向的指引含义，橙色作为主要色调既能够更好地吸引人们的目光，同时也能够打造友善、年轻、朝气蓬勃的气氛。员工名片、客房钥匙吊牌，以及水杯、肥皂、洗发水等纪念品上印制的图案对酒店标识进行了充分利用。整个理念简约而充满活力，为低价酒店增添了无限新鲜气息。织女星酒店品牌标志应用示意图如图 10-4 所示。

图 10-4　织女星酒店品牌标志应用示意图

【问题】织女星酒店品牌标志系统符合目标顾客的认知及情感需求吗？为什么？

（三）酒店品牌传播

酒店品牌传播是指酒店企业以品牌核心价值为中心，在品牌定位的基础上通过多种有效的传播手段，将品牌信息传递给目标受众的过程，以提高酒店品牌知名度、美誉度和顾客忠诚度，从而最终实现酒店品牌价值增值的目的。在确定酒店品牌定位、设计酒店品牌口号及标志之后，下一步要做的工作就是设计整合营销传播方案，以多种传播形式将品牌口号及标志所代表的品牌个性、品牌文化及品牌内涵传递给潜在的消费者。

1．设计整合营销传播方案

整合营销传播（Integrated Marketing Communication，IMC）是综合、协调地使用各种传播方式，发挥不同传播工具的优势，传递本质上一致的信息，以达到宣传目的的一种营销手段。大部分酒店已认识到整合传播的重要性，规模较大的酒店集团往往将设计整合营销方案的工作外包给专业公司，但在设计方案的过程中，酒店会深度参与，并对方案有最终的决定权。整合营销传播方案包括广告、直邮、促销活动、公共关系等的组合，具体选择哪些传播形式及渠道要考虑物业规模、管理结构、酒店类型及所有权类型、地理区位、顾客消费心理以及国内外环境变化等多种因素。基于对以上因素的分析，酒店企业确定整合传播的目标，进而选择最有效的传播工具组合，针对酒店的目标市场进行推广。在传播内容方面，酒店企业应凸显本酒店品牌的品牌价值及品牌内涵，中低端酒店品牌宜侧重于品牌价值（如酒店独特的设施及服务项目等），高端酒店品牌宜侧重于品牌内涵（如品牌带给顾客的精神文化享受）。

2．选择广告传播媒体

广告包括平面广告、视频广告、动画广告、广播广告等多种形式。广告制作应遵循 AIDA 法则，A、I、D、A 分别代表“注意”（Attention）、“兴趣”（Interest）、“欲望”（Desire）和“行动”（Action）。好的广告能够引起消费者的注意、激发消费者的兴趣及购买欲望，最终实现购买。整合营销传播视野下的广告媒体选择要重视不同广告媒体形成的合力，直邮目录广告、户外平面广告、电视广告以及网络广告在面向的受众、广告形式、广告成本以及传播效果等方面均有所不同。对于新的酒店品牌，广告宣传应密集、强势、制作精良，使消费者在短时间内熟悉新的酒店品牌，并从广告的优良品质联想到酒店品牌的品质。酒店应针对品牌面向的主要细分市场有倾向性地选择广告媒体。例如，面向青年人的酒店品牌应重视在网络及移动智能终端等互动媒体渠道的广告投入。通过多渠道的广告宣传，酒店品牌向消费者传递品牌利益及品牌个性等内容，在消费者的心智模式中形成并强化品牌印象。

3．进行活动、事件及公共关系传播

尽管投放于新媒体的广告也可以具有一定程度的互动性，但由于消费者对广告的印象根深蒂固，即使消费者愿意在微信朋友圈等个人社交平台上链接酒店品牌广告，也难以形成引起大家热议的互动讨论话题。要弥补广告单向传播缺陷的不足，酒店应设计营销活动、能引起话题的事件以及进行公共关系推广。

酒店的活动及事件传播是指酒店通过开展销售促进活动、策划有社会意义及社会影响力的活动及事件来传播酒店品牌。销售促进活动是指酒店使用各种短期性的刺激措施，以刺激消费者或分销渠道成员迅速地、大量地购买酒店产品及服务。需要注意的是，广告和销售促进活动宜配合使用，通过广告引起消费者对酒店品牌的关注及好感，通过促销活动直接促成消费者的购买或试用行动。事件传播亦是现代酒店业经常采用的一种传播方式，它具有几个明显的好处：首先，在营销预算有限的情况下，一些引起媒体关注的事件由于借媒体之力实现传播而具有成本优势；其次，事件传播具有互动性，消费者、媒体以及任何对事件有兴趣的主体都在事件传播中加入了自己的理解及诠释；最后，事件传播往往是整合营销传播中不可缺失的一环，与公共关系传播密不可分。

酒店品牌公共关系传播包括新闻宣传报道、参加或举办公益活动以及社交活动等具体形式。新闻宣传报道可信度高、传播面广而且传播费用较低。酒店参加或举办社会性、公益性的公关活动，可以与新闻宣传报道相配合进行。例如，洲际酒店集团举办“希望工程”公益项目慈善高尔夫大赛，将在比赛现场、晚宴义卖及慈善拍卖等环节中筹得的现金捐赠给“希望工程”，此举得到人民网等多家媒体的新闻宣传报道，有助于“洲际”品牌在中国的知名度及美誉度的提升。酒店还可以举办各种社交活动，通过召开座谈会、答谢会、联欢会等来加强与社会各界的交流与沟通，建立酒店与社会公众的良好关系。活动传播、事件传播与公共关系传播的结合点在于，具体活动或事件往往是公共关系活动的载体，以构建良好公共关系为目的的活动和事件更容易被媒体关注和报道。

（四）制定酒店品牌标准

对于酒店业经营者而言，制定酒店品牌标准至关重要。现代酒店通过特许经营、委托管理等非产权方式得以发展壮大，如果酒店没有制定品牌标准或者制定的品牌标准不清晰、不具有可操作性，则会令被特许酒店或托管酒店无法按品牌标准来运营，导致品牌无法在目标顾客心中形成统一的形象，最终使品牌创建工作功亏一篑。

制定酒店品牌标准是酒店向顾客提供一定水准的设施及服务的承诺。顾客对于品牌标准的理解是酒店的硬件和软件均达到品牌水准。酒店要制定一套完整的品牌标准，以指导酒店集团对于特许或托管店面的甄选及辅导工作。特许或托管店面必须符合品牌对于物业地理位置以及客房数量方面标准的要求。品牌酒店建设及运营管理方面的标准主要包括品牌视觉识别标准、建筑设计标准、工程技术标准、采购标准、品牌服务标准、餐饮标准等内容，辅之以酒店开业手册、酒店财务管理手册、酒店危机管理手册、食品卫生管理手册等文件，构成酒店完整的品牌标准体系，规范品牌酒店的开业、品牌识别以及经营管理活动。

二、酒店品牌管理

酒店品牌建设工作使品牌资产具有了增值的基础，但其能否增值还取决于酒店品牌战略管理活动。具体而言，酒店品牌战略管理包括品牌运营管理、品牌延伸管理以及品牌谱系管理等活动。

（一）酒店品牌运营管理

按固定资产的所有权归属，酒店品牌运营管理分为产权运营和非产权运营两种模式。产权运营模式是指酒店集团全部或部分拥有酒店物业产权或通过租赁获得物业使用权的方式来进行品牌酒店的扩张。非产权运营模式是指酒店集团通过品牌输出和技术输出获取利润，一般不涉及对酒店物业的购买或租赁，也被称为“轻资产”模式。“轻资产”模式是国际知名酒店集团普遍采用的模式，特许经营和管理合同是其主要形式。

1．特许经营管理

酒店品牌特许经营（Franchise）是指业主支付品牌所有方特许经营费以换取该品牌的使用权，业主享受酒店集团一系列的品牌推广服务，如市场推广、客房预订系统、酒店会员系统、采购系统等。酒店品牌知名度和市场影响力直接决定其对业主的吸引力。

基于在品牌建设期品牌标准及开业指导准则等相关制度及文件完善的前提下，酒店品牌特许经营管理主要包括招商、遴选以及开业指导三个部分的工作。特许经营管理成功的关键是吸引在地理位置及客房数量等各方面均理想的物业参与品牌的特许经营，这要求品牌特许方通过招商推广、登门拜访、加强沟通等多种方式对拥有合适物业的业主施加影响。从酒店业主方而言，他们需要做出两个重要决策：①在特许经营、管理合同及自主经营等经营管理方式之间做出选择；②在具体酒店品牌之间做出选择。通过特许经营，酒店业主获得的利益包括共享酒店品牌资产、酒店集团的预订系统、专业的品牌管理以及经营业绩的提升等，而业主付出的成本费用包括初始费、特许费、市场营销费及客房预订费等，其中特许费和市场营销费往往超过初始费。根据 HVS 咨询集团提供的美国酒店业特许经营数据，业主需要向特许方支付的酒店品牌特许总费用占客房收入的比例约 12%㊀，这对于被特许方而言，是一笔不小的成本负担。所以，品牌特许方要让业主相信酒店品牌的价值，影响业主的特许经营决策是至关重要的事情。一旦前期沟通到位，后期指导开业也能得到业主的全力支持及投入。

2．管理合同

通过管理合同（Management Contracts），酒店可以加速拓展业务空间，快速渗透到新的市场，赚取较高利润。酒店管理合同既是一种法律合同，更是一种制度安排。在法律合同的层面，酒店管理合同是酒店业主和酒店管理公司之间签订的书面协议，酒店管理公司根据此协议授权以酒店业主的名义代表酒店业主经营管理酒店，并对酒店业主负责；作为回报，酒店管理公司得到管理酬金。管理酬金由基本酬金和奖励性酬金两部分组成。基本管理酬金（Base Management Fee）基于酒店收入的一定百分比；而奖励性管理酬金（Incentive Management Fee）则基于酒店的利润额。在制度安排的层面，管理合同是委托代理型企业制度安排，通过酒店业主与酒店管理公司签署管理合约来约定双

㊀ 数据源自 HVS 咨询集团官网www.hvs.com/。

方的权利、义务和责任。作为代理人，酒店管理公司以酒店业主的名义，拥有酒店的经营自主权，负责酒店的日常经营管理，定期向酒店业主上交财务报表和经营现金流，并根据合同约定获得管理酬金；酒店业主作为委托人，为酒店提供土地使用权、建筑、家具、设备设施、运营资本等，并根据合同约定承担相应法律与财务责任。

管理合同与特许经营的主要不同点在于酒店经营自主权的归属，在管理合同经营管理模式中，拥有酒店品牌的酒店管理公司拥有酒店的经营自主权，而在特许经营模式中，酒店业主拥有经营权，随着业主经营管理能力的提升，其议价能力也在增强，在下一个合同期内，可能提出变更特许经营条件甚至放弃续签特许合同。所以，酒店管理公司在管理合同或特许经营等具体经营管理模式间做出选择的时候，应充分考虑自身的酒店品牌价值、酒店业主所在国的制度环境等多种影响因素，审慎评估风险，知名度及市场影响力较弱的酒店品牌选择特许经营模式的风险较大。

（二）酒店品牌延伸管理

酒店品牌延伸是指在原有的酒店品牌具有较强品牌影响力的前提下，将原有酒店品牌运用到新的酒店产品/服务，从而减少新的酒店产品/服务进入市场的风险，并且以更少的营销成本获得更大的市场回报。酒店品牌延伸的利弊均与品牌联想相关，从有利的方面而言，酒店可以利用原有品牌的影响力，以更少的成本让延伸品牌在消费者心智模式中更迅速、更容易地占据一个位置，但其风险也隐藏于此。延伸品牌可能难以摆脱消费者对原品牌的刻板印象，如由经济型酒店品牌向上延伸的品牌难以得到高端顾客的青睐，由高端酒店品牌向下延伸的中低端品牌可能拉低原有品牌的档次，原有品牌也可能受延伸品牌的定位偏差或不佳业绩所影响。

酒店品牌延伸管理包括品牌延伸前的市场调研、品牌延伸策略的选择以及品牌延伸后对消费者品牌联想的管理。酒店品牌延伸是酒店品牌向其他细分市场的延伸和渗透，所以在延伸之前要对拟进入的细分市场的潜在规模和发展前景进行充分的市场调研。在确定进入目标细分市场后，选择品牌延伸具体策略的原则是尽可能借力原有品牌，且不因延伸贬损原有品牌的资产价值。延伸品牌和原有品牌之间应形成合力，而不是相互消减。在具体的品牌延伸策略选择方面，有联合品牌延伸（如 Holiday Express，为原品牌 Holiday 和新品牌 Express 的联合品牌）、背书品牌延伸（如 Courtyard by Marriott，原品牌 Marriott 为背书品牌，新品牌 Courtyard 为主品牌）等多种策略。延伸品牌与原有品牌的共同品牌内涵可以通过联合品牌推广活动得以强化，但对于延伸品牌与原有品牌的不同部分在广告、促销等宣传推广中应尽量避免消费者产生负面的品牌联想。

（三）酒店品牌谱系管理

酒店集团经过不断的品牌延伸以及建立新品牌，最终形成兼具层次性（纵向）和范围性（横向）的酒店品牌谱系。酒店品牌谱系从纵向上反映为酒店品牌架构，在横向上反映为品牌组合[一]。广义的酒店品牌谱系甚至不局限于酒店业，可以向酒店的相关产业延伸。酒店集团形成品牌谱系是酒店业市场及品牌细分化的必然结果，品牌谱系反映了酒店集团的战略布局。最完整的酒店品牌谱系应覆盖所有层次、所有需求的目标细分市场，但由于酒店集团所拥有的资源和优势不同，会使具体酒店集团品牌谱系的完整性和侧重点有所不同。

[一] 有关品牌谱系、品牌架构、品牌组合的定义见本章第一节。

酒店集团对于品牌谱系的管理主要包括品牌谱系的规模管理、品牌谱系中品牌联想的管理以及品牌谱系中品牌变动的管理。首先，品牌谱系的规模应经过专业的战略分析而确定，依据 SWOT 分析框架，分析酒店集团自身拥有哪些优势（Strengths）和劣势（Weakness），结合外部环境中存在机会（Opportunity）和威胁（Threats）的分析，合理地确定品牌谱系的规模。管理品牌谱系以及进行品牌宣传都需要企业投入一定的资源，如果品牌谱系规模过大，层次过多，超出企业管理能力，则会导致管理失控。其次，需要确定及管理品牌谱系中各品牌共有的及专有的品牌联想。品牌联想是任何与品牌记忆相联结的事物（Aaker，1991），是人们对品牌的想法、感受及期望等一连串的集合。一些品牌联想（如“友好”“专业”等）可以被品牌谱系中所有品牌所共享，而另一些品牌联想则专属于特定的品牌（如“尊贵”这一品牌联想仅适用于高端酒店品牌），酒店应特别注意通过广告、活动、公关、顾客体验等来影响消费者心智模式中对酒店品牌的联想，使酒店品牌谱系在消费者的心智模式中既有一定的共性联想，又有一定的区分度。最后，酒店品牌谱系并非一成不变，随着市场的变化及品牌本身的发展而有所变化，酒店品牌谱系中可能增加新成员或剔除旧成员。酒店品牌谱系中增加新的品牌可以通过由企业新建品牌、将原有品牌进行延伸或者通过并购获得等方式。酒店品牌延伸的前提是原有品牌有足够的市场影响力，如果原有品牌根基不牢就急于延伸，不仅延伸品牌难以共享原有品牌本就微弱的品牌联想，而且会模糊原有品牌的品牌形象。理想的品牌延伸是原有品牌已经成为某一产品品类的代名词，在此基础上而进行的延伸。酒店集团通过并购来丰富品牌谱系时要注重被并购品牌是否在有潜力的细分市场中形成了一定的品牌知名度，是否与品牌谱系中原有品牌有互补性，以及是否与品牌谱系的共性品牌联想相匹配。酒店还可以根据酒店集团战略目标变化、现有品牌市场表现不佳等原因，采取出售或停止投入等方式，有针对性地从品牌谱系中剔除一些品牌，在品牌谱系相对稳定的前提下保持品牌谱系的活力。

第三节 国际酒店品牌建设及管理典型案例

在各种类型的酒店品牌排名中，英国洲际酒店集团的品牌影响力均名列前茅。洲际酒店集团通过品牌自建、品牌延伸以及品牌并购等多种方式形成了较为完整的品牌谱系，在品牌建设及管理方面积累了成功的经验。本节以洲际酒店集团为典型案例，深入剖析跨国酒店集团品牌建设及管理实践，总结其成功经验，给中国酒店集团品牌建设及管理以启示。

一、洲际酒店集团背景

洲际酒店集团（InterContinental Hotels Group，IHG）是目前全球最大及网络分布最广的专业酒店管理集团，在全球近 100 个国家和地区经营和特许经营着 4 840 家酒店，710 295 间客房[㊀]。“洲际”旗下的酒店品牌有洲际酒店及度假村（InterContinental Hotels & Resorts）、假日酒店（Holiday Inn）、皇冠假日酒店及度假村（Crowne Plaza Hotels & Resorts）、智选假日酒店（Holiday Inn Express）、英迪格酒店（Indigo Hotel）、蜡木公寓式酒店（Candlewood

㊀ 数据源自洲际酒店集团 2014 年年度报告，见纽约证券交易所网站https://www.nyse.com/。

Suites）、宿之桥公寓式酒店（Staybridge Suites）等品牌。

洲际酒店集团之所以成为全球排名第一的酒店品牌，很大程度上得益于其对于品牌的并购与整合。洲际酒店品牌、假日酒店品牌虽然由不同企业所创建，但最终都通过英国巴斯公司的并购整合，纳入到洲际酒店集团品牌旗下。1777 年，威廉 • 巴斯（William Bass）在英国开设了一家啤酒公司，主要以饮料和啤酒的生产和销售为主，巴斯红三角的标志成为英国第一个注册商标。经过 200 余年的发展，巴斯啤酒集团公司发展成为英国最大的啤酒生产商和酒吧经营者之一。20 世纪 80 年代末，巴斯公司购买假日酒店（Holiday Inn International），正式进入酒店行业，后来又陆续并购洲际等酒店品牌。

在洲际酒店集团的品牌组合中，有的品牌具有悠久的历史，而有的品牌则创建时间不长。最为成熟且具有市场影响力的品牌包括定位于高端市场的洲际品牌以及定位于中端偏高市场的皇冠假日品牌以及定位于中端及中端偏低市场的假日品牌。洲际酒店品牌由泛美公司创建。1946 年 4 月，泛美航空公司的创建者胡安 • 特里普（Juan Trippe）计划为每条泛美航线提供高质量的住宿服务，于 1949 年在巴西的贝伦市开设了第一家洲际品牌酒店，从此洲际酒店及度假集团公司（Inter Continental Hotels & Resorts Group）稳步扩张，成为国际化的奢侈酒店品牌。洲际品牌的内涵是为顾客提供有洞察力的、富有意义的入住体验，提高顾客对其作为国际俱乐部会员的归属感。假日酒店品牌由美国人凯蒙斯•威尔逊（Kemmons Wilson）创建，20 世纪 90 年代英国啤酒制造商巴斯（Bass）全盘接收假日酒店。英国巴斯公司于 1998 年并购了洲际品牌，以 29 亿美元从日本 Saison 集团手中收购了洲际饭店集团及其 187 间单店；2000 年斥资 1.28 亿英镑，获得 Hale 国际有限公司属下 59 间饭店经营管理权，并花费 8.1 亿英镑吞并英国波斯特豪斯（Post House）集团的 79 家饭店。2001 年 7 月，巴斯饭店集团更名为六洲饭店集团（Six Continents）。2001 年，六洲饭店集团在全球的利润额近 8 亿英镑。在全世界 100 多个国家管理着 3 200 多家饭店，旗下有洲际、皇冠、假日、智选假日、宿之桥 5 个品牌。其中假日（Holiday Inn）是当时全球最大的单一饭店品牌。2003 年 4 月，六洲酒店集团正式更名为洲际酒店集团。

二、洲际酒店集团品牌建设

（一）洲际酒店集团品牌谱系中主要品牌定位（见表 10-1）

表 10-1 洲际酒店及度假村品牌谱系中的主要品牌

品牌名称	品牌创建时间	品牌定位	品牌个性	品牌标志
假日酒店（Holiday Inn）	1952 年	中端偏高；提供完全服务	支持真实的你：无须伪装、舒适、可靠	Holiday Inn
智选假日酒店（Holiday Inn Express）	1991 年	中端偏高；有选择性的服务	支持真实的你：便利、舒适、超值	Holiday Inn Express
洲际酒店品牌（InterContinental）	1946 年	奢华；完全服务	融入本地，发现更多；与资深驴友分享当地风土人情	INTERCONTINENTAL. HOTELS & RESORTS
皇冠假日酒店及度假村（Crowne Plaza Hotels & Resorts）	1983 年	高端；完全服务	为成功而旅行；最好的商业设施及良好的服务	CROWNE PLAZA HOTELS & RESORTS

（续）

品牌名称	品牌创建时间	品牌定位	品牌个性	品牌标志
宿之桥公寓式酒店（Staybridge Suites）	1997 年	高端；长期住宿	像一家人一样；给予宾客回家的感受	STAYBRIDGE SUITES
蜡木公寓式酒店（Candlewood Suites）	1995 年	中端；长期住宿	感受自由；放松式服务及宾客自由	CANDLEWOOD SUITES
英迪格酒店（Indigo Hotel）	2004 年	高端；完全服务	令人耳目一新的本土感受，邻里故事，热情欢迎，出乎意外	hotel INDIGO
华邑酒店及度假村（Hualuxe Hotels and Resorts）	2012 年	高端；完全服务	专为中国商旅客人打造；传统，恢复活力，身份地位以及熟悉的空间	HUALUXE HOTELS AND RESORTS 華邑酒店及度假村
伊文酒店（Even Hotels）	2012 年	中端；完全服务	为了健康及健身，针对有健康意识的商旅及度假客人	EVEN HOTELS

品牌谱系即战略化的品牌组合，从洲际酒店集团的并购历程来看，集团力图打造一个多样化、涵盖高中低端市场的品牌谱系。洲际酒店集团的品牌谱系中不断有新成员加入，老的品牌也会根据市场需求的变化而进行品牌内涵的创新。2015 年，洲际酒店集团又有新品牌加入，集团斥资 3 亿美元，收购了美国金普顿（Kimpton）精品酒店品牌，进一步丰富其品牌谱系。

洲际酒店集团的品牌谱系呈动态发展之势，并购或售卖品牌的决策基础在于集团对于市场变化、竞争态势以及集团产品定位的判断。目前洲际集团旗下的一些酒店品牌并没有在中国推出，这是由于这些品牌往往面向具有地域性的小众市场，而在中国发展得比较好的品牌是假日系列品牌，包括假日酒店、智选假日、皇冠假日等品牌，这些品牌以较高的性价比发展了中国作为发展中国家的市场需求。

在洲际品牌谱系中，定位于中端及中端偏高的假日酒店（Holiday Inn）品牌对整个集团收入的贡献率最高，这与顾客的收入分布相一致，高收入阶层只占顾客群体中的一小部分，具有国际影响力的酒店集团会将业务拓展的重点放在中端及中端偏高收入群体，在洲际集团品牌谱系中，假日酒店品牌的一枝独秀也印证了这一点。

（二）洲际酒店集团品牌传播

洲际集团的品牌传播或推广主要包括两方面的活动，一方面通过事件及活动进行传播，另一方面通过吸引加盟商以及与物业业主结成联盟关系来进行品牌传播。在事件及活动传播方面，洲际集团通过参加评奖、主办专业论坛活动等形式提升品牌影响力。假日酒店（Holiday Inn）在 2011 年被首次评选为“客户最满意的中端酒店”，该品牌还成为 2012 年伦敦夏季奥运会和残奥会的官方指定服务提供商，这无疑为洲际酒店集团提供了深入传播品牌的绝好时机。洲际酒店集团重新整合皇冠假日（Crowne Plaza）品牌酒店的业务，使其在全世界的服务质量更加一致和标准化，尽管皇冠假日品牌已经成为全世界第四大高端酒店品牌。

洲际酒店集团也看到了通过商业伙伴来增值自己品牌的机会，2011 年，洲际酒店集团的第一家洲际联盟度假村开张。与此同时，洲际酒店集团还在不断地扩大其假日酒店（Holiday Inn）度假俱乐部的规模，以及通过合营的方式在新兴市场国家印度传播其智选假日酒店（Holiday Inn Express）品牌。假日酒店度假俱乐部品牌与桔子湖度假村家族（the Family of Orange Lake Resorts）、科蒙斯·威尔森家族（the Kemmons Wilson Family）结成的战略联盟关系使洲际群团能迅速进入度假住宿市场，并形成一定的品牌影响力。

洲际酒店集团通过酒店官网、会员计划以及旗下其他酒店的推荐，多途径传播新创酒店品牌。成功传播的前提是成功的定位。以伊文酒店（Even Hotel）品牌为例，该品牌定位于中等偏高收入且追求健康的人群，向宾客提供拥有健身空间的客房、低过敏性的床上用品、健康型食谱、免费的室内健身设备以及酒店员工提供的健身贴士等。酒店大堂的前台后面设有健身室，客房安装发光二极管（LED）调光器，采用自然光线，并提供消毒湿巾。该品牌定位在欧美市场非常受欢迎，因为欧美宾客中有健身习惯的人群居多，在房间内配备健身设施的伊文酒店充分考虑到了宾客的健身需求。洲际集团的优悦会奖励计划在新品牌传播方面也发挥了重要的作用。优悦会奖励计划跨酒店品牌、跨旅游业态，是全球第一个而且是规模最大的酒店忠诚计划，宾客成为会员后可以通过入住消费赚取积分，用积分兑换酒店住宿、机票以及参与其他各种活动。为了传播及推广新的酒店品牌，宾客入住洲际旗下新的品牌酒店可以获得更多的优悦会奖励积分。

（三）洲际酒店集团品牌标准建立

洲际酒店集团建立了一系列品牌标准，对于无论是硬件设施还是软件服务应达到的品牌标准，都做出明确而具体的规定。洲际酒店集团的品牌标准涉及前台服务及后台管理的各个环节，具体到前厅部员工问候宾客的语言、服务人员的站姿等具体要求，从文件类型而言，具体包括：IHG 酒店品牌形象 VI 标准识别手册、IHG 前厅服务标准、IHG 客房服务标准、IHG 餐饮服务标准、IHG 采购流程标准、IHG 品牌安全标准（IHG Brand Safety Standards）、IHG 财务手册等。

洲际旗下品牌酒店在开业之前必须严格按照集团文件所规定的标准流程进行开业，这些流程文件包括工程部预备开业手册等。通过严格的流程管理，辅导业主及加盟方按照品牌规范来做好硬件及软件的规范，达到洲际集团旗下品牌酒店所要求的开业水准。

三、洲际酒店集团品牌管理

（一）洲际酒店集团品牌运营管理

洲际酒店集团主要采取特许经营和委托管理的方式运营品牌。从集团 2014 年的年度数据看，在洲际集团经营管理的 4 840 家酒店中，特许经营的酒店数量为 4 096 家，占比 84.6%；委托管理的酒店数量为 735 家，占比 15.2%；自营或租赁的酒店数量为 9 家，占比 0.2%。

洲际酒店集团在以特许经营或委托管理的方式运营品牌时，充分考虑市场的成熟度和业主的偏好，适当考虑业主的品牌。基于对以上因素的考虑，洲际酒店集团在美国和中国这两个主要市场的品牌运营管理策略并不相同，在美国主要以特许经营的方式进行品牌运营，而在中国主要以管理合同的方式进行品牌运营。这是由于美国市场成熟度高，业主通过培训之后能够达到品牌标准所要求的经营管理水平，所以洲际酒店集团作为品牌特许方，向业主收取品牌特许使用费，具体的经营管理由业主负责，洲际酒店集团仅起协助和指导的作用；而在中国这样一个新兴的市场，业主很难具备品牌标准所要求的经营管理能力，所以洲际酒店集团主要采用管理合同的方式，代表酒店业主对酒店运营全面负责。

洲际酒店集团旗下特许经营或委托管理的品牌酒店开业之后，洲际酒店集团还会通过明察暗访以及宾客意见收集来控制品牌酒店达到规定的质量标准。一方面，通过与专业的第三方合作（通常是酒店管理咨询公司），聘请酒店业内专家，对酒店定期进行明查和暗访，检查运营中的品牌酒店是否严格遵循品牌标准；另一方面，洲际酒店集团与一些在线调查机构合作，对宾客发放满意度调查问卷，在线收集问卷并分析宾客满意度水平，对于宾客不满意或投诉的情形会在每天的晨会中向总经理报告，采取改进措施保持酒店品牌质量。

（二）洲际酒店集团品牌延伸管理

洲际酒店集团的品牌延伸具有互补性及创新性。洲际酒店集团十分重视旗下品牌的互补，这些品牌都具体针对具有不同需求的人群。他们根据价格和客户期望进而将酒店行业细分为不同的层次，洲际酒店集团集中精力在其中的三个细化的市场，即中端酒店（三星级酒店）、中高端酒店（大部分都是四星级酒店）、奢侈酒店（五星级），这三个细化市场占据了洲际酒店集团总收入的 90%。

尽管洲际酒店集团已经拥有很多极具市场竞争力的品牌，但它并不满足于现有的品牌谱系。洲际酒店集团着力于寻找有潜力的细分市场，进行互补性的品牌延伸及创新。品牌延伸可以是以某一个酒店品牌为核心进行延伸，如以假日酒店品牌进行的向低端及高端的延伸。品牌延伸还可以是根据市场需求创造一个崭新的品牌，且这个品牌可以覆盖到以前忽视的市场细分领域。例如，2012 年，洲际酒店集团在尚未进行开发的细分市场推广两个新的品牌：在美国推广一个中端品牌——伊文酒店（Even Hotels），以及在中国推广一个高端品牌——华邑酒店及度假村（Hualuxe Hotels and Resorts）。这两个品牌与洲际现有的洲际、假日等品牌迥然不同，从品牌名称看与洲际现有的主流品牌没有任何联系，但它们定位于非常有潜力的市场细分，可能成为未来的利润增长点。

（三）洲际酒店集团品牌谱系管理

洲际酒店集团品牌谱系中的品牌既有互补性，又有差异性，一方面满足不同层次顾客的多元化需求，另一方面有利于酒店集团吸引第三方业主加盟或委托管理。洲际酒店集团形成了跨越品牌层次，被品牌谱系中所有品牌共享的品牌核心价值观；同时根据市场需求进行品牌创新和发展，丰富品牌谱系。

1．建立共享的品牌核心价值观

洲际酒店品牌核心价值观为品牌谱系中所有品牌共享。核心价值观被凝练为洲际的致胜之道（IHG— Our Winning Ways），具体包括做对的事、体现关爱、追求卓越、求同存异、协作共赢五项核心价值观。洲际酒店集团核心价值观示意如图 10-5 所示。

图 10-5 洲际酒店集团核心价值观

（1）做对的事（Do the right thing）

● 我们始终做我们认为正确的事，即使会面临困难，我们还是有勇气将之付诸于行动。我们正直、坦诚，并能坚持到底。

● 我们履行自己的承诺而不失信于他人。

● 我们尊重事实并相信自己的判断。

● 即使有时是困难的，我们仍然勇于做出决定。

（2）体现关爱（Show we care）

● 在同业中，我们力求比其他公司更能理解人们的需求。这意味着关注他人，留意周围的事物，察觉事情的重要性，并能主动担负起更正失误的责任。

● 我们将每个人视为一个独立的个体来对待。

● 我们积极寻找让我们体现关爱的细节之处。

● 我们利用过去的经验找出提供优异服务的新途径。

（3）追求卓越（Aim higher）

● 我们致力于成为同行业中公认的领先者，所以我们建立了一支充满必胜信念的精英团队。我们力求成功并珍视那些始终寻求更好工作方法的人。

● 我们尽心学习新事物。

● 我们挑战自我及他人。

● 我们不断寻求改进之道。·

（4）求同存异（Celebrate difference）

● 我们深信是大家的知识为我们的品牌注入生命。其他公司可能会强加员工一种死板而一成不变的世界观，而我们不这么做。我们全球性的优势源于在保持一致的同时也乐于接受地方差异。

- 我们欢迎不同的观点并听取每个人的意见。
- 我们尊重各种不同的文化并愿意向他人学习。
- 我们在身处的社会团体中发挥积极作用。

（5）协作共赢（Work better together）

- 团结就是力量，同心协力使我们成为一个强而有力的制胜团队。我们听取每个人的意见，结合我们的专业知识，创造一个坚不可摧、目标专注、相互信赖的团队。
- 我们致力于建立优良的工作关系。
- 我们充分顾及自己的言行及可能对他人产生的影响。
- 我们彼此信赖，互相支持。

尽管这五项核心价值观主要是对企业内部员工的要求，但洲际酒店集团力图通过将五项核心价值观内化为员工的服务态度及行为，从而将这些价值观传递给顾客，使顾客形成对洲际品牌谱系中所有品牌的正面联想。

2．自建或并购品牌，丰富品牌谱系

（1）创建“华邑”品牌 “华邑”品牌针对中国市场，这个品牌从构思到推出都基于洲际酒店集团对中国市场的洞察。2014 年 7 月，洲际酒店集团邀请多位业内专家齐聚上海外滩英迪格酒店，讨论了洲际酒店集团 2014 年年初发布的行业趋势报告《创造信任时刻：在亲属关系经济中建立成功品牌关系的关键》，并就中国乃至全球的酒店行业未来发展趋势进行讨论。洲际酒店集团发布的最新行业趋势报告显示，越来越多的来自中国、阿联酋、巴西等新兴经济体国家的旅客对酒店个性化服务的需求日渐增长。旅客们正在重塑他们对国际酒店品牌的期望诉求，不仅需要提供优质服务、融合当地文化的酒店，同时也希望酒店能根据他们的入住习惯满足个人偏好。报告显示，64%的中国旅客希望酒店能提供满足其个人需求的定制化服务。另外，62%的中国受访者认为得到个性化服务会使其感到更受尊重。

根据洲际酒店集团的调研，中国旅客非常注重个性化定制服务并普遍认为国际酒店品牌能够为他们提供更优质的个性化定制服务。

1）中国旅客认为国际酒店品牌能更好地融合当地文化特色。58%的中国旅客不同意“国际酒店品牌不能适应当地文化”这一说法，而只有 47%的全球受访者认为国际品牌酒店能更好地体现当地文化。

2）中国旅客更青睐入住国际酒店品牌。在其他条件相同的情况下，63%的中国旅客偏好入住国际酒店品牌，而只有 55%的全球受访者有着相同选择。

3）对于中国旅客来说，国际酒店品牌代表了高质量的服务。54%的中国旅客认为选择国际品牌酒店就能体验到高质量的服务享受。

针对中国旅客的需求，洲际酒店集团推出量身订制的华邑酒店及度假村。2012 年推出的华邑酒店及度假村是首个为中国消费者度身打造的奢华国际酒店品牌，客人将获得在其他国际酒店品牌中所无法得到的独特体验。华邑酒店及度假村满足了中国旅行者对高端酒店的四大需求：中华礼仪之道，彰显尊贵身份，融入自然元素以及商务社交空间。

（2）并购精品酒店品牌 金普顿（Kimpton）公司创立于 1981 年，是美国最大的精品连锁酒店，旗下所有酒店物业均在美国。在 2005 年之前，金普顿公司的每间精品酒店均有独立的品牌名称；2005 年，金普顿公司推出两个连锁精品酒店品牌——帕洛码（Palomar）酒店和摩纳哥（Monaco）酒店，这两个品牌旗下的每家酒店均有一间餐厅或酒吧，以标志酒店的高级或新潮。除自营及连锁之外，金普顿公司还通过管理合同的方式，管理及运营由其他业主所拥有的酒店。洲际酒店集团宣称花费 4.3 亿美元实现对金普顿集团的并购，并购后会保留金普顿公司在美国的现有品牌并向全球范围内扩张。

洲际酒店集团于 2015 年 1 月完成对美国金普顿（Kimpton）酒店与餐饮公司的收购。金普顿旗下的帕洛码、摩纳哥及其他精品酒店品牌是对洲际酒店现有品牌谱系的有益补充，它们和品牌谱系中已有的英迪格（Indigo Hotel）、伊文（Even Hotels）同属生活方式酒店品牌，而这正是酒店产业未来增长最快的细分市场。

（3）创新品牌内涵，创造新的品牌联想　洲际酒店集团的品牌谱系管理不仅包括对新建或并购品牌的管理，还包括对现有品牌的品牌内涵的创新。洲际酒店集团通过新建或并购华邑、帕洛码、摩纳哥、伊文等酒店品牌，丰富了品牌谱系，覆盖有潜力的细分市场；同时，洲际酒店集团也很重视假日、洲际等成熟品牌的品牌内涵的创新，使成熟品牌也能灵动地契合宾客需求的变化，实现品牌的活化和提升。2013 年，洲际酒店集团提出了“亲属关系经济”，强调从旅行体验到旅行关系的转变；2014 年，洲际酒店集团提出“创造‘信任时刻’”，明确指出了该如何在亲属关系经济中建立成功的品牌关系，深入洞察了全球旅行者对酒店品牌关系的需求。这些品牌内涵的创新针对消费者需求的变化，为消费者带来新的品牌联想。

第四节　中国酒店品牌建设及管理发展

中国酒店集团意识到品牌的重要性，正积极地自建、管理及并购酒店品牌。在品牌建设方面，本土酒店品牌建设已呈百花齐放之势，既有万达文华、万达嘉华、万达瑞华等定位于高星级的酒店品牌，也出现了皇家驿栈、花间堂等精品酒店品牌。在品牌管理方面，本土酒店集团向国际著名酒店集团学习，增强品牌管理的科学化、标准化和制度化，一些有实力的酒店集团更将本土酒店品牌向国外拓展，期望打造出国际性酒店品牌。本土品牌与本土品牌之间、本土品牌与国际品牌之间有融合发展趋势，通过相互持股、并购以及联盟实现优势品牌资源互补。

酒店品牌的发展离不开酒店集团的发展，酒店集团的门店数及客房数越多，则其品牌影响力越强。对于高影响力的中国酒店品牌分析基于表 10-2 榜单中的统计数据。这份榜单既包括在中国开展业务的跨国酒店集团，亦包括老牌及新锐本土酒店集团。

表 10-2　2014 年度中国酒店集团 60 强榜单

序号	集团名称	酒店数量/家	客房数量/间
1	如家酒店集团	2 810	316 175
2	铂涛集团	3 251	298 435
3	华住酒店集团	2 669	270 063

（续）

序号	集团名称	酒店数量/家	客房数量/间
4	格林豪泰酒店管理集团	2 124	208 152
5	上海锦江国际酒店（集团）股份有限公司	1 334	177 839
6	温德姆酒店集团	870	96 870
7	喜达屋酒店与度假村集团	267	85 365
8	洲际酒店集团	239	77 750
9	万豪国际集团	199	63 305
10	维也纳酒店集团	479	61 637
11	开元酒店集团	186	56 320
12	东呈酒店集团	571	54 423
13	青岛尚客优城际酒店管理有限公司	951	53 751
14	北京首旅酒店（集团）股份有限公司	166	35 885
15	雅高酒店集团	145	34 515
16	南京金陵酒店管理有限公司	126	34 436
17	山东蓝海酒店集团	100	32 999
18	碧桂园凤凰国际酒店管理公司	100	31 108
19	海航酒店（集团）有限公司	89	29 528
20	凯悦酒店集团	102	29 181
21	港中旅酒店有限公司	81	28 525
22	住友酒店集团	354	24 881
23	山东银座旅游集团有限公司	223	22 843
24	香格里拉酒店集团	47	21 536
25	君廷酒店及度假村集团	90	20 652
26	湖南华天国际酒店管理有限公司	78	20 296
27	绿地国际酒店管理集团	71	20 289
28	万达酒店及度假村	64	19 543
29	希尔顿酒店管理（上海）有限公司	52	19 428
30	广州岭南国际酒店管理有限公司	67	18 061
31	湖南和一酒店连锁有限公司	88	17 396
32	浙江世贸君澜酒店管理有限公司	68	16 651

（续）

序号	集团名称	酒店数量/家	客房数量/间
33	河南中州国际集团管理有限公司	76	16 408
34	凯莱国际酒店管理（北京）有限公司	60	14 855
35	康年国际酒店集团	49	14 685
36	北京国宾友谊国际酒店管理有限责任公司	50	14 175
37	四川锦江旅游饭店管理有限责任公司	45	14 096
38	北京桔子水晶酒店管理咨询有限公司	108	13 845
39	粤海（国际）酒店管理集团有限公司	45	13 408
40	雅阁酒店集团（澳大利亚）	64	13 284
41	明宇酒店股份有限公司	38	13 003
42	白天鹅酒店集团有限公司	41	11 834
43	石家庄国大酒店经营有限公司（驿家 365 连锁酒店）	170	11 651
44	雷迪森旅业集团有限公司	57	10 535
45	上海衡山集团饭店管理公司	38	10 316
46	恒大酒店集团	25	10 206
47	世纪金源酒店集团	20	10 117
48	阳光酒店管理集团有限公司	43	9 306
49	四川岷山集团有限公司	68	8 843
50	北京天伦国际酒店管理有限公司	28	8 265
51	湖北尚一特酒店管理有限公司	150	8 120
52	贝斯特韦斯特（北京）国际酒店管理有限公司	51	7 950
53	亚朵（上海）酒店管理有限公司	60	7 882
54	陕西旅游饭店管理（集团）股份有限公司	44	7 769
55	深航酒店管理有限公司	27	7 081
56	尊茂酒店控股有限公司	42	7 044
57	福建中旅饭店管理有限责任公司	31	6 700
58	城市名人酒店管理（中国）股份有限公司	26	6 062
59	中青旅山水酒店投资管理有限公司	47	5 895
60	远洲酒店集团	22	5 565

数据来源：中国旅游饭店业协会（各酒店集团客房总量为截至 2014 年年底已签订正式管理合同的酒店客房总量）

在 2014 年中国酒店集团 60 强中，前 30 强中近三分之一为国外酒店品牌，而在后 30 名中除 2 家国际酒店集团外，其余均为本土酒店品牌。前 30 强客房数均值为 75 460 间，而后 30 强客房数均值为 10 765 间，即前 30 强客房数均值为后 30 强客房数均值的 7 倍[㊀]，表明中国本土酒店集团已致力于品牌建设并得一定成绩，但与国际品牌相比，品牌影响力仍有待提升。

一、高影响力国际酒店集团及其品牌谱系

基于表 10-2，按三个标准遴选出在华开展业务的高影响力酒店集团，遴选标准涵盖酒店集团的规模大小以及跨国经营的程度，具体包括：①在 60 强中的排名位居前 30 强；②在华饭店数量 40 家以上；③在华客房数量 15 000 间以上[㊁]；④品牌酒店覆盖全球主要市场区域。

美国著名的旅游研究公司 STR 根据 ADR（Average Daily Rate，平均每日房价）将酒店档次分为奢华（Luxury）、超高档（Upper Upscale）、高档（Upscale）、中高档（Upper Midscale）、中档（Midscale）、经济型（Economy）六档。本书沿用 STR 的分类法，综合考虑一些国际酒店品牌在中国的店面有升档及在中国的实际经营情况，将在华经营具有高影响力的国际酒店集团旗下品牌进行分类（见表 10-3）[㊂]。

表 10-3 高影响力国际酒店集团及其品牌谱系

集团名称	门店数	客房数	在 60 强中的排名	品牌谱系	
温德姆酒店集团	870	96 870	6	高档酒店品牌	温德姆至尊酒店及度假村（Wyndham Grand Hotels and Resorts），温德姆酒店及度假村（Wyndham Hotels and Resorts），华美达广场酒店（Ramada Plaza）
				中高档酒店品牌	华美达酒店（Ramada），豪生酒店（Howard Johnson），华美达安可（Ramada Encore）
				中档酒店品牌	戴斯酒店（Days Inn）
				经济型酒店品牌	速 8 酒店（Super 8）
喜达屋酒店与度假村集团	267	85 365	7	奢华酒店品牌	瑞吉（St. Regis）；W 酒店（W）；豪华精选酒店（Luxury Collection）
				超高档酒店品牌	威斯汀（Westin）；艾美（Le Meridien）；喜来登（Sheraton）
				高档酒店品牌	福朋喜来登（Four Points by Sheraton）；雅乐轩（Aloft）；源宿（Element）
洲际酒店集团	239	77 750	8	奢华酒店品牌	洲际（InterContinental），华邑（Hualuxe）
				高档酒店品牌	皇冠假日酒店（Crowne Plaza Hotels & Resorts），假日酒店（Holiday Inn），英迪格（Indigo）
				中高档酒店品牌	智选假日酒店（Holiday Inn Express）

㊀ 数据来自对表 10-2 数据的推算。

㊁ 饭店数量 40 家，客房数量 15 000 间的遴选标准由前 30 强国际酒店集团的实际情况综合确定。

㊂ 由于国际酒店集团旗下品牌众多，且本节聚焦于在中国具有影响力的酒店品牌，所以各国际酒店集团未进入中国市场的品牌不在表 10-3 中做反映。

（续）

集团名称	门店数	客房数	在 60 强中的排名	品牌谱系	
万豪酒店集团	199	63 305	9	奢华酒店品牌	丽思卡尔顿（Ritz-Carlton），JW 万豪（JW Marriott），Bulgari，Edition
				超高档酒店品牌	万豪（Marriott），万丽（Renaissance），Marriott Executive Apartments
				高档酒店品牌	Courtyard by Marriott
雅高酒店集团	145	34 515	15	奢华酒店品牌	索菲特（Sofitel）
				超高档酒店品牌	美憬阁（MGallery），铂尔曼（Pullman）
				高档酒店品牌	美爵（Grand Mercure），诺富特（Novotel），美居酒店（Mercure）
				中档酒店品牌	宜必思（ibis），ibis Styles
				经济型酒店品牌	ibis Budget
凯悦酒店集团	102	29 181	20	奢华酒店品牌	柏悦酒店（Park Hyatt），君悦酒店（Grand Hyatt），安达仕（Andaz）
				超高档酒店品牌	凯悦酒店（Hyatt Regency）
				高档酒店品牌	凯悦嘉轩酒店（Hyatt Place），凯悦嘉寓酒店（Hyatt House）
香格里拉酒店集团	47	21 536	24	奢华酒店品牌	香格里拉酒店及度假村（SHANGRI-LA Hotels & Resorts）
				超高档酒店品牌	嘉里大酒店（Kerry Hotels）
				高档酒店品牌	盛贸饭店（Traders Hotels by SHANGRI-LA），今旅（Hotel Jen）
君廷酒店及度假村集团	90	20 652	25	奢华酒店品牌	圣顿（The Sutton Place），君域（Royal Barony）
				超高档酒店品牌	君廷（Grand Barony），圣曼（Sandman Signature）
				高档酒店品牌	君瑞（The Barony），邦臣（Barony Park）
				中高档酒店品牌	邦臣誉邸（Barony Etap）
希尔顿酒店管理（上海）有限公司	52	19 428	29	奢华酒店品牌	康莱德酒店（Conrad），华尔道夫酒店（Waldorf Astoria）
				超高档酒店品牌	希尔顿酒店（Hilton）
				高档酒店品牌	希尔顿逸林酒店（DoubleTREE by Hilton），希尔顿花园酒店（Hilton Garden Inn）

表 10-3 显示，国际酒店集团倾向于在华开设高档及高档以上的品牌酒店，但中档酒店以及经济型酒店品牌的影响力有待提升。综合来讲，各酒店集团有将品牌向下延伸的意愿，尤其雅高集团对于经济型酒店品牌“宜必思”进一步做了市场细分，以期满足中国的中低端市场的需求。

二、高影响力本土酒店集团及其品牌谱系

中国的经济型酒店集团发展迅猛，其中铂涛酒店集团和锦江国际酒店股份有限公司已经凭借庞大的客房数量跻身于全球十大酒店集团之列。中国的经济型酒店集团已经逐渐发展成为综合性酒店集团，发展出包括中端及中高端品牌的更为完整的品牌谱系。

基于表 10-2，参考在华具有高影响力的国际酒店品牌遴选标准，并对第三条遴选标准作适当改动，得到高影响力本土酒店品牌的遴选标准：①在华饭店数量 40 家以上；②在华

客房数量 15 000 间以上；③品牌酒店覆盖全国主要省市及地区㊀。

表 10-4　高影响力本土酒店品牌㊁

集团名称	门店数	客房数	在 60 强中的排名	品牌谱系	
如家酒店集团	2 810	316 175	1	经济型酒店品牌	如家（Homeinn），莫泰（Motel），云上四季（Fairyland）
				中档酒店品牌	和颐（Yitel），如家精选（Homeinn Plus）
铂涛酒店集团	3 251	298 435	2	经济型酒店品牌	7 天酒店，7 天优品，派酒店（π），IU 酒店
				经济型公寓品牌	窝趣轻社区（WOWQU）
				中档酒店品牌	麗枫酒店（Lavande Hotels），喆·啡酒店（James Joyce Coffetel），ZMAX 潮漫酒店，城品，瑞辰，希岸酒店（Xana Hotelle）
				中高档酒店品牌	铂涛菲诺（Portofino）
华住酒店集团	2 669	270 063	3	经济型酒店品牌	汉庭酒店，怡莱酒店（elan Hotels），海友酒店
				中档酒店品牌	全季酒店，星程酒店
				中高档度假酒店品牌	漫心度假酒店
				高档酒店品牌	禧玥酒店
上海锦江国际酒店（集团）股份有限公司	1 334	177 839	5	经济型酒店品牌	锦江之星（JinJiang Inn），金广快捷酒店（Goldmet Inn），百时快捷酒店（Bestay Hotel Express）
				中档酒店品牌	锦江都城酒店（Metropolo）
				高档酒店品牌	锦江（JinJiang Hotels），锦江国际（JinJiang International），白玉兰（Magnotel）
维也纳酒店集团	479	61 637	10	中档酒店品牌	维也纳智好酒店（Vienna Classic Hotel），维也纳国际酒店（Vienna International Hotel）
				高档酒店品牌	维纳斯皇家酒店（Venus Royal Hotel）
				经济型酒店品牌	3 好酒店（Vienna 3 Best Hotel）
开元酒店集团	186	56 320	11	高档酒店品牌	开元名都，开元度假村
				中高档酒店品牌	开元大酒店，开元·曼居酒店
东呈酒店集团（EASTERN CROWN）	571	54 423	12	经济型酒店品牌	城市便捷酒店，精途酒店（JTOUR INN）
				中档酒店品牌	宜尚酒店（ECHARM）
				中高档酒店品牌	怡程酒店（e Cheng）
青岛尚客优城际酒店管理有限公司	951	53 751	13	经济型酒店品牌	尚客优快捷酒店
				中档酒店品牌	骏怡精品酒店，尚客优精选酒店，尚客优假日美地酒店

㊀ 在“2014 年度中国饭店集团 60 强”榜单中排名第 17 位的山东蓝海酒店集团、排名第 26 的湖南华天国际酒店管理有限公司以及排名第 30 名的广州岭南国际酒店管理有限公司的品牌酒店集中于某一省份或区域，尚未形成全国性的影响力，故表 10-4 中未将其包括在内。

㊁ 在 60 强榜单中排名第 4 位的格林豪泰酒店管理集团主要在中国开展业务，不是典型的国际酒店管理集团，故未包括在表 10-3 中；又由于其创始人徐曙光的美籍华人身份及在企业创立时有多家美国公司参与，亦非本土酒店管理集团，所以在表 10-4 中亦未将其包括在内。

（续）

集团名称	门店数	客房数	在60强中的排名	品牌谱系	
北京首旅酒店（集团）股份有限公司	166	35 885	14	高档酒店品牌	首旅建国（BTG-JIANGUO Hotels & Resorts）
				中高档酒店品牌	首旅京伦（BTG-JINGLUN HOTELS）
				奢华酒店品牌	安麓（AHN LUH），诺金（NUO）
				中档酒店品牌	谭阁美（TANGRAM）
				经济型酒店品牌	欣燕都（SHINDOM INN）
南京金陵酒店管理有限公司	126	34 436	16	高档酒店品牌	金陵饭店（JinLing Hotel）
碧桂园凤凰国际酒店管理公司	100	31 108	18	高档酒店品牌	碧桂园凤凰酒店，碧桂园假日酒店
海航酒店集团	89	29 528	19	奢华酒店品牌	博唐酒店
				超高档酒店品牌	唐拉雅秀酒店
				高档酒店品牌	珺唐酒店
				中高档酒店品牌	逸唐酒店，海航大酒店
				中档酒店品牌	海航商务酒店
				经济型酒店品牌	海航快捷酒店
港中旅酒店有限公司	81	28 525	21	高档酒店品牌	维景国际（Grand Metropark）
				中高档酒店品牌	维景（Metropark）
				中档酒店品牌	旅居（Traveler Inn）
				经济型酒店品牌	旅居快捷（Traveler Inn Express）
住友酒店集团	354	24 881	22	经济型酒店品牌	布丁酒店连锁（Pod Inn），驿佰居・布丁酒店（Podmotel）
				经济型公寓品牌	漫果公寓连锁（Mangirl Apartment）
				中档酒店品牌	智尚酒店（Z hotels）
山东银座旅游集团有限公司	223	22 843	23	经济型酒店品牌	银座佳驿（GRACE INN）
				高档酒店品牌	银座佳悦
万达酒店及度假村	64	19 543	28	奢华酒店品牌	万达瑞华（Wanda Reign）
				超高档酒店品牌	万达文华（Wanda Vista）
				高档酒店品牌	万达嘉华（Wanda Realm）

由表 10-4，本土高影响力酒店集团按企业的发展历程大致可以分为四类：①由知名房地产公司物业管理发展而来的酒店管理公司（如万达酒店及度假村、碧桂园凤凰国际酒店管理公司等）；②由经济型酒店集团进行品牌延伸形成的综合型酒店管理公司（如铂涛酒店集团、如家酒店集团、华住酒店集团）；③老牌旅游集团下属的酒店管理公司（如首旅酒店股份有限公司、港中旅酒店有限公司）；④由于市场定位精准而在近年迅速发展的新锐酒店管理公司（如青岛尚客优城际酒店管理有限公司㊀）。绝大部分高影响力本土酒店集团正在试图

㊀ 青岛尚客优城际酒店管理有限公司将品牌拓展的目标锁定于三线城市，它的成功表明三线城市所蕴含的市场潜能。

向上或向下进行品牌延伸，试图发展出更为完整的、覆盖更广泛市场的品牌谱系。

从单个酒店品牌而言，本土高影响力酒店品牌集中于经济型酒店品牌，如家酒店、7天酒店、汉庭酒店、锦江之星以其店面数量、房间数量以及对主要市场区域的覆盖率而称雄于经济型酒店细分市场；但是在高级酒店细分市场，本土酒店品牌的市场影响力不及国际酒店品牌。从总体而言，本土酒店品牌大多属于品牌建设期，确立了品牌名称、标志及符号，正在进行品牌推广，但这些酒店品牌能否获得消费者的情感认同，还有待时间来检验[㊀]。

复习思考题

一、名词解释

品牌品牌延伸　　酒店品牌传播　　酒店品牌特许经营　　酒店品牌谱系

二、简答题

1. 请简述品牌定位的步骤。
2. 品牌传播有哪些渠道？这些品牌传播渠道各有什么优劣势？
3. 请简述品牌谱系管理的原则。
4. 酒店品牌建设包括哪些内容？
5. 如何进行酒店品牌管理？
6. 请简述酒店品牌谱系管理应把握的要点。

三、论述题

1. 请论述酒店品牌建设中应把握的关键环节。
2. 请论述酒店品牌管理中应把握的关键环节。
3. 请论述洲际等知名跨国酒店集团的品牌建设及管理工作给中国酒店业的启示。
4. 请论述中国酒店品牌发展现状，并展望中国酒店品牌发展未来。

㊀ 表10-4中所反映的酒店品牌是本书作者在2015年11月10日至15日间从各酒店官网资料中收集、整理而来，只反映截至2015年11月15日各酒店集团的品牌情况，不排除各酒店集团日后放弃一些失败品牌或者进行品牌调整的情况。

参 考 文 献

[1] 贾依·坎达姆普利．服务管理——酒店管理的新模式[M]．程尽能，韩鸽，等译．北京：旅游教育出版社，2006．

[2] 艾·里斯，杰克·特劳特．定位[M]．苑爱冬，译．北京：机械工业出版社，2011．

[3] 保尔 R，迪特默．酒店业经营全书[M]．大连：大连理工大学出版社，2002．

[4] 戴维·阿克，乔基姆塞勒．品牌领导[M]．欧帅，译．北京：机械工业出版社，2012．

[5] 戴维·阿克．管理品牌资产[M]．吴进操，常小虹，译．北京：机械工业出版社，2012．

[6] 丹尼 G，拉瑟福德．饭店管理与经营[M]．大连：东北财经大学出版社，2006．

[7] 菲利普·科特勒，加里·阿姆斯特朗．市场营销原理[M]．13 版．熊第京，等译．北京：机械工业出版社，2010．

[8] 汤普逊．中世纪经济社会史（下）[M]．北京：商务印书馆，1984．

[9] 史蒂芬·佩吉，保罗·布伦特．现代旅游管理导论[M]．北京：电子工业出版社，2004．

[10] 汤因比．历史研究[M]．上海：上海人民出版社，2000．

[11] David A Aaker．Managing Brand Equity：Capitalizing on the Value of a Brand Name[M]．New York：The Free Press，1991．

[12] James J Eyster．The Negotiation and Administration of Hotel and Restaurant Management Contracts[M]．3rded．NY：Cornell University School of Hotel Administration，1988．

[13] Laurel Wentz．Brand Audits Reshaping Images[J]．Ad Age International，1996，67 (37)：38-41．

[14] Patrick Barwise，Sean Meehan．Simply Better：Wining and Keeping Customers by Delivering What Matters Most[M]．Cambridge，MA：Harvard Business School Press，2004．

[15] Philip Kotler，Kevin Lane Keller. Marketing Management[M]. 14th ed. Upper Saddle River，NJ: Prentice Hall，2012．

[16] 编写组．旅游饭店星级的划分与评定释义[M]．北京：中国旅游出版社，2010．

[17] 陈福义，升延超．饭店管理学[M]．北京：中国旅游出版社，2006．

[18] 陈明，魏日，徐锦屏，刘军．酒店管理概论[M]．北京：旅游教育出版社，2014．

[19] 陈淑君．饭店管理基础知识[M]．北京：中国劳动和社会保障出版社，2005．

[20] 陈勇．国外酒店管理合同研究新进展探析[J]．外国经济与管理，2006（12）．

[21] 程旭东，陈超．现代酒店管理[M]．2 版．北京：人民邮电出版社，2011．

[22] 程旭东．现代饭店管理[M]．北京：人民邮电出版社，2006．

[23] 邓峻枫．国际饭店集团管理[M]．广州：广东旅游出版社，2006．

[24] 董观志．现代酒店经营管理[M]．广州：中山大学出版社，2004．

[25] 都大明，金守郡．中国旅游文化[M]．上海：上海交通大学出版社，2008．

[26] 都大明．现代酒店管理[M]．上海：复旦大学出版社，2012．

[27] 谷慧敏．世界著名酒店集团管理精要[M]．沈阳：辽宁科学技术出版社，2001．

[28] 关旭云．饭店职业经理人职业资格培训课程[M]．沈阳：辽宁科学技术出版社，2003．

[29] 郭防．饭店管理概论[M]．北京：旅游教育出版社，2007．

[30] 何建民．现代宾馆管理原理与实务[M]．上海：上海外语教育出版社，1994．
[31] 黄震方．酒店管理概论[M]．北京：高等教育出版社，2001．
[32] 蒋丁新．饭店管理[M]．北京：高等教育出版社，2002．
[33] 蒋丁新．饭店管理概论[M]．北京：中国旅游出版社，1992．
[34] 蒋丁新．酒店管理概论[M]．大连：东北财经大学出版社，2000．
[35] 蒋素梅．客房服务与管理[M]．昆明：云南大学出版社，2004．
[36] 李树民．现代酒店管理概论[M]．西安：西北大学出版社，2002．
[37] 李原．现代饭店管理原理[M]．成都：四川大学出版社，2001．
[38] 梁宗晖，冯荣辉．酒店管理概论[M]．北京：北京师范大学出版社，2011．
[39] 廖卫华．现代饭店管理原理[M]．北京：经济科学出版社，2007．
[40] 陆慧．现代饭店管理概论[M]．北京：科学出版社，2007．
[41] 罗通嵘．旅馆业经营实务[M]．北京：经济管理出版社，2005．
[42] 吕建中．现代酒店管理[M]．北京：中国旅游出版社，2004．
[43] 吕建中．现代旅游饭店管理[M]．北京：中国旅游出版社，2004．
[44] 马勇，陈雪钧．饭店集团品牌建设与创新管理[M]．北京：中国旅游出版社，2008．
[45] 马勇．饭店管理概论[M]．北京：清华大学出版社，2006．
[46] 孟庆杰，陈学清，谢中田．饭店业导论[M]．北京：中国旅游出版社，2009．
[47] 牟昆，王林峰，饭店管理概论[M]，北京：电子工业出版社，2009．
[48] 彭顺生．世界旅游发展史[M]．北京：中国旅游出版社，2006．
[49] 钱炜，李伟．酒店营销学[M]．北京：旅游教育出版社，2001．
[50] 秦宇．对饭店组织发展、演进的经济学分析[J]．旅游学刊，2003（3）．
[51] 秦远好．现代饭店经营管理[M]．重庆：西南大学出版社，2007．
[52] 任宽．运作中国餐饮产业[M]．北京：经济管理出版社，2006．
[53] 芮明杰．管理学[M]．北京：高等教育出版社，2000．
[54] 苏伟伦．宾馆酒店经营管理[M]．北京：中国纺织出版社，2001．
[55] 孙靳．现代饭店管理[M]．西安：西北工业大学出版社，2010．
[56] 涂明祥．现代企业管理[M]．北京：中国商业出版社，2002．
[57] 汪纯孝．服务营销与服务质量管理[M]．广州：中山大学出版社，1996．
[58] 王大悟．21 世纪饭店发展趋势[M]．北京：华夏出版社，1999．
[59] 王建平．酒店新论[M]．北京：中国财政经济出版社，2003．
[60] 王群，杨继东，高宏．经济型饭店经营管理实务[M]．北京：中国旅游出版社，2005．
[61] 王淑良，张天来．中国旅游史[M]．北京：旅游教育出版社，1999．
[62] 王天佑．饭店管理概论[M]．北京：清华大学出版社，北京交通大学出版社，2006．
[63] 魏小安，沈彦蓉．中国旅游饭店业的竞争与发展[M]．广州：广东旅游出版社，1999．
[64] 魏小安．中国旅游酒店业的竞争与发展[M]．广州：广东旅游出版社，2000．
[65] 翁钢民．现代饭店管理[M]．天津：南开大学出版社，2004．
[66] 吴慧，黄勋敬．现代酒店人力资源管理与开发[M]．广州：广东旅游出版社，2004．
[67] 吴业山．饭店工程技术与管理实务[M]．北京：清华大学出版社，2007．
[68] 奚晏平．世界著名酒店集团比较研究[M]．北京：中国旅游出版社，2004．

[69] 国家旅游局人事劳动教育司．现代旅游酒店管理[M]．北京：中国旅游出版社，1999.
[70] 项保华．战略管理——艺术与实务[M]．3 版．北京：华夏出版社，2003.
[71] 熊四智，唐文．中国烹饪概论[M]．北京：中国商业出版社，2006.
[72] 徐桥猛．现代酒店管理[M]．北京：高等教育出版社，2004.
[73] 徐文苑，贺湘辉．饭店管理概论[M]．北京：北京师范大学出版社，2007.
[74] 徐文苑．现代饭店管理概论[M]．北京：清华大学出版社，北京交通大学出版社，2008.
[75] 徐文苑，王珑，窦慧筠．酒店经营管理[M]．广州：广东经济出版社，2006.
[76] 闫宏毅．酒店管理实务[M]．北京：电子工业出版社，2009.
[77] 严金明，徐文苑．旅游与酒店管理案例[M]．北京：清华大学出版社，北京交通大学出版社，2004.
[78] 叶全良．世界饭店业的形成与发展[J]．中南财经政法大学学报，2003（1）.
[79] 余炳炎，朱承强．现代饭店管理[M]．2 版．上海：上海人民出版社，2002.
[80] 余炳炎，朱承强．饭店前厅与客房管理[M]．天津：南开大学出版社，2001.
[81] 张立峰，潘素华．现代饭店管理[M]．长春：东北师范大学出版社，2009.
[82] 张利民，王素珍．酒店管理概论[M]．北京：北京大学出版社，2008.
[83] 张润钢．饭店业前沿问题[M]．北京：中国旅游出版社，2003.
[84] 赵鑫珊．人类文明之旅[M]．上海：上海辞书出版社，2001.
[85] 浙江省旅游局人事教育处．星级酒店业务知识[M]．杭州：浙江人民出版社，2001.
[86] 浙江省旅游局人事教育处．四、五星级酒店业务知识[M]．杭州：浙江人民出版社，2002.
[87] 郑向敏．酒店服务与管理[M]．北京：机械工业出版社，2005.
[88] 中国旅游年鉴[M]．北京：中国旅游出版社，2013.
[89] 周丽洁．酒店管理概论[M]．长沙：中南大学出版社，2005.
[90] 周晓芳，傅云新．酒店管理实例与问答[M]．广州：广东经济出版社，2005.
[91] 朱承强．现代酒店管理[M]．北京：高等教育出版社，2003.
[92] 邹益民．现代饭店管理[M]．杭州：浙江大学出版社，2006.
[93] 邹益民，载维奇．饭店整体管理原理与实务[M]．北京：清华大学出版社，2004.
[94] 邹益民，张世琪．现代酒店房务管理与案例[M]．沈阳：辽宁科学技术出版社，2003.
[95] 邹益民，周亚庆．饭店管理——理论、方法与案例[M]．北京：高等教育出版社，2004.
[96] 邹益民，周亚庆．饭店战略管理[M]．北京：旅游教育出版社，2005.
[97] 厉新建，张辉．旅游经济学[M]．大连：东北财经大学出版社，2002.
[98] 宁泽群．旅游经济、产业与政策[M]．北京：中国旅游出版社，2006.